U0857099

北京公园生态与文化研究（二）

北京市公园管理中心　主编

中国建筑工业出版社

图书在版编目（CIP）数据

北京公园生态与文化研究.2/北京市公园管理中心主编. —北京：中国建筑工业出版社，2015.8
ISBN 978-7-112-18381-4

Ⅰ.①北… Ⅱ.①北… Ⅲ.①公园－管理－北京市－文集 Ⅳ.①G246-53

中国版本图书馆CIP数据核字（2015）第196876号

责任编辑：杜　洁
责任校对：姜小莲　陈晶晶

北京公园生态与文化研究（二）
北京市公园管理中心　主编
*
中国建筑工业出版社出版、发行（北京西郊百万庄）
各地新华书店、建筑书店经销
北京嘉泰利德公司制版
北京中科印刷有限公司印刷
*
开本：880×1230毫米　1/16　印张：$16\frac{1}{2}$　字数：600千字
2015年9月第一版　2015年9月第一次印刷
定价：98.00元
ISBN 978-7-112-18381-4
(27505)

序

FOREWORD

中国园林的本质

李炜民

中国园林具有悠久的历史、灿烂的文化、辉煌的成就和多元的功能，是传承与展示中国优秀传统文化的重要载体。中国园林以其深厚的哲学思想、丰富的文化内涵、多彩的艺术形式和高超的技术水平在世界园林体系中独树一帜，被誉为代表东方文明的有力象征。中国园林内涵丰富，技艺精湛，既是寓情于景汇多种非物质文化艺术形态于一身的社会精神财富，又是寓居于境体现国泰民安、民族团结、经济繁荣的社会物质财富。近现代中国园林的研究与发展顺应了时代要求，园林作为城市中唯一具有生命的基础设施，成为人居环境学不可或缺的重要内容，成为城市可持续健康发展的重要保障。

1. 基本特征

中国古典园林起源于商周秦汉、转折于魏晋、繁盛于唐宋、成熟于明清、集大成于乾隆盛世。历经数千年积淀终成为博大精深、独树一帜的世界文化遗产，成为东方文明的有力象征。中国古典园林之所以能以独特的艺术成就屹立于世界，其根源来自于中国独特的自然环境条件、社会历史发展背景以及由此形成的丰富多彩的传统文化。中国古典园林的博大精深表现在不同地域、不同民族独具特色的园林艺术；表现在中国人独特的精神世界与哲学思想；表现在不同民族、不同时期文化的传承与发展；表现在变化多样的艺术形式与诗情画意的内心世界；表现在功能与形式的高度统一；表现在物质与精神的完美融合；表现在神与人、天与地的对话；表现在从帝王到百姓对理想家园追求[1]。

园林是城市化的产物。伴随着社会进步与时代更迭，现代园林的创作与所表现的形式更加突出其公共属性，公共园林成为今天城市园林的主体与主题。新中国成立后，毛泽东主席发出“大地园林化”的号召，各地开始兴建人民公园，北京市一次性划拨 42 块土地用于公园绿地建设，反映当时国家重整山河、改善人民生活环境的决心与期望。1958 年著名科学家钱学森先生在人民日报发表“不到园林，怎知春色如许——谈园林学”[2]文章，提出要用祖国的园林艺术来美化我们今天的城市。进入 80 年代，钱老又连续发表“再谈园林学”，“园林艺术是我国创立的独特艺术部门”等文章，提出“我们的大城市、中心城市，按中国园林的概念，（绿地）应占 1/2，让园林包围建筑，而不是建筑群中有几块绿地。应该用园林艺术来提高城市环境质量，要表现中国的高度文明，不同于世界其他国家的文明，这是社会主义精神文明建设的大事”[3]，进而又提出建设“山水城市”[4]的构想。

2. 园林的主题

中国园林的主题是和谐。在中国的传统思想文化体系中，尊重自然自古有之，《荀子 · 王制》中说 ："草木荣华滋硕之时，则斧斤不入山林"，反映了一种和谐的生态理念。周代为了保护和管理山林川泽，专门设置了山虞、林衡、川衡、泽虞等职官[5]，陕西出土的周代"逨"鼎，生动记述了周宣王奖励逨将军保护山林这一过程，堪称中国历史上第一尊"国家绿化奖杯"。随着社会的发展，道家、儒家思想的出现与繁荣影响到园林的建设中，"智者乐水，仁者乐山"，山水、植物等一切自然要素成为精神寄托的载体，"天人合一"的哲学思想得到了普世的认同。《管子 · 五行》中"人与天调，然后天地之美生"，"道法自然"成为园林创作的基本源泉，"外事造化，中得心源"、"虽由人作，宛自天开"等造园思想，成为园林艺术创作的最高艺术境界。无论是皇家园林气势恢宏、移天缩地的巨制鸿篇，还是江南私家园林咫尺之地，再造乾坤神来之笔，寺观园林更以"天下名山僧占多"融化在大自然中，其核心思想是"师法自然"，体现园林是人与自然和谐的典范[6]。

今天，随着城市化的发展及其带来的环境问题日益严重，人们开始反思城市发展中的规划问题，积极探讨城市中人与环境的关系。英国著名规划师早在 60 年代就提出未来的城市建设要更多地以园林学而不是建筑学来规划我们的城市，为人与人之间的和谐创造良好的环境空间。1990 年，钱学森首先提出山水城市的概念，将城市建设成为具有中国特色的大园林。园林学科创始人之一吴良镛先生认为山水城市是提倡人工环境与自然环境相协调发展的，其最终目的在于建立"人工环境"（以城市为代表）与"自然环境"相融合的人类聚居环境，提出了人居环境学，扩大了现代园林的外延，反映了园林城市人与自然和谐的主题。追求城市生态良好、环境优美、和谐宜居，让生活在城市的人们平等地共享绿色环境，感受自然风光成为今天城市发展目标[7]。

3. 园林的灵魂

中国园林的灵魂是文化。中国园林与中国传统文化密不可分，可以说中国园林是中国传统文化的重要组成部分，同时又是中国文化传承与传播的载体，是具有生命力的文化形态。园林的发展历程反映了各个时代不同社会背景以及社会经济的兴衰，蕴含了多样化的哲学思想与文化理念，折射出了中国人独有的品格与品味。中国园林起源于商周秦汉，受"神仙思想"、"天人合一"和"君子比德"思想等的影响，逐步形成了自己的风格特色。魏晋南北朝时期，佛教传入、道教出现，诸家思想的活跃促进了园林的发展，隐逸思想得以充分体现，初步形成了皇家、私家、寺观园林体系。隋唐时期，盛极一时的文化艺术，绚丽多彩的文学、史学、建筑、雕塑、绘画、书法将园林与山水诗画融为一体，"外师造化，中得心源"的绘画理论也成为园林艺术创作的法则，中国古典园林的发展进入繁盛时期，王维的辋川别业就是这一时期园林艺术创作的典范。宋代以来，文化繁荣昌盛，科学技术长足进步。受宋徽宗的影响，文人参与造园并赋予园林诗情画意，文人思想融入园林之中，园林创作更加重视意境和内涵，中国古典园林的风格完全成熟，出现了以艮岳为代表的划时代的园林作品。明、清时期传承了古人的造园理念，园林形式更加丰富，造园技艺更加成熟，特别是清代以来，以康、雍、乾为代表在吸收汉文化与江南文人园林意境的基础上，结合满人的生活习惯开始从塞外到京城大规模的营建皇家园林。出现了一批代表不同地域风格的鸿篇巨制，多元文化尽显其中，成为今天人类共同的世界文化遗产。江南私家园林更是造园兴盛，成就了中国古典园林的辉煌，成为代表东方文明的有力象征。

中国园林兼收并蓄，博采众长，成就艺术辉煌的同时反映了很强的文化包容性和创新性。历代的造园者，以其丰富的想象力和创造力，创新造园手法和造园理念，丰富了园林文化的内容。从清代开始，无论是私家园林还是皇家园林中就出现了西方文化的元素，民国时期皇家园林陆续向公众开放，完成了从禁苑到公园的功能转换。城市公园开始建设，标志着公共园林成为城市的主体。新中国成立后，政府主导兴建了大批具有鲜明的时代特征的各类公园和城市绿地，反映了人民对美好生活的向往和精神追求，也见证着社会文化的不断进步。随着社会的不断发展，园林内涵不断扩大，文化不断丰富、类型不断多样，"文化建园"成为园林建设的指导思想，钱学森先生针对城市绿化曾一针见血地指出，没有文化内涵的园林不能称之为园林，只能叫"林园"。园林不是种树，是对一个城市文脉的传承，是城市的名片，是改善人居环境、维护城市生态健康的重要基础设施和文化载体。

4. 园林的本质

中国园林的本质是民生。中国古典园林承载了先民对理想栖居环境的追求。无论是"一池三山"还是"琼岛仙阁"，反映的都是追求神仙仙境以求长生不老的造园思想。到了秦汉时期，皇家的离宫别馆与自然山水环境结合起来，人与自然的和谐理念开始体现在造园活动中。魏晋时期，名流隐士通过寄情山水，享受山水之乐，成为精神生活的重要内容。唐宋时期，文人参与造园蔚然成风，私家造园赋予了更多的诗画情趣。元、明、清时期皇家园林的建设不但体现自身的生活习惯、文化背景与审美情趣，同时更多地融人皇帝心系国家、民族团结、国计民生等政治元素，如元代忽必烈亲耕田、清漪园耕织图、避暑山庄外八庙以及众多的敕建寺观等等。而不同时期的私家园林，在环境营造方面则更多地体现地域文化，同时将实用功能与精神功能更为统一，文人士大夫等社会阶层往往依园而居，挥毫泼墨、作赋吟诗、歌舞观戏、禊赏雅集，其乐融融，其情恰恰，成为中国上流社会独特的园居文化。隋唐时期佛道盛行，佛寺、道观大量出现，由于清修、禅定等对环境的要求，逐渐形成了自成一体的寺观园林，花木森森、流水潺潺，其本质形成人与自然和谐共生的理想人居环境。

近代文学家林语堂言"艺术和生活融为一体，达到了中国文化的顶峰——生活的艺术，这也是人类智慧的最终目的"，并写下了"理想之屋"表达了理想中的园居环境。《雅典宪章》提出城市规划的目的是解决居住、工作、游憩与交通城市四大功能活动的正常进行。由此可以看出，一个健康的城市离不开科学的绿地系统，更离不开园林绿化对城市的美化和艺术化提升。对于生活在城市而被日趋与自然隔离的人们来说，公园绿地是一个很好的亲近自然、享用自然的场所。城市园林已经成为国民经济发展的重要内容，园林建设成为民生建设的基本任务之一，对协调社会关系、规范社会行为、提升公众见识、应对灾害风险、促进社会和谐等多方面具有积极的意义。园林绿化以服务民生为根本宗旨，以建设和优化人居环境为最终目标，已成为提高居民健康生活质量的重要工作。从1992年国家建设部开展创建园林城市活动以来，截至2013年，全国已经有257个城市（区）被国务院命名为国家园林城市。国家园林城市的建设，极大地改善了城市人居环境，确定了园林在创建宜居城市的重要地位，城市园林绿化建设成为构建和谐、宜居、生态、文明城市中不可或缺的物质基础，维护着城市可持续健康发展，大大提升了老百姓生活幸福指数。

5. 结语

中国园林源远流长，博大精深，依托于钟灵毓秀的大地山川和积淀深厚的传统文化，成为中华艺术瑰宝。从古到今，园林始终是人们追求理想家园艺术手段，中国园林更是以其深厚的文化底蕴和多元的功能深刻地影响着人们的生活和精神追求，在世界园林体系中占有极为重要的地位。今天，中国已迈向生态文明健康发展的道路，中国园林以营造人与自然和谐的环境为目标，必将在实现美丽中国梦中发挥更大作用，让中国人在理想家园中诗意的栖居。

参考文献

[1] 李炜民．中国风景园林学科发展相关问题的思考 [J]. 中国园林，2012，(10)：50 ~ 52.

[2] 钱学森．不到园林，怎知春色如许——谈园林学 [J]. 中国园林，2010，26（2）：9.

[3] 鲍世行，顾孟潮．城市学与山水城市 [M]. 北京：中国建筑工业出版社，1994.

[4] 鲍世行．钱学森论山水城市 [M]. 北京：中国建筑工业出版社，2010.

[5] 周维权．中国古典园林史 [M]. 北京：清华大学出版社，2011.

[6] 孟兆祯．园衍 [M]. 北京：中国建筑工业出版社，2012.

[7] 吴良镛．人居环境科学导论 [M]. 北京：中国建筑工业出版社，2001.

前　言

PREFACE

公园是宜居城市建设的重要组成部分，它不仅是城市绿化美化、改善生态环境的重要载体，更重要的是它还肩负着提高公众精神生活质量等重要社会功能。北京市公园管理中心在北京市委、市政府的领导下，紧紧围绕首都城市环境建设和行业发展的目标要求，开展了一批具有创新性和针对性的科研项目，在城市生态、景观提升、科普宣传、公园文化等方面涌现了一批高水平的科技成果，促进了首都城市园林绿化事业发展。

2010 年、2011 年是以世界城市标准加快推进"人文北京、科技北京、绿色北京"建设的重要时期。市公园管理中心着眼于"十二五"的发展有针对性地确立了一批重点科研项目，这些科研项目立足公园、面向行业，着力发挥科技引领支撑作用，丰富了园林植物新品种，提升了城市景观效果，改善了城市生态环境，充实了城市文化内涵，进一步发挥了园林在城市建设中的重要作用，这其中无不凝结着广大科技工作者的聪明才智和辛勤汗水。

《北京公园生态与文化研究 2》是北京市公园管理中心成立以来第三本以获奖科研课题为内容的书籍，全书收集了 2010 年、2011 年两年获奖的科技成果，共计 41 篇，资料翔实、内容丰富，既有理论又有实践，全面总结了两年来北京市公园管理中心的科技成果，我们希望通过本书的编写，努力为广大科技工作者搭建一个学术技术的交流平台，促进各学科学术技术研究，不断提高科研水平，同时对公园和园林行业实践具有较强的指导意义，希望广大科技工作者集聚智慧，开拓进取，为推进公园和行业的科学发展做出新贡献。

由于编者经验和水平有限，书中疏漏或不当之处在所难免，敬请读者批评指正。

编者

目　录

CONTENTS

2010 年获奖作品

科学制度对明清时期陶然亭历史文化发展的影响…… 吕新杰　杨　艳　003

不同色系玉簪品种的光适应性研究…… 刘东焕　赵世伟　王雪芹　樊金龙　009

新优玉簪品种的特性及应用…… 刘东焕　赵世伟　王雪芹　015

万寿菊杂交一代遗传多态性的 SRAP 标记分析…… 徐　进　赵梁军　张西西　王　涛　董爱香　020

历史名园植物景观的传承

——以香山公园历史文化植物景观的保护和恢复为例…… 周肖红　025

北京城市公共绿地景观格局研究…… 郭　佳　谢军飞　李　薇　030

利用树干电容对银杏树体健康程度定量测定的研究…… 巢　阳　034

历史名园掇山典范

——北海叠石的研究…… 杨宝利　宋利培　高苏岚　042

北京公园牌示系统规划的探讨…… 肖　方　赵　靖　吴兆铮　肖忠桥　047

公园导向标识与人员安全的探讨…… 肖　方　朱　伟　王保强　赖娜娜　050

万寿菊亲本的选育及杂交育种研究…… 张华丽　辛海波　王　涛　董爱香　顾亚东　054

以工作过程为导向的园林专业课程开发研究…… 马　玉　马宪红　马　垣　于红立　杨　艳等　061

北京动物园圈养珍稀动物贫血状况调查及原因分析…… 杨明海　张成林　普天春　贾　婷　罗　毅等　067

生态文明背景下北京西北郊城市湿地保护与发展研究…… 高大伟　缪祥流　李　妍　075

乾隆年间的樱桃沟、碧云寺至玉泉山引水工程…… 樊志斌　081

遮荫对牡丹光合特性及观赏品质的影响…… 朱　莹　宋　华　赵世伟　王莲英　086

北京露地蜡梅冬季开花的研究…… 陈进勇　李菁博　094

北京市免票公园可持续发展研究…… 徐　新　099

以颐和园排云殿建筑群内檐修缮实践为起点的中国传统建筑内檐棚壁糊饰

工艺应用的初步研究…… 秦　雷　王敏英　毛全陵　103

北京植物园桃花种质资源收集保存及桃花专类园建设研究…… 付俊秋　胡东燕　赵世伟　111

《红楼梦》中同名植物辨析…… 康晓静　117

绿化废弃物堆肥化处理模式和技术环节的探讨…… 周肖红　128

北海的历史文化研究

——北海公园的桥…… 任明杰　134

京味盆景小菊优良品种评价指标体系初探…… 陈秀中　杨　艳　齐　静　金　燕　143

小尺度气象模式在北京城市绿地建设规划中的应用研究…… 谢军飞　李延明　韩丽莉　郭　佳　桑建国　150

微生物菌剂对园林绿化废弃物堆肥养分的影响…… 李　芳　勇　伟　白雪薇　刘　倩　155

大型鸟类生态标本制作技术的研究总结……………………… 李　辉　吴　楠　赵　岩　牛　锐　肖　方等　160
天坛古树保护复壮技术研究………………………………………… 牛建忠　张　卉　姜秀玲　167
景山寿皇殿历史文化研究…………………………………………… 张富强　颜　喆　韩佳月　171
天坛公园智能化服务项目…………………………………………………………… 周子牛　179
中原牡丹与日本牡丹杂交研究……………………………… 高　岚　孟　媛　邹　雯　朱淑云　184

2011 年获奖作品

城市园林大树修剪的探讨…………………………………………… 罗　颖　张　卉　牛建忠　195
颐和园彩画病害评估与保护修缮方案的探讨
——以谐趣园彩画修缮为例………………………………………………………… 陈　娇　200
颐和园青绿颜料特征及光老化规律初步分析…………………………………………… 闫晓雨　208
白皮松衰弱原因分析及复壮技术…………………………………… 张品水　周明洁　李　晶　214
陶然亭公园月季园栽培管理技术研究…………………… 史新欣　张兰春　马媛媛　周渭栋　222
观赏昆虫的饲养、繁殖与展示研究………………………… 周　娜　徐　康　周　伟　赵晓黎　228
浅析竹文化的景观表现形式……………………………………………… 范卓敏　冯小虎　231
北京市中山公园梅花引种研究……………………… 赖娜娜　吴西蒙　张黎霞　柴思宇　孟令旸　237
北京市中山公园梅花栽培养护技术………………… 赖娜娜　张黎霞　胡文红　范桂义　关富生　243
中山公园传统兰花的养护繁殖……………………………………… 赖娜娜　陈红梅　唐　硕　247

2010年获奖作品

2010nian huojiang zuopin

科举制度对明清时期陶然亭历史文化发展的影响

北京市陶然亭公园管理处 / 吕新杰　杨　艳

摘　要：在明清时期已经非常成熟和高度发达的科举制度，成为当时对社会全方面影响的重要制度，它所产生的文官群体在陶然亭地区留下了数量众多、丰富绚丽的文化活动和文学作品，本课题首次从科举制度对社会历史文化的影响这一角度，考证、研究了以301位科举士人为主体的文官群体在陶然亭地区的历史文化活动，他们产生的大量优秀的文学作品和丰富的文学活动，对明清时期陶然亭地区历史文化产生了深远的影响。

关键词：陶然亭　科举制度　文官群体　士子　雅集

科举制度是中国古代重要的取士选官制度。它始创于隋，形成于唐，完备于宋，成熟于明清，前后延续1300多年，对社会各方面有着广泛而深刻的影响。在中国古代历史上，没有任何一个制度，可以同科举制度那样对政治、经济、军事、文化、教育等社会各领域产生巨大而深远的影响。

明清时期是中国古代科举制度发展的鼎盛时期。明代和清代的政风、仕风，以至几乎所有角落，都弥漫着浓厚的科举气息，各种社会生活和社会关系都存留着科举制度的氛围和影响。明清科举制度是为封建政治的选官制度服务的，由于等级森严的三级考试和层层选拔的详密措施，它所产生的大量官员群体，具有较高的政治素养和文化底蕴，成为当时的社会精英，深刻影响着社会政治、文化的发展。

对陶然亭地区历史文化发展有着深刻影响的官员群体，绝大部分来自科举考试。在他们的人员构成中，清时期的文官占有主要部分，他们是清代科举制度的产物。另有部分文官生活在明代和明清交替之际，他们的身上有着明代科举的深深烙印。

1　陶然亭地区历史文化的地域范围及其成为文官群体集聚的原因

陶然亭地区历史文化的地域范围包括：慈悲庵、龙泉寺、窑台（黑窑厂）、黑龙潭、刺梅园、兴诚寺（龙爪槐、龙树寺）、陶然亭、封氏园（风氏园）、祖园为主的园林、寺庙。其中陶然亭、慈悲庵、窑台、龙树寺、龙泉寺至今仍有较完整的地面遗存，而黑龙潭、刺梅园、封氏园（风氏园）、祖园已荒废无存。在清代，由科举而产生的文官群体（本课题已考证出重要历史名人301人）的足迹遍及这些地区，产生了大量的文化活动和文学作品，其诗歌内容涵盖了陶然亭地域。

1.1　始建于元代的寺庙园林：慈悲庵和龙泉寺

1.1.1　慈悲庵

慈悲庵为元代古刹，《日下旧闻考》中对慈悲庵有明确的记载：

> 慈悲庵在黑窑厂，庵西偏为陶然亭。
>
> 慈悲庵，康熙二年重修，侍读北平田种玉碑谓创

于元，沿于明，则招提胜境由来久矣。①

据此可知，慈悲庵位于黑窑厂，即今陶然亭公园中部，窑台南侧（图 1）。田种玉撰写的《重修黑窑厂观音庵碑记》碑原在慈悲庵前院北大殿殿廊东头，可惜毁于“文革”期间。现中国国家图书馆保存有该碑拓片。但拓碑时，字迹已极难辨认。首句为：“观音庵者，普门大寺香火院也，创于元，沿于明，重兴于……”之后就辨认不清了。康熙二十五年（1686 年），也就是立碑的 23 年后，《日下旧闻》的编写者朱彝尊将其记录于书内。之后，乾隆《日下旧闻考》和清末《光绪顺天府志》根据这个碑记，认定慈悲庵创建于元代。

图 1　慈悲庵山门

图 2　窑台

图 3　倚新亭（原黑龙潭地区）

1.1.2　龙泉寺

龙泉寺为元代古刹。《日下旧闻考》载：

> 龙泉寺在黑窑厂西。
>
> 龙泉寺东距黑窑厂半里许。碑载明成化间僧智林修复，本朝康熙间僧海爨重修，其为缁流挂锡之地旧矣。②

《日下旧闻考》记载了当时寺内的明、清两块石碑，碑文较为详尽地介绍了龙泉寺两次重修的情况。陈宗蕃《燕都丛考》引《顺天时报丛谈》：“黑窑厂之西有龙泉寺，寺为元代古刹，经明万历间改建，清时重修，益形扩大，遂为缁流挂锡之所，素称八大长住之一，为北京有名之大寺。”③

何孝荣《明代北京佛教寺院修建研究》考证：“龙泉寺，至元二十四年（1287 年）建。据《元统一志》卷 1《中书省统山东西河北之地 · 大都路 · 古迹》，寺在金朝旧城开阳东坊。开山第一代禅师谷氏净端号龙泉老人创建，‘因以龙泉名其寺’，‘至元二十四年立碑’。”④ 金中都开阳东坊位置与今龙泉寺位置大致相同，其所指寺庙应就是龙泉寺，可见其寺应始于金元时期。

1.2　兴于清时期的七处园林：窑台（黑窑厂）、黑龙潭、刺梅园、兴诚寺（龙爪槐、龙树寺）、陶然亭、封氏园（风氏园）、祖园

1.2.1　窑台（黑窑厂）

黑窑厂始建于明代，地域范围北至南横街，南至城墙根，包括今公园东部大部分地区。窑台是其中心位置，且地势最高，成为黑窑厂地区的代表，在清朝的文学作品中多称其为“黑窑厂”或“黑窑台”（图 2）。

1.2.2　黑龙潭

黑龙潭清初期最盛，清末民初时已荒废。其地域为现今先农坛以西，南至城墙根，北至公园东湖，西至公园内倚新亭（图 3）。

① （清）于敏中 . 日下旧闻考 [M]. 北京：北京古籍出版社，1983：1000。
② （清）于敏中 . 日下旧闻考 [M]. 北京：北京古籍出版社，1983：1001。
③ 陈宗蕃 . 燕都丛考 [M]. 北京：北京古籍出版社，1991：663。
④ 何孝荣 . 明代北京佛教寺院修建研究 [M]. 南京：南京大学出版社，2007：83。

图 4　东湖（原刺梅园地区）

图 5　陶然亭

1.2.3　刺梅园

刺梅园位于黑龙潭北，乾隆后期荒废。但从清初的文人诗咏中，可以看出它当时的盛况（图 4）。

1.2.4　兴诚寺（龙爪槐、龙树寺）

兴诚寺，即今龙树寺，清初称兴诚寺，因有一株古槐，亦称龙爪槐。位于今陶然亭公园内西岸抱冰堂一带。

1.2.5　陶然亭

陶然亭建于康熙三十四年（1695 年），工部郎中江藻所建。建成后，声名鹊起，成为京城士子的聚集之地，历三百年不衰（图 5）。

1.2.6　封氏园（风氏园）

封氏园位于公园内华夏名亭园景区之东部，以其中一株苍天古松闻名。在清初为文人墨客觞咏之地，至清中期荒废。

1.2.7　祖园

祖园位于黑龙潭北，先农坛西，园内有田间小路，有阁楼类建筑，可凭栏远眺。至清中期荒废。

1.3　陶然亭地区成为文官群体集聚的原因

陶然亭为中国四大名亭之一，历三百年不衰。以其为核心的陶然亭地域是著名的燕京名胜，享有“都门胜地”之美誉。从有关北京历史文化的书籍以及大量清代文学中，可知陶然亭地域在清代的知名度是很高的，“宇内无不知有此亭者”。窑台、龙树寺等园林、寺庙也是闻名于京城内外，为科举士子向往之地。其成为都中一胜的原因主要是：

（1）清初京城居住政策实行满汉分治，汉人聚集南城，形成当时中国知识分子最集中的地区。南城随着经济的发展和人口的增加，此后绵延数百年而形成一个稳定的士人集中地，其独有的人文环境使陶然亭处于浓厚的文化氛围之中。

（2）科举制度应运而生的大量举子，云集南城。清代科举考试每三年一次，逢考试，将有近万人进入京城。外地举子进京赶考，进京路线多由卢沟桥入广安门，落脚南城最为便利。考试落选后在京备考的举子也多滞留在南城。这些举子成为京城士人队伍中的重要部分，他们的居住地多为会馆，光绪三十二年（1906 年）统计南城会馆达 254 家，分布于宣南 108 条胡同、街道之中。[①] 如粉房琉璃街、米市胡同、潘家胡同各有 8 座会馆，烂缦胡同有 6 座会馆，这些会馆散布在陶然亭地域，与陶然亭毗邻。

（3）京城拥有庞大的国家官僚队伍，其中非旗人官吏中，除少数高官或近臣被准许住在内城外，其余汉人官僚均住在城南。各省进京述职官员和外放官员，也住在南城会馆。除在京任职的官员和在京入幕的士人外，还有一部分来京述职和等待外放的官员以及处于士人群体边缘的大量书吏等。这一庞大的士人群体，无论是同年、同乡、同门，还是交游、雅集、聚友，多以陶然亭地区为首选。

（4）从京城内园林山水稀缺来看，文人士子春秋佳日宴集觞咏的场所，推崇陶然亭地域。清代内城皇家园林为禁地，文人士子游憩场所极为有限。而南城山水园林也较稀缺，文人士子常游之处，有陶然亭、万柳堂、报国寺、天宁寺、长椿寺、崇效寺等，但只有陶然亭地区最具规模。

2　清初文坛“海内八家”在陶然亭地区的雅集

作为清初第一代诗人群体的“海内八家”是对清初文坛和陶然亭地区都有着重要影响的文化学术群体。这其中有清初文坛领袖王士禛，有时称文坛“南施北宋”的施闰章和宋琬，有以名相主持文坛数十载的陈廷敬，有英年早

① 侯仁之. 北京城市历史地理 [M]. 北京：北京燕山出版社，2000：495。

逝的王士禄，势态冷峻的曹尔堪，气度雍容的沈荃。这八人都出生于明代，有的在明末就已取得科举功名。他们在京城时常举行各种文学活动，而在陶然亭地区的修禊和雅集尤为活跃。

2.1 均为科举出身的“海内八家”是清初陶然亭地区的常客

2.1.1 王士禛

王士禛(1634 ~ 1711 年)为顺治十五年(1658 年)进士。官至尚书。

“海内八家”中，王士禛到陶然亭地区最多，其游历过黑龙潭、黑窑厂、风氏园、祖园，均有诗作，如《黑窑厂登高》七律四首，《风氏园老松》等。

2.1.2 施闰章

施闰章（1618 ~ 1683 年）为顺治六年（1649 年）进士，康熙十七年（1678 年），入都应“鸿博”试，列第二等第四名。

施闰章是陶然亭地区的常客，诗篇较多。有《同诸公陪侍叶阁学先生集黑龙潭即奉和寓舍对花歌韵》、《重九日过风氏园》、《祖氏园有感》等。

2.1.3 宋琬

宋琬（1614 ~ 1674 年）顺治四年（1646 年）成“恩科”进士。官至四川按察使。

宋琬曾参加黑龙潭雅集。

2.1.4 陈廷敬

陈廷敬(1640 ~ 1712 年)为顺治十五年(1658 年)进士，改庶吉士。官至尚书。

陈廷敬参加了窑台饯行，还曾邀徐乾学、朱彝尊、姜宸英在窑台登高聚会。

2.1.5 曹尔堪

曹尔堪(1617 ~ 1679 年)为顺治九年(1652 年)成进士，改庶吉士。充会试同考官。

曹尔堪约于顺治十六年（1659 年）重阳节时，与王士禛、彭孙遹一同在窑台登高，还参加了黑龙潭雅集。

2.1.6 程可则

程可则(1623 ~ 1673 年)顺治九年(1652 年)会试第一。官至桂林知府。

程可则与刘体仁、王士禛、李天馥等游祖氏园，程有诗《杨鄂州职方招同公勇贻上湘北存素游祖氏池亭分韵》。程可则还是刺梅园饯行谭吉璁联句的参加者。

2.1.7 王士禄

王士禄(1626 ~ 1673 年)为顺治十二年(1652 年)进士。官至吏部考功司员外郎。

王士禄曾参加黑龙潭雅集。

2.1.8 沈荃

沈荃（1624 ~ 1684 年）为顺治九年（1652 年）探花。官至礼部侍郎。

沈荃曾参加黑龙潭雅集。

2.2 “海内八家”在陶然亭地区的雅集

“海内八家”在陶然亭地区的大规模雅集有两次：黑龙潭雅集和窑台饯行。其中黑龙潭雅集最负盛名。

2.2.1 施闰章、宋琬、曹尔堪、沈荃、王士禄、程可则、王士禛参加的黑龙潭雅集

清初黑龙潭为京城士人游憩之地，多家诗集均有记载。此地有亭台楼阁，文人墨客登高望远，尤其是每年重阳节，更为热闹。这次雅集，“海内八家”除陈廷敬外，齐聚黑龙潭，成为“海内八家”在陶然亭地区最华美的一次亮相，在陶然亭历史文化发展中留下精彩的一页。

黑龙潭雅集，诗人均有诗。施闰章诗：

《黑龙潭树下晚集分得浊字呈龚大宗伯，是夕，同荔裳、顾庵、绎堂、西樵、周量、阮亭、次山、蕖子、铁夫、青藜、陶季、谷梁》

长安车马间，何处寻岩谷。竭来帝城隅，究似春江曲。
方泽横松林，西山明竹屋。晚云薄绛霄，浮动累百幅。
徙席藉芳草，龙潭荫乔木。窟穴深晦冥，鳞角隐盘蹙。
海桐翳拥肿，枯桑炯空腹。水气与林阴，连天涨寒绿。
主人丘壑怀，金龟换醽醁。杯从鱼鸟亲，耳谢筝笛俗。
明星悬树颠，宵钟响地轴。耆旧感漂蓬，聚散如转烛。
苦留永夕欢，颇嗔仆夫促。妙理在春醪，更酌不辞浊。①

2.2.2 康熙七年的窑台饯行

康熙七年（1668 年）八月十一日，龚鼎孳在窑台设宴，为外迁陇西道的董文骥饯行。参加聚会的有：龚鼎孳（芝麓）、陈维崧（其年）、刘体仁（公勇）、王士禛（贻上）、吴国对（玉随）、梁熙（曰缉）、汪琬（苕文）、陈廷敬（子端）、李天馥（湘北）、魏学渠（子存）、程可则（周量）。“海内八家”中有王士禛、陈廷敬、程可则参加了此次饯行并且都留有诗篇，王士禛诗：

《大司马龚公招同刘公勇吴玉随梁曰缉汪苕文程周量李湘北陈子端陈其年集城南饯送董玉虬御史赴陇右分用杜公秦州诗韵得间字天字》

其一：

送远逢秋社，西风岐路间。单车三辅客，乡梦五湖山。
折槛心元苦，乖槎使未还。陇头呜咽水，想象鬓毛斑。

① （清）施闰章 . 施闰章诗 [M]. 扬州：广陵书社，2006：185。

其二：

陇陂高无极、西行欲上天。秦州秋望阔，寥落几烽传。

戍鼓连天水，长城到九泉。营平方略熟，吹角罢防边。[①]

3 孔尚任在陶然亭地域的交游

孔尚任是清初著名历史剧作家，所作传奇剧《桃花扇》与洪昇《长生殿》被称为"南洪北孔"，两剧是康熙时期照耀文坛的璀璨双星，代表了中国古代历史剧的最高成就。同时，孔尚任也是著作等身的文学家，在诗歌、散文创作方面亦有很高成就。

孔尚任（1648 ～ 1718 年）于康熙二十四年（1685 年）正月，破格任国子监博士。赴京任职期间，住宣武门外海波街。空闲时间，或吟咏诗歌，或挑灯夜读，或鉴赏金石文物，而大部分时间则是在写《桃花扇》。也许正是因为一部《桃花扇》，孔尚任于康熙三十九年（1700 年）三月初晋升户部广东清吏司员外郎后 20 余天，即被莫名罢官。

《桃花扇》的主题思想是"借离合之情写兴亡之感"。借侯方域和李香君的一段爱情故事，反映了国家的兴亡。"知三百年基业毁于何人？败于何事？歇于何地？"这是国破家亡的爱情悲剧，更是明朝亡国的历史悲剧。中国的戏曲都是大团圆的结局，即是经历艰难困苦，但最终仍是喜庆团圆。可是孔尚任写《桃花扇》却是侯、李见面后出家分手，没有团圆。孔尚任把离合之情贯穿在国家兴亡之中，这是前无古人的现实主义大手笔，这也正是作者的伟大之处。

孔尚任在京城做官 18 年，一直住在陶然亭附近，经常与友人同来游憩。经查其诗文，在这里写下七首诗。可知其到过刺梅园、龙泉寺、窑台、黑龙潭、张氏园。无论是春日修禊，还是重九登高，在陶然亭这片土地上，都留下了诗人的足迹。

康熙四十一年（1702 年）春，孔尚任已罢官两年，困顿京城，与友人同游黑龙潭并有诗：

《上巳同方一峰、高一山、儿衍谱南城黑龙潭修禊》

乱冢颓垣似野村，人烟隔绝九重门。

才流晓雨寒留迹，初染春波色有痕。

白发听残多杜宇，红尘数过几王孙。

无穷兴感逢今日，但取兰亭理共论。[②]

这年冬暮，孔尚任离开京城，回到曲阜，直至终老。

4 林则徐和辛未同年的龙树寺雅集

林则徐（1785 ～ 1850 年）为嘉庆十六年（1811 年）殿试二甲第四名，朝考第五名，赐进士出身，选翰林院庶吉士，授编修。这一年林则徐年仅 27 岁，可谓少年才俊。

林则徐是陶然亭的常客，他于嘉庆十八年（1813 年）十一月移寓陶然亭北面不远的粉房琉璃街，直至嘉庆二十五年（1820 年）出任杭嘉湖兵备道之前，就一直居住在这里。最为珍贵的是，林则徐为陶然亭题楹联一副"似闻陶令开三径，来与弥陀共一龛"，现仍悬挂在陶然亭上（图 6）。

道光十年（1830 年），林则徐守制回京。四月二十二日，与辛未同年四十三人在龙树寺重聚，林则徐撰《龙树院雅集记》以记其事：

是日也，宿雨新霁，微风未熏，其地有琳宫梵宇，林木幽翳，院中古槐蟠拏若鳞爪，俗所称龙爪槐是也。院前三楹，僧月亭所新拓，轩櫺洞开，埜色在户，左右两小楼可瞰西山，其东与陶然亭衡宇相望，南则复城雉堞，森森然雄于郊畿。俯视菰芦葭苇，一碧无际。雨后积潦渐澄，凫鸭相出没，风过萧萧作声。夏日有凉秋意，游燕之乐，几忘其在软红尘土中也。

和辛未同年的相聚，是林则徐此次在京最频繁的交游活动。自辛未会试迄今，已历二十寒暑，同年得知林则徐和周凯到京，"喜其来，惜其别，惓惓然，惟恐不得晨夕聚"，先后"文酒款恰无虚日"。四月二十二日，更在龙树寺举行一次雅集，到会者 34 人。周凯当场濡墨绘图，林则徐挥毫作记。

图 6 林则徐所题楹联

① （清）王士禛. 渔洋精华录集释 [M]. 1999：616。

② 徐振贵. 孔尚任全集辑校注评 [M]. 2004：1657。

林则徐从政40年，历官13省，是著名的封建政治家，地主阶级改革派的代表人物。虽然作为封建官吏，存在忠君思想，镇压过少数民族起义，但在中华民族面临沦入半殖民地的紧要关头，他挺身而出，置祸福荣辱于度外，坚决实行禁烟，抵抗外国武装侵略，捍卫了国家主权和领土。而其在陶然亭地区参与的社会活动和留下的文学作品，亦在陶然亭历史文化发展史上占有重要地位。

5 道光十六年的“江亭展禊”和黄爵滋的禁烟主张

道光十六年（1836年）四月四日的“江亭展禊”以人数之多，规模之大，颇邀一时之誉。参加者有48人，符群贤之数，在规模上超过了以往任何一次雅集，此后也极盛难继。

仿照“兰亭修禊”，京城文人由6位主人约定各延请7位客人，共48人参加。6位主人是鸿胪寺卿黄爵滋、叶绍本，翰林院编修徐宝善、黄琮，户部主事陈庆镛，户部员外郎汪喜孙。

据黄爵滋《仙屏书屋初集年记》卷二十一所收，计有陈庆镛、梅曾亮、丁晏、王汝霖、吴嘉宾等人的序，陈立（卓人）《释禊》，张补山、李禾叔的记，杨士达（希临）的跋，臧纡青（牧庵）的赋，叶绍本、徐宝善、黄琮、汪喜孙、郭仪霄（羽可）、刘宝楠（楚桢）、潘德兴（四农）、汪全泰（大竹）、黄钊（香铁）、戴絅孙（筠帆）、蒋湘南（子潇）、张际亮（亨甫）、江开（龙门）、孔继（宥函）、鲁一同（兰岑）、符兆纶（雪樵）等30余人的诗，这些诗文的主要内容，一是追溯兰亭典故，二是形容陶然亭周围景色之美与登临之胜。

这次大型聚会，是由黄爵滋发起的，他还专门为这次聚会作了《江亭展禊启》：

> 城南有陶然亭者，江翁之遗构也。北瞻琼岛，西挹翠微，菰芦方长，莺燕乍至。序惟除月，日有庆云，时则雩祀礼成，庆榜将发。布德行惠，天子所以祈泽；出门同人，吾侪所以观志。宜展曲水之期，爰仿右军之例。古人往矣，茧鼠之迹犹新；君子至止，主客之图可绘。跂兹同好，勿有遐心。

如果仔细观察，“江亭展禊”这样大规模的活动与一定的政治背景相关，道光十六年（1836年）正是鸦片战争爆发前夕。黄爵滋、徐宝善是严禁鸦片的代表人物，黄爵滋与林则徐、龚自珍、魏源等，主张刷新吏治，扫除贪污，巩固边防，推动禁烟运动的发展。“江亭展禊”后第二年，黄爵滋于道光十八年（1838年）上疏，痛陈鸦片输入之祸，主张重治吸食，限期一年戒烟，逾期仍吸食者处死。道光二十年（1840年），黄爵滋调刑部右侍郎，两次至福建视察海防，奏《海防图表》，力主加强军备，抵御外敌。

此去经年，京城的修禊活动反而寥落了。参加“江亭展禊”的一些人分散至各地，回原籍或京外任职，甚至辞世。曾参加“江亭展禊”的江苏举人刘宝楠于道光二十年（1840年）来京会试，并中进士。其再度来到陶然亭抚今追昔，此时徐宝善已经去世，黄爵滋外任，人去楼空。只有江亭依旧，见证了曾经的盛极时刻。

不同色系玉簪品种的光适应性研究

北京市植物园城乡生态环境北京实验室 / 刘东焕　赵世伟　王雪芹　樊金龙

摘　要： 本研究选取了8个典型的玉簪品种为实验材料，系统研究了不同色系玉簪在不同光照水平下的叶生长情况、光合能力、叶绿素含量、开花情况及分株能力等。结果表明，全光下的叶片都有不同程度的焦边或漂白现象，最大净光合速率和开花量也是以全光下最低，表明玉簪不耐强光，是耐阴植物。但并不是越阴越好，8种玉簪的最大净光合速率、开花量、分芽量基本表现出随光强降低先升高后降低的趋势。综合分析不同色系玉簪品种的营养生长和生殖生长所需要的适宜光强，白玉簪、'蓝男孩'、'金色欲滴'、'秋月'、'奥斯丁'和'月光失色'生长的适宜光强为全光照的30% [450μmol/（m^2·s）]，'加拿大蓝'和狭叶玉簪分别是全光照的30%～50%和50%[750μmol/（m^2·s）]。

关键词： 玉簪　光合能力　叶绿素含量　花量　分芽

玉簪由于其具有花叶共赏、色彩丰富和适应性强等特点，已成为园林绿化中的重要阴生花卉，在园林应用中常被栽植于林下或建筑物的背面。但调查发现，如果林下光强过弱，其生长缓慢，分株能力差，甚至不能开花，就失去了其作为地被的价值，更谈不上其观赏性；如果光线过强，即使是林间隙的瞬间强光，也会使其叶片灼伤，影响其观赏性。但不同的玉簪品种对光强的反应又有所差异。前人的研究表明，蓝色和彩叶的玉簪在阴处的生长较强光下为佳，而绿、黄绿色以及黄叶的玉簪则能耐较强一些的阳光。[1]但我们在北京气候条件下的田间观察结果与以上结论并不完全一致。为此，在盆栽条件下，模拟四种光照水平，以6种典型的彩叶品种（'金色欲滴'、'秋月'、'加拿大蓝'、'蓝男孩'、'奥斯丁'和'月光失色'）和2种绿叶玉簪（白玉簪、狭叶玉簪）为实验材料，研究不同色系玉簪在不同光照水平下的叶生长情况、光合能力、叶绿素含量、开花情况及萌芽情况，以探讨不同色系玉簪品种生长的合适光强，为其在园林中的栽培、养护和应用配置提供理论基础。

1　实验材料和方法

1.1　实验材料及实验地概况

选用6种典型的彩叶玉簪，包括黄叶品种（'金色欲滴'、'秋月'）、蓝叶品种（'加拿大蓝'、'蓝男孩'）、花叶品种（'奥斯丁'、'月光失色'）和2种绿叶玉簪（黄绿叶的白玉簪和深绿叶的狭叶玉簪）为实验材料，8种玉簪长势一致，均为一年生分株苗。实验在北京植物园苗圃内进行，年平均气温12.8℃，夏季平均气温32℃，冬季平均气温 -2.5℃，日极端最高气温38℃，日极端最低气温 -13.8℃，年平均降雨量532.5mm，露天光照强度约为1500μmol/（m^2·s）。

1.2　光照处理

2008年4月选用遮光率不同的黑色尼龙网对实验材料

进行不同程度的光照处理。设全日照（100%）、50% 的透光率（T_1）、30% 的透光率（T_2）和 15% 的透光率（T_3）4 种处理。每个处理设 3 个重复，每个重复为 5 盆。生长过程中保证其他栽培条件一致。每盆 1 株，适应 1 年；2009 年春季开始测定。

1.3 测试目标及方法

1.3.1 叶面积和叶片数的测定

采集不同光照处理下新生长的成熟叶片，每种植物材料每个处理选取叶片 10 片，用便携扫描式叶面积仪量取长度、宽度，并计算叶面积；在生长末期，记录每个光照水平下每株玉簪的叶片数，计算其平均值。

1.3.2 最大净光合速率的测定

选择晴朗无风的天气，利用 CIRAS-2 型光合仪（PP System，UK）于上午 9：00 ～ 11：00 对选取的植物材料进行光合测定。每种植物材料每种处理选取 5 ～ 6 片成熟叶片。测定时利用人工光源，设定光强为饱和光强 400 μmol/（$m^2 \cdot s$），叶室温度为 25℃，相对湿度为 50%，二氧化碳浓度为大气二氧化碳，饱和光强下的光合速率即为最大净光合速率 P_n [μmolCO_2/（$m^2 \cdot s$）]。

1.3.3 叶绿素含量的测定

于植物叶片光合速率测定之后，采集与光合测定部位相似的同龄成熟叶片，每个梯度采取 3 ～ 4 片，用打孔器取叶片小圆片，称取单位质量叶圆片进行叶绿素含量测定。参考 Arnon 的方法，用 80% 的丙酮提取法，用 UV-2802S 型紫外—可见分光光度计进行测定。

1.3.4 花期和花量的测定

在玉簪开花期，记录每个光照水平下每种玉簪的初花期、盛花期和末花期以及花量，在记录花量时，计算其平均值。

1.3.5 萌芽量的测定

于春季萌芽期，记录不同光照水平下每种玉簪的萌芽数量，每种玉簪每一光照水平取植株 4 ～ 5 棵，最后取其平均值。

2 结果与分析

2.1 不同光照水平对玉簪叶片生长状况的影响

从不同光照水平下的叶色变化来看，全光下的叶色都有不同程度焦边或漂白现象，说明玉簪不耐强光（表 1）。

不同光照水平对玉簪叶生长的影响 表 1

玉簪种类	光强（%）	叶势和叶色	叶面积	叶数量
白玉簪 *H. plantaginea*	CK	叶漂白，卷曲	46.15±2.35c	7.00±1b
	50	叶色黄绿，稍焦边	82.91±1.23b	9.25±1.23a
	30	叶油绿色，旺盛	102.88±3.24a	9.00±1.02a
	15	叶深绿色，旺盛	120.54±4.56a	10.20±1.23a
狭叶玉簪 *H.lancifolia*	CK	叶绿色，稍焦边	71.82±3.45a	15.56±2.01a
	50	叶绿色，旺盛	82.13±2.56a	18.78±2.34a
	30	叶深绿色，旺盛	87.43±1.78a	18.92±1.23a
	15	叶深绿色，旺盛	69.20±1.23a	14.24±1.78a
‘金色欲滴’ ‘Gold Drop’	CK	叶漂白，焦边，长势弱	17.43±2.35c	11.60±2.34a
	50	稍焦边	29.36±1.23ab	11.40±2.56a
	30	叶金黄色，长势旺盛	35.31±1.35a	12.00±1.05a
	15	叶金黄色，长势旺盛	31.47±1.37ab	10.75±1.56a
‘秋月’ ‘August Moon’	CK	叶焦边，黄色，长势弱	12.00±0.34b	8.00±1.23b
	50	旺盛，稍有焦边	28.00±0.45a	11.3±1.45a
	30	旺盛，金黄色	28.00±0.14a	12.3±1.76a
	15	旺盛，金黄色，叶平展	24.00±0.12a	11.6±2.13a
‘加拿大蓝’ ‘Canadian Blue’	CK	叶蓝色，稍焦边	52.91±0.24a	8.67±1.04a
	50	叶蓝色，旺盛	52.39±0.18a	9.00±1.23a
	30	叶蓝色，旺盛	51.48±0.19a	8.75±1.07a
	15	叶蓝绿色，旺盛	51.34±0.34b	7.25±1.02a
‘蓝男孩’ ‘Blue Boy’	CK	叶小而弱，叶对折	6.00±0.04b	17.00±2.13a
	50	蓝色，旺盛	10.00±0.05a	11.00±1.14b
	30	蓝色，旺盛	12.00±0.02a	11.00±1.15b
	15	叶平展，旺盛	6.00±0.01b	10.00±1.23b
‘奥斯丁’ ‘Austin Dickinson’	CK	焦边，长势弱	18.00±0.05c	11.53±0.89a
	50	叶平展，旺盛	21.00±0.25c	12.00±1.23a
	30	旺盛	28.00±0.37a	12.52±2.13a
	15	旺盛	32.00±0.56a	9.00±1.45a
‘月光失色’ ‘Lunar Eclipse’	CK	焦边、皱缩，长势弱	18.00±0.05b	15.52±2.15a
	50	叶平展，旺盛	18.00±0.78b	16.00±2.45a
	30	旺盛	24.00±0.29a	12.00±1.67b
	15	旺盛	28.00±0.17a	11.00±2.56b

注：表中小写英文字母表示同种植物不同处理间在 5% 水平上差异显著。

其中白玉簪、‘金色欲滴’玉簪、‘秋月’玉簪即使在 50% 光强下叶色也有焦边现象，说明白玉簪、‘金色欲滴’和‘秋月’对光极其敏感。

不同光强下的叶面积基本表现出随光强降低先升高后降低的趋势。但不同玉簪品种叶面积的最适光强有差异。白玉簪、‘月光失色’和‘奥斯丁’以 15% 光强时的叶面积为最大，增加幅度分别为 161.19%、60% 和 78%。方差分析表明，‘白玉簪’、‘月光失色’和‘奥斯丁’在 15% 光照下的叶面积与 30% 光照水平下的叶面积差异不显著；‘金色欲滴’、‘秋月’和‘蓝男孩’以 30% 光强下的叶面积最大，增加幅度分别为 21.73%，102.58%，133.33% 和 100%，但‘金色欲滴’和‘秋月’在 15% 光照和 50% 光照下的叶面积与 30% 光照下的叶面积差异不显著；而狭叶玉簪和‘加拿大兰’在不同光照水平下的叶面积差异不明显。

叶片数除白玉簪和‘秋月’玉簪全光下明显偏低外，其他玉簪品种在不同光照水平下的差异不显著。

从以上数据分析，玉簪叶片在弱光下通过扩大叶面积来提高对光的利用率，进而适应弱光环境。但不同色系玉簪品种适应弱光的程度不同，‘白玉簪’、‘月光失色’和‘奥斯丁’约为全光照的 15% ~ 30%；‘蓝男孩’约为全光照的 30%；‘金色欲滴’和‘秋月’约为全光照的 15% ~ 50%；而‘狭叶玉簪’和‘加拿大蓝’较耐强光。

2.2 不同光照水平对玉簪光合能力的影响

光合速率是衡量植物光合能力的重要指标。表 2 揭示，8 种玉簪的最大净光合速率以全光下为最低，说明玉簪不喜强光。之后随光照的减弱，最大净光合速率基本呈现出先上升后下降的趋势。但不同种玉簪最大净光合速率的最

不同光照水平对玉簪光合能力的影响　　表 2

玉簪种类	光强（%）	P_n [μmol/（m^2·s）]	C_s [μmol/（m^2·s）]	E_{vap} [mmolH_2O/（m^2·s）]
白玉簪 *H. plantaginea*	CK	8.71±2.37c	122.7±19.6a	3.1±0.30a
	50	11.04±0.16a	131.8±9.20a	3.3±0.10a
	30	11.51±0.53a	108.6±9.10b	2.9±0.20b
	15	9.15±1.77b	90.3±15.70c	2.7±0.40c
狭叶玉簪 *H. lancifolia*	CK	5.80±0.12c	95.12±1.01c	4.40±0.03b
	50	8.45±0.13a	114.54±1.62a	5.49±0.03a
	30	7.79±0.13b	108.48±1.43b	3.12±0.05c
	15	5.05±0.15d	89.04±1.14d	3.02±0.04d
‘金色欲滴’ ‘Gold Drop’	CK	6.38±0.63c	70.4±4.90c	2.5±0.20b
	50	7.08±1.21b	71.2±14.80c	2.5±0.40b
	30	7.68±0.61b	83.3±13.50b	2.9±0.50a
	15	11.46±0.76a	107.3±48.80a	3.3±0.10a
‘秋月’ ‘August Moon ’	CK	2.49±0.23b	46.78±3.07c	1.45±0.28c
	50	3.64±0.34a	66.6±3.92a	2.52±0.17a
	30	3.19±0.54a	51.3±9.58b	2.19±0.34a
	15	3.16±0.17a	42.5±6.50d	1.71±0.26b
‘加拿大蓝’ ‘Canadian Blue’	CK	6.83±0.94c	56.5±8.40c	2.0±0.30b
	50	11.3±1.46a	109±5.9a	3.4±0.20a
	30	9.84±1.32b	82.4±6.9b	2.8±0.20b
	15	9.38±0.72b	75.8±13.4b	2.6±0.20b
‘蓝男孩’ ‘Blue Boy’	CK	4.53±0.71b	57.6±4.78c	1.99±0.14b
	50	5.1±0.43a	66±6.21b	2.43±0.031a
	30	5.12±0.74a	95.33±2.80a	2.47±0.20a
	15	5.23±0.42a	105.7±8.43a	3.4±0.18a
‘奥斯丁’ ‘Austin Dickinson’	CK	2.8±0.29c	43±9.46c	1.53±0.28b
	50	2.91±0.53c	58.83±4.75b	1.75±0.17a
	30	4.87±0.38a	82.3±11.29a	1.89±0.18a
	15	3.4±0.38b	78.89±6.25a	1.35±0.06b
‘月光失色’ ‘Lunar Eclipse’	CK	4.24±0.28b	66.75±9.91c	1.95±0.11b
	50	5.46±0.54a	91.13±8.61a	2.53±0.36a
	30	5.36±0.43a	78±3.02b	2.36±0.07a
	15	5.16±0.64a	74.8±13.8b	1.85±0.21b

注：表中小写英文字母表示同种植物不同处理间在 5% 水平上差异显著。

适光强是不同的。‘金色欲滴’和‘蓝男孩’以15%光强时的最大净光合速率最高，其中‘蓝男孩’15%光强下的最大净光合速率与30%和50%光照水平差异不显著；白玉簪和‘奥斯丁’以30%光强下的最大净光合速率最高，其中白玉簪在50%光强下的最大净光合速率与30%光强下的最大净光合速率差异不显著；‘秋月’、‘月光失色’、‘加拿大蓝’和狭叶玉簪以50%光强下的最大净光合速率最高，其中‘秋月’、‘月光失色’和‘加拿大蓝’在50%光强下的最大净光合速率与30%和15%光照水平下的最大净光合速率差异不显著。而狭叶玉簪在50%光照水平下的最大净光合速率与30%光照水平下的最大净光合速率差异不显著。

蒸腾速率和气孔导度随光强的变化趋势与光合速率的变化基本一致。但气孔对光强的反应更敏感，变化更快。

以上数据表明，不同玉簪品种光合能力表现出的最适光强不同：‘金色欲滴’的最适光强是全光照的15%，‘秋月’、‘蓝男孩’、‘加拿大蓝’和‘月光失色’的最适光强是全光照的15%～50%，‘奥斯丁’的最适光强是全光照的30%，白玉簪和狭叶玉簪的最适光强是全光照的30%～50%。

2.3 不同光照水平对玉簪叶绿素含量的影响

叶绿素是光合作用的主要色素，其含量和比例是植物适应和利用环境因子的重要指标。叶绿素的主要功能是选择性地吸收太阳光，叶绿素a主要吸收红光，叶绿素b主要吸收蓝紫光。因此，叶绿素b的含量相对提高（叶绿素a/b相对减小）可使植物提高对蓝紫光的利用效率[2-3]，适应于遮荫处生长。一般来说，叶绿素含量高，叶绿素a/b低的植物具有较强的耐阴性。遮荫条件下，叶绿素a+b和叶绿素b均增加，叶绿素a/b降低是植物利用弱光能力强的判断指标。[4-5]

表3揭示，遮荫条件下的叶绿素a、叶绿素b和叶绿素a+b的含量都高于对照，而且随遮荫程度的增加而提高，而*Chl* a/b表现出依次降低的趋势。表明，玉簪在弱

不同光照水平对玉簪叶绿素含量的影响　　表3

玉簪种类	光强（%）	*Chl* a（mg/g）	*Chl* b（mg/g）	*Chl* a+b（mg/g）	*Chl* a/b
白玉簪 *H. plantaginea*	100	0.37±0.01c	0.11±0.01c	0.48±0.01c	3.54±0.04a
	50	0.56±0.01b	0.16±0.01b	0.72±0.01b	3.33±0.06a
	30	0.61±0.01b	0.17±0.01b	0.78±0.01b	3.54±0.02a
	15	1.36±0.01a	0.43±0.01a	1.79±0.01a	3.17±0.03a
狭叶玉簪 *H. lancifolia*	100	1.54±0.03d	0.45±0.02c	1.99±0.03d	3.38±0.09a
	50	1.58±0.02c	0.47±0.02b	2.05±0.04c	3.48±0.06b
	30	1.64±0.01b	0.48±0.01b	2.12±0.03b	3.44±0.10c
	15	1.75±0.01a	0.52±0.01a	2.26±0.02a	3.35±0.08b
‘金色欲滴’ ‘Gold Drop’	100	0.38±0.01c	0.07±0.01b	0.45±0.01b	5.13±0.19a
	50	0.40±0.01c	0.06±0.01b	0.46±0.01b	6.12±0.84a
	30	0.85±0.01b	0.21±0.01a	1.06±0.01a	3.94±0.02d
	15	0.91±0.01a	0.22±0.01a	1.13±0.01a	4.03±0.03c
‘秋月’ ‘August Moon’	100	0.25±0.01b	0.08±0.01c	0.33±0.01c	3.12±0.01a
	50	0.29±0.01b	0.11±0.01b	0.40±0.01b	2.96±0.01a
	30	0.36±0.01a	0.13±0.01a	0.49±0.01a	2.85±0.01b
	15	0.38±0.01a	0.16±0.01a	0.54±0.01a	2.34±0.01c
‘加拿大蓝’ ‘Canadian Blue’	100	1.23±0.01b	0.38±0.01c	1.61±0.01b	3.21±0.01a
	50	1.27±0.01b	0.43±0.01b	1.70±0.01b	2.90±0.01a
	30	1.72±0.01a	0.75±0.01a	2.47±0.01a	2.29±0.01b
	15	1.82±0.01a	0.88±0.01a	2.70±0.01a	2.06±0.01c
‘蓝男孩’ ‘Blue Boy’	100	1.50±0.01c	0.38±0.01c	1.88±0.01c	3.87±0.01a
	50	1.65±0.01c	0.43±0.01c	2.08±0.01b	3.78±0.01a
	30	1.80±0.01b	0.53±0.01b	2.33±0.01b	3.35±0.01a
	15	2.38±0.01a	0.76±0.01a	3.14±0.01a	3.10±0.01b
‘奥斯丁’ ‘Austin Dickinson’	100	1.21±0.01c	0.31±0.01c	1.51±0.01d	3.87±0.01a
	50	1.64±0.01b	0.49±0.01c	2.13±0.01c	3.33±0.01b
	30	1.75±0.01b	0.52±0.01b	2.27±0.01b	3.35±0.01b
	15	2.11±0.01a	0.65±0.01a	2.76±0.01a	3.23±0.01c
‘月光失色’ ‘Lunar Eclipse’	100	0.49±0.01b	0.06±0.01b	0.55±0.01d	7.84±0.01b
	50	0.63±0.01a	0.07±0.01b	0.70±0.01b	8.18±0.01a
	30	0.55±0.01a	0.08±0.01b	0.63±0.01b	6.71±0.01c
	15	0.69±0.01a	0.12±0.01a	0.81±0.01a	5.79±0.01d

注：表中小写英文字母表示同种植物不同处理间在5%水平上差异显著。

光下具有较强的光利用能力，耐阴性强，是典型的阴生植物。[6-8] 但不同种玉簪叶绿素含量在遮荫处理下的增加幅度不同。白玉簪和‘金色欲滴’的叶绿素含量增幅为最大，在 15% 光照时的叶绿素含量增加幅度分别达到 272.9% 和 151.11%；其次是彩叶玉簪‘奥斯丁’、蓝叶玉簪‘加拿大蓝’和‘蓝男孩，增加幅度分别达到 79.92%，67.71% 和 67.05%；‘秋月’、‘月光失色’和狭叶玉簪增幅较小，增加幅度分别为 46.51%，43.13% 和 13.56%。

综合以上分析得出结论：玉簪在弱光条件下通过调节叶绿素含量来适应弱光环境，但不同种玉簪在弱光下的调节能力有所差异。白玉簪和‘金色欲滴’玉簪的调节能力较强；其次是‘奥斯丁’和两种蓝叶玉簪；‘秋月’、‘月光失色’和狭叶玉簪的调节能力较弱。

不同光照水平对玉簪开花期和开花量的影响　　表 4

玉簪种类	光强（% 全光照）	花期（d）	开花量
白玉簪 *H. plantaginea*	CK	9.06–9.12（7）	6.00±1.01b
	50	9.06–9.13（7）	7.00±1.03b
	30	8.20–9.11（21）	13.00±2.14a
	15	8.23–9.11（18）	9.52±1.78b
狭叶玉簪 *H. lancifolia*	CK	8.27–9.15（18）	12.00±1c
	50	8.27–9.25（28）	21.12±2.16a
	30	8.27–9.25（28）	18.00±2.02b
	15	8.30–9.20（20）	16.00±1.23b
‘金色欲滴’ ‘Gold Drop’	CK	7.18–8.25（37）	11.51±1.56b
	50	7.20–9.11（41）	12.52±1.45b
	30	7.20–9.11（51）	15.5±2.564a
	15	8.15–9.11（26）	13.53±1.56b
‘秋月’ ‘Aughust Moon’	CK	6.28–7.26（28）	18.23±2.67b
	50	7.02–8.02（30）	20.15±2.78a
	30	7.02–8.02（30）	25.00±3.13a
	15	7.10–8.05（25）	17.15±2.15b
‘加拿大蓝’ ‘Canadian Blue’	CK	7.15–8.13（28）	8.00±1.23c
	50	6.25–8.13（48）	15.52±1.89a
	30	6.25–8.13（48）	14.51±1.08a
	15	6.25–8.13（48）	11.51±1.13b
‘蓝男孩’ ‘Blue Boy’	CK	6.20–7.10（20）	40.12±3.14b
	50	6.25–7.20（25）	45.21±3.24a
	30	6.25–7.20（25）	45.23±3.23a
	15	6.30–7.29（29）	35.45±2.16c
‘奥斯丁’ ‘Austin Dickinson’	CK	7.29–8.28（29）	18.00±1.29c
	50	8.12–9.15（33）	20.00±1.36c
	30	8.15–9.20（35）	30.00±2.18a
	15	8.20–9.25（35）	25.00±2.09b
‘月光失色’ ‘Lunar Eclipse’	CK	6.20–7.10（20）	25.00±2.01c
	50	6.25–7.20（25）	30.00±2.06b
	30	6.25–7.25（30）	40.00±2.23a
	15	6.30–7.30（30）	25.00±1.34c

注：表中小写英文字母表示同种植物不同处理间在 5% 水平上差异显著。

2.4　不同光照水平对玉簪花期和开花量的影响

表 4 揭示，从花期和花量随光照水平的变化情况来看，基本表现出全光下的玉簪开花早，花期短，花量少；一定程度的遮荫使花期推迟，花期延长，花量增加；但如果遮荫程度过于严重，花量减少，花期也随之缩短。表明，玉簪的开花情况同样受到光照水平的影响，而且不同玉簪品种的开花量其最适光强也有所差异。白玉簪、‘金色欲滴’、‘秋月’、‘奥斯丁’和‘月光失色’以 30% 光强时的花期最长，花量最多；‘加拿大蓝’和‘蓝男孩’以 30% ~ 50% 光照水平下的花期最长，花量最多；狭叶玉簪以 50% 光强时的花期最长，花量最多。

2.5　不同光照水平对玉簪萌芽量的影响

从不同光照水平下萌芽量的变化情况来分析，基本都是以 50% 光照水平下的萌芽量最多，随光强的持续降低，萌芽量逐渐减少。因此，在低于 50% 的光照水平下不利

不同光照水平对玉簪萌芽量的影响　　表 5

玉簪种类	光强（%）	萌芽量（个）
白玉簪 *H. plantaginea*	100	4.54±1.04b
	50	6.34±1.23a
	30	3.33±0.06b
	15	2.12±0.05c
狭叶玉簪 *H. lancifolia*	100	5.25±0.09a
	50	6.05±0.08a
	30	4.23±0.15b
	15	3.56±0.19c
‘金色欲滴’ ‘Gold Drop’	100	4.23±0.18b
	50	6.26±1.12a
	30	3.78±0.98c
	15	2.24±0.17d
‘秋月’ ‘August Moon’	100	3.34±0.06b
	50	5.05±0.35a
	30	3.67±0.56b
	15	2.34±0.23c
‘加拿大蓝’ ‘Canadian Blue’	100	5.12±0.56a
	50	5.34±0.89a
	30	4.25±0.28b
	15	3.08±0.28b
‘蓝男孩’ ‘Blue Boy’	100	3.78±0.58b
	50	5.06±1.20a
	30	4.34±0.45a
	15	2.13±0.07c
‘奥斯丁’ ‘Austin Dickinson’	100	4.34±0.29a
	50	5.56±1.23a
	30	3.34±0.08b
	15	2.67±0.05c
‘月光失色’ ‘Lunar Eclipse’	100	3.12±0.06b
	50	4.45±0.36a
	30	2.67±0.23c
	15	1.09±0.12d

注：表中小写英文字母表示同种植物不同处理间在 5% 水平上差异显著。

于芽的产生，为提高芽的自然增殖率，光照强度应不低于50%。

3 讨论与结论

综合分析不同色系的玉簪品种在不同光照水平下的叶生长情况、光合能力、叶绿素含量、开花情况及萌芽情况（表6），可以看出：对于同一玉簪品种来说，营养生长和生殖生长所要求的光强是不同的。生殖生长的适宜光强应不低于营养生长所需要的适宜光强。

从营养生长或从叶的观赏角度来分析：'金色欲滴'的适宜光强最低，为全光照的15%；其次是月光失色，适宜光强是全光照的15%～30%；白玉簪、'蓝男孩'和'奥斯丁'的适宜光强是全光照的30%；狭叶玉簪的适宜光强是全光照的30%～50%；'秋月'和'加拿大蓝'的适宜光强是全光照的15%～50%。

从生殖生长或从观花的角度分析：玉簪生长的适宜光强应在全光照的30%以上，其中白玉簪、'金色欲滴'、'秋月'、'奥斯丁'和'月光失色'生长的适宜光强是全光照的30%；'加拿大蓝'和'蓝男孩'生长的光强范围较宽，生长的适宜光强是全光照的30%～50%；而绿色的狭叶玉簪要求的光强较高，适宜光强是全光照的50%。

综合分析不同色系玉簪品种的营养生长和生殖生长所需要的适宜光强，为保证玉簪花、叶俱佳的观赏效果，得出结论：白玉簪、'蓝男孩'、'金色欲滴'、'秋月'、'奥斯丁'和'月光失色'生长的适宜光强为全光照的30%[450 μmol/（m^2·s）]，'加拿大蓝'生长的适宜光强是全光照的30%～50%[450～750 μmol/（m^2·s）]，狭叶玉簪生长的适宜光强是全光照的50%[750 μmol/(m^2·s)]。

由此看来，黄绿叶、蓝绿叶、黄叶和花叶玉簪更喜阴，绿叶玉簪更耐阳，蓝叶玉簪喜阴也耐阳。这与前人结论有所不同，有研究报道，相对蓝叶或白斑叶玉簪品种更耐阴而绿叶或黄叶品种更耐阳。[1] 这可能与选择的玉簪品种有关，也可能与玉簪生长的环境有关。还需要进一步探讨。

但在生产上需要提高玉簪的自然增殖率，光强需要在50%[750 μmol/（m^2·s）]以上，这与前人的研究结论是一致的。[9]

参考文献

[1] Schmid WG. The Genus Hosta: Giboshi Zoku [M].Portland, Oregon: Timber Press, 1991.

[2] Boardman N K. Comparative photosynthesis of sunand shade plants[J]. Annual Review of Plant Physio1ogy, 1977, 28: 355-377.

[3] Goodwin T W, The biochemistry of Carotenoids[J]. Plant, Chapman and Hall, 1980, 5 (1): 529.

[4] Abram M D. Leaf structural and photosynthetic pigments characteristics of tree gallery forest hardwood species in Northeast Kansas[J]. For Eco1. Manage, 1987, 22: 261-266.

[5] Li J C, Su S M. Preliminary study on the shade toleranceofHemerocallis citrina plant[J]. Acta Ecologica Sinica, 1994, 14 (4): 444-446.

[6] 王雁，苏雪痕，彭镇华 . 植物耐阴性研究进展 [J]. 林业科学研究，2002；15（3）：349-355.

[7] 王绍辉，郝翠玲，张振贤 . 植物遮荫效应的研究与进展 . 山东农业大学学报，1998，29（1）：130-134.

[8] 文军，刘金祥，赵玉红 . 草本植物遮荫效应的研究进展 [J]. 草业科学，2007，24（9）：93-97.

[9] 张金政，施爱萍，孙国锋，石雷，张启翔 . 玉簪属植物研究进展 [J]. 园艺学报，2004，31（4）：549-554.

玉簪叶生长情况、光合能力、叶绿素含量、开花情况及萌芽量的最适光强　　表6

玉簪种类	叶生长情况	光合能力	叶绿素含量	开花情况	萌芽量
白玉簪 *H. plantaginea*	15%	30%～50%	15%	30%	50%
狭叶玉簪 *H. lancifolia*	30%～50%	30%～50%	15%	50%	50%
'金色欲滴' 'Gold Drop'	15%～30%	15%	15%	30%	50%
'秋月' 'August Moon'	15%～30%	15%～50%	15%	30%	50%
'加拿大蓝' 'Canadian Blue'	15%～100%	15%～50%	15%	30%～50%	50%
'蓝男孩' 'Blue Boy'	30%～50%	15%～50%	15%	30%～50%	50%
'奥斯丁' 'Austin Dickinson'	15%～30%	30%	15%	30%	50%
'月光失色' 'Lunar Eclipse'	15%～30%	15%～50%	15%	30%	50%

新优玉簪品种的特性及应用

北京市植物园北京市花卉园艺工程技术研究中心 / 刘东焕　赵世伟　王雪芹

摘　要：本文在对玉簪品种进行生物学特性观察的基础上，经过四年的选优工作，筛选出20个不同叶色类型的新优玉簪品种，其中蓝叶品种3个，黄叶品种4个，金心品种3个，银心品种3个，金边品种4个，银边品种3个。本研究成果为北京园林玉簪资源的应用提供了基本素材，对丰富北京园林绿化景观具有重要的意义。

关键词：玉簪　筛选　应用

玉簪为百合科多年生宿根草本。主要分布于亚洲温带和亚热带地区，包括中国、日本和朝鲜等。该属共有43种，我国产3种，包括玉簪、紫萼、东北玉簪。[1] 玉簪属由于其具有花叶共赏、色彩丰富和适应性强等特点，已成为园林绿化中重要的阴生花卉。[2-5] 现在世界上的园艺栽培品种已达5000个以上[6]，多为彩叶品种，在欧美和日本已广泛应用于园林绿化。我国从20世纪80年代也在开始引进玉簪品种，但应用到园林绿化中的玉簪品种还是很少，如‘法兰西’、‘法威廉’、‘叶中锦’、‘金冕’、‘金标’等。

为解决目前北京园林中玉簪资源相对缺乏的问题，提供适宜北京园林绿化的玉簪品种，北京植物园自2000年开始进行玉簪的引种、驯化工作，现保存玉簪品种350个。我们从2007年开始，对现保存的350个玉簪品种进行生物学特性的观察和选育研究。经过4年的选优工作，现筛选出22个不同色系的新优玉簪品种，包括蓝叶品种3个，黄叶品种4个，金心品种4个，银心品种3个，金边品种5个，银边品种3个。

1　选优标准制定

依据美国玉簪协会（AHS）建立的玉簪品种分类体系，考虑到玉簪在园林中多方面的用途，我们选择具有特异的叶型和叶色，株型美观，花密而多为主要特征作为玉簪品种选优的标准。

2　新优玉簪品种推荐

2.1　蓝叶类

2.1.1　‘蓝布雷斯’*Hosta*‘Bressingham Blue’

大型叶玉簪，叶蓝绿色，圆形。丛高75cm，丛幅170cm；叶长30cm，叶宽25cm；花期7月初至8月初，花近白色，花大，花量大，花期长。本品种对强光特别敏感，宜阴至强阴（图1）。

2.1.2　‘加拿大蓝’‘Canadian Blue’

中型叶玉簪，叶纯蓝色，四季稳定，心形，叶片平展。丛高25cm，丛幅60cm；叶长16cm，叶宽10cm；花期7月中旬至8月中旬，花近白色，近似钟状。本品种较耐强光，宜半阴至阴（图2）。

图 1 ‘蓝布雷斯’‘Bressingham Blue’

图 2 ‘加拿大蓝’‘Canadian Blue’

图 3 ‘蓝丝’‘Blue Sliver’

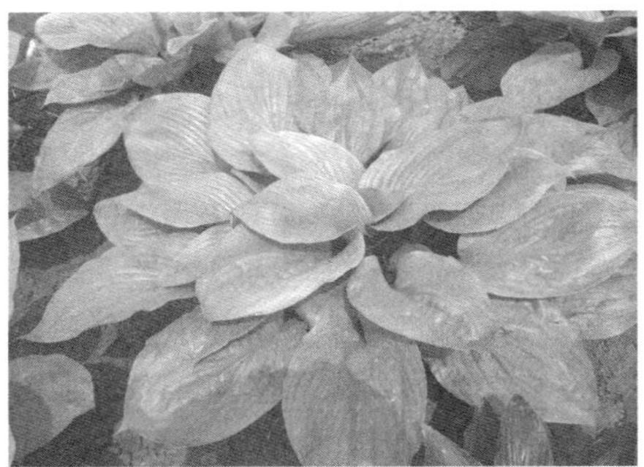
图 4 ‘全貌’‘Sum and Substance’

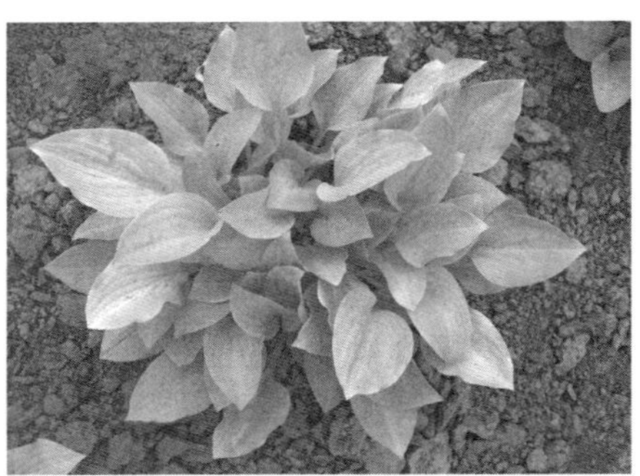
图 5 ‘金色欲滴’玉簪 Gold Drop

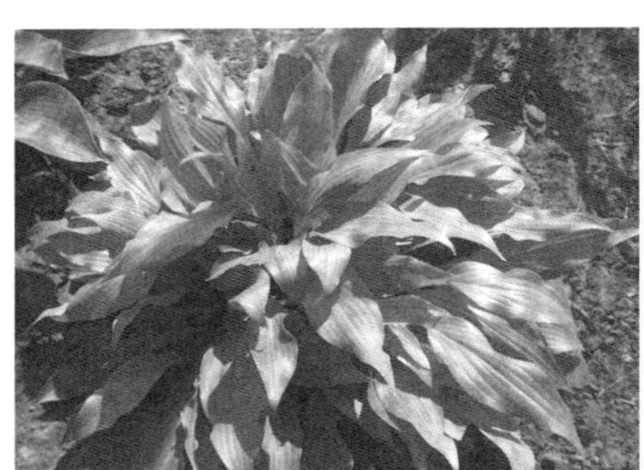
图 6 ‘多色玉簪’‘Maya Tritone’

2.1.3 ‘蓝丝’玉簪‘Blue Sliver’

微型叶玉簪，叶窄，披针形，叶纯蓝色。丛高 10cm，丛幅 30cm；叶长 10cm，叶宽 2cm；花期晚，8 月下旬至 9 月中旬，花蓝紫色，花集生顶部，花量大。本品种蓝色比较稳定，生性强健，抗性强，观赏期长，适宜于岩石园地被（图 3）。

2.2 黄叶类

2.2.1 ‘全貌’‘Sum and Substance’

大型叶玉簪，金黄色，叶厚而革质，叶面平滑有光泽。丛高 50cm，丛幅 110cm；叶巨大，叶长 35cm，叶宽 30cm，是引种玉簪中叶面积最大的黄色叶玉簪。花期 7 月中旬至 8 月中旬，淡紫色，花多而密。本品种株型直立，叶型巨大，叶色亮丽，不耐强光，宜半阴至阴（图 4）。

2.2.2 ‘金色欲滴’‘Gold Drop’

小型叶玉簪，叶金黄色，叶心形，叶小而薄。丛高 15cm，丛幅 40cm；叶长 8cm，叶宽 5cm；花期 6 月中旬至 7 月中旬，花淡紫色，近似钟形。其叶全年金黄色，叶小可爱，株型紧凑，分株能力强，但对强光特别敏感，宜阴至强阴（图 5）。

2.2.3 ‘多色玉簪’‘Maya Tritone’

小型叶玉簪，叶披针形，叶混合色，叶片浅黄色，叶脉乳黄色，在强光下，有部分浅黄色的叶子会变成乳黄色。丛高 15cm，丛幅 50cm；叶长 15cm，叶宽 8cm；花期 8 月初至 8 月底，花白色，漏斗形。本品种叶色富有韵律，生长快速，分株能力强，但不耐强光，宜阴至强阴（图 6）。

2.2.4 ‘樱桃小饼’‘Cherry Tart’

小型叶玉簪，叶披针形，叶金黄色，叶柄红色。丛高 25cm，丛幅 50cm；叶长 12cm，叶宽 5cm；花期 7 月中旬至 8 月初，花和花茎均为紫红色，喇叭形。本品种叶柄有红晕，与金黄色的叶子形成鲜明对比，较耐强光，宜作岩石园地被（图 7）。

2.3 金心玉簪类

2.3.1 ‘琼妮’‘June’

小型叶玉簪，叶心形，宽黄心蓝边；丛高 20cm，丛幅 60cm；叶长 15cm，叶宽 10cm；花期 7 月中旬至 8 月中旬，花蓝紫色，花密，花量大。本品种叶厚而革质，叶色美丽，花密而多、观赏期长，抗虫、耐强光，可作岩石园或林缘地被（图 8）。

2.3.2 ‘彩虹’玉簪‘Rainbow’s End’

小型叶玉簪，卵圆形，叶色宽金黄心深绿边，丛高 20cm，丛幅 40cm；叶长 10cm，叶宽 4cm；花期 7 月中旬

图 7 ‘樱桃小饼’‘Cherry Tart’

图 8 ‘六月’‘June’

图 9 ‘彩虹’‘Rainbow’s End’

图 10 ‘第一次相约’‘First Mate’

图 11 ‘圣诞前夜’‘Night Before Christmas’

图 12 ‘蔓生’玉簪‘Manzo’

至 8 月中旬，花和花茎均为紫红色，喇叭形。本品种叶色亮丽、花茎紫红色、花型美丽、较耐强光，可作岩石园或林缘地被（图 9）。

2.3.3 ‘第一次相约’‘First Mate’

四倍体品种，小型叶，叶狭长、披针形，金黄心深绿边，叶色对比强烈；丛高 20cm，丛幅 60cm；叶长 12cm，叶宽 4cm；花期 7 月下旬至 8 月下旬，花像似星形，深紫色。品种叶质较厚，叶色美丽，花型别致，抗虫抗光，可作岩石园地被或林缘地被（图 10）。

2.4 银心玉簪类

2.4.1 ‘圣诞前夜’‘Night Before Christmas’

大型叶玉簪品种，长椭圆形，白心中绿边。丛高 50cm，丛幅 90cm；叶长 20cm，叶宽 12cm；花期 7 月上旬至 8 月上旬，花淡紫色，漏斗形。本品种株型高大，叶色美丽，稍耐光，宜半阴至阴（图 11）。

2.4.2 ‘蔓生’玉簪‘Manzo’

小型叶玉簪．叶狭长、披针形，白心宽绿边。丛高 15cm，丛幅 30cm；叶长 10cm，叶宽 2cm；花期 8 月中旬至 8 月底，花紫罗兰色，喇叭形。本品种叶形奇特，有些卷曲和倒伏，需要较高的空气湿度，可配置于有喷泉和溪流的岩石边（图 12）。

2.4.3 ‘小精灵’‘Lakeside Elfin Fire’

微型叶玉簪。丛高 10cm，丛幅 20cm；叶长 9cm，叶宽 2cm；叶狭长，披针形，宽白心深绿边，叶色对比强烈；花小，花紫色、钟状；花期 6 月下旬至 7 月中旬。本品种叶色美丽，叶柄有红晕，抗性强，可作岩石园地被（图 13）。

2.5 金边玉簪类

2.5.1 ‘豪华光辉’‘Regal Splendor’

中型叶玉簪，叶长椭圆形，叶缘波状，蓝绿叶金黄边。丛高 60cm，丛幅 110cm；叶长 25cm，叶宽 15cm；花期 8 月初至 8 月下旬，花紫色，花葶高达 150cm。本品种株型雄伟、壮观，叶形优美，叶色诱人，耐强光，是装典场景的优良玉簪品种（图 14）。

2.5.2 ‘香王’‘Fragrant King’

中型叶玉簪，叶圆形，绿叶黄边。丛高 40cm，丛幅 80cm；叶长 20cm，叶宽 15cm；花期 7 月下旬至 8 月下旬，花白色，花大而特香，花量大。本品种叶色美丽，花大而香，喜半阴耐强光，可作林缘地被（图 15）。

2.5.3 ‘大皇冠’‘Grand Tiara’

小型叶玉簪，叶心形，绿叶金黄边，叶色对比强烈；丛高 30cm，丛幅 60cm；叶长 10cm，叶宽 8cm；花期 7 月初至 7 月下旬，花紫色，钟形。本品种株型紧凑，生长快速，

图 13 ‘小精灵’‘Lakeside Elfin Fire’

图 14 ‘豪华光辉’‘Regal Splendor’

图 15 ‘香王’‘Fragrant King’

图 16 ‘大皇冠’‘Grand Tiara’

图 17 ‘出众玉簪’‘Knockout’

图 18 ‘奥斯丁’‘Austin Dickinson’

图 19 ‘圣婴’‘El Nino’

图 20 ‘月光失色’‘Lunar Eclipse’

分株能力强，不耐强光，宜阴至强阴（图 16）。

2.5.4 ‘出众玉簪’‘Knockout’

中型叶玉簪，叶心形，叶面稍有皱，淡绿叶、不规则的乳黄边。丛高 40cm，丛幅 80cm；叶长 15cm，叶宽 13cm；花期 7 月初至 8 月初，花漏斗形，淡紫色。本品种叶质厚，叶色亮丽，株从密集，抗强光，可作林缘地被（图 17）。

2.6 银边玉簪类

2.6.1 ‘奥斯丁’‘Austin Dickinson’

中型叶玉簪，叶圆形，蓝绿叶宽纯白边。丛高 40cm，丛幅 60cm；叶长 20cm，叶宽 15cm；花期 8 月初至 9 月初，花深紫色，漏斗形，花大而有浓郁的香味。本品种叶色亮丽，花色美丽，花大而香，喜阴耐强光，可作林缘或林下地被（图 18）。

2.6.2 ‘月光失色’‘Lunar Eclipse’

小型叶玉簪，叶椭圆形，金黄叶纯白边；丛高 50cm，丛幅 70cm；叶长 11cm，叶宽 8cm；花期 6 月下旬至 7 月中旬；花淡紫色，近白色，漏斗形。8 月二次花。本品种叶色亮丽，生长快速，分株能力强，稍耐光，可作林缘地被或林下地被（图 19）。

2.6.3 ‘圣婴’玉簪‘El Nino’

小型叶玉簪，叶心形，叶片蓝色，有宽的纯白色边缘。丛高 15cm，丛幅 60cm；叶长 12cm，叶宽 7cm；花期 7 月中旬至 8 月中旬，花蓝紫色。本品种蓝叶纯白边，四季稳定，抗强光，宜作岩石园或林缘地被（图 20）。

3 园林应用

玉簪品种繁多，形态多样。尤其是叶型和叶色丰富多彩，更是增添了景观色彩，丰富了地被植物的多样性，在园林绿化中具有广泛的应用前景。首先，不同叶色的玉簪相互搭配，可以营造丰富多彩的玉簪园，与上层高大的乔木和灌木相互映衬，既提高了生态效益也增添了景观效果；其次，蓝叶玉簪和叶质较厚的花叶玉簪，如‘加拿大蓝’、‘蓝丝’、‘豪华光辉’、‘圣婴’、‘六月’、‘彩虹’，‘暖月’、‘出众’等较耐强光，可配置于岩石园种植，孤植或丛植，以增加景观效果；而黄色叶玉簪，如‘金色欲滴’、‘樱桃小饼’等不耐强光，但分生能力强，是林下很好的观赏地被材料；还有部分花叶玉簪品种，如‘奥斯丁’、‘月光失色’、‘香王’、‘圣诞前夜’等能够耐 50% 的光照，可以作为林缘的观赏地被。目前，北京植物园正在对这些筛选的玉簪品种进行扩繁，部分品种已经进行了推广示范，表现出很好的景观效果。

参考文献

[1] 中国科学院中国植物志编辑委员会．中国植物志（第十四卷）[M]. 北京：科学出版社，1980：49-52.

[2] Schmid WG. The Genus Hosta: Giboshi Zoku[M]. Portland, Oregon: Timber Press, 1991.

[3] Grenfell D. The gardener's guide to growing Hosta[M]. Portland, Oregon.: Timber Press, 1996.

[4] Grenfell D. The color Encyclopedia of Hostas[M]. Timber Press, INC, 2003.

[5] Grenfell D. and Shadrack M. The New Encyclopedia of Hosta[M]. Portland, London: Timber Press, 2009.

[6] Schmid WG. Hosta Species Update © W. George Schmid 2010 [EB/OL]. http: //www. hostalibrary. org.

万寿菊杂交一代遗传多态性的 SRAP 标记分析

中国农业大学观赏园艺与园林系 / 徐　进　赵梁军
北京市园林科学研究院绿化植物育种北京市重点实验室 / 张西西　王　涛　董爱香

摘　要： 应用SRAP（Sequence-Related Amplified Polymorphism）分子标记对当前市场上推广的48个万寿菊杂交一代品种进行遗传多态性研究，用60个引物组合进行扩增，从中筛选到20个多态性引物组合，共产生289个多态性条带，平均每个引物组合产生14.45个多态性条带，显示了较高的多态性比率。聚类分析20个引物组合的扩增结果，48份材料分为两大类，Jaccard's相似系数在0.25～0.91之间。

关键词： 万寿菊　杂交种　多态性　SRAP

万寿菊（*Tagetes erecta* L.）是重要的花坛花卉，在美国、印度、中国以及欧洲和非洲的大部分地区有广泛的栽培，耐干旱和瘠薄，适应性强。近 20 年来，研究者在万寿菊属种质资源收集、形态学和生物学特性、遗传关系以及新品种选育方面做了研究 [1-5]，同时，同工酶和分子标记辅助育种也广泛应用在万寿菊的新品种选育中 [6-8]。

由于万寿菊杂交一代的遗传基础很狭窄，造成品种间多态性较低。利用 AFLP 技术可以区分形态上差异较大的父、母本以及杂交一代 [9]，但尚未见到利用分子标记技术区分杂交一代品种之间特别是同一系列不同颜色的万寿菊 F_1 品种的报道。

2001 年 Li 和 Quiros（2001）开发了一种新型分子标记 SRAP（Sequence-Related Amplified Polymorphism），可通过独特的引物设计优先扩增基因组内的开放阅读框（ORF），对基因组内含子区域、启动子区域进行特异扩增。因不同个体、物种的内含子、启动子及间隔区长度不同而产生多态性。该标记具有简便、稳定、兼有 RAPD 的操作简单和 AFLP 重复性好、多态性强的优点，目前已应用于图谱构建、遗传多样性分析和品种鉴定中 [10-13]。将 SRAP 分子标记应用于万寿菊的遗传分析，旨在了解众多万寿菊品种的遗传背景，为万寿菊杂种优势利用中的亲本选配、花卉品种的鉴定和知识产权保护提供依据。

1　材料与方法

供试材料为当前生产上推广的万寿菊 48 个杂交 F_1 品种（图 1），除 0120、0130、0140、0150、0170、0110 这 6 个品种是本课题组自育之外，其他品种的种子购自国内外各花卉种子公司。全部采用 2006 年收获的种子，其株高、冠幅、叶形、花径、花色等形态特征和农艺性状各不相同，具有代表性。

实验于 2006 ～ 2007 年在中国农业大学农学与生物技术学院观赏园艺与园林系实验室进行。SRAP 引物参考 Ferriol 等（2004）的引物，从中选出 6 条正向引物和 10 条反向引物，正向引物和反向引物两两搭配组合，形成 60 个引物组合。正向引物（Forward Primer）有 ME-1、ME-2、ME-3、ME-5、ME-6、ME-8；反向引物（Reverse Primer）为 EM-1、EM-2、EM-3、EM-4、EM-5、EM-6、EM-8、

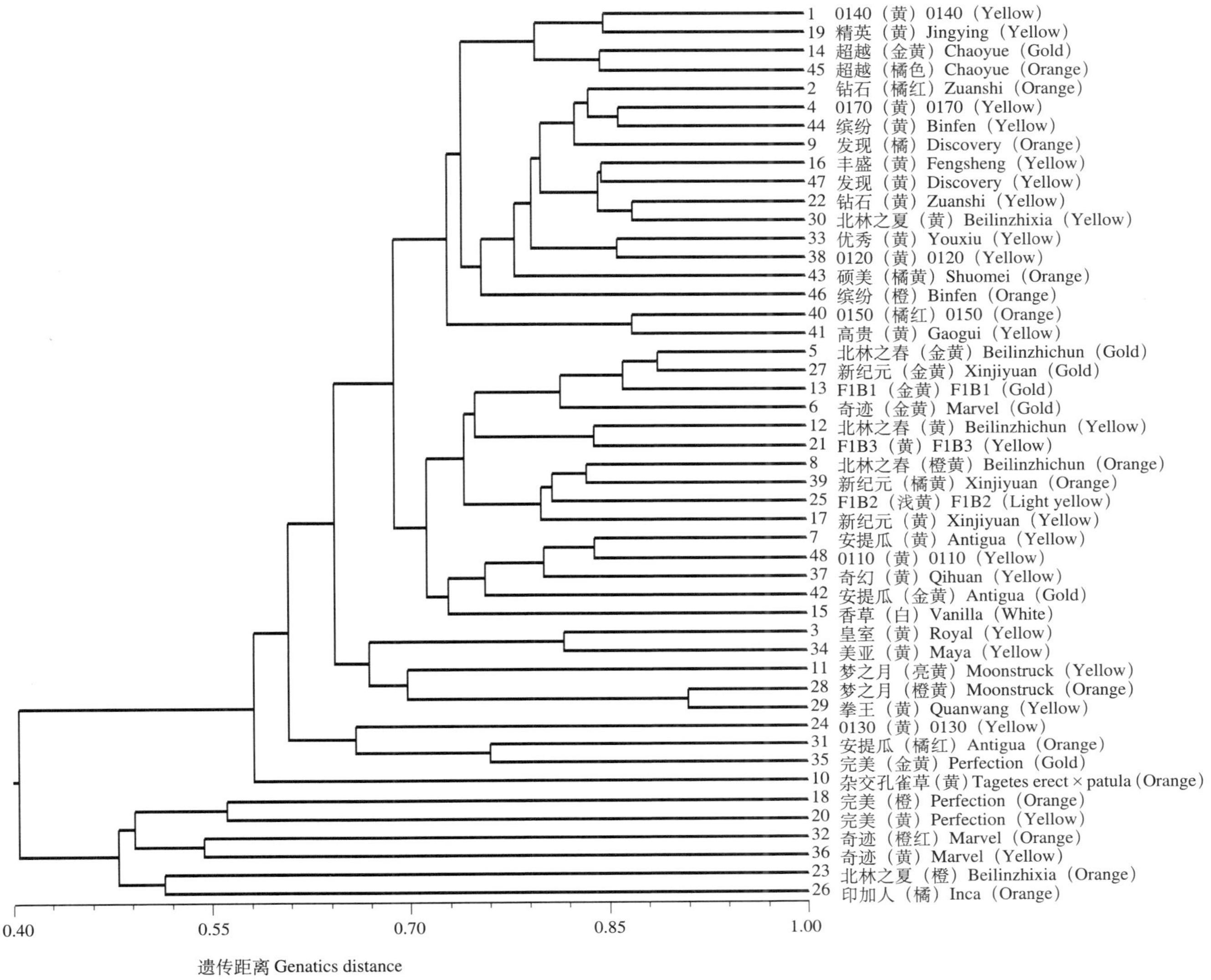

1 0140（黄）0140（Yellow）
19 精英（黄）Jingying（Yellow）
14 超越（金黄）Chaoyue（Gold）
45 超越（橘色）Chaoyue（Orange）
2 钻石（橘红）Zuanshi（Orange）
4 0170（黄）0170（Yellow）
44 缤纷（黄）Binfen（Yellow）
9 发现（橘）Discovery（Orange）
16 丰盛（黄）Fengsheng（Yellow）
47 发现（黄）Discovery（Yellow）
22 钻石（黄）Zuanshi（Yellow）
30 北林之夏（黄）Beilinzhixia（Yellow）
33 优秀（黄）Youxiu（Yellow）
38 0120（黄）0120（Yellow）
43 硕美（橘黄）Shuomei（Orange）
46 缤纷（橙）Binfen（Orange）
40 0150（橘红）0150（Orange）
41 高贵（黄）Gaogui（Yellow）
5 北林之春（金黄）Beilinzhichun（Gold）
27 新纪元（金黄）Xinjiyuan（Gold）
13 F1B1（金黄）F1B1（Gold）
6 奇迹（金黄）Marvel（Gold）
12 北林之春（黄）Beilinzhichun（Yellow）
21 F1B3（黄）F1B3（Yellow）
8 北林之春（橙黄）Beilinzhichun（Orange）
39 新纪元（橘黄）Xinjiyuan（Orange）
25 F1B2（浅黄）F1B2（Light yellow）
17 新纪元（黄）Xinjiyuan（Yellow）
7 安提瓜（黄）Antigua（Yellow）
48 0110（黄）0110（Yellow）
37 奇幻（黄）Qihuan（Yellow）
42 安提瓜（金黄）Antigua（Gold）
15 香草（白）Vanilla（White）
3 皇室（黄）Royal（Yellow）
34 美亚（黄）Maya（Yellow）
11 梦之月（亮黄）Moonstruck（Yellow）
28 梦之月（橙黄）Moonstruck（Orange）
29 拳王（黄）Quanwang（Yellow）
24 0130（黄）0130（Yellow）
31 安提瓜（橘红）Antigua（Orange）
35 完美（金黄）Perfection（Gold）
10 杂交孔雀草（黄）Tagetes erect × patula（Orange）
18 完美（橙）Perfection（Orange）
20 完美（黄）Perfection（Yellow）
32 奇迹（橙红）Marvel（Orange）
36 奇迹（黄）Marvel（Yellow）
23 北林之夏（橙）Beilinzhixia（Orange）
26 印加人（橘）Inca（Orange）

0.40 0.55 0.70 0.85 1.00

遗传距离 Genatics distance

图 1 万寿菊 48 个杂交一代品种的 UPGMA 聚类图

EM-9、EM-10、EM-11。引物由上海生物工程有限公司合成，*Taq* 酶和反应底物均购自上海生物工程有限公司。

DNA 提取参考 Li 和 Quiros（2001）的方法，提取具有 1 对真叶时期的幼苗叶片 DNA，并进行了检测。PCR 扩增反应体系和反应程序参考 Ferriol（2003，2004）的方法。PCR 反应程序在 PTC-100 温度循环仪（美国产）上进行。扩增产物进行垂直板变性聚丙烯酰胺凝胶电泳（6%）。变性程序为 95℃，5min，4℃保存。65W 恒功率电泳 2.0 ~ 2.5h 至溴酚蓝移到凝胶底部结束后进行 $AgNO_3$ 染色：凝胶银染在张军等（2000）的方法上进行了改进，10% 乙醇与 0.5% 冰乙酸混合水溶液固定 15 ~ 20min；用去离子水漂洗 3min；2g/L $AgNO_3$ 水溶液银染 25 ~ 30min；水洗后用显色液（15g/L NaOH，0.5% 甲醛）显色，直至条带清晰为止；10g/L Na_2CO_3 漂洗 1min；去离子水漂洗 1min。银染后的凝胶利用复日凝胶成像仪拍摄保存。实验 3 次重复。

数据分析计算：每个引物组合的多态性比率（%）= 引物组合扩增的多态性条带数 / 总条带数 ×100，每个引物的鉴别能力（%）= 此引物组合可鉴别的品种类别数 / 总品种数 ×100，采用 Jaccard's 相似系数，使用 NTSYS-pc 2.0 软件，非加权组平均法（UPGMA）聚类。相似系数计算公式为：$Sij=a/(a+b+c)$，其中 a 表示 2 份样品共有带数，b 表示 i 样品特有的条带数，c 表示 j 样品特有的条带数。

2 结果与分析

2.1 引物的多态性分析

60 个引物组合用于扩增 48 个万寿菊杂交品种，有 20 个引物组合能产生多态性条带，其中多态性较高的引物

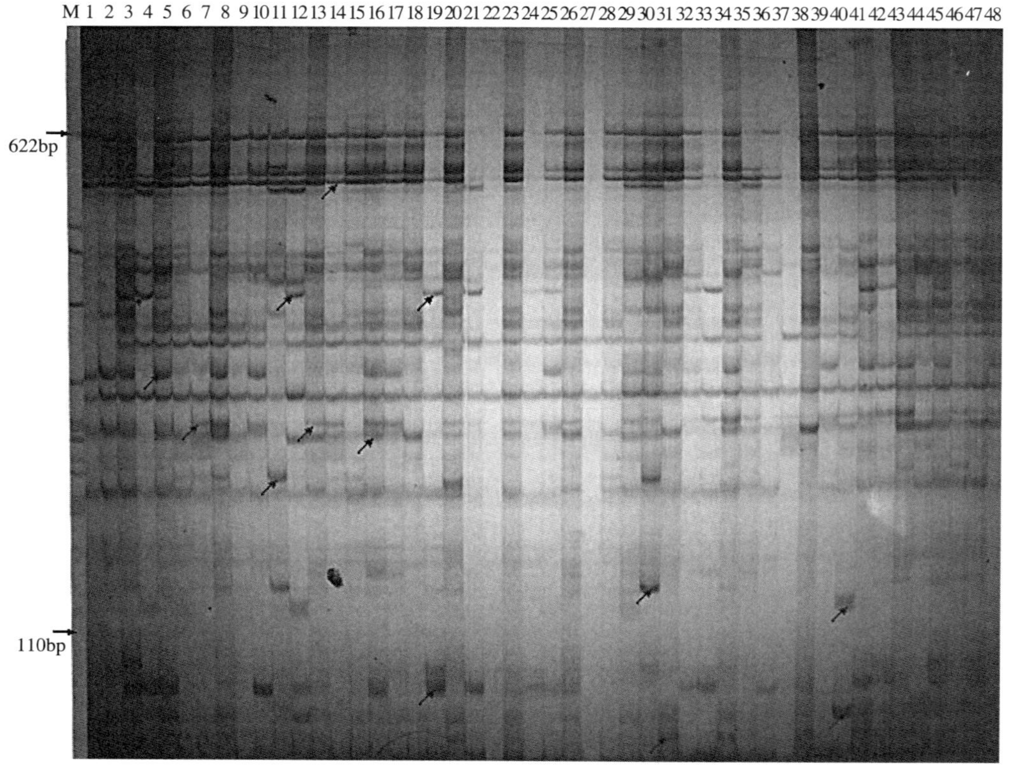

图 2　引物 ME-8/EM-3 对 48 个万寿菊杂交品种的扩增结果
M 为 DNA marker（pBR322）；1 ～ 48 号品种见图 1，箭头表示多态性条带。

组合有 ME-8/EM-3（图 2）、ME-1/EM-9、ME-1/EM-10、ME-3/EM-3、ME-5/EM-8 和 ME-6/EM-2 等，每个组合可产生 15 ～ 25 条清晰条带（表 1）。

20 个引物组合共产生 289 条多态性条带，每个组合的多态性条带数为 7 ～ 25，平均每个引物组合产生 14.45 个多态性条带，单个引物组合的多态性比率在 58% ～ 100% 之间。这说明 SRAP 多态性较高，适于鉴别万寿菊等园艺作物品种。

2.2　品种多态性鉴定

20 个引物组合的鉴别能力在 10% ～ 90% 之间，其中 4 个引物组合 ME-1/EM-10、ME-2/EM-6、ME-5/EM-8 和 ME-8/EM-3 的鉴别能力达到 80% 以上，可以用来区分大部分品种。没有得到完全区分所有品种的单个引物组合。这说明部分品种之间亲缘关系极为接近，多个品种共用一个亲本现象严重。

实验分别对每 2 组引物组合的扩增结果采用 Jaccard's 相似系数进行 UPGMA 聚类分析，得到可以完全区分 48 个品种的 6 组引物组合搭配（表 2），选取其中的 2 对引物组合分别扩增比较结果，就可以达到完全鉴别的目的。

从表 2 中可以看出，5 个引物组合（编号为 8、9、32、37、53）可以用来搭配成为双引物组合用于鉴别，选

20 个引物组合产生的多态性　　表 1

组合编号	组合名称	总条带数	多态性条带数	多态性比率（%）	可鉴别的杂交品种数	鉴别能力（%）
4	ME−1/EM−4	13	12	92	5	10
6	ME−1/EM−6	23	22	96	12	25
8	ME−1/EM−9	25	25	100	18	38
9	ME−1/EM−10	21	21	100	39	81
16	ME−2/EM−6	13	9	69	40	83
20	ME−2/EM−11	13	13	100	4	8.3
22	ME−3/EM−2	11	7	64	3	6.3
23	ME−3/EM−3	19	17	89	7	15
24	ME−3/EM−4	12	7	58	25	52
25	ME−3/EM−5	12	8	67	7	15
27	ME−3/EM−8	18	16	89	20	42
32	ME−5/EM−2	14	13	93	20	42
34	ME−5/EM−4	15	14	93	26	54
36	ME−5/EM−6	7	7	100	3	6.3
37	ME−5/EM−8	20	20	100	43	90
42	ME−6/EM−2	20	20	100	19	40
51	ME−8/EM−1	18	18	100	14	29
53	ME−8/EM−3	21	20	95	42	88
58	ME−8/EM−9	8	8	100	11	23
60	ME−8/EM−11	14	14	100	8	17

择引物组合进行搭配的原则主要依据各引物组合的鉴别能力，一般鉴别能力越高，搭配的组合的鉴别能力越高，品种间多态性越高。

可以完全鉴别 48 个杂交种的两对引物组合的搭配表　　表 2

组合搭配（序号）Primer pair combination	总多态性条数 Polymorphic bands number	相似系数范围 Range of Js coefficient
8+9	46	0.28 ~ 0.98
8+37	45	0.38 ~ 0.93
9+32	34	0.34 ~ 0.97
9+37	41	0.34 ~ 0.98
9+53	41	0.36 ~ 0.98
37+53	40	0.37 ~ 0.95

根据 20 对引物组合的扩增结果对 48 个杂交种进行聚类分析（图 1）、Jaccard's 相似系数在 0.25 ~ 0.91 之间。在相似系数为 0.48 的水平上，可以将试材分为 2 大类，18、20、32、36、23、26 为 I 类，剩余品种聚为 II 类。结果显示，作者所在课题组自育的 6 个品种 0120、0130、0140、0150、0170、0110 均可和其他几个品种区分开来，说明这几个品种的遗传背景与其他品种不同。国内外培育的品种大多数都聚在第 II 类，其中包括一个白色的万寿菊品种，作者自育的 5 个品种全部集中在第 II 类，说明各育种公司利用的育种材料相似或公司之间的种质资源有交流；而‘完美’、‘奇迹’和‘印加人’都是美国‘PanAmerican’和‘Goldsmith’种子公司培育的品种，被聚为一类，表明具有相近的遗传关系，而国内培育的‘北林之夏’和美国‘Goldsmith’种子公司培育的品种也聚为 I 类（图 1），说明其亲本可能很相近，同时不排除异名同物的可能。

在两大类中，具有相同颜色的品种被聚为最相近的两类，表明这几个品种可能具有相同的亲本来源。相同系列的品种聚在一起，例如超越系列的金色和橘色、完美的橙和橙黄、奇迹的橙红和黄，安提瓜的黄和金黄，说明他们的遗传关系较近。但安提瓜系列的橘红和金黄被分为不同类别，2 个品种的形态差异也较大，一个是黄色，一个是橘红，说明二者来自于不同的亲本。杂种孔雀草是以万寿菊为母本，孔雀草为父本杂交得到的，农艺性状上和其他万寿菊品种差异很大，SRAP 标记显示他们距离其他万寿菊品种较远，说明 SRAP 标记分析的亲缘关系与形态特征观测结果一致。这也与齐迎春等 [14] 的研究结果一致。SRAP 标记可为研究万寿菊的亲缘关系、品种演化与品种保护提供重要的信息。

3　讨论

由于万寿菊遗传基础狭窄，采用形态学鉴定容易混淆品种。SRAP 标记技术在万寿菊上的重复实验结果稳定，能够区分绝大多数万寿菊的栽培品种。对于个别的遗传差异过小的品种虽不能用单个引物组合进行鉴别，这些品种往往也具有相似农艺性状，无法采用田间种植来区分，可用两个引物组合来联合鉴别。

SRAP 聚类分析技术在扩增产物检测时采用较复杂的聚丙烯酰胺凝胶电泳和银染，但与琼脂糖电泳检测结果相比其分辨率大大提高，且不使用溴化乙锭，环境污染与操作危险性小，可以为探讨万寿菊品种演化与亲缘关系提供有用信息。

本文讨论了部分 SRAP 引物组合，但对比研究结果显示出万寿菊品种的 SRAP 多态性水平比矮牵牛（资料未列出）的要低，且同一系列的杂交种不能完全聚为一类。这进一步印证了万寿菊品种遗传基础狭窄的事实，同时反映出一些公司在规划品种系列时主要根据农艺性状与形态学指标，同一系列的品种其遗传背景不一定很相近。另外，万寿菊品种的聚类结果与花色的关联性不明显，可能万寿菊的品种演化与花色相关基因没有必然的联系。在今后的育种材料选用时应充分注意这些信息。

参考文献

[1] VermaSK., Singh, RKAryaR.R.Evaluation of Tagetes germplasm[J]. Scientific Horticulture, 2004, 204: 13-19.

[2] 赵景云，王平，李娜 . 万寿菊 7 号选育报告 [J]. 温室园艺，2005（5）：58-60.

[3] 李福荣，张继冲，续九如 . 万寿菊 × 孔雀草杂交育种及杂种不育性的研究 [J]. 内蒙古农业大学学报，2005，26（2）：51-54.

[4] 李娜，赵景云，王平 . 万寿菊 9 号选育报告 [J]. 北方园艺，2006（1）47-48.

[5] 田海燕，王平，沈向群 . 万寿菊 W205 雄性不育两用系的遗传及植物学特征研究 [J]. 北方园艺，2007（2）：105-107.

[6] 沈一岚，续九如，李福荣 . 万寿菊 RAPD 分子标记优化体系的建立 [J]. 吉林林业科技，2006，35（1）：10-14.

[7] 梁顺祥，唐道城，郭京 . 万寿菊雄性不育品系的 POD 同工酶分析 [J]. 青海大学学报：自然科学版，2007，25（1）：46-50.

[8] 齐迎春，宁国贵，包满珠 . 应用 ISSR 分子标记和表型性状评价孔雀草自交系的遗传关系 [J]. 中国农业科学，2007，40（6）：1236-1241.

[9] 李福荣 . 万寿菊雄性不育的遗传与应用研究 [D]. 呼和浩特：

内蒙古农业大学，2005.

[10] 李严，张春庆 . 西瓜杂交种遗传多态性的 SRAP 标记分析 [J]. 园艺学报，2005，32（4）：643-647.

[11] 韩建明，侯喜林，徐海明 . 不结球白菜（*Brassica campestris* ssp.*chinensis* Makino）种质资源 SRAP 遗传分化分析 [J]. 作物学报，2007，33（11）：1862-1868.

[12] 李慧芝，尹燕枰，张春庆 . SRAP 在葱栽培品种遗传多样性研究中的适用性分析 [J]. 园艺学报，2007，34（4）：929-934.

[13] 李晓慧，田朝阳，王从彦 . SRAP 分子标记分析西瓜遗传多态性 [J]. 生物技术，2007，17（3）：23-26.

历史名园植物景观的传承
——以香山公园历史文化植物景观的保护和恢复为例

北京市香山公园管理处 / 周肖红

摘 要：文章论述了历史名园植物景观的保护和传承在园林管理中的重要意义，介绍了香山公园历史植物景观保护和恢复的管理策略，介绍了香山公园在红叶景观保护、杏花景观恢复、野菊景观恢复等植物景观恢复保护的成功实例。总结了历史名园在植物景观保护和文化传承中的管理重点。

关键词：历史名园　植物景观　传承　保护

1　历史名园植物景观的重要意义

历史名园拥有悠久的历史，深厚的文化，其中植物景观是其造园的重要元素，正如《园冶》所述，植物之于园林，如人之肌肤毛发；植物景观给予游人最直接的美感。植物景观或为园林中点题、点景、主景，或直接参与景点营造，古典园林中的大量建筑都是专为观赏植物而建；如杏花山馆赏杏花（圆明园）、十八曼陀罗馆赏茶花（拙政园）、皋涂精舍赏桂花（香山静宜园）、来芬阁赏荷花、闻木犀香轩（留园）等等，不胜枚举。

古典园林追求园林的意境和境界，园林中的植物不单是用作装饰和观赏，往往还有其他寓意，成为主人的理想和寄托。因此很多皇家园林中的庭院往往种植牡丹、玉兰、海棠，寓意玉堂富贵；书院喜植梧桐，寓意高洁的情操和主人的富贵不凡（有凤来栖），梅、兰、莲、菊寓意品德高洁，为文人雅士所喜；如果失去了植物的配合，古典园林的意境就无法完全的诠释，它的文化传承就不可能做到完美。

因此历史植物景观和景观文化是历史名园的珍贵遗产，它们传递了古老的文化信息，蕴涵了丰富的文化意趣和艺术特色，在文化传承中发挥着重要作用。

植物景观不同于其他园林要素，它有一定的生命周期，不断变化生长，植物景观的营建是一个连续不断的过程，因此我们在历史名园的管理中，保护和恢复历史植物景观是一个长期不断的过程，要了解历史名园植物配置的原则和规律，对历史植物景观进行有效的发掘和保护，使植物景观改造中保持稳定和可持续性的发展，避免植被更替中的随意性，使历史信息保护和文化得以传承。

2　香山的历史文化植物景观

香山公园是北京西北郊著名的历史名园；清代为皇家园林静宜园，更早的建园历史可追溯到金代大定二十六年(1186 年)，以后的各朝在香山都有园林在此兴建。香山自然条件优越，植物种类丰富，植被繁茂，在整个建园历史中，留下了大量具有特色的植物景观。香山地处西山东麓，得山林之胜，其自然山地园的布局，自成天然之趣，不烦人事之工；其植被特点以原生的华北自然乡土植物为特色，如香山红叶黄栌，现知名度仍很高。香山在清乾隆时期扩建为静宜园，在乾隆十年（1746年）七月动工，第二年三月就正式建成，建园非常快，建园大部分精力用于建筑的构建和布局安排上；因为香山原生乡土植物就很茂密，并不需要增加的更多的植物。除乡土植物，香山的庭院、院落中，则按照古典皇家园林的造园惯例补种了各类奇花异卉，营造富丽堂皇、雍容华贵的风格；留下了来青轩的海棠、欢喜园的牡丹、玉华的芍药等等珍贵应时花卉的记载。

此外，香山历史上寺庙众多，寺庙园林是古人赏花、收集种植花木的重要场所，香山寺、宏光寺，就有“金界香莲”、古莲池，七叶树等各种与寺庙文化有关的植物景观记载。碧云寺则是一个园林包围的寺庙，正殿庄严肃穆，别院花木繁盛。历史上留下很多别具特色的植物景观记载，如瘿柳、黄金竹、荷花、梅花等等。

香山玉华岫的皋涂精舍、见心斋的来芬阁等，本身就以植物景观直接点题，或以植物的典故和植物的某种特点来命名。

香山有关游志方记也记载了大量的植物景观方面的描写，一些游记、诗词不仅记录了植物的名称，而且留下不少园林意境的描述。特别是香山在静宜园时期的乾隆御制诗文，留下大量涉及植物的篇章，有松、柏、桂、金莲花、梅花、芍药、海棠等等，成为考证香山在静宜园时期各景点植物配置的重要依据。

香山自1956年开放为公园后，在历史植物景观构筑公园文化方面开展了大量的工作，在古园的风貌保护方面成效显著。

3 香山历史文化植物景观保护和恢复实例介绍

3.1 “绚秋堪入画，开锦恰过云”——香山红叶文化景观的保护

香山红叶是香山最具特色的植物景观，历时800多年的历史，现在仍每年吸引大量的游人。金代诗人周昂《香山》一诗中留下：“山林朝市两茫然，红叶黄花自一川”的描写，可见香山红叶在金代已具规模；明朝朱国乍《秋人香山》有诗句：“置身著色屏风中，梨叶新红柿子黄”，描写了西山一带秋色的浓艳和山野情趣；《长安客话》记载：“西山纯夏之交，晴云碧树，花气鸟声，秋则乱叶飘丹”；至清代，香山辟为皇家园囿，乾隆亲题静宜园二十八景中，就有绚秋林一景，位于现香山公园雨香馆东。乾隆更在其《绚秋林》一诗的序中写到：“山中之树，嘉者有松、有桧、有柏、有槐、有银杏、有枫。深秋霜老，丹黄朱翠，幻色炫彩，朝旭初射，夕阳返照，绮颉不足拟其丽，巧匠设色不能穷其工。”生动地描写了香山深秋一派绮丽的景色。

从历代文献中可以看出，香山很早就以秋色著称，到了清代更有了固定的景点，文献中还提到了梨，柿，杏，枫等各种秋叶树种。现在香山红叶的主要树种是黄栌，古时称为栌树。华北地区的黄栌林一般呈灌木状，黄栌高1～2m，胸径不超过10cm，而香山黄栌普遍高4～5m，胸径10～15cm，树龄50～80年，有些已过百年，这在华北地区是不多见的；可见香山的黄栌林长期受到人工保护。从林区调查情况来看，红叶林区黄栌的树龄从百年到二三十年不等。树干解析分析最大的树龄可达120年，推断香山地区在清末就形成以黄栌为主体树种的红叶林。黄栌是速生树种，寿命较短，过百年的老树少，所以黄栌在香山最早的形成规模的时间当远不止120年。自古以来，我国人民就有秋日登高的风俗，香山地处城郊，景色秀美，自然为人们所爱。香山红叶的景色不仅很美，更是已经形成一种特色植物景观文化，成为人们生活习俗中的一部分。

为保持和发展香山红叶景观，香山公园每年进行黄栌的种植，保持黄栌的数量在10万株左右；设立专业的养护队伍。针对部分区域黄栌数量减少，黄栌林区养护管理基础设施差，黄栌总体长势弱，林区人为干扰加大等问题；香山公园在20世纪80年开始进行了多层面的研究，涵盖了规划、生态、生理、植保、环境等各个方面。规划管理的内容包括《香山红叶十年规划》、香山红叶生态、社会、经济效益分析及发展对策及对我国其他红叶风景区考察报告和对管理策略的分析。技术研究部分的内容包括生态、群落、病虫、水土保持、叶色等方面，成为各项管理策略实施的技术基础和保证。在香山红叶景观林规划，保持和扩大红叶面积，保证红叶林的生长，保持其叶色效果，提高观赏效果等方面取得一定的成效；在研究气候的变迁、城市的气候、游人干扰因素等对红叶效果的影响，发掘香山红叶的文化内涵等方面颇具成效。目前，香山的红叶历史、红叶纪念品、红叶纪念馆、山下红叶品种、红叶景观的丰富等工作也在进一步开展中。

3.2 “千岩万壑种杏花”——香山杏花景观的恢复

明代时，香山以杏花著名，《帝京景物略》中记载：“香山，杏花香，香山也。香山士女，时节群游，而杏花天，十里一红白，游人鼻无它馥，经蕊红飞白之旬。”明谢榛更有诗句：“红云看不彻，漠漠杏花林”，可见香山多杏树。历史上香山杏树的记载主要集中在西山晴雪和来青轩一带；公园在20世纪80年代就开始在来青轩往下恢复了大片的杏花林，现已经蔚为壮观；西山晴雪的杏花也得到一定程度的恢复，在林区绿化中，公园将杏花作为黄栌林混交树种，也进一步扩大了杏花的规模。

3.3 “红叶黄花自一川”——秋日野菊景观的恢复

秋天香山满山红叶，云蒸霞蔚，但也少不了一片片的

黄色野菊来助秋兴，在历代香山的题咏中，从金代开始，就留下众多美丽的诗文，如："红叶黄花自一川"，（金·周昂《香山》）；"秋林无日不黄花"，（明·黄汝亨《香山寺来青轩》）；"僧舍黄花开满畦"，"早开黄花为送君"等等。秋日黄花可以说是香山漠漠红叶林下不可或缺的点缀，香山野菊花的观赏历史和红叶一样的长。从历史记录香山野菊花分布位置最盛之处应是山下前往来青轩这一条线，也正是红叶的主要观赏线，大量成片的野菊花为观赏红叶增色不少。

近年来，香山逐步开展了野菊景观的恢复工作，筛选了几种野菊作为主要地被植物在公园林区干道沿线栽植；公园玉华沿线、老松林景区等野菊花已经颇具规模，进入秋季，各类野菊次第开放，受到游人欢迎，2009 年和 2010 年公园又设立专项资金启动了"红叶黄花自一川"景观恢复工程，在南山恢复种植野菊花 2000 多平方米，进一步丰富了香山红叶黄花的历史景观。

3.4 "风霜积古涧，松柏护香山"——香山古树的保护和管理

参天的古树是香山另一道亮丽的风景，这些古树将自然景观和人文景观有机的融为一体，展示着香山的历史悠久和灿烂文化。香山古树有 5000 多株，种类以松、柏为主，元代香山有护驾长松、松顶明月的景点，现公园水泉院内的三代树，见心斋外的凤栖松，香山寺的听法松等都各具独特风韵，香山的古柏也很有特色，不少从石墙、石缝中长出柏，苍劲古朴，显示出强劲的生命力，观赏价值很高，古柏危涧更是碧云寺八景之一。香山由于古树众多，古树的保护和管理颇具特色，香山较早建立了古树管理的计算机地理信息系统，设立专业的古树养护队，在古树的保护、复壮技术等方面一直处领先水平。

3.5 "山中早桂芳，蕊蕊缀枝黄"——玉华桂花景观的考证和恢复

我国桂花栽培历史长达 2500 年，在园林庭院中栽植，取"桂"者"贵"也之寓意。如"双桂流芳"，"两桂当庭"等等吉祥的意义。北方气候不适宜地栽桂花，一般采用盆栽。香山玉华岫景区早在明朝就开始养植桂花，在《帝京景物略》中提到京城中大户人家将家中的桂花运到玉华寺养护过冬，留下岩洞育桂，石泉浇灌的记载。因为玉华寺一是有可保温的岩洞，即花窖，二是有冬季不结冰的泉水，古代没有现代的供水系统，这一点非常重要；明代的育桂岩洞和泉水现在还保留着，技术人员将深井水和泉水对比测定发现，玉华泉水矿物含量较少，属于软水，确实很适合浇灌桂花等南方花木。到清乾隆时期，桂花的委托培养并未停止，但玉华寺的格局发生了一些变化；乾隆在玉华寺南为自己修建了一组院落，其中皋涂精舍的名称，取自春秋时《山海经·西山经》中描述皋涂山多桂木的典故，点出了赏桂的主题。后乾隆每次初秋到静宜园必到玉华寻桂，并留下《玉华早桂》等诸多诗文，如："育桂皆金粟，而何称玉华。"——《玉华寺咏桂树》；"玉华育桂有僧寮，绿叶依然冬弗凋"——《咏桂》；乾隆在自书的注释中还写到：寺后有明时所筑石洞，冬时将树入洞避寒，春时出洞置向阳暖处，且有泉滋溉，故京师喜桂者多就此养之，亦不禁也。诗文和注释记载种植桂花的细节：首先利用岩洞冬季保暖，泉水冬季不冻的优势，展现了古人充分利用自然条件的智慧；而且桂花绿叶经冬不凋，显出很高的园艺水平；此外，记录了当时培育的品种为金桂，因为金桂的香气最为浓郁，是桂花中的优良品种；由于利用了香山天气偏凉的特点，玉华的桂花每年都较别处早开，成为一大特色被多次提到；因为即使是以现代的技术手段，调控桂花花期，使其早开花也是不容易的。

因此，对香山玉华景区来说，只有恢复玉华桂花的景观，才是恢复了玉华岫景区园林意境的真髓。如今，香山公园技术人员已经着手恢复玉华的桂花景观，不仅让桂花在香山凉爽的气候下早开花，而且利用现代温室加温条件来调控花期，使其分批次开放，游人在 9 ～ 10 月期间都可以欣赏到桂花的芬芳，使香山的香字更加名副其实。

3.6 "一树不为少，雪海何为哉"——香山梅花品种的收集和恢复

梅花在中国有悠久的花文化历史，唐宋后梅花高洁的精神内涵被人们所偏爱，乾隆皇帝还在香山静宜园做起了种梅的实验，乾隆在其咏梅诗的序中写到："梅于北地不宜，而香山土脉殊胜，卉树皆易植。尝以盆梅移种庭中，今七年，高可八尺许……。初夏驻山馆，梅始著花……，暗香故不减冰雪中标格。……又何必较量迟早之间哉。"将其种梅的过程交代的非常清楚，并点出香山土脉殊胜，也就是小气候好的特点。他在诗中写道："山中气候迟，清和花始开。一树不为少，雪海何为哉。"有了香山的梅花，连南方的香雪海都不放在眼里了，可见亲自参与园艺工作的魅力，不失为繁忙政务闲暇的一种园艺治疗。

香山梅花的记载还见于碧云寺的游记中，如明朝碧云寺咏梅诗文："竹色半池静，松风一径遥。梅花开未落，相对玉为标。"（明·朱孟震《碧云寺山房·次日喜雪》），"循池而出道右，幽洞敞明，贮花树其中，时春以半，盆梅盛开，暗香蒙蒙袭衣，玉色灿然。"（明·朱孟震《游西山诸刹记》）

从 20 世纪 80 年代开始，香山就开始利用沟谷的小气候优势，建设了梅沟景区，不仅种植了梅花，还收集了不少蜡梅，2009 年又在碧云寺景区增加了 140 多株，几十个

品种的梅花。特别是在碧云寺的金刚宝座塔孙中山先生的衣冠冢周围，种植了几十株红梅、白梅，以纪念这位生前钟爱梅花的革命伟人。2010年春季，香山在碧云寺举办了第一届“五福迎春”梅花盆景展和“香山梅花和梅文化”科普展，使碧云寺成为北方地区梅文化的保护传承的重要场所。

3.7 “是莲不出水，非菊却宜山”——香山金莲花景观恢复

香山的金莲花原种引自承德避暑山庄，乾隆在香山停留期间留下了大量金莲花歌咏诗篇，2010年夏季，技术人员经过2年苗木准备后，香山的金莲花首次大面积开花，恰逢乾隆御笔“香山来青轩金莲花”图在嘉德拍卖行以1000多万成交，引起了媒体市民空前的观赏兴趣，目前栽植量已达500m^2，2万多株。

此外，香山作为历史名园，槐树也很有特点，香山的外围道路，到现在还残余了不少国槐古树；欢喜园的牡丹，玉华寺的芍药，碧云寺的白莲、红白荷花，黄金竹，见心斋莲池，等等，都在进一步考证和发掘中。

4 香山历史植物景观保护和管理总结

（1）明确公园的发展目标和定位。通过明确公园的定位，确定历史名园植物景观文化的构建的目标。

（2）通过科学的规划指导历史名园植物景观文化建设。通过科学的规划来指导植物景观建设管理。规划保证了目标和定位的法规性，延续性，便于长时间指导公园的建设和管理。通过规划将树种比例，景观特色以原则的方式确定下来。避免在植被更替中随意性，将历史文化植物景观做细做大，使古园风貌可以不断继承。

（3）实施技术和管理的创新，为构建植物景观文化提供技术基础。现代的科学养护技术，可成为进行历史植物景观恢复、改善最有效的技术支持手段。香山多年的黄栌基础技术研究为黄栌的养护、植保、营林、林区生态恢复等管理措施的实施提供了有力的技术支持；香山的古树复壮技术目前在行业中也处于领先的技术，保证了香山的古树养护水平；香山通过乡土地被应用课题研究成果，有效保护恢复了公园内大量的甘野菊、菊花脑等野菊，恢复了“红叶黄花自一川”的野菊景观。

（4）充分考虑气候、环境变迁对景观恢复可能造成的影响，对湮没已久的景观不可过于强求。

（5）要尽可能继承现有的绿化成果，使之能和历史文献记载的景观布局能达到和谐统一。历史植物景观的恢复并不排斥现代的技术，也不能理解为一种单纯的复古，而是对现有景观的优化和升华，使之更具文化内涵和古园风貌。

（6）要坚持个性，保持历史名园的历史文化特色。历史植物文化景观保护和恢复工作，一是要避免只重视园林建筑恢复，而忽视植物景观建设恢复；二是避免只重视能带来经济效益的植物景观，忽略历史名园园林意境。其次是历史名园一定要坚持特色，杜绝流行跟风影响，过多使用与历史原貌不符的植物。

5 结语

景观生态学认为：文化影响景观，景观又影响着文化。香山的植物景观也是如此。作为一座历史名山，历经数百年经营，从皇家园林发展为城市公园，时代的变迁给香山的植物景观留下了历史的痕迹，打下了文化的印记。从空中鸟瞰香山和周边地区，我们会发现，香山公园内植被非常繁茂，林木覆盖率很高，树木冠幅大，景观效果好；而香山周边地区相比较就要差一些，不仅覆盖面要小，而且面积最大的是20世纪五六十年代营造的侧柏林，尚未达到最好的景观效果。从对植被变迁调查看，由于放牧和垦荒，这一地区的植被在一些历史时期受到很大的破坏，而香山的植被受到的影响较小。因为香山很早就成为皇家营造行宫的地方，皇家禁地保护了香山的植物。香山在古代又是一个寺庙云集的地方，现在我们仍可以看到一些寺庙遗址上人工栽植的参天的古树，基于人们的信仰和风水的观念，寺庙周围的林木得到了很好的保护。正是香山繁茂的植被构成的良好的景观和环境，数百年来吸引了人们在此兴建园林，而人类的活动和欣赏品位又影响了这一地区的植物种类和植物景观，形成香山特有的植物景观和植物文化，它和香山的历史文化、宗教文化等一起构成了香山丰富的历史植物文化特色，为香山在红叶文化、历史名园造园理念传承，提供了更为丰富、鲜活有生命的考证，提供了更丰富的空间和发展方向。

植物是园林的载体，植物景观体现一个国家地区的文化特征、历史渊源。传承构建历史名园的植物景观文化，是我们建设社会主义和谐社会，建设富有特色的世界城市的必然趋势。人们的审美水平提高，文化水平提高，社会的经济实力在提高。历史名园特色植物景观文化保护和恢复继承，将会受到更多的重视；如北京市公园管理中心一园一品建设的提出，各公园规划工作的逐步推进，无不体现了这一迫切的要求。

北京保留了大量包括皇家园林在内的历史名园，数量多，面积广，是一份珍贵的历史文化遗产。植物景观作为其中不可分割的一部分，是最优美、最具生命力的资源，是公园在构建和加强特色文化进程中不可缺少的一部分。需要我们在微观的技术支持上，中层管理策略上，宏观的

规划决策上，进一步提高认识和认知的层次，并确实加以实施，使历史名园植物景观的保护和传承进入可持续发展的良性循环。

参考文献

[1] 香山公园管理处 . 香山公园志 [M]. 北京：中国林业出版社，2001.

[2] 香山公园管理处 . 清 · 乾隆皇帝咏香山静宜园御制诗 [M]. 北京 ：中国工人士版社，2008.

[3] 陈菲等 . 唐诗花园 [M]. 北京 ：农村读物出版社，2005.

[4] 周武忠等 . 园林植物配置 [M]. 北京 ：中国农业出版社，1999.

[5] 柏原 . 谈花说木 [M]. 天津 ：百花文艺出版社，2004.

[6] 何小颜 . 花与中国文化 [M]. 北京 ：人民出版社，1999.

[7] 张孝岳 . 梅与梅文化 [M]. 北京 ：中国农业出版社，2005.

[8] 北宋 · 沈括 . 梦溪笔谈 [M]. 延吉 ：延边人民出版社，2000.

[9] 清 · 李渔 . 闲情偶寄 [M]. 扬州 ：江苏广陵古籍刻印社 .

[10] 清 · 陈淏子 . 花镜 [M]. 中国农业出版社，1995.

[11] 花卉果木编 [M]. 上海古籍出版社，1991.

[12] 贺士元等 . 北京植物志 [M]. 北京 ：北京出版社，1984.

北京城市公共绿地景观格局研究

北京市园林科学研究院园林绿地生态功能评价与调控技术北京市重点实验室 / 郭　佳　谢军飞　李　薇

摘　要： 本文以2000年和2008年两期遥感影像为主要数据源，在RS与GIS技术支持下提取北京规划市区公共绿地信息，应用景观生态学的原理与方法对北京规划市区公共绿地景观格局变化进行了分析。结果表明：①北京公共绿地数量与面积都不同程度的增加，公共绿地面积由2000年5542.68hm^{2}增加到2008年的8321.98hm^2，公共绿地北部较多，南部少；②公共绿地中超大型斑块所占面积比例高达80%；③公共绿地景观破碎度较高，特别是小型斑块；公共绿地分维数偏低，斑块边界较规则，形状较简单。

关键词： 公共绿地　斑块　景观格局　北京

公共绿地是城市绿地系统中最重要的组成部分，它的数量、面积、空间布局等直接影响到城市环境质量和城市居民游憩活动的开展，并且对城市景观文化的塑造和城市风貌特色的形成具有重要的影响。[1] 公共绿地是城市绿地系统中最能体现城市绿地诸项功能的绿地类型，它具游憩功能为主要特征，兼具景观、生态、教育、减灾等功能。北京作为首都，城市园林绿化水平在全国各大城市中名列前茅，因此对公共绿地景观结构和布局进行分析，可为公共绿地的规划和建设提供科学依据。

1　研究范围

本文研究范围为北京市规划市区，东起定福庄，西到石景山，北起清河，南到南苑。该公共绿地指具有良好的园林环境、较完善的设施，具备改善生态、美化城市、休憩娱乐和防灾避险等功能，向公众开放的场所。按照北京绿化统计分类，包括公园、街头绿地、居住区花园、隔离地区公园。

2　研究方法

2.1　公共绿地信息提取

本研究遥感信息源为2000年和2008年两期QuickBird高分辨率卫星影像，在遥感图像处理软件中进行研究区域裁减、几何精校正、辐射校正、融合等预处理，通过Titan Image遥感影像处理系统6.0平台进行勾绘得到，制作专题图。本文将含有多个斑块以组形式存在的记录进行分离，形成各自独立的斑块，即进行了图素打散处理。

2.2　公共绿地景观格局分析

为确保景观格局指标计算精度并易于操作，本文选用了在Fragstats[2,3]基础上发展而来的Patch Analyst 3.0软件，Patch Analyst是GIS软件Arcview的一个扩展模块，是由加拿大安大略湖自然资源部所属的北部森林生态研究中心开发的，具有Fragstats的几乎所有指数计算功能，能接受栅格和矢量数据，目前已发展到3.0版本[4, 5]，能运行在Windows XP环境下，可以从公共景观格局的构成和特征

两方面进行分析。

2.3 景观指数计算方法及其生态意义

景观生态学发展至今，已逐步建立了许多指标来描述和分析景观格局，尽管这些指标繁多，个人的侧重面和计算方法又不尽相同，但有些公式是比较通用的，在研究景观空间格局的众多定量指标中，根据研究区的特点选取以下几个景观指数及其计算方法。

2.3.1 景观破碎度（C）

景观破碎度是指景观被分割的破碎程度，在一定程度上可以反映人类活动对景观格局的影响。景观破碎度的数值越大，破碎化程度则越高。[4、5]

$$C = N/A \tag{1}$$

式中 C——景观破碎度；

A——景观要素的总面积；

N——该景观要素的个数。

2.3.2 分维数

表示具有不规则形状对象的复杂性，用来测定形状的复杂程度。观是由具有异质性的斑块组成的，斑块形状不规则，带有自相似性，具有分形的性质。[6] 分维几何中斑块面积和周长的关系被定义为：

$$FD=\frac{\sum_{i=1}^{m}\sum_{j=1}^{n}\left[\frac{2\ln(0.25P_{ij})}{\ln(A_{ij})}\right]}{N} \tag{2}$$

式中 i——斑块类型，1，…，m；

j——斑块数目，1，…，n；

P_{ij}——斑块 ij 的周长（m）；

A_{ij}——斑块 ij 的面积（m^2）；

N——景观中斑块总数；

P——斑块周长；

A——斑块面积；

FD——理论范围为 1.0 ~ 2.0。

生态意义：其值的大小可以用来反应斑块形状的复杂程度。1.0 代表形状最简单的正方形周边，2.0 代表同等面积下边界最为复杂的斑块周边。它的变化能反映人类活动对景观格局的影响，一般来说，受人类活动干扰小的自然景观的分维数值高，而受人类活动影响大的人为景观的分维数值低。

2.3.3 分离度指数

景观分离度指数是指某一景观类型中斑块个体分布的分离程度。分离程度越大，表明景观在地域分布上越分散。[6]

$$F_i=A_i/A\times(\sqrt{S/N_i}) \tag{3}$$

式中 F_i——景观类型 i 的分离度；

A_i——景观类型 i 的面积；

A——景观的总面积；

S——区域总面积；

N_i——景观类型 i 的斑块数。

2.4 资料收集

本研究除参阅了景观生态学、遥感、地理信息系统、城市生态学、城市规划学和城市绿地系统规划等方面的文献以外，还参阅了北京市相关统计资料，主要有：

（1）北京市 2006 年 QuiekBird 全色、2000 年 TM 全色和多光谱及 2001 年和 2003 年 1 ： 2000 航空摄影数字正射遥感影像；

（2）北京市 1 ： 10000 电子地图；

（3）建设部《城市绿地分类标准》（CJJ/T 85—2002）；

（4）《北京城市总体规划（2004—2020 年）》；

（5）北京市 2000 年和 2005 年绿化普查报告；

（6）绿地分布实地调查记录。

3 结果与分析

3.1 公共绿地景观构成分析

根据北京公共绿地斑块面积大小，将北京公共绿地划分为 5 种类型：小型斑块（<5000m^2）、中型斑块（5000 ~ 50000m^2）、中大型斑块（50000 ~ 100000m^2）、大型斑块（100000 ~ 200000m^2）、超大型斑块（>200000m^2）。

北京规划市区内公共绿地斑块面积等级　　表 1

斑块等级		斑块		面积	
		数量	百分比	面积（hm^2）	百分比
小型斑块	2000 年	433	53.19%	69.69	1.26%
	2008 年	540	53.41%	79.01	0.95%
中型斑块	2000 年	250	30.71%	409.99	7.40%
	2008 年	299	29.57%	506.58	6.09%
中大型斑块	2000 年	46	5.65%	337.24	6.08%
	2008 年	48	4.75%	354.92	4.26%
大型斑块	2000 年	33	4.05%	485.51	8.76%
	2008 年	47	4.65%	683.43	8.21%
超大型斑	2000 年	52	6.39%	4240.25	76.50%
	2008 年	77	7.62%	6698.04	80.49%
合计	2000 年	814		5542.68	
	2008 年	1011		8321.98	

从表 1 可知，北京规划市区内各类公共绿地的面积分配不均匀，表现为超大型公共绿地占绝对优势，其面积占公共绿地总面积的 80% 以上，其他类型公共绿地合计不足总面积的 20%。

北京规划市区内公共绿地总面积从2000年的5542.68hm² 增加到2008年的8321.98hm²，8年内增加了2779.29hm²。各类型绿地面积都不同程度的增加，其大型和超大型公共绿地增加的面积最大，这主要是依托2008年奥运会的重要机遇，北京市园林绿化事业得到了长足的发展，新建奥林匹克森林公园及郊野公园使得大型和超大型公共绿地面积明显增加，二者合计占斑块总数的12%左右，但面积却占89%以上，这类斑块主要包括规划市区内大型公园及郊野公园等。大型和超大型斑块在北京绿地景观生态系统中起着十分重要的作用，是改善城市环境质量和承载城市生物多样性的主体。

从北京规划市区内公共绿地斑块数来看（表1），小型斑块数量最多，大型和超大型斑块数相对较少。对斑块数变化而言，各类型公共绿地斑块数量都在增加，主要原因是多年来为了更直接地服务市民，多处新建了的社区公园、街头绿地，使得小型斑块数最多并明显增加。

从图1和图2可以看出，以长安街及其沿线将规划市区分为南城、北城两部分，公共绿地区域分布不均衡，两期数据均表明南部公共绿地的数量与面积远远低于北部，北城2008年的斑块数量占规划市区总量的63.2%，斑块面积占规划市区总量的78.78%。

图1　2000年与2008年北京城市公共绿地分布图

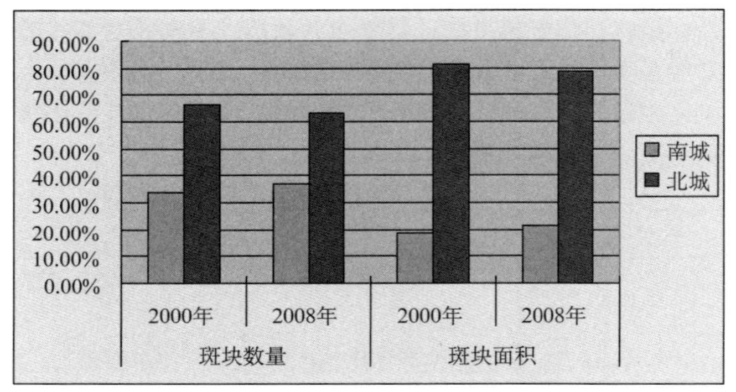

图2　北京规划市区南城北城公共绿地数量与面积比较

3.2　公共绿地景观破碎度分析

由于公共绿地完全是人为设计的绿地景观，其斑块破碎化程度受人为影响较大，通过分析公共绿地景观的斑块密度，不仅可以得知公共绿地景观斑块的破碎化程度，而且对公共绿地的改造、规划设计和管理提供指导。

北京公共绿地斑块密度整体较高（表2），以小型斑块最大，两期分别为6.214个/hm²和6.835个/hm²，其后是中型、中大型、大型，超大型斑块最小，仅为0.01个/hm²。这是由于小型斑块大多是街旁绿地和小区游园，其数量多，面积小，破碎度高；中型、中大型斑块为社区公园和广场绿地，面积较小，破碎度较大；大型和超大型斑块为市级公园和区级公园，数量少，面积较大，破碎度小。通过两期对比，北京规划市区破碎化程度均有所降低。斑块密度是单位面积上拥有的景观斑块的数量，数量的大小反映绿地景观被分割破碎程度的大小以及空间异质性的大小。

3.3　公共绿地景观分离度分析

景观分离度是指某一景观类型中斑块个体分布的分离程度。分离程度越大，表明景观在地域分布上越分散。从表2可知，2000年和2008年两期的公共绿地景观分离度差异较小。各景观类型之间比较来看，小型斑块分离度最小，这是由于小型公共绿地斑块小而密集，因此其分离度较小。其次是中型、中大型，分离度最大值集中在大型和

北京规划市区公共绿地景观指数　　表2

		破碎度（C）	分离度（F_i）	分维数（FD）
小型斑块	2000	6.214	0.019	1.115
	2008	6.835	0.013	1.135
中型斑块	2000	0.61	0.15	1.087
	2008	0.59	0.113	1.087
中大型斑块	2000	0.136	0.287	1.047
	2008	0.135	0.197	1.048
大型斑块	2000	0.068	0.488	1.044
	2008	0.069	0.383	1.048
超大型斑	2000	0.012	3.394	1.039
	2008	0.011	2.935	1.042
整体	2000	0.147	1.121	1.095
	2008	0.121	1.006	1.106

超大型斑块，这与大型和超大型斑块数量少，分布较分散有关，缺少一定量的较大规模的公共绿地，影响了生态的改善和游憩质量的提高。因此，在未来北京公共绿地规划中，必须在增大绿地总面积的同时，在一定范围内针对性地降低公共绿地斑块的分离度，提高斑块之间的连通性。景观分离度高，导致作为物质和物种流通渠道的廊道被切断，景观里斑块彼此被隔离，景观整体性削弱。

3.4 公共绿地景观分维分析

总体上讲，北京各类公共绿地景观的分维数偏低，大多数在 1.0 ~ 1.1 之间（表 2），这是由于公共绿地一般为人工建设，规划设计模式化，斑块较规则，形状较为简单。各类型绿地斑块分维数中超大型斑块和大型斑块相对较低，表明这些公共绿地斑块边界较简单，不利于创造多样性的景观空间，应引起绿地规划设计者的关注和思考。

从不同时期公共绿地分维数变化来看，各类公共绿地分维数变化不大，说明多年来北京公共绿地景观斑块边界不够复杂，与周围的联系较少，不利于发挥边缘效应，影响保护和提高城市生物多样性。

4 结论与讨论

（1）从景观生态学角度出发，依据北京规划市区内公共绿地斑块面积大小，将公共绿地划分为 5 种类型：小型斑块（$<5000m^2$）、中型斑块（5000 ~ $50000m^2$）、中大型斑块（50000 ~ $100000m^2$）、大型斑块（100000 ~ $200000m^2$）、超大型斑块（$>200000m^2$）。

（2）从北京公共绿地区域分布来看，北部和东部较多，南部少。因此加强南部公共绿地建设力度，改变公共绿地区域分布不均的现状。

（3）研究区公共绿地中超大型斑块所占面积比例高达80%，使绿地整体生态效益难以充分发挥，在今后绿地建设中提高中大型绿地斑块的比例，均衡布局各绿地类型。

（4）公共绿地景观破碎度较高，特别是小型斑块，景观分离度较大，斑块分布较分散。应有意识地建立带状公园，降低绿地景观破碎度，增强景观之间的连通性。

（5）公共绿地分维数偏低，斑块边界较规则，形状较简单。因此公共绿地规划设计中，考虑增加边界形状的复杂程度，以提高绿地景观单元的分维数，营造自然化的绿地景观，保护和提高城市生物多样性。

参考文献

[1] 车生泉 . 城市绿地景观结构分析与生态规划——以上海市为例 [M]. 南京：东南大学出版社，2003.

[2] Mc Garigal.Marks B.Fragstats: Spatial pattern analysis program for quantifying landscape structure. Reference manual. For. Sci. Dep[R]. Oregon State University. Corvallis Oregon 62 p.+ Append, 1994.

[3] Ritters, K.H., R.V. O'Neill, C.T. Hunsaker, J.D. Wickham, D.H. Yankee, S.P. Timmins, K.B. Jones, and B.L. Jackson. A factor analysis of landscape pattern and structure metrics[J]. Landscape Ecology, 1995, 10(1): 23-29.

[4] 吴泽民，吴文友，高健等 . 合肥市区城市森林景观格局分析 [J]. 应用生态学报，2003，14（12）：2117-2122.

[5] 徐化成 . 景观生态学 [M]. 北京：中国林业出版社，1995：19-20.

[6] 傅伯杰，陈利顶，马克明等 . 景观生态学原理与应用 [M]. 北京：科学出版社，2001.

利用树干电容对银杏树体健康程度定量测定的研究

北京市园林科学研究院绿化植物育种北京市重点实验室 / 巢　阳

摘　要： 实现对树体健康的仪器定量测定，可解决目前靠经验判断树体健康准确度不确定的问题。前人的研究表明：树干电容和树体生命活动间存在密切的关联。本文对71株15年生银杏树的树干电容和树体各种表观性状，以及树势经验判断结果进行对比分析后发现，银杏树干电容和反映树势的主要性状树冠密度间存在极显著回归关系。以树干电容值3.31为分界点，树冠密度增长对树干电容的影响呈现不同的形式，此树干电容值或可成为定性判断银杏树势强弱的临界点。

关键词： 银杏　树干电容　树冠密度　树木健康定量测定

前言

树木作为园林景观的骨架，在城市中拥有巨大的使用量，例如：北京就栽植有各种乔木约 4148.41 万株。[1] 树木的健康状况直接影响城市的景观，城市的园林养护人员必须随时对大量的树木的健康状况做出正确的判断，并以此为依据采取相应的养护措施，保证城市园林中的树木健康。因此，准确而快速的树体健康诊断是城市园林树木养护工作的关键。

目前在进行树木健康调查时，主要根据树木外部形态进行评估。[2、3] 许多学者和管理部门在利用树木的外形对树木健康进行评价，如：Dean 等认为健康的树木必须满足树干几乎没有裂缝，洞穴大小不超过干径的 30%，没有直径大于 20cm 的断枝，极少病虫害及寄生植物，根部外露少于 1/3，倾斜不超过 30% 等条件；Gary 于 1994 年证明树势、树干状况和倾斜状况这 3 个指标能够正确地预测树木衰败。[3] 旧金山市公园与游乐场部门提出了包括树木位置、根区、树干和枝条等大类共 85 个指标的评价系统，以全面地反映树木的生活状况。

通过树木外形进行树木健康评估的方法虽已得到业界的广泛认可，但评估结果受健康监测人员业务水平的影响较大，所有外观上的评价，都需要评价者具有一定的经验，才能准确地反映出树木的生长问题，因此 Gary 等认为树木健康评价体系必须具有可预见危险、能指导养护、电脑化、利于栽培、视觉检查并尽量减少使用工具、减少责任关注、快速及定量检查 8 个特点。[3] 黎彩敏等 [4] 认为一个通用的园林树木评价体系还需要具备操作简单、便于推广的特点。

对树体健康进行仪器检测的方法，可满足以上提出的快速、定量、可电脑化、操作简便、易推广等各方面树木健康监测的要求。因而，运用科学的方法和现代的仪器设备与技术，对城市园林绿地中的树木进行系统的管理，是未来相当长一段时间科研和实践需重点关注的领域。[3]

树体电容作为一项重要的树木生理状况评价指标，其研究和应用潜力很大，特别在树势量化评价上有突出的优势。[5] 目前的研究成果主要有：树体干部电容与树木胸径、地径、材积生长量、树皮相对膨胀度等指标成正相关关系，

且健康树木的电容值显著高于衰弱树木[6]；高保山等（1997）通过对树木极化电容和电阻特性的研究，从热力学角度对树木的长势进行了解释[5]；傅玉和（2000）定性地研究了植物具有电容性，并确证了植物病害诊断仪电容传感机理的真实性[5]；曹兵等（2003）认为树体电容值大小与树种、胸径、病虫害、机械损伤等有关。[5]

目前，影响树木电指标的各种因素至今尚未完全搞清[6]，定量评价园林树木健康状况的系统模式与方法的相关文献还不多见[7]。本文着重分析了银杏树树干电容和反映树体健康的各项表观性状之间的关系，以期为利用电容指标定量评价银杏树的健康状况提供依据。

1 材料与方法

1.1 实验对象

北京市园林科研院内，不同健康程度无性繁殖银杏树71株。树龄为15年。

1.2 树木表观性状的观测

1.2.1 树木健康程度的经验评估

于2008年7月9日对所有供试银杏树进行健康状况评估。评估方法如下：根据树木叶色，叶片大小，树冠密度等3个性状的表现，凭经验估测树体健康程度等级。树体健康程度分为健壮、半健壮、衰弱、濒危四级记录。具体评级标准见表1。

树体健康程度经验判断标准　　表1

观测项目	健康等级			
	健壮	半健壮	衰弱	濒危
叶色	深绿	绿	黄绿	黄绿
叶片大小	大	大	中	小
树冠密度	稠密无缝隙	少量缝隙	有明显缝隙	枝叶稀疏

在数据统计分析过程中，对健康等级进行赋值。赋值方法为：健壮=4，半健壮=3，衰弱=2，濒危=1。

1.2.2 叶片叶绿素含量测定

于2008年8月13日用SPDA502型手持式叶绿素测定仪对银杏树的树叶进行叶绿素含量的测量。每株树选取树冠东、南、西、北4个方向，距地面2.5m以下树叶3片作为测量样本，这些叶片样本的色泽要与全树大多数叶片色泽相近。测定过程中用手持式叶绿素测定仪在树枝上直接测定，不将叶片采下。将一棵树所有方向上树叶叶绿素含量的平均值作为此树叶片的叶绿素含量。

1.2.3 叶片面积测定

银杏树叶片采集于2008年7月29日完成。采集银杏树叶的部位均位于树冠北侧，距树顶2/3位置。从每株树采集的叶片中选取3片与全树大多数叶片大小相似的叶子作为代表该树的叶片采回。

将采回的每片叶片和一钢尺放在MICROTEK牌S430型扫描仪上，在扫描分辨率300dpi条件下共同扫成数字图片。然后用photoshop软件对数字图片中叶片的面积进行测量。测量步骤如下：①用Photoshop中的矩形选框工具选定图片中直尺上1cm长度的单排像素点，在直方图窗口读出此矩形选框内的像素点数X；②利用Photoshop中多边套索工具标出图中叶片范围，后在直方图窗口读出叶片像素点数Y；③利用公式（1）推算出叶片面积S（图1）。

$$S=\frac{Y}{X^2}\ （X^2\text{为每平方厘米像素点数}） \tag{1}$$

1.2.4 树木胸围的测量

于2008年8月19日完成对所有供试银杏树树干胸径的测量。测量方法如下：用皮尺测定树木主干距地面1.33m处周长。测定时皮尺所围主干横截面应与树干生长方向垂直。

1.2.5 树高、树冠尺寸和树冠密度测定

1）图像采集

于2008年9月11～17日，用SONY DSC-H9型数码照相机对每株银杏树进行整体拍摄。拍摄时相机设置在自动挡，图像大小选择为500万像素。拍摄时树木主干边立标尺，每株树单独拍摄数码图像1张；图像中要包括整个树冠和主干。

2）树高、冠幅和树冠高度的测定：

用photoshop软件中的矩形选框工具和直方图窗口测定图片中标尺上1m长度的像素点数X；具体测定方法同前。

用photoshop软件中的矩形选框工具选取从树冠顶点到树干基部的单排像素点，在直方图窗口读出选框范围内的像素点数$Y_{树高}$，此单排像素点组成的连线必须与树干平行。利用公式（2）推算出树高$H_{树高}$。

$$H_{树高}=\frac{Y_{树高}}{X} \tag{2}$$

用photoshop软件中的多边套索工具，勾勒出图片中树冠侧面外轮廓，要求轮廓整体无凹陷（图2）；在测定树高所圈定的单排像素点上截取树冠顶点到树冠最下端外框线的像素点，在直方图窗口读出选框内的像素点数$Y_{冠高}$，利用公式（3）推算出树冠高$H_{冠高}$。

$$H_{冠高}=\frac{Y_{冠高}}{X} \tag{3}$$

结合一株树的树高和冠高测定结果，利用公式（4）计算出该树的树冠率。

$$树冠率=\frac{H_{冠高}}{H_{树高}}\times 100\% \tag{4}$$

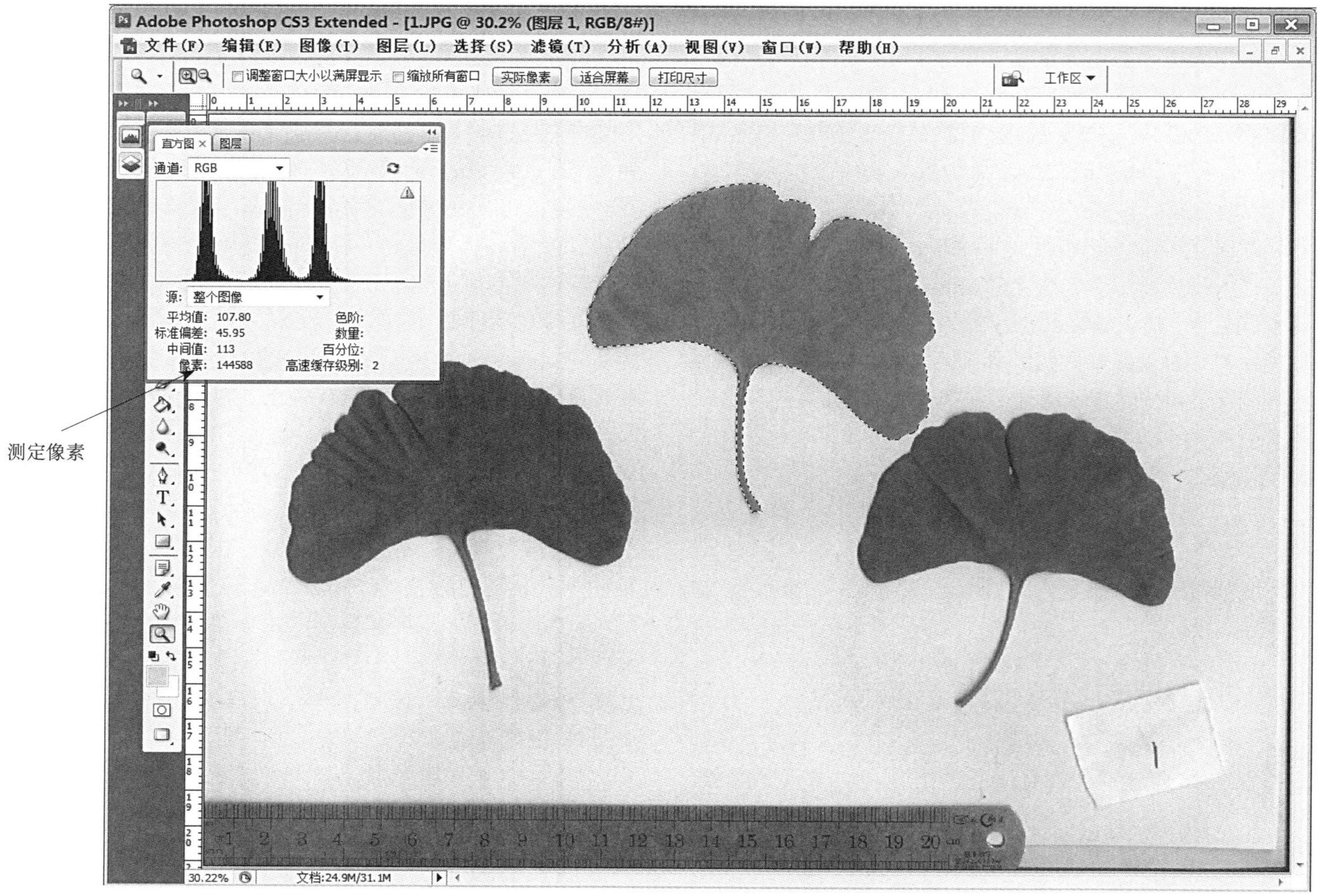

测定像素

图 1　叶片面积的测定

图 2　树冠密度的测量

用 Photoshop 软件中的矩形选框工具选取树冠最宽处的单排像素点，在直方图窗口读出选框范围内的像素点数 $Y_{冠幅}$，此单排像素点组成的连线必须与地面平行。利用公式（5）推算出冠幅 C。

$$C=\frac{Y_{冠幅}}{X} \tag{5}$$

1.2.6　树冠密度测定

用 photoshop 软件中的多边套索工具，勾勒出图片中树冠侧面外轮廓（同上），在直方图窗口读出轮廓线内包括的像素点数 Y_1。后用魔法棒工具和多边套索工具将轮廓中非树枝和树叶的部分选定后删除；再在直方图窗口读出轮廓线内剩余像素点数 Y_2（图 2）。利用公式（6）推算出树冠密度 K。

$$K=\frac{Y_2}{Y_1}\times 100\% \tag{6}$$

1.2.7　树枝年生长量测定

于 2008 年 11 月 17 ～ 18 日，树叶落光后进行树枝年生长量测量。每株树在树冠东、南、西、北 4 个方向，选取距地面 5m 以下树枝剪下。所选取的树枝当年生枝条生长长度与全树大多数树枝相似。计数当年生枝条上芽子的数量并用皮尺测定当年生枝条长度，各方向分别测定 3 个树枝。

1.3　树木树干电容测定

1.3.1　电极的选择和安装

选用螺纹规格为 ST4.8，长度为 5cm 的不锈钢自攻螺钉作为检测电极。在每株树树干北侧沿树干生长方向选取 2 个电极安置点。用刀将电极安置处树皮削除，露出树干韧皮部。后垂直于树干钉入 2 个螺钉，保证两螺钉间距 20cm，下螺钉距地面 1.33m。

1.3.2　电极插入树干不同深度对电容的测定值的影响测定

于 2008 年 7 月 9 ～ 29 日进行电极插入树干不同深度对电容测定影响的测验。将一株树干上的两螺钉拧入树干相同深度后，用深圳山创仪器仪表公司生产的 H·NEYTEK 牌 LCR4070 型便携式数字电容表测定两电极间的电容。螺钉每拧入 1cm 便测定两螺钉间电容 1 次，每次读取 3 个电容值，取平均值作为该电极深度电容值，直至螺钉拧入 4.5cm。

一株树的全部电容测完后，用“和宏牌”DS9251 温湿度计测定气温和空气相对湿度。

1.3.3　树干电容日变化的测定

对银杏树干电容日变化的测定于 2008 年 8 月 28 日完成。对 7 月拧入 2 个不锈钢螺钉电极的银杏树进行树干电容测定，螺钉插入树体深度 4.5cm。自 8：50 起，用 NEYTEK 牌 LCR4070 型便携式数字电容表每小时测定每株供试银杏树的主干电容 1 次，用“和宏牌”DS9251 温湿度计记录气温和空气相对湿度 1 次。直至 16：50。

1.4　数据处理

用 Excel 表格程序进行各树体表观性状间的多元直线相关分析，以确定各树体表观性状间，以及与树木长势经验评估间的关系。

用 CurveExpert1.3 程序搜寻各树体表观性状和树干电容之间的拟合公式，选择和观测数值分布相关系数最高的拟合公式作为树体表观性状和树干电容值之间的回归公式，并对回归公式的意义进行分析、解释。

2　结果与分析

2.1　树木表观性状之间的相关性

根据前人对树木表观性状和树势的关系的研究结果，本文选择对树干胸围，树高，冠幅，树冠高度，叶面积，叶绿素含量，年生长量，树势等性状进行观测。以研究这些性状之间的相关关系，以及选出和树势及树体健康相关性最大的表观性状。

树木表观性状之间的多元直线相关系数　　表 2

	树冠侧面密度	树冠高度	冠幅	树高	树冠率	长势	胸围	平均叶面积	叶绿素含量
树冠高度	13.3%								
冠幅	−14.8%	29.9%*							
树高	−21.8%	98.1%**	−35.1%*						
树冠率	−9.5%	96.9%**	−18.3%	−92.6%**					
长势	41.0%**	−6.0%	25.4%	12.2%	3.8%				
胸围	48.3%**	−39.1%**	59.0%**	50.9%**	32.4%*	−19.6%			
平均叶面积	28.1%	−20.9%	31.5%*	28.4%*	16.6%	32.5%*	−53.8%**		
叶绿素含量	−12.6%	9.1%	−23.7%	−10.4%	−6.1%	54.1%**	15.6%	−6.7%	
年生长量	−2.7%	26.8%*	−38.3%**	−30.2%*	−16.1%	23.2%	31.7%*	30.3%*	−13.5%

注：* 代表对偏相关系数进行 t 测验，在概率水平 a=0.05 上显著相关；** 代表在概率水平 a=0.01 上显著相关。以下表中显著性标注方式与此相同。

从表 1 的相关结果可见，和通过经验评估的长势显著相关的性状只有侧面树冠密度，叶绿素含量以及平均叶面积。其中侧面树冠密度与叶绿素含量和长势呈极显著正相关关系，和平均叶面积呈显著正相关关系。这个结果与 Gary1994 年得出的结论：通过叶色及覆盖程度反映的树势是最重要的指标 [3] 相一致。

年生长量和树冠高度，平均叶面积以及树干胸围呈显著正相关关系，却和冠幅和树高呈显著负相关关系，与长势有接近显著地正相关关系。本文测定的只是极少数枝的生长量，所以数据反映的是树枝的平均生长量，并非全树整体生长量。以上的相关分析结果可解释为：15 年生无性繁殖的银杏树的年生长量和树木的长势存在一定的正相关关系，长势好的树，树枝平均年生长量较高；树枝平均年生长量越高的树，树干越粗，叶片越大；但树越高，冠幅越大，树枝的生长量越小，这可能与树木扎根环境所能提供的养分含量有限，和土层结构所决定的树木根系分布空间有限有关。

树高、冠幅、冠高、树干胸围等和长势无显著相关关系。

2.2 树干电容与树木表观性状的相关关系分析结果

2.2.1 测试环境与测试操作对树干电容的影响

在电极性状和两电极相对位置固定的条件下，电极间介质的湿度、温度和材质均会影响电容值的大小。因此本文对一日内由气温、空气湿度及电极插入树干深度的变化对电容的影响，和树木个体差异对树干电容的影响进行了分析、比较。

从表 3 ～表 5 的数据可知银杏树树木个体间树干电容的变异系数远远大于环境条件变化和电极插入树干深度不同间的变异系数。由此可推知：环境变化，和测量电极插入树干深度对树干电容影响远小于个体间的差异，环境的变化，一天内测定时间的不同和电极插入深度差异所带来的测量误差对树干电容测量的影响很小。

2.2.2 树干电容和树木表观性状之间的关系

1）电容和树势的关系

树势是正确预测树木衰败的主要因素之一，银杏树树干电容和树势之间的关系可等同于树干电容和树体健康程度之间的关系。

在用树势评估值为纵坐标和树势评估当月的树木树干电容值为横坐标绘制的散点图中，可清晰的看到，树干电容值随树势的下降而下降的趋势，并且壮树、弱树、濒危树之间有明显的界限（图 3）。壮树和弱树的分界点在电容值 4.5 左右，弱树和濒危树的分界点在 1.4 左右。此结果和梁军等 [5]2006 年对 107 杨进行的树干电容实验所得的结果类似。

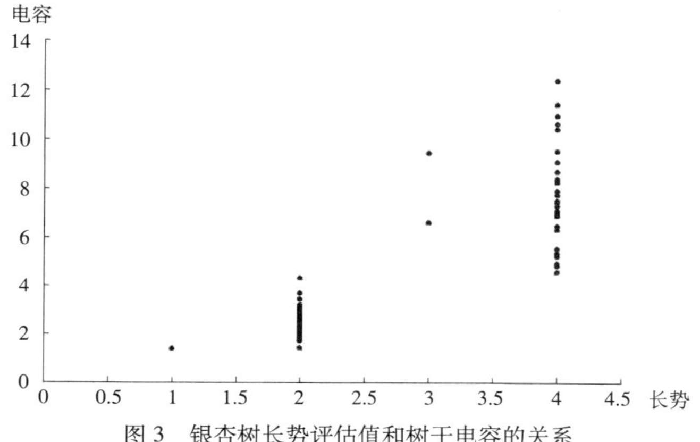

图 3 银杏树长势评估值和树干电容的关系

电极不同插入深度树干电容在个体间的变异系数 表 3

电极插入树干深度	1cm	2cm	3cm	4cm	4.5cm
个体间电容变异系数	59.4%	59.3%	58.6%	57.5%	56.4%

不同时间，不同气温和空气湿度条件下树干电容在个体间的变异系数 表 4

测定次数	1	2	3	4	5	6	7	8	9
测定开始时间	8:50	9:50	10:50	11:50	12:50	13:50	14:50	15:50	16:50
气温（℃）	26	26	28	31	31	32.5	33	34	32
空气相对湿度（%）	72	71.5	65	59	56.5	52.5	50	48	55
个体间电容变异系数（%）	61.8	62.1	62.6	63.2	63.8	64.0	64.4	64.4	64.1

71 棵银杏树树干电容在不同电极插入深度间的变异系数，以及不同时间，不同气温和空气湿度条件间的变异系数的平均值和最大值 表 5

	电极插入深度间的变异系数	不同时间，不同气温和空气湿度间的变异系数
平均值	4.19%	2.28%
最大值	15.51%	7.78%

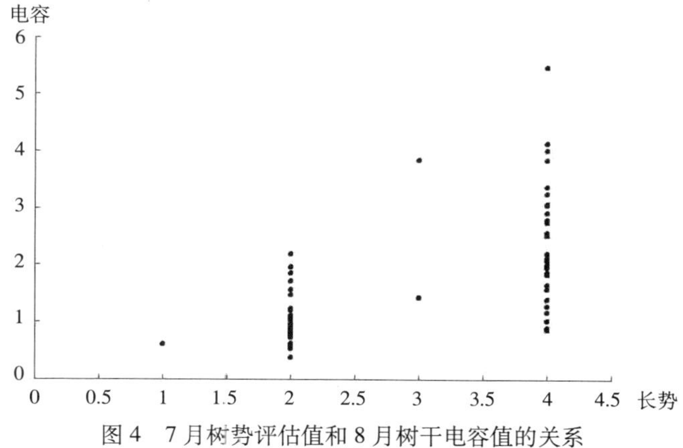

图 4 7 月树势评估值和 8 月树干电容值的关系

在树势评估 1 个半月后，再测定同一批树的树干电容。电容值和树势评估值仍然存在正相关的趋势，但电容值在壮树、弱树、濒危树之间的明显分界已不存在（图 4）。

对 7 月树势评估值、7 月树干电容值、8 月树干电容值进行多元相关分析，结果表明：7 月树干电容值和 8 月树干电容值之间存在显著的正相关关系，7 月树势的评估值和 7 月树干电容值之间存在极显著正相关关系，和 8 月树干电容值之间不存在相关关系（表 6）。

银杏树树势评估值和不同时期树木树干电容值之间的多元直线相关系数 **表 6**

	树势	7 月电容
7 月电容	74.3%	
8 月电容	0.5%	49.6%

这说明银杏树树干电容值是对现实树势反映，银杏树在整个生长季中，不同个体间树势的变化方势不同，树木树干电容值也随之变化，8 月的树干电容值不能正确反映 7 月的树势。

2）银杏树树干电容和树体表观性状测定值之间的关系

树势评估值是根据树木表观性状结合观测人员经验得出的，评估数据包含较大的人为误差，这种误差存在较大的随机性和不确定性，在对树体健康进行定性分析时尚可，不适合用于树体健康的定量分析。叶色及覆盖程度反映的树势是最重要的指标 [3]，这两个性状均可通过仪器测量，可将性状观测的随机误差控制在确定的范围之内。本文对以侧面树冠密度代表覆盖度、叶绿素含量代表叶色和树干电容的关系进行了分析。

从树干电容和树冠密度之间的散点图（图 5），以及树干电容和叶绿素含量之间的散点图（图 6）上可以看出，树干电容和树冠密度之间的关系，树干电容和叶绿素含量之间的关系均为非线性相关关系，或称为曲线相关关系。

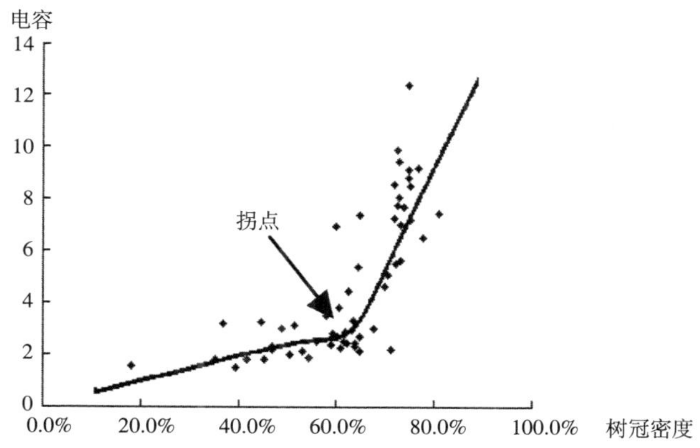

图 5 树冠密度与树干电容关系的 bacon-watts double line 拟合曲线

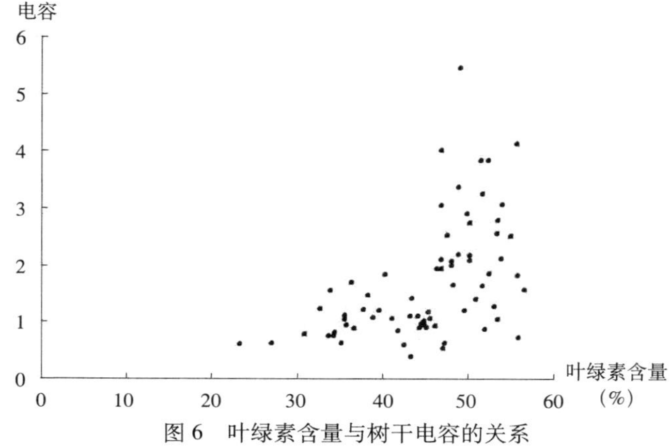

图 6 叶绿素含量与树干电容的关系

用 CurveExpert1.3 程序对树冠密度—树干电容散点图进行拟合，得到相关性最好的曲线为 bacon-watts double line，相关决定系数达到 68.9%，公式为：

$$Y=3.31+21.62\times(X-0.63)+16.76\times(X-0.63)\times\tanh[18.30\times(X-0.63)] \quad (7)$$

公式中 Y 代表树木树干电容，X 代表树冠密度。以下公式中对 X、Y 的解释与此相同。

从图 5 拟合曲线的性状可看出，曲线上存在一个拐点，在此点两侧，树干电容随树冠密度增长的趋势不同，呈现出银杏树的两种不同的生理状态。此点或可成为区分银杏树强弱的判别点。

求公式（7）的 2 阶导数，以确定曲线上方向出现改变的拐点位置。

$$Y''=\frac{613.56}{[\cosh(18.30\times X-11.51)]^2}\times[1-(18.30\times X-11.51)\times\tanh(18.30\times X-11.51)] \quad (8)$$

在公式（8）中，当 X=0.63 时，Y'' 的值达到最大，将此 X 值代入公式（7）得到 Y=3.31，此处即为图 5 上拐点

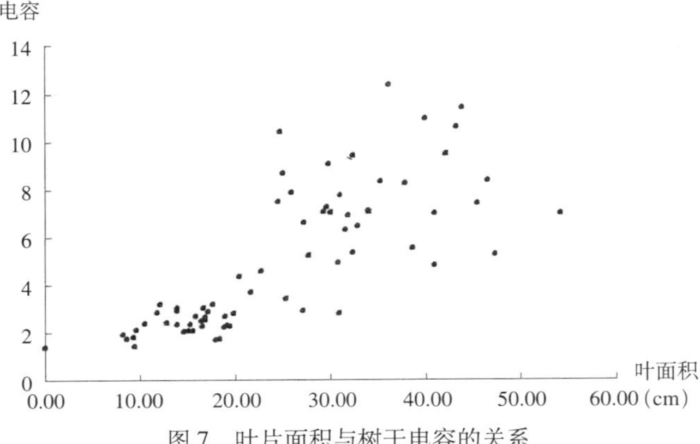

图 7　叶片面积与树干电容的关系

的位置。

和树势相关的另两个性状：叶绿素含量和叶片面积，与树干电容存在正相关的趋势，但从以它们为横坐标和树干电容为纵坐标的散点图上看，随着叶绿素含量和叶面积的增加，树干电容个体间的差异也随之增加，因此无法得到准确、合理的回归公式（图 6、图 7）。

其他和树势相关不显著的树体的表观性状，和树干电容间的散点图也和叶绿素含量和叶面积相似，均可看出和树干电容之间存在正相关趋势，但随着观测值的升高，树干电容在不同个体间的差异也随之变大。

3　讨论和结论

通过以上测定结果可知，银杏树树干电容测定值和银杏树势及和树势相关的树冠面积间存在极显著的相关关系。并且在树干电容和树冠密度间存在着极显著的回归关系，这说明通过树干电容对树势进行量化评估是可行的。

若要保证通过电容对树势进行定量测量的准确，对树体树干电容的影响因素，对树干电容所反映的树木的生理活动必须进行进一步的讨论和研究。首先是物理和化学因素：如湿度、木材含水量、温度、树干粗度等。许多树干电容研究者发现树体干部电容和树木胸径间存在显著的正相关关系[8-12]，同时，研究者们也发现活树的树干电容远高于死树，粗的死树的电容值远低于细的活树，这说明树干电容和树木胸径的相关是间接的，或是根本不存在的。

电容和含水量间存在着显著的相关关系，市场上已有通过电容原理测含水量的仪器，不同木材的材质的电介质常数不同，也会对电容测量值有影响。但这些物质在无生命的条件下，将电极按文中所用的电极安放形式插入这些物质中，计算出的电容值要远远小于活树树干电容测定值，就是介电常数最大的水的电容值也比最小的树干电容小 100 多倍（表 7）。

不同物质在本文的测量条件下的数值　　表 7

物质	介电常数[13]	在表面积 8cm²*，相距 20cm 的电极间的电容值（nF）
干木材	2 ~ 8	6.94×10^{-5} ~ 2.78×10^{-4}
湿木材	10 ~ 30	3.47×10^{-4} ~ 1.04×10^{-3}
水	80	0.0028
活银杏树主干		0.375 ~ 12.79

注：* 本文实验中所用不锈钢螺钉钉入树干 4.5cm 时，单个螺钉和树干的接触面积大约为 8cm²。

由此可见，影响树干电容的主要因素不是物理和化学因素，而是树体本身的生命活动的强弱。

李兴伟等[14]发现，在冬季休眠期，电容值都很低，12 月和 1 月份低到极点，与死树值相同。韧皮部电容比木质部的高 4 倍左右，个别的达 7 倍。木质部电容极低，与死树的相同。这些证据也进一步证明了本文的对树干电容的主要影响因素的推断。

另外，病虫侵害树体也会造成树干电容的变化[6, 14]。银杏树是一种从上个冰河时期幸存下来孑遗树种，能侵染它的病虫害极少，本文用于实验的银杏树均无病虫害危害的现象，所以可以排除病虫害对树干电容的影响。

由以上推断和测定结果可得出如下结论，对于银杏树，利用树木树干电容测定值来定量测定树体健康程度或者说活力是可行的。树干电容可以反映树体现实活力，但不能对树体健康活力的发展方向做出预测。在对树干电容和树冠密度间存在极显著地回归关系，根据回归公式，当树干电容达到 3.31 后，树干电容随树冠密度的增加开始加快，以这个电容值为分界点，树冠密度的增长对树干电容的影响呈现出两个不同的模式，这可能就是壮树和弱树的分界点，或可成为树体健康进行定性判定的依据。

参考文献

[1] 谢军飞，李玉娥，李延明等 . 北京城市园林树木碳贮量与固碳量研究 [J]. 中国生态农业学报，2007，15（3）：5-7.

[2] 叶有华，虞依娜，彭少麟等 . 澳门松山公园树木健康评估 [J]. 热带亚热带植物学报，2009，17（2）：131-136.

[3] 黎彩敏，翁殊斐，庞瑞君等 . 园林树木健康评价的研究和应用进展 [C] // 中国林学会树木学分会第十三届学术研讨会论文集，2008：17-20.

[4] 黎彩敏，翁殊斐，林云等 . 园林树木健康与安全性评价研究进展 [J]. 广东农业科学，2009（7）：186-189.

[5] 梁军，屈智巍，刘惠文等 . 树体电容的生理学研究 [J]；林业科学，2006，42（1）：90-95.

[6] 梁军，屈智巍，贾秀贞等 . 干旱及种内竞争胁迫对树体电指标影响的研究 [J]. 林业科学研，2007，20（1）：105-110.

[7] 翁殊斐，黎彩敏，庞瑞君．用层次分析法构建园林树木健康评价体系 [J]．西北林学院学报，2009，24（1）：177-181．

[8] MacDougall R G, MacLean D A, Thompson R G. The use of electrical capacitance to determine growth and vigor of spruce and fir trees and stands in New Brunswick[J]. Canadian Journal of Forest Research, 1988, 18(5): 587 ～ 594.

[9] MacDougall R G, Thompson R G, Piene H. Stem electrical capacitance and resistance measurements as related to total foliar biomass of balsam fir trees[J]. Canadian Journal of Forest Research, 1987, 17(9): 1071 ～ 1074.

[10] Lekas T M, MacDougall R G, Maclean D A, *et al*. Seasonal trends and effects of temperature and rainfall on stem electrical capacitance of spruce and fir trees[J]. Canadian Journal of Forest Research, 1990, 20(7): 970-977.

[11] 周章义．一项值得研究的树势探测技术——电容法 [J]. 山东林业科技，2000（6）：38-42.

[12] 金树德，张世芳，郑荣良．从玉米生理电特性诊断旱情 [J]. 农业工程学报，1999，15（3）：91-95.

[13] 憨豆．介电常数表（中文）[EB/OL]．2011-11-13. http：//www.docin.com/p-286938584.html.

[14] 李兴伟，周章义，张俊楼，祁润身，闫国增，刘育俭，吴新颖．探测树势的电测技术——电容法 [J]. 广东林业科技，2002，18（1）：19-24.

历史名园掇山典范
——北海叠石的研究

北京市北海公园管理处 / 杨宝利　宋利培　高苏岚

摘　要：中国古典园林是中国传统文化的精粹，而叠石艺术是中国古典园林中特有的、独具魅力的重要组成部分。北海是一座有着840多年历史的古典皇家园林，北海的叠石艺术，历史悠久，规模宏大，景观丰富。本文在调查的基础上，对北海的叠石历史沿革、叠石类型及分布区域、叠石的价值与艺术特点等方面进行了归纳分析，并对北海叠石景观保护与传承中激光扫描技术的应用和取得的成果进行了初步探讨。

关键词：北海　叠石　价值　特点

北海[1]是我国及世界上现存历史最悠久、保存最完整的皇家园林之一，经过辽、金、元、明、清世代建造，是我国古典园林的精华和最珍贵的文化遗产。造山叠石是我国独有的造园艺术手法，而北海的假山叠石艺术是中国叠石艺术的精粹，是中国古典皇家园林中叠石精品。北海叠石广集历代名石，以丰富的造景形式，充分体现了“片山有致、寸石生情”的掇山思想，是对自然山水高度凝缩再现，体现了中国古典园林寄情于山水之间的高远境界。

掇山，是以自然山水为摹本，以土、石构筑的山体，包括土山、石山、土石结合山体。北海布局遵循“一池三山”传统造园理法，山体地形均为人工堆造，土山为基，石为骨，本文主要内容是针对北海叠石在掇山中的应用展开的。

1　北海叠石的历史沿革

北海最早始于辽代，公元1166年，金开始在辽行宫的基础上挖湖堆山，扩建原有岛屿并命名为琼华岛，营建太宁宫园林。[2]元世祖忽必烈以琼华岛之上的广寒殿为宫廷，并以此为中心营建元大都城池，成为大内御苑。明、清时期北海得到不断扩建，至清乾隆年间达到鼎盛，堪称皇家园林的经典之作，水面开阔，湖光塔影，山峦起伏，叠石岩洞，绚丽多姿，犹如仙境。

1.1　金、元时期

宋徽宗在汴梁营建“艮岳”，园内以山石为奇，将精选太湖石运至艮岳，据《艮岳记》记载艮岳园“怪石林立，千岩万壑……峰峦崛起，千叠万覆，不知其几十里”。金灭北宋以后，艮岳被毁，但金人又千里迢迢将太湖石运到北京仿艮岳修建园林，使艮岳的园林精髓得以延续。

长春真人丘处机曾经于金末驻琼华岛，在《长春真人西游记》这本书中记下了他描写琼华岛的七言律诗：“苍山突兀倚天孤，翠柏阴森绕殿扶。万顷烟霞常自有，一川风月等闲无。乔松挺拔来深涧，异石嵌空出太湖。尽是长生间活计，修真荐福迈京都。”从诗中描写可以明确地表明金末的琼华岛山上确实堆叠着太湖石。这些太湖石是不是“艮岳遗石”呢？

在明《王文瑞文集》、《金鳌退食笔记》，清《日下旧闻考》、《三海见闻志》中都有肯定的说明。乾隆皇帝曾写

下“艮岳移来石岌峨，千秋遗迹感怀多”的诗句。较现存皇家园林中相传的灵岳遗石，均为少量散置或孤赏石座，而从北海太湖石的规模来看，是古人堆叠大山、石洞中仅存的历史最悠久的遗迹及珍贵范例。[3] 我们通过岩石比较分析，北海园中太湖石，与开封艮岳遗石确为同种岩石。

至元代，元世祖忽必烈围绕琼华岛建大都城，修建琼华岛园林，元陶宗仪《南村辍耕录》描写琼华岛：“其山皆以玲珑石叠垒，峰峦掩映，松桧隆郁，秀若天成。”“左右皆登山之径，萦纡万石中。洞府出入，婉转相迷。”从对琼华岛当时山上石山、古洞的描绘，可以看出当时琼华岛的叠石规模已经相当可观了。

1.2 明、清时期

明清两代对北海进行了大规模的扩建，尤其是清代乾隆年间，北海琼华岛、北岸、东岸大部分现存的园林建筑格局、景点都是这个时期形成的。

图 1 琼华岛艮岳石

图 2 昆仑石

明代王直《记略》描写琼华岛：“山皆奇石叠成，相传金人取宋艮岳石为之，至元增势饰加结构焉……。山下一石曰庆云，奇峰万变盖艮岳之绝奇者。又有康干石。康干，国名。石乃松木入河，水浸渍久而成者，其木理婉然。凡诸殿宇皆仍其旧，未曾修治……”从明《赐游西苑记》中“（琼华岛）两掖叠石为蹬，折转而上，岩洞非一”，可以推断元代的琼华岛叠石进行了一定规模的扩建，原状保存较为完整（图 1）。

清代乾隆大兴土木，修建三海园林，北海静心斋、快雪堂、濠濮间及琼华岛大部分园林格局都是这个时期形成的，奠定了北海鼎盛的格局和园林风貌，包括同期形成的叠石精品（图 2）。并采用黄太湖石、青石营建因地制宜、风格各异的大量叠石精品。有记载北海部分太湖石这个时期拆运至中南海、故宫等处。

1.3 近、现代时期

新中国成立初期，进行一些黄太湖石假山石添建。尤其是近年来，公园进行了一些山石工程，新堆叠的山石以房山石、青石为主，包括东岸沿路，琼岛春阴碑周边、琼华岛西坡小玉带桥池山等区域。

2 北海山石石质种类及分布

北海的叠石资源极为丰富，在石质种类上包括太湖石、黄太湖石及青石，分布极为广泛，遍布全园各处（表 1）。

北海主要山石类型及分布　　表 1

石品种类	分布区域	堆叠形式
太湖石	琼华岛后山	山洞
	琼华岛悦心殿东南	散落山体
	后觉殿台阶两侧	蹬道两侧、洞口、观赏石
	快雪堂	对置石峰
	万佛楼、团城、悦心殿	建筑前观赏石
黄太湖石	阅古楼东、琼华岛后山	北部山洞、谷、蹬道、酣古堂石山
	蟠青室、一房山	室内假山、蹬道
	静心斋	高峰、石洞、泊岸
	北岸景区、南门驳岸	九龙壁南小山山路两侧及护坡处
	快雪堂	石壁
	画舫斋	庭院内点缀
	濠濮间景区	水池周边、山体
青石	琼华岛西坡、水精域	石山、护坡蹬道
	琼华岛琼岛春阴	石山
	东岸	沿路护坡

2.1 太湖石

太湖石，又称南太湖石、湖石，江南名石，以“皱、漏、瘦、透”为美。明代计成在《园冶》一文中对太湖石的介绍：“苏州府所属洞庭山，石产水涯，惟消夏湾者为最。性坚而润，有嵌空、穿眼、婉转、险怪势。一种色白，一种色青而黑，一种微黑青。其质文理纵横，笼络起隐，于石面遍多坎……此石以高大为贵，惟宜植立轩堂前，或点乔松奇卉下，装治假山，罗列园林广榭中，颇多伟观也。”经过岩石测定，太湖石都为岩石中的石灰岩类，但从结构成分上确有差别。北海中现存的太湖石可以找到 2 个种类：一种是灰白色，空洞丰富，如楞伽窟处；一种微黑青，于古遗堂石洞中，纹理浅、纵横交错，表面磨损后，内为深灰黑色。两种湖石都异常坚硬，所以它们可以历经近千年而完美地保留下来。

如上文所述，当年宋徽宗千方百计遣人从太湖中捞取精选太湖石，运到汴梁营建“垦岳”，这就是历史上的“花石纲”。待金仿艮岳建太宁宫园林的时候，千里迢迢辇运至此，称为“折粮石”。一为“花石纲”、一为“折粮石”，可见其魅力之大，影响之广，乾隆皇帝在琼岛春阴的碑文中发出“摩挲艮岳峰头石，千古兴亡一览中”的感叹。

2.2 黄太湖石 [4]

也称北太湖石、房山石、土太湖，产于北京市房山区山地。形状大体和南方太湖石相似，具有太湖石的涡、沟、环、洞的变化，色黄白、黄灰。北太湖石在北方皇家园林中大量运用，它虽稍显顽拙，不及太湖石透露之美，但是其浑厚特性与北方皇家园林庄重、体量、风格非常协调，形成独特风格，并把中国古典园林艺术成就推向新的高潮。[5-7]

黄太湖石在北海的分布极广，北岸、东岸等多处均有堆叠，其中琼华岛分布最为广泛。

2.3 青石

青石产于北京西郊一带。经岩石分析，北海园中的青石也有 2 种：一种颜色青绿、片状纹理，纹理丰富，交叉互织，就形体而言，多呈片状，故又有“青云片”之称；另一种颜色灰绿、灰黄，质地较坚。北海青石堆叠历史也是从清代开始有相关记载。乾隆年间琼岛春阴碑南、大西天大殿前水池做成青砂石泊岸、濠濮间景区及琼华岛水精域景区都是这个时期形成的。

总之，北海山石发展至今，从历史叠石石材上讲主要有太湖石、黄太湖石、青石三种，再有不少现代在东岸、琼华岛山坡、北岸堆叠的房山石，以及少量建筑庭院内摆放的少量灵璧石座以及现代引进的石笋作为园林点缀。

表 2 依据《岩石薄片鉴定方法》，在偏光显微镜下，观测岩石的颜色、致密度、构造、成分、孔隙度等特征，并进行室内定名，进行岩石种类的鉴定和分类。通过鉴定得出结论：

（1）北海园内主要的 3 种山石的岩石种类为石灰岩、泥岩 2 个大类，石灰岩包括太湖石、黄太湖石、部分青石，而一部分青石（青云片）则为泥岩。

（2）根据《园冶》中对太湖石种类介绍为：“一种色白，一种色青而黑，一种微黑青。”北海园内的太湖石有 2 个种类，泥晶石灰岩和含藻泥晶石灰岩，它们从岩石角度，有细微的区别，后者由于在浅海生成富含生物及藻类碎屑，颜色偏深。

（3）在开封艮岳遗址上的艮岳遗石的岩石种类和北海一部分太湖石的种类是一致的。

北海叠石石质分类　　表 2

石品种类	位置	颜色	纹理质地	室内定名
太湖石	见春亭西侧石洞北、楞伽窟东侧洞口下层	灰白	弯曲状的线状纹理、致密	泥晶石灰岩
	见春亭内壁、古遗堂山洞、楞伽窟西侧	灰白至深灰黑色	浑圆、较致密	含藻泥晶石灰岩
黄太湖石	北坡山道	灰黄、浅黄白色浅橙灰色	多孔质、岩石含不同大小的颗粒富于岩石、纹理变化（结晶、粉晶、细晶、砾质反映岩石的颗粒大小）	结晶石灰岩
	琼华岛永安寺东路、琼华岛石洞外、九龙壁东侧路			含砾粉晶石灰岩
	琼华岛北山道			细晶石灰岩
	一房山、琼华岛后山夹道			粉晶石灰岩
青石	水精域	灰绿	块状	含砾粉晶石灰岩
	琼岛春阴碑北山顶	灰绿色	片层状纹理	泥岩
	濠濮间东山			
艮岳遗石（开封）	开封龙亭公园艮岳遗石	灰白	弯曲状的线状纹理	泥晶石灰岩

3 北海叠石的价值分析

3.1 源远流长的历史价值

在中国皇家园林掇山叠石艺术的发展脉络中，曾经有两个高峰时期。一个以宋徽宗营建的艮岳为代表的宋代，一个是以清乾隆朝园林营建为代表的清代。值得一提的是，在北海园林中深深地镌刻着这两个时期的印记。北海的叠石集艮岳之精华而成，有专家提出当年艮岳石辇至北京，应用的不仅山石，其叠山技艺也必然在北海叠山中体现，再现和延续了艮岳园林。至明清时期，置石掇山的名家、专著辈出，叠石技法和艺术造诣逐步成熟，至炉火纯青，北海的叠石也是在逐步发展得以形成现在完整的格局与规模。[8-10] 北海的叠石是研究我国园林叠山风格演化最重要的实物资料，对于掌握中国园林叠石的发展脉络，以及在石品、石质、堆叠技法等方面的研究都有着深远的意义与历史价值。

3.2 规模宏大的景观价值 [11-16]

北海的叠石遍布全园，形式各异，数量众多、景观丰富。较为集中的分布于琼华岛西北坡、濠濮间和静心斋等东岸、北岸地区，尤以琼华岛为最。

琼华岛南缓北陡，其北山的石山规模宏大，气势雄伟，组合精妙。从琼华岛西坡一房山—阅古楼、亩鉴室—酣古堂、写妙石室—看画廊—琼岛春阴一线山体，均以“石包土”的掇山形式，以土山为基、叠石延绵不绝，将土山地形、建筑、蹬道、树木巧妙地融为一体，极尽高山曲折之致。近观山体陡峭、石壁高耸，在有限的空间内塑造出山洞、幽谷、石壁、蹬道等景观，恰如写妙石室楹联描写“石缝若无路，松巢别有天”的身临石林之感，妙若自然。远观则峰峦崖秀，峰峦延绵，壮如云蔚，营造出琼华岛蓬莱仙山的意境，琼华岛前牌楼上题“堆云”“积翠”，其中“堆云”就是描写琼华岛这大片山石的。

“金元明已逝如驰，阅世堂犹称古遗”，这里应该是历史最久远的园林叠石洞窟遗迹。较长的一段山洞延绵200多米，贯穿酣古堂—写妙石室—盘岚精舍—环碧楼，其中婉转迂回，随地形的变化，与几个建筑有机连通，较之短洞更富玲珑变化，其设计精妙叹为观止（图3）。

而在北海北岸著名的“园中之园”——静心斋景区中的大假山比琼华岛毫不逊色（图4）。静心斋为仿江南风格庭院园林，园内遍布石山，玲珑剔透，与园中的亭、轩、桥、翠竹、古木、花木相互辉映，景色幽雅，有“乾隆小花园”之称。静心斋庭院层层相套又自成一体，既分离又相通，层层进深，穿过镜清斋，则豁然开朗，气势恢弘的假山映入眼帘。静心斋的假山均用黄太湖石构成，围绕水池构建，假山制高点为西北位置上的峰峦上的“枕峦亭”，乾隆皇帝写诗咏颂枕峦亭及假山：“小山结构俨三㚘，俯视如临大壑瀼。着个笠亭崒崒顶，只疑莲朵涌珠宫。”《园冶》中写道：“峦，山头高峻也，不可齐，亦不可笔架式，或高或低，随致乱掇，不排比为妙。”静心斋假山从枕峦亭蜿蜒而下，并以山石作成环状石壁，与叠翠楼、廊、沁泉廊、石拱桥等建筑，有机地结合起来，两侧较低的山峦连绵，形成峦、谷、壑、洞、瀑、岸等景观。

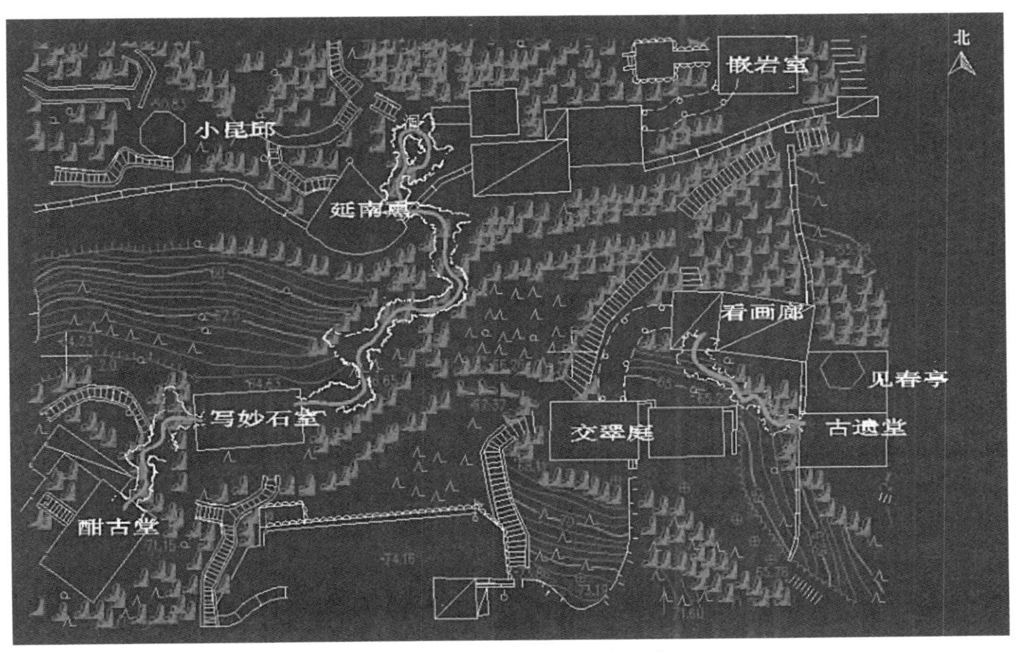

图3 琼华岛山洞布局平面（实测图）

图 4　静心斋鸟瞰图（摘自《北海文物保护规划》）

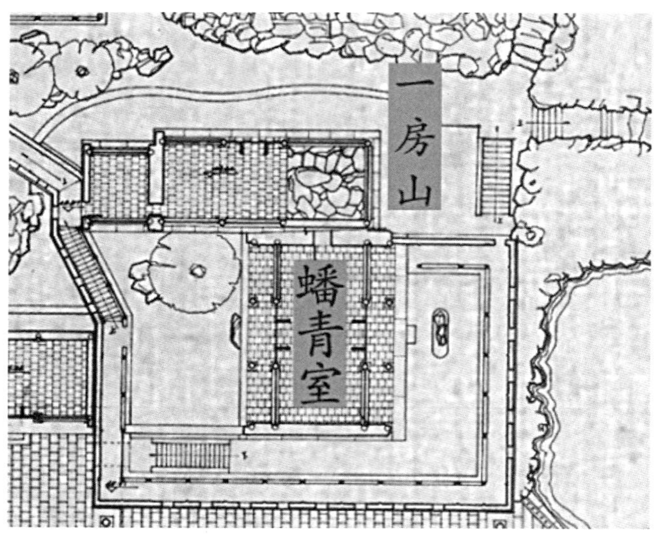

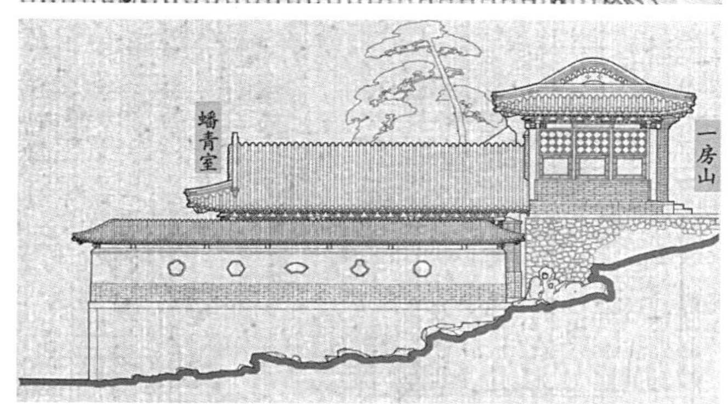

图 5　一房山、蟠青室平面图、立面图
（摘自《北海文物保护规划》）

3.3　意境深远的文化价值

北海山石与建筑、水体、植物完美结合，构成整体景观以及深远的园林意境，有着丰富的文化内涵。北海中有几组建筑就是以山石景观或寓意而命名。如一房山、嵌岩室、写妙石室、枕峦亭、画峰室、峦影亭等。其中的一房山内有一处非常有特色的室内石山。一房山与蟠青室位于琼华岛东坡，两组建筑依山而建，形成自然高差，一房山在上，为东西向，蟠青室在下，为南北向，两组建筑游廊环绕，首尾相接。一房山不仅室内布置石峰，同时向下连通蟠青室的通道巧妙地设计成为旋转而下的山石踏跺，沿踏跺两边堆砌着许多黄太湖石，形状如山，通道如洞，内涵丰富，妙趣横生，这就是一房山的来历。乾隆皇帝《得一房山》诗写道："架楹玲峰上，步登嵌岩底。夤缘陟其巅，仍在一房里。开窗眄群岭，攒簇参席几。秀色瓦映带，妙趣无彼此。炙毂辨难穷，转物理若是。"诗意是说，一房山和蟠青室里如身在峰上，脚下是山石，在室内可观琼华岛远处秀丽的景致，回味深远，其趣无穷（图 5）。

综上所述，北海叠石源远流长的历史价值，源于宋艮岳园，是古人堆叠大山、石洞中仅存的历史最悠久的遗迹及珍贵范例；其太湖石、黄太湖石、青石叠石规模宏大，景观丰富，是中国叠石技艺发展的高峰之作；蕴涵着意境深远的文化内涵，是我国叠石艺术中的瑰宝。

参考文献

[1] 北海景山公园管理处 . 北海景山志 [M]. 北京：中国林业出版社，2000.

[2] 汪菊渊 . 中国古代园林史 [M]. 北京：中国建筑工业出版社，2006.

[3] 李方联 . 中国古典园林中石构景观的审美取向研究 [D]. 长沙：湖南大学，2008.

[4] 许维磊 . 北京房山石研究 [D]. 天津：天津大学，2008.

[5] 卜复鸣 . 叠石理水 [J]. 园林，2006（3）：18-20.

[6] 卜复鸣 . 假山的选石 [J]. 园林，2005（2）：28-30.

[7] 卜复鸣 . 假山史略 [J]. 园林，2005（1）：7-8.

[8] 刘晓明 . 论北海公园濠濮间的造园艺术特色 [J]. 北京林业大学学报，2000（5）：68-71.

[9] 张晶晶 . 浅析北海公园的假山 [J]. 科技信息，2009（18）：208-209.

[10] 黄锡之 . 太湖石历史文化探析 [J]. 苏州大学学报，2007(7)：104-106.

[11] 孙中华，魏微 . 园林景观中置石的研究 [J]. 科技信息，2009（3）：320-322.

[12] 万翠蓉，刘照样 . 中国古典园林掇山的画境追求 [J]. 技术与市场：园林工程，2006（5）.

[13] 陈雯婷 . 中国古典园林掇山置石艺术研究 [D]. 浙江大学，2008.

[14] 王进韬 . 中国皇家园林叠山理论与技法 [M]. 北京：中国建筑工业出版社，2100.

[15] 李方联 . 中国古典园林中石构景观的审美取向研究 [D]. 长沙：湖南大学，2008.

[16] 许维磊 . 北京房山石研究 [D]. 天津：天津大学，2008.

北京公园牌示系统规划的探讨

北京动物园 / 肖　方　赵　靖　吴兆铮　肖忠桥

摘　要：“北京市公园牌示系统的科学展示研究与示范”是北京市公园管理中心2008～2009年承接的市属科研项目。本文介绍了该研究项目中公园牌示系统规划的研究方法、理论支撑、规划目标和实施原则等成果，为示范推广奠定了理论基础。

关键词：公园　牌示系统　规划目标　规划原则

北京公园牌示的规划是个系统工程，涉及多学科理论（图 1）。本着面向国际、立足国内、具有前瞻性，并符合公园实际的原则，开展理论研究工作，再通过实践检验理论，总结示范并推广。

1　基础研究

牌示是标识的一种表现形式。标识的形式可以有很多，可以是个图案，可以是文字，印在包装物上，印在产品上；也可以是牌示、雕塑、建筑。在公园中的视觉导向多以牌示的形式出现，因此在深入研究牌示之前，首先要了解城市视觉导向信息系统中的标识。

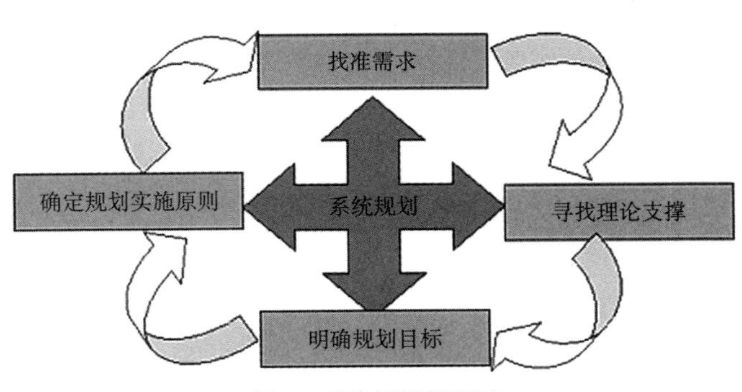

图 1　系统规划循环图

1.1　标识的定义

《辞海》中注：“标识，即‘标志’”，而在“标志”条目下有注：“亦作‘标识’，‘记号’。”虽然在很多场合中，这两个词有混用的现象，但在使用时出现了明显不同的意义范围。“标志”较多地指向一类图形或图形与文字相结合的记号，作为某一类事物的表征；而“标识”既能代表图形类的符号，也用于表述文字、数字、方向标等记号，有着更广泛的使用领域，应该说标志是标识的一个部分。

英文中有许多能体现标识意义的词，但用法不尽相同。英语国家以称“sign”的居多，有符号、记号、标记、招牌、指示牌等意义，与今天的指示标识系统在意义上很接近。“sign”在郎文英汉双解词典中的相关解释是“A board or other notice giving information，warning，directions，etc.”，在韦氏词典中的解释是“a publicly displayed board，placard，etc. bearing information，advertising，a warning，etc.”。另外，“signal”指的是信号，也用于标志。“signpost”多用于道路标识，“signboard”指的是招牌、广告牌、站牌等。

在亚洲地区，韩国是这个行业最发达的国家，其韩文的表达是“看板”,与我国港台地区的说法相似。从狭义上来说，标识系统的概念分为两部分：一是用来标明方向、区域的图形符号；二是指符号在环境空间中的表现形式。从广义来说，标识系统，就是一切用来传达空间的视觉符号和表现形式。因此，凡用来规范社会区域正常运行的，都可以看作是标识系统的一部分。如交通指示标识是人们交通安全的保障，大型商业环境和公共服务机构的场所标识是提高工作效率的需要，机场、车站、码头的指示与标识是有效疏导、组织人流的方法，大型展示场所的指示与标识、园林导游标识、大中型医疗机构的标识是社会服务现代化、优质化的体现，城市标志性雕塑和标志性建筑有助于城市形象的塑造。

总而言之，标识是个体的视觉元素，以特定而明确的图形、文字、色彩等来表示事物、象征事物，同时表达出事物、对象等精神内容。系列化的标识群体形成标识系统。系统中每个组标识依照一定的排列原则和内在的逻辑构成进行组合，完成功能性或者特征性的表述，达到不同空间和环境的需求，成为标识系统。

1.2 信息导向标识系统

大型公园信息导向标识系统分为静态标识系统和动态标识系统两大块。

1.2.1 静态标识系统

静态标识系统主要是指识别性标识、引导性标识、方位性标识、说明性标识和管制性标识这 5 类。静态标识系统是公园环境和游人之间的沟通载体，是游人与景点之间无声交流的媒介。

公园中游人游览的公园总平面图和景点分布示图以及历史人文介绍等都是信息标识的范围。引导性标识纯粹是从功能需求的角度为游人设置的，是公园人流交通疏导系统的一个重要构成，它一般出现于两个或多个空间相互转换或交叉的地方，为游人指路。从宏观的角度来说，如果观景路线是线，那指示导向标识是线上面的一个个点。从空间设计的角度来说，指示导向标识无疑是营造和管理动态空间的一个比较不错的手段，能促进人和空间之间的互动。管制性标识是针对不同的环境和人群而使用相应的标识。如残疾人通道标识方便了残疾人游园；一般免费开放的公园，须根据需要选用游人须知、小心触电、禁止攀爬等标识。管制性标识多以明示、告知、劝说、指令、警告、禁止等为特征，能起到规范行为、预防事故、教育社会、保护公园设施等作用。

1.2.2 动态标识系统

在本次研究中动态标识系统主要指：动态信息牌、广播系统和公园的疏导人员。动态信息牌能够实时反映公园的现状，包括重要通知、通告等。例如：日本迪士尼公园在每个景点前设置了动态信息牌，能够及时告诉游客游玩这个项目需要等待多久的时间，便于游客更好地进行行程安排。广播系统可以实时广播重要信息的内容，包括让游客选择游人较少的景点、各种活动通告，更重要的是在发生突发事件的时候，能够起到通知和疏导游客的作用。疏导工作人员一般都安排在各个重要的景点和路线节点上。当某个景点的游客数量超过最大安全容量时，疏导人员应该采取相应的管理措施进行游客分流，当发生突发事件时，疏导人员需尽快引导游客从最近的疏散路线安全离开。

综上所述，一个公园标识导向系统的设计应该系统化、规范化、人性化。公园标识标牌便于游人查看阅读和使用、标识标牌位置布局科学合理等都是人性化公园标识的设计要求。

2 理论依据与支撑

2.1 国家标准

GB/T 10001.1—2006《标志用公共信息图形符号》；

GB/T 10001.2—2006《标志用公共信息图形符号》；

GB/T 20501.1—4：2006《公共信息导向系统 要素的设计原则与要求》；

GB/T 17775—2003《旅游区（点）质量等级的划分与评定》；

GB/T 18971—2003《旅游规划通则》；

GB/T 18973—2003《旅游厕所质量等级划分与评定》；

GB 2894—1996《道路交通标志指示标志》；

GB 2894—1996《安全标志》；

GB 13495—1992《消防安全标志》；

CJ 115—2000《动物园安全标志》。

2.2 涉及到相关的学科知识

2.2.1 设计色彩学

色彩学是研究色彩产生、接受及其应用规律的科学。色彩的运用在标识设计中很重要，色彩可以给人带来物理、生理与心理的效应。

2.2.2 形态构成学

是研究形态的创造规律的一门学科，具体来说就是造型的物理规律和知觉形态的心理规律。

2.2.3 人体工程学

人体工程学是研究人、设施、环境三者关系的学说，着重开发探讨人们劳动、工作效率、效能的规律性。

2.2.4 工程力学

工程力学是研究有关物质宏观运动规律，及其应用的科学。牌示在环境中的风载、荷载的测算就是工程力学的

具体应用。

2.2.5　材料学

材料学是研究材料化学组成、组织结构、工艺、性质和使用性能之间相互关系的一门应用基础学科，主要任务是为材料设计、制造、工艺优化和材料的合理使用提供科学依据。

3　规划目标

（1）建立导视牌示技术标准，规范其字体、颜色、符号、放置点位，达到人性化、科学化、系统化的协调统一的目的。为游客提供更便捷的服务，使游客更加满意。

（2）建立北京动物园导向标识系统的示范区，推广研究成果。

（3）制定北京动物园牌示管理规定，建立牌示管理长效机制。

4　确定规划实施原则

4.1　设置原则

在一个陌生的区域内，可以不受语言和文化障碍的影响，只依靠导视系统就能够方便、迅速、准确地获得所需的信息，相对自由地活动；并从中感受到区域文化魅力和项目的良好形象。

4.1.1　可注意性

是指标识本身设置的位置，应使之显而易见，从环境中分离出来，进而引起注意。

4.1.2　可识别性

是指在图、文、数字、符号等彼此之间可分辨，这就有赖于笔画粗细、字体形式、色彩对比及照明等条件来实现。

4.1.3　可理解性

是指文字图形等相关信息，使游客能够读懂，从认识到了解信息内容，它受到所提供信息的准确性的影响。同时文字、图形间隔的群组方式、行列间距、周边留白等平面设计也将直接影响寻路者对选择方向的判断。

4.1.4　舒适性

是指信息传达方式能使游客感到舒适，动物园属于旅游服务单位，现代服务业的本质是情感体验环境，提高公共服务设施、服务管理等的国际化程度，营造良好的旅游环境，促进传统旅游向人文旅游、休闲旅游转变。

4.2　设计指导思想和理念

4.2.1　指导思想：美观、实用、安全、方便、标准化

美观：导视牌示不破坏园内的自然景观并与景观环境协调一致。各主次信息色彩大小相配合，具有逻辑连贯性，从而产生美感。

实用：引导信息明确清晰，信息经过筛选过滤和设计，突出主要信息，尽量分流游人，减少高峰期园内拥堵现象。信息表现形式上尽量简化以方便游人理解识别。色彩注重对比度与远距离的可识别性。

安全：设计造型上全部考虑圆角转角，避免锋利转角，不易对游人造成伤害。

方便：结构简洁，减小安装施工难度，使用常见稳定材料，降低采购成本，减少维护难度。

标准化：以国标颜色和图标为基础设计动物园的标准风格。

4.2.2　设计理念：人性化和国际化

人性化这一理念贯穿整个设计方案，要体现在设计的各个方面。

北京作为国际化大都市，服务设施与国际化接轨是必然趋势。因此设计风格要符合国际要求。

5　找准需求

5.1　上级需求

国家和北京市地方的有关标准、条例都对公园的导向牌示提出了宏观的管理要求。

2003 年出台的国家标准《旅游景区（点）质量等级的划分与评定》（GB/T 17775—2003）要求，“各种引导标识造型特色突出。艺术感和文化气息浓厚，能烘托总体环境。标识牌和景物介绍牌设置合理。”

同年颁布的北京市公园条例规定：“公园的各类牌示应当整洁完备，牌示上的文字图形应当规范，牌示内容的文字应当中外文对照。……公园入口处明显位置应当设置游园示意图、公园简介、游园须知……主要路口应当设置指示标牌。”

5.2　游客的需求

游客的要求简单又实际，首先进园后要能够快捷地找到想看的动物；其次，需要时能够方便地找到必要的服务设施；最后，参观结束时能够顺利地出园。

管理者的工作就是要尽可能地满足上级和游客的需求，将要求和问题具体化，体现为：

（1）导向牌示的点位规划；

（2）各类牌示字体、形态、色彩的规范；

（3）导向牌示与环境的关系；

（4）动植物物种说明牌的规范，动植物类群说明牌的规范；

（5）其他（科普宣传牌示、安全提示牌、卫生间、商业、服务牌示、临时告知牌示）的规范。

公园导向标识与人员安全的探讨

北京动物园 / 肖　方　朱　伟　王保强　赖娜娜

摘　要：“北京市公园牌示系统的科学展示研究与示范”是北京市公园管理中心2008～2009年承接的市属科研项目。本文主要针对导向标识的安全功能进行了分析，指出了导向标识对保障人员安全、防止危险因素所起到的作用，探讨了公园导向标识设置应该考虑游客行为的因素，对公园安全工作有着重要的指导作用。

关键词：导向标识　公园　行为安全

保护游客人身安全，是为游客服务的一个基本承诺。一旦出现游客的安全事故问题，一方面对公园的形象产生很大的影响，甚至是毁灭性的打击，另一方面会大大降低游客的游览体验质量。

维护良好的游览秩序，保护游客的根本利益，是公园管理者重要的职责。在维护游览秩序的各种安全管理措施中，最有效的，也是最普遍使用的就是导向标识。如何科学地利用导向标识提高游览安全，是一个需要去深入研究的问题。

1　导向标识的安全功能分析

信息导向标识系统是与在场所中流动的人群有效沟通的载体，是高效、有序地指导人群行动以及引导人群安全舒适地达到其目的的有效手段，为此系统、清晰的信息导向标识是公共场所安全有序运行的重要保障。[1]

信息标识系统应是实实在在可以具体操作的，能付诸实施的战略与战术，而不是空洞、抽象的哲理。之所以要把安全性摆在标识系统设计要素的首要位置，是因为标识系统是为公共场所、公共环境服务的，它属于公共设施的一个重要组成部分。它的安全性关系着公共人群的安危和稳定以及旅游的有序有效的管理。无论是何种样式、何种风格的标识，只有在保证了它的安全性的前提下才能发挥其他的功能。[2]

信息导向标识系统的安全功能包括 ：

1.1　对危险的警示

人们在生产生活环境中，总是会不可避免地遇到不安全的环境或者不安全的行为，而这些都是形成伤害或事故的基础。因此在一些存在隐患的环境中，非常有必要对人们的行为提出警示或者禁止的通告。警示标志是一种按照国家标准或者社会公认的图案、标志组成的统一标识，具有特定的含义，以告诫、提示人们对某些不安全因素高度注意和警惕。

安全警示标志的作用是警示，提醒人们注意周边环境的危险，防止事故发生。如果安全警示标志不明显，随意设置，就起不到警示的作用。在很多公共场所，包括商场、游泳池、施工场地、公园都曾发生过由于警示标识不明显或者缺失造成人员伤亡事故。在较大危险因素的场所，必须设置明显的安全警示标志，这是法律所要求的。对于安

全警示的设置，包括颜色等，国家都有严格的规定，有国家标准或者行业标准，必须严格执行这些规定。

1.2　安全信息的有效传达

当人们进入一个陌生的环境，对周边的情况不甚了解，包括所处的方位，周边环境信息等等，这就需要指示标识、服务标识等提示性标识，让信息得到有效的传递。从安全角度，当游客进入公园，他需要熟知安全出口、报警电话、消防栓、医疗点、保卫科等场所的位置所在。

1.3　客流合理引导功能

标识系统是帮助使用者寻路最基本的辅助手段，其最基本功能就是对人流的有效引导。当人们进入陌生的环境想要到达目的地，最有效最直接的途径就是利用标识系统。良好的标识系统保证人们在城市交通枢纽型商业空间中有明确的空间指认与定向，它既能保证活动有序，在灾难发生时也有利于人员的安全疏散。

标识系统要实现其安全引导功能，需要满足一些条件：

（1）标识系统必须是可识别的。由于在公共场所，标识系统的使用者可能是老人、儿童、外国人甚至残障人士，因此标识系统必须也满足他们的认知需求；

（2）标识系统必须是连续的，从出发点到其目的点，使用者都能按照标识系统的指导而前行。

除了引导以外，在公共场所良好的导向标识系统最好还能起到分流的作用。当人群密度超过其安全界限，通过有效的管理措施干预，让人群分流去其他相应比较疏松的地段。

1.4　紧急疏导功能

一旦发生突发紧急事件，游客需要在最短的时间内迅速疏导出去。游客不熟悉周边的环境，那么导向标识就要充分发挥紧急疏散的功能。导向标识系统上要强化最近出口的位置，在部分节点位置要有最佳疏散路线的提示。无论在何种突发事件环境下，导向标识要保持清晰可辨。在紧急情况下，除了导向标识，广播系统和疏导人员也能起到良好的疏导功能，因此也可以认为他们是导向系统的一部分。

2　导向标识对危险因素的作用

动物园内存在的主要危险、危害因素有动物伤害、拥挤踩踏、火灾和爆炸危险、设备设施伤害、群体性伤害（如非法集会闹事）、其他个体性伤害（如游客生理疾病或人身财务侵害）等。

为了便于从导向标识和游人安全的关系的角度来分析这些危险因素，我们把以下危险因素做一个分类，见表 1。

动物园危险因素与导向标识作用　　　　表 1

危险因素	类别	导向标识作用
火灾与爆炸	群体性突发事件	事发后——引导：引导性标识与方位性标识（如疏散标识）
大客流导致的拥挤踩踏		
恐怖袭击或扬言恐怖袭击		
动物伤害	个案事件	事发前——预防：管制性标识（如：安全提示、警示标识） 事发后——引导：引导性标识与方位性标识（如：服务设施的引导）
设备设施对个人的伤害		
游客生理疾病		
社会不稳定因素	非常事件	标识的作用不大 主要是报警的引导 （如：危难时刻，迅速报警）
财物或人身侵犯		

可见，针对以上各类危险因素，信息导向标识对于事前预防和事后引导均还是能起到一定作用的。其中，个案事件中，导向标识在事发前后均能起到作用。群体性突发事件中，虽然导向标识在事发前起不到什么作用，但是由于这类事件如果处理不好造成的危害性是非常巨大的[2]，因此事发后的人流疏散和引导就非常重要。如果在疏散标识和疏散路线的设置方面做得很好的话，将会大大降低事发后果的严重程度。非常事件中，导向标识的作用并不大，但是对于报警的提示也有助于游客及早获得援助。

3　游客行为与信息导向标识的关系

心理学的研究表明：人的行为是人体在环境的影响下所引起的内在心理变化的外在反映，它因人、因时、因地点的不同而有不同的表现。在公共场所，影响人群行为的因素非常多。如大量的人想通过或占有某个更好视角的观赏点，这时就会产生局部关键点的拥挤，又如，由于导向标志不清楚，人群可能继续进入已经拥挤的区域，因为他们不知道更好的其他路线。因此必须先对这些影响因素进行分析。

3.1　游客行为的影响因素分析

游客的行为决策过程主要分为以下 4 个过程[3]：

3.1.1　感知

个人从环境中获得信息。所有的动物都是靠视觉、听觉、味觉、嗅觉、触觉这五感接受外界信息，五感中对人类最重要的是视觉，我们从外界接受的信息，87% 是视觉捕获的，75% ～ 90% 的人体活动由视觉引发的，由此针对正常人类提供的信息，以视觉信息为主导。影响感知的主要因素取决于信息的可得性和清晰性（如信息导向标识是否明显），其他影响信息感知能力的是游客所处的环境，包括光线和噪声。

3.1.2 解释

对接收到的信息进行解释，解释依赖于个人以前的经验和当前期望。如果对该信息熟悉，则他对该信息的解释会很快也很准确。如果信息不熟悉或与其个人常识有冲突，解释会减慢，甚至是不正确的，需要他得到进一步的信息来证实目前的状况。如很多人熟悉“出口”和箭头指示等导向标识，但有些人对于“EXIT”或火警标识等不大熟悉，需要时间思考其作用和意义。

正确的信息解释可确保人们对当时环境的理解及随后采取的行动，这取决于以下3个因素：

（1）信息的内容。得到的信息是否足够、详细，足以让人们判断将要发生的事情；

（2）信息源。信息的来源严重影响人们的接收，如相信、怀疑、忽略。经验表明，人们非常信任权威部门发布的消息和指令。

（3）知识、经验和期望。包括常识、类似经历的经验等。

3.1.3 计划

个体根据其对当前状况的解释进行决策，计划下一步快速直接要做的是什么。事实上，每个人不一定全部都是有意识地在计划什么，更多的是自动反应。不管怎么样，如果有很多的不确定性，缺少必要的知识来解释当前的状况，计划的过程就可能很复杂，也可能是错误的。一个现象就是由于缺乏自信或不确定，而延迟行动，从工作人员或其他线索寻找进一步的信息。

影响计划的因素，主要包括以下几个方面：经验和知识、目标或目的、选择、结果、精神状态。

3.1.4 行动

执行计划或决定感知、解释、计划和行动这几个过程是连续发生的。随着情况的发展和得到更多的信息，个人可以相应地修改他对当前状况的解释及相应的行动计划（图1）。

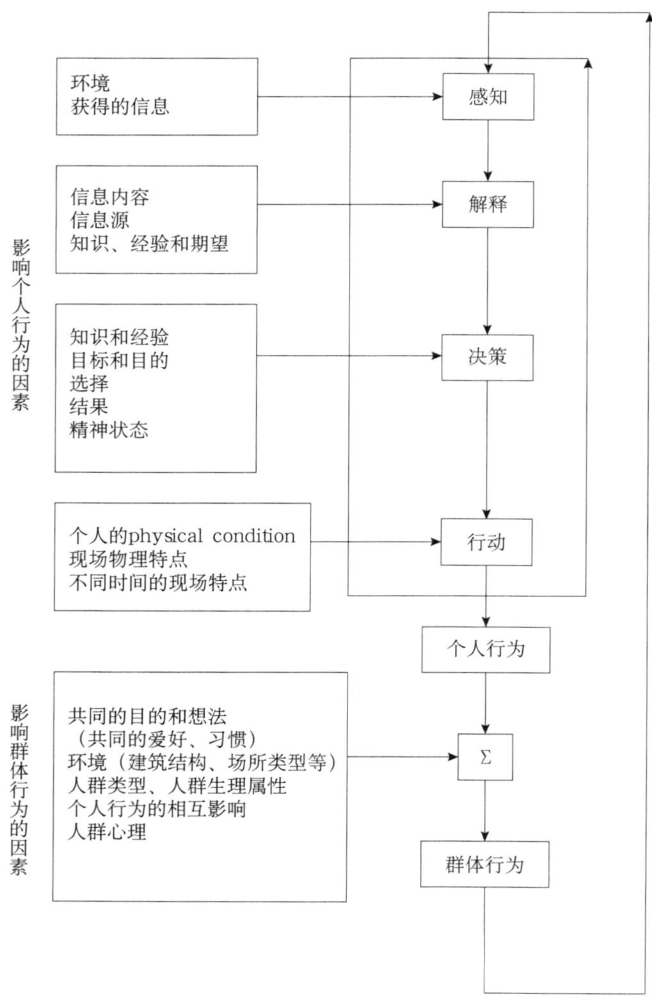

图1 人的决策和行为影响因素

3.2 信息导向标识对游客运动的作用

人的行为决策过程中的一个重要环节是解释。而解释对接收到的信息进行解释，解释依赖于个人以前的经验和当前期望[4]。游客处身于公园中，其所能接收到的有效信息主要来自于导向标识系统。导向标识系统的设计理念，主要体现在色彩、图案、外观造型、设置位置几个方面，其中对乘客行为方式影响最大，与建筑空间联系最密切的是向导指示牌设置的合理性与科学性，这是发挥标志功能的核心与关键。标志必须设在最科学的位置，主动为乘客提供在此位置上最需要的信息。这首先与标志的数量无关，绝不是标志越多，乘客的印象就越深，事实证明标志过度更易造成视觉混乱。其次，提供此位置最需要的信息也绝不意味着信息量越大就越好。

游客在大型公园里与导向标识相关的行为方式可以分为以下几种：

第一种，对公园环境熟悉的人群，比如住在公园附近，经常去公园游玩的游客，他们在公园里基本上不需要导向标识，而是根据自己的习惯爱好活动，他们的进入口选择以及游玩路线也是受习惯影响，即使周边环境的导向系统发生变更，他们仍然有可能注意不到，而按自己的程序活动。

第二种，依靠导向标识的指示信息行动的人群，一般指对公园环境不熟悉的人群，比如第一次进入公园游玩的游客。在游玩过程中，他们需要停顿先寻找承载自己所需信息的标识，然后据此做出行动，行动中带有不确定性。

第三种，从众行为，也是发生于对环境不熟悉的人群，不同的是这种行为不关注导向标识系统所提供的信息，而是随着人流行动。这种行为方式遇到人流不集中的时候就会受到制约。

此外，从突发事件是否发生分析信息导向标识系统对人流的作用：

3.2.1 常态下的游客行动

正常状态下的游客观光情况中，人们获得环境信息这一环节不会受到外部条件的制约，能够在冷静的心理状态下制定行动计划进行决策执行。他们的信息获取主要是通过身边的导向标识或个人以前的经验和当前期望，来判读下一步的目的地。

3.2.2 非常态下的游客行动

非常状态下，主要是在发生突发紧急事件，在动物园中，包括猛兽逃离、局部拥挤骚乱等情况。此时游客处于紧急状态，对寻路的要求变得极为迫切，尤其是对寻找出口和避难场所的需求，他们的行为目的主要是疏散到安全的地方。游客的安全疏散受到突发事件的源发地、建筑物的空间布局、疏散设施布置、广播引导、工作人员疏导、周边人群动向等多因素的影响。在环境信息不足的情况下，如何正确制定决策并顺利执行则显得非常重要。此时，游客除了会依照信息导向标识的指示疏散外，在疏散路线中，可能还会有一些其他的行为模式，包括：习惯行为、从众行为、向光行为和向开阔处逃生等行为。

在一个公共场所的信息导向标识设置中，必须考虑正常状态下和非常状态下人们对导向标识的需求。对于在高密度人群拥挤点安置疏导标示牌或者疏导人员，可以参照 Fruin（弗洛因）客流服务水平（表 2）。[5]

当客流的密度在 Fruin 服务水平的 A 和 B 级，此时服务水平较好，客流之间不存在冲突和撞击。在 C 级水平，服务一般，客流正常运动。当客流的密度在服务水平 D 级以下，游客行动之间会发生冲突和撞击，如有一些突发事件的扰动，可能会影响到整个游客群的安全，此时就需要设置疏导提示或采用人工疏导。

参考文献

[1] 居娉 . 城市环境标识系统设计探讨 [D]. 南京：南京工业大学，2006.

[2] 王瑜，朱伟，方曼，肖丽妮 . 大型公园信息导向标识系统的公共安全功能分析 [C]// 中国职业安全健康协会 2008 年学术年会论文集，2008：567-570.

[3] 寇丽平 . 群体性挤踏事件原因分析与预防研究 [J]. 中国人民公安大学学报，2005（4）.

[4] Zhu Wei, Ding Hui, Wang Tong. The application of fire spread and evacuation simulation technology in large stadium[J]. Stochastic Environmental Research and Risk Assessment, 2009, 23(4): 433-439.

[5] 丁辉，朱伟，王瑜，马英楠编著 . 大型群众性活动安全风险管理 [M]. 北京：化学工业出版社，2011.

Fruin 行客流服务水平　　表 2

服务水平	行客流量 [人 /（min × m）]	人均平均面积 (m^2/ 人)	客流密度 (人 /m^2)	队列的流动
A	≤ 23	>3.25	≤ 0.31	可自由选择步行速度，可超越慢行的行人，超越时不与其他行人发生冲突
B	24 ~ 33	2.33 ~ 3.24	0.30 ~ 0.43	尚有足够的空间可供选择正常的步行速度，有反向的流动及穿越现象，产生小冲突，轻微的影响步行速度和流量
C	34 ~ 50	1.40 ~ 2.32	0.42 ~ 0.71	步行速度受到限制，有反向的流量及穿越现象会有较高的冲突机率，行人需要调整速度及方向以避免与其他人发生冲突
D	51 ~ 66	0.93 ~ 1.39	0.72 ~ 1.08	正常的步行速度受到限制，不易超越慢行的人，无法避免冲突，想要改变方向及超越行动很困难
E	67 ~ 82	0.47 ~ 0.92	1.09 ~ 2.13	行人需要改变步伐而慢行，无法超越慢行的人群，反向行动及超越行动极为困难
F	>82	<0.46	>2.13	步行速度受到极大的限制，只能紧跟前方的人群移动，无法避难与他人发生冲突，反向行走及超越行为极不可能

万寿菊亲本的选育及杂交育种研究

北京市园林科学研究院绿化植物育种北京市重点实验室 / 张华丽　辛海波　王　涛　董爱香　顾亚东

摘　要： 收集到万寿菊种质资源27份，其中母本15份，父本12份。以收集的资源为育种材料，选育出性状整齐，优良的万寿菊亲本5个，分别为母本：S-28-03，S-9-09-26，父本：V-01-12，I-0193，I-28-02。选育出万寿菊F_1代新品种2个，分别为GF01和GF03。新品种GF01被命名为‘京越1号’，获得良种证书（良种编号‘京S-SV-TE-005-2010’）。

关键词： 万寿菊　亲本　育种　杂交

万寿菊（*Tagetes erecta* L.），菊科万寿菊属，是重要的园林花卉，原产于墨西哥和中美洲，现分布于世界各地。其栽培品种极多，花色有乳白、柠檬色、黄色、橘黄色、橘红等颜色；花型多变，花径从小至特大花型均有；植株高度有矮型（25 ~ 40cm）、中型（40 ~ 60cm）、高型（60cm 以上）之分。万寿菊对土壤和肥力要求不严，能适应各种气候条件，耐干旱和瘠薄，花期长，抗性强，不仅可以美化街景、庭院，而且广泛用作花坛，切花、插花[1]、花环[2]、提取杀虫剂[3]、叶黄素[4, 5]等，是个多用途植物。

目前万寿菊育种方法是以雄性不育两用系为母本，自交系为父本进行的杂交育种，因此万寿菊亲本的选育是育种工作的根本。国外种子公司如美国泛美种子公司（PanAmerican）、高美种子公司（Goldsmith）等的F_1代品种占领着国内大部分市场。我国目前具有自主知识产权的万寿菊F_1代品种极少，性状优良的更少；国内制种基地以赤峰、酒泉最多，由于当地花农掌握的资源有限，追求产量，忽略整个生长过程中的除杂和选择，经过多代繁殖，导致原来表现很好的万寿菊母本退化严重，甚至F_1代品种也出现严重的病虫害。母本退化的表现是生长势弱，苗期易感病，系内可育株与不育株比例失调、结实率降低；父本退化的表现：株高、株型不一致，花型、花色分离，花粉量少。

针对以上存在的问题，开展万寿菊亲本的选育和新品种的选育工作显得尤为迫切。本研究以选育万寿菊亲本和新品种为目标，利用收集的27份万寿菊资源，开展了万寿菊亲本的选育，F_1代新品种的选育，生殖生物学特性研究，亲本离体快繁等工作，为万寿菊亲本创制、新品种培育和F_1代品种制种提供技术支持。

1　万寿菊母本的选育

万寿菊母本为雄性不育两用系，系内可育株和不育株的比例约为 1 ：1；不育株和可育株仅在花型上有差异，其他观赏性状相同。优良的雄性不育系不但具有能够稳定遗传的不育性，而且要具备优良的观赏性状。万寿菊制种中母本存在的退化问题较为严重，亲本的性状退化导致杂交F_1代退化。退化的表现是生长势弱，苗期易感病，系内可育株与不育株比例失调。原有的一个母本因为病毒病已经被放弃使用，另外一个较好的母本正在出现苗期大部分

植株得病毒病的现象，而且母本中可育株与不育株比例应为1 ：1，但实际是严重失调。有1 ～ 2个表型非常整齐的母本，由于结实率低（是其他系号的1/4）也面临着被淘汰的危险。因此开展万寿菊母本的选育工作显得尤为迫切。

1.1 选育标准

（1）不育系中可育株和不育株的比例接近1 ：1。

（2）可育株和不育株的株高、花色、花型、花径整齐一致，无分离现象。

（3）不育株的花完全由雌蕊和花药退化的花丝组成，淘汰花中夹杂细条状花瓣的材料。

（4）具有良好的抗逆性。

1.2 选育方法

1.2.1 选株

苗期选择：除掉株高过高的植株、病株、弱株。

花期选择：选择株型圆整、花色符合原有性状，单株开花早，花量大的植株。

选择株高、叶色、花色、花型、抗性、株型、分枝性都合乎育种目标的雄性不育和可育单株。

选株时注重从苗期到花期的选择，淘汰系内感病株、弱株、性状不典型植株、叶型、花型变异植株等。

1.2.2 配对

从母本选育材料中选取可育株与不育单株成对杂交，配制组合5 ～ 10个，从不育株收取种子（第一代）；种子播种以后，选取系内不育株：可育株为1 ：1的组合，选株继续进行兄妹交，从不育株收获种子（第二代），将种子分别播种，其后代会出现稳定的不育株：可育株1 ：1的分离，此时选取观赏性较好的植株进行配对，如此重复数代，直到获得性状整齐一致，遗传稳定的雄性不育系为止。万寿菊要选育一个能够稳定遗传的优良雄性不育系，需2 ～ 4代的连续选择。

1.3 选育结果

3年来共收集母本材料15份，淘汰没有选育价值的材料6份，重点对万寿菊母本S-28-03，S-9-09-26进行了3代的选育，获得了性状优良的母本2个。

S-28-03性状：矮生型母本。胚轴红色，茎绿色，叶片深绿，株高35 ～ 40cm；冠幅40 ～ 50cm，可育株花径6.5cm，花型为重瓣有芯，花色为黄色（RHS比色卡可育株9A，不育株14A），株型紧凑；单株花量20 ～ 40朵，从播种到开花80 ～ 85天，结实率中等，耐细菌性枯萎病（图1）。

S-9-09-26性状：高型色素母本，胚轴绿色，茎绿色，叶片绿，株高80 ～ 100cm，冠幅80cm，可育株花径6.5 ～ 7cm，花型为重瓣有芯，花色橘红（RHS比色卡可育株和不育株均为N25C），株型紧凑，呈帚形，下部枝易倒折，雨水多易倒伏，单株花量30 ～ 50朵，从播种到开花90天。结实率较高，抗病性较强（图2）。

图1 S-28-03不育株

图2 S-9-09-26不育株

2 万寿菊父本的选育

万寿菊的父本为自交系，花为菊科典型的头状花序，花型多样（单瓣、重瓣、冠状花型、钟型等）能自花结实，是通过连续自交选育出的能稳定遗传的自交系。

2.1 选育标准

（1）株高、花色、花型和花径整齐一致，不出现分离。

（2）具有良好的抗逆性。

2.2 选育方法

采用连续多代单株选择法，“株行法”。

第一年：选择优良单株。选择花径、花型、株高和株型表现优良的单株，套袋自交，分别采收。

第二年：将上年套袋自交的种子按编号种成株行，建立株系比较圃。淘汰性状分离的株系，从选中株系中选择优良单株，下一年继续进行株系比较，直到系内各个性状趋于一致，不再分离。

获得整齐一致的株系后可以一边小面积扩繁，一边进行 F_1 代的试配工作。

2.3 选育结果

3 年来共收集父本材料 12 份，淘汰没有选育价值的材料 3 份，共定植 2400 余株，挑选单株约 80 株。

I-0193 性状：中高型父本。胚轴红色，茎绿色，叶片黄绿，株高 40 ～ 45cm，冠幅 60cm，花径 6cm，花色黄色（RHS 比色卡 8A），花型重瓣有芯，株型紧凑，分枝性强，呈半球形，单株花量 30 ～ 50 朵，从播种到开花约需 62 ～ 65 天，盛花期从 8 月中旬至 10 月中旬，是一个早花父本。抗热，抗倒伏，对病虫害抗性较强（图 3、图 4）。

I-28-02 性状：矮生父本。胚轴红色，茎绿色，株高 35 ～ 40cm，冠幅 40cm，花径 6 ～ 6.5cm，花型重瓣有芯，花色黄色（RHS 比色卡 9A），从播种到开花约需 90 天。叶片深绿，带光泽，株型呈圆球形，分枝性强，单株花量 30 ～ 45 朵。抗热，抗倒伏，对病虫害抗性较强（图 5、图 6）。

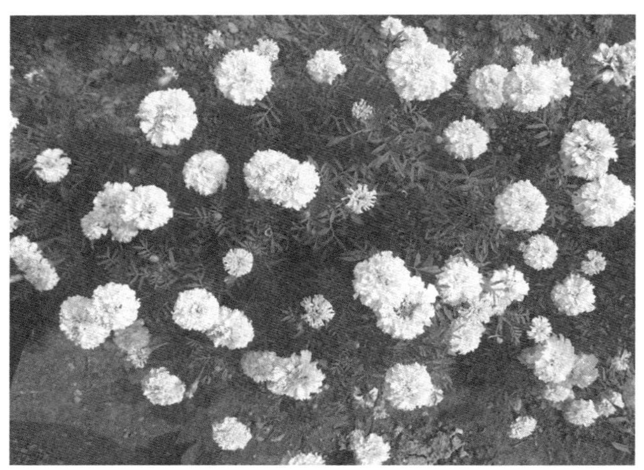

图 3 万寿菊父本 I-0193 单株

图 4 万寿菊父本 I-0193 花朵

图 5 万寿菊父本 I-28-02 单株

图 6 万寿菊父本 I-28-02 群体

V-01-12 性状：中高型父本。胚轴红色，茎绿色，株高 70 ~ 75cm，冠幅 60cm，花径 6 ~ 6.5cm，冠状花型，最外仅一轮舌状花，中心全部由两性小花组成，花筒边缘五裂，能自花结实。花色橘红（RHS 比色卡 N25C），花期时花梗挺拔于叶面，花朵分布于植株顶部。叶片绿，植株下部小叶 8 ~ 9 对，叶片总长约 20cm，上部小叶 6 ~ 7 对，叶片总长约 17cm。株型紧凑，分枝能力强，株型呈球形。单株花量可达 30 ~ 50 朵，从播种到开花约需 110 天。花粉量大，抗热、抗倒伏、对病虫害抗性较强（图 7、图 8）。

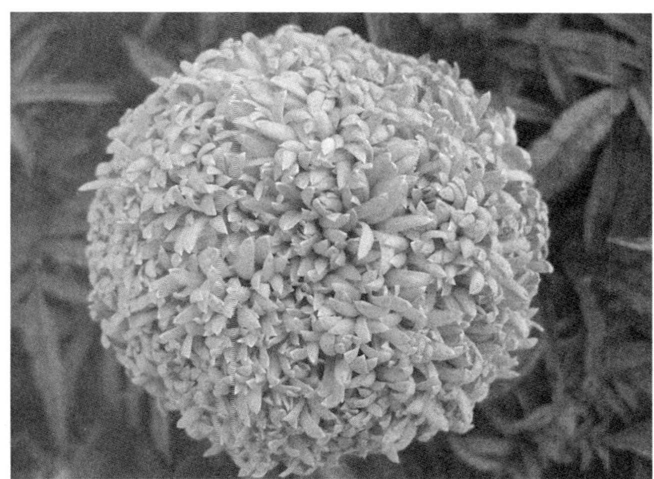

图 7　V-01-12 花朵

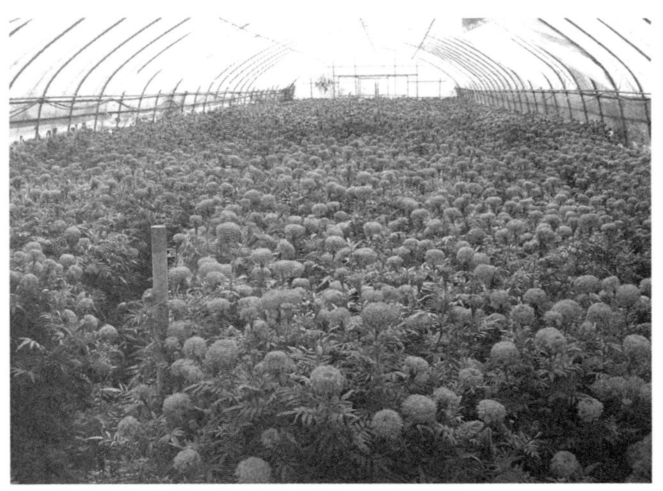

图 8　V-01-12 群体

3　万寿菊 F_1 代的选育

育种目标：选育出矮生型或中高型，大花（花径 7cm 以上），花型优美，抗逆性强，生长健壮整齐一致的 F_1 代品种。

从收集的万寿菊亲本里挑选亲本进行杂交，观察其 F_1 代性状表现，与其他品种进行栽培对比实验，调查株高、冠幅、花色、花径、花型和生育期，符合育种目标的杂交组合即可作为新品种推出。

3.1　材料与方法

3.1.1　实验材料

选用符合目标性状的亲本进行杂交实验，其中母本 8 个，父本 4 个（表 1），于 2008 ~ 2009 年进行杂交实验，2010 ~ 2011 年进行性状观测和栽培对比实验。

3.1.2　实验方法

杂交实验：父本分 2 批播种，第一批播种在 4 月下旬，第二批在 5 月上旬，母本与第二批父本一起播种，选用 200 孔穴盘，草炭：蛭石 4 ：1 为基质。6 月初上 8cm × 8cm 盆，6 月底地栽。栽培方法同亲本选育。

采粉和授粉方法：在晴朗无风的天气，中午 11：00 ~ 1：00 采集花粉为合适的时间，随采随授。当小花的柱头两裂完全对开呈“Y”形时可开始接受花粉，母本花外围开 3 ~ 4 轮可开始授粉，连续授粉 3 次，隔一天授一次粉，授完粉将原来的袋子套上，挂上标签，柱头变褐色时脱去纸袋，促进种子成熟。一般授粉后 20 天左右及时采收种子。

栽培对比实验：以选育出的新品种和国内外共 10 个万寿菊品种进行栽培对比实验，2006 年 5 月初播种，

万寿菊 F_1 代表型　　表 1

F_1 代编号	母本	父本	株高（cm）	冠幅（cm）	花色	花径（cm）	花型	从播种到开花（d）
GF01	S-28-03	V-01-12	40-55	60	橘红	8-10	蜂窝	85-90
GF02	S-261	V-01-12	80-90	60	橘红	9-10	蜂窝 / 重瓣有芯	80
GF03	S-17-29	V-01-12	35-40	30	橘红	8-10	蜂窝	80
GF04	S-28-02	V-01-12	40-45	50	橘红	8-10	蜂窝 / 重瓣有芯	95
GF05	S-17-02	V-01-12	40-45	45	橘红	8-9	蜂窝 / 重瓣有芯	80
GF06	S-17-10-06	I-154	11	15	黄	7	重瓣有芯 / 重瓣	95
GF07	S-17-10-06	I-149	11	15	黄	7	菊花状	95
GF08	S-21-03	V-01-12	50-55	50	橘红	9-10	重瓣有芯	85-90
GF09	S-28-10-03	I-145	10	15	橘黄	7	重瓣有芯 / 重瓣	95

选用 200 孔穴盘，草炭：蛭石 4：1 为基质，6 月上 13cm × 13cm 盆。在生长期和开花期观测，调查株高、冠幅、花色、花径、花型和从播种到开花的时间。

3.2 结果与分析

3.2.1 万寿菊 F_1 代表现

由表 1 可知，GF02、GF04、GF05、GF06、GF07、GF08、GF09，由于花型分离，被淘汰。GF01，GF03 花型蜂窝，花色无分离，株高符合育种目标，因此只选 GF01，GF03，进行下一步的品种对比实验。

3.2.2 万寿菊品种性状比较

1）万寿菊各品种株高差异

由表 2 可知，万寿菊品种 GF03‘安提瓜’、‘超越’和‘京帝 0140’，‘0150’在株高这个性状上属于矮型品种，株高在 25 ～ 40cm 之间；而 GF01、‘完美’、‘新纪元‘为中高型品种，株高在 40 ～ 60cm 之间。

变异系数反映了品种的整齐度。对比各个品种株高的变异系数（表 3），发现变异系数最小的是 GF03，为 4.62%，其次为 GF01，为 5.81%，说明这 2 个品种株高整齐度较高；‘京帝 0150’的变异系数最大，为 16.63%，说明该品种株高整齐度较差；其余均在 6% ～ 10% 之间，说明这些品种除了‘京帝 0150’外，株高的整齐度都较高，群体效果好。

2）万寿菊各品种的冠幅和分枝性

由表 2 可知，在中高型品种中，冠幅以 GF01 最大，为 28cm；‘完美’和‘新纪元’冠幅分别为 23cm 和 21cm，对株高为中高型的品种来说，‘完美’和‘新纪元’冠幅过小，‘完美’的分枝性中等，难以形成紧凑的株型。而 GF01 冠幅大且分枝性强，株型紧凑。

在矮型品种中，‘京帝 0140’和冠幅最大为 26cm，‘超越’、GF03 为 25cm，‘安提瓜’和‘京帝 0150’都为 21cm，结合分枝性，认为 GF03 是矮生紧凑、表现较好的类型。

对比各个品种冠幅的变异系数，发现变异系数最小的是 GF03，为 8.24%，GF01 为 9.16%，最大的是‘京帝 0150’，为 18.64%，其余品种的冠幅变异系数居中，说明 GF01、GF03 冠幅的整齐度优于其他品种。

3）万寿菊各品种的茎基和茎色

GF01、GF03 茎基为红色条纹，茎为绿色，‘完美’、‘新纪元’、‘安提瓜’茎基和茎均为红色。‘超越’和‘京帝 0140’茎基为红色，茎为绿色，而‘京帝 0150’茎基有红绿的分离，茎为绿色（见表 3）。茎基的颜色反映了亲本的特性，茎基色的分离也是衡量一个品种性状整齐度的标志之一。

4）万寿菊各品种的叶形

GF01 叶片硕大，小叶数最多，为 6 ～ 7 对，安提瓜

万寿菊各品种盆栽性状对比表 表 2

品种	株高 (cm)	冠幅 (cm)	分枝性*	茎基颜色	茎色	上部小叶数（对）	花色	花径 (cm)	花纵径 (cm)	单株花量（朵）	病虫害	播种—开花天数(d)
GF01	46	28	强	红	绿	6 ～ 7	橘红	8	3.7	5	无	90
GF03	40	25	强	红	绿	5	橘红	8	3.7	5	无	80
完美	43	23	中	红	红	5	橘红	7	3.7	4	无	70
新纪元	44	21	强	红	红	6	橘黄	6.4	3.4	4	红蜘蛛 5%	85
安提瓜	30	21	中	红	红	4	橘黄	5	3	4	红蜘蛛 5%	69
超越	29	25	强	红	绿	5	橘黄	7.4	3.7	4	病毒病 40%	80
京帝 0140	36	26	强	红	绿	6	黄色	8	4	5	病毒病 5%	85
京帝 0150	28	21	中	绿或红	绿	5	橘黄	6.4	2.4	4	无	61

注：分枝性分为强、中、弱 3 级，采用目测，侧枝 5 ～ 6 个以上为强；侧枝 3 ～ 5 个为中，小于 3 个为弱。

万寿菊各品种主要性状的变异系数（%） 表 3

变异系数	GF01	GF03	完美	安提瓜	新纪元	超越	京帝 0140	京帝 0150
株高	5.81	4.62	9.02	8.62	7.63	8.71	6.91	16.63
冠幅	9.16	8.24	10.55	13.75	12.37	12.39	13.35	18.64
花径	5.09	6.02	6.02	10.13	9.6	6.16	8.06	8.15

为4对，'新纪元'和'京帝0140'为6对，其余均为5对。万寿菊小叶以5～6对居多，目前的品种大约都在这个范围内，而GF01则显著不同，首先表现在叶片长度上，约17cm，而一般的万寿菊品种为11.5cm；其次表现在小叶的叶片数上，GF01植株上部小叶6～7对，下部小叶8～9对，叶片显得肥大，生长旺盛。

5）万寿菊各品种的开花性状

GF01、GF03、'完美'为鲜艳的橘红色，'京帝0140'为黄色，其余均为橘黄色。各品种均没有花色的分离。

6）花径

花径分为花横径和纵径。花横径表明花的大小，花纵径则表明了花的厚度，即蜂窝性的强弱，花厚度小，表明花的蜂窝性不强。

从表2可看出，GF01、GF03和'京帝0140'花径最大，均为8cm，其次是'超越'，为7.4cm，'安提瓜'花径最小，为5cm。从花纵径来看，'京帝0140'为4cm，蜂窝性最强，GF01、GF03、'完美'和'超越'为3.7cm，仅次之，'京帝0150'的花纵径最小，为2.4cm，类似为平瓣，蜂窝性最差。

对比各个品种花径的变异系数，发现变异系数最小的是GF01，为5.09%，最大的是安提瓜，达10.13%，其余品种的冠幅变异系数居中。

7）单株花量

单株花量表明了花朵的覆盖度，GF01、GF03和'京帝0140'为5朵，其余均为4朵，看来花朵在量的差异上不是很大。

8）万寿菊各品种抗病虫性

'新纪元'和'安提瓜'均有5%的植株感染红蜘蛛，'超越'有达40%的植株感染病毒病，京帝0140有5%感染病毒病，其余品种未见任何病虫害，尤其GF01、GF03在整个生长期均生长旺盛，即使与其他患病品种相邻摆放，也未见任何病虫害。

9）万寿菊各品种播种—开花所需天数

在这7个品种中，以'京帝0150'生育期最短，61天，其次是'安提瓜'和'完美'，为69天和70天。'超越'、GF03为80天，这5个品种属于早花类型。'新纪元'和'京帝0140'生育期85天，为中等类型，GF01从播种到开花天数较长，为90天。

由对比实验可知，GF01生长旺盛，各性状整齐度高，是一个中高型橘红色新品种。'完美'、'新纪元'和'京帝0140'表现一般；'安提瓜'和'京帝0150'生育期短，是早花品种，但花朵蜂窝性差；'超越'在株高和花型方面表现优秀，仅在抗病虫害方面不及GF01。GF01、GF03在品种对比实验中表现优异，值得作为新品种推广。

3.2.3　新品种性状

GF01：中高型杂交一代万寿菊。茎基为红色，茎为绿色。叶片浓绿肥厚，小叶较宽，植株上部小叶7对，下部小叶8～9对。"五一"用花时盆栽株高25～28cm，冠幅28～30cm，花径8.6～9.5cm，蜂窝状丰满。7～8月和"十一"用花时盆栽株高46～48cm，冠幅28～30cm，花径8～9cm。花色为鲜艳的橘红色，花型为蜂窝状。单株着花5～6朵，花期90天。从播种至开花需要90天。种子发芽率94%，成苗率85%（图9、图10）。

GF03：矮生型杂交一代万寿菊。生长势强，株型圆整，矮生，盆栽株高35～40cm，冠幅30cm，地栽株高50～55cm，冠幅60cm，叶色深绿。花橘红色，蜂窝状，完全重瓣，盛花期约40～60天，单株花量20～35朵，花径9～11cm，从播种到开花约80天，为早花品种（图11、图12）。

新品种GF01被命名为'京越1号'，通过北京市林木品种审定委员会审定，获得良种证书，良种编号（'京S-SV-TE-005-2010'）。

图9　'京越1号'花朵

图10　'京越1号'群体

图 11　GF03 单株

图 12　GF03 群体

4　结论

本研究旨在培育万寿菊新品种，解决万寿菊育种中亲本退化、国内新品种少的主要问题。本研究一共收集万寿菊亲本种质资源 27 份，其中母本 15 份，父本 12 份；选育出性状整齐，优异的万寿菊亲本 5 个，分别为母本：S-28-03，S-9-09-26，父本：V-01-12，I-0193，I-28-02；选育出万寿菊 F_1 代新品种 2 个，分别为 GF01 和 GF03，新品种 GF01 被命名为‘京越 1 号’，通过北京市林木品种审定委员会审定，获得良种证书。以上研究成果可以为万寿菊亲本创制、新品种培育和制种提供技术支持，为科学开展万寿菊的良种繁育打下坚实的基础。万寿菊是世界上广泛种植的观赏花卉，其观赏价值和经济价值使其应用越来越广泛，种子用量逐年增长。培育具有自主知识产权的万寿菊新品种，满足国内、国际市场对万寿菊种子的需求，万寿菊将迎来一个大发展的时代。

参考文献

[1] 北京林业大学园林系花卉教研组 . 花卉学 [M]. 北京 . 中国林业出版社 . 1990：198-199.

[2] Padma Vasudevan, Suman Kashyap, Satyawati Sharma. *Tagetes*: A Multipurpose Plant[J]. Bioresource Technology, 1997, 62(1): 29 ~ 35.

[3] 王新国，徐汉虹，赵善欢 . 杀虫植物万寿菊的研究进展 [J]. 西安联合大学学报，2002，5（15）：5-10.

[4] 许秀兰，赵国华，阚建全 . 叶黄素研究进展 [J]. 粮食与油脂 . 2004，10：3-7.

[5] 汪殿蓓，陈芬芬 . 万寿菊叶黄素开发利用研究进展 [J]. 北方园艺，2007（1）：44-46.

以工作过程为导向的园林专业课程开发研究

北京市园林学校 / 马　玉　马宪红　马　垣　于红立　杨　艳　乔　程　梁　明

摘　要：首都园林绿化事业的迅猛发展及绿色北京的建设目标，为园林中等职业教育提供了新的发展机遇和广阔的空间，同时对园林职业教育的质量提出了更高的要求。探索以工作过程为导向的课程开发模式，构建理论实践一体化，与职业资格标准相融合，以工作过程为主体的课程体系，为北京市的园林绿化行业培养具有良好的职业道德、职业技能、就业创业能力以及综合职业素养，与行业发展相适应的生产管理一线技能型人才。

关键词：工作过程为导向　园林专业　课程开发

首都园林绿化事业的迅猛发展及未来的大好形势，为园林中等职业教育提供了新的发展机遇和广阔的空间，同时对园林职业教育的质量提出了更高的要求。北京市园林学校是北京市唯一一所以培养园林绿化中等专业技术人才为主的国家级重点中等职业学校，为首都的园林绿化行业培养了一批又一批的技能型人才，为首都的园林绿化事业作出了贡献，但是，无论在数量上还是质量上都不能满足园林绿化事业发展的需要。为了适应首都园林事业对人才培养的要求，园林职业教育必须按照技能型人才的成长规律，更新职业教育观念、创新课程体系、教学模式、考试评价方法。尤其是教育部副部长鲁昕在2011职业教育与成人教育工作视频会议上的讲话中指出，要“着力推进教育与产业、学校与企业、专业设置与职业岗位、课程教材与职业标准、教学过程与生产过程的深度对接”，为中等职业学校教学指出了方向。

本次课程改革研究，借鉴德国“以工作过程系统化”课程开发的模式，构建理论实践一体化，与职业资格标准相融合，以工作过程课程为主体课程体系，制定园林专业教学方案和园林专业核心课程标准，形成具有首都特色、职教特点的园林专业课程体系，提高为行业服务能力，培养出更多的与行业发展需求相适应的技能型人才。

1　研究方法

第一阶段主要是基础调研，完成基础调研报告。通过调查问卷、电话访谈、上门深访、座谈会等方式对园林行业企事业单位、行业专家、北京市开设园林专业的中职学校进行调研。

第二阶段进行典型职业活动调研分析。在基础调研的基础上，通过“头脑风暴”、会议研讨等方法提炼园林专业典型职业活动，并对典型职业活动进行系统分析和描述。

第三阶段是设计园林专业核心课程。根据典型职业活动分析，通过归纳分析、“头脑风暴”等方法，提炼、重构园林专业核心课程。

第四阶段制定园林专业教学方案。通过企业专家和课程专家研讨，形成北京市中等职业教育园林专业教学方案。

第五阶段制定专业核心课程标准。在园林专业教学方案的指导下，制定各课程的课程标准。

2 研究结果

2.1 基础调研报告

在基础调研阶段，共发放问卷81份，其中公园8份，宾馆饭店9份，花卉市场花店8份，花卉生产企业8份，绿化公司15份，绿化工程监理公司3份，物业管理企业18份，其他单位12份。访问企事业专家、一线管理人员，共计36位，得出园林专业适合中职生的有三大岗位群，即园林绿化施工岗位群、园林花卉生产与应用岗位群、绿化养护管理岗位群，得出6个直接胜任岗位，8个拓展岗位，8个可延伸岗位，分析得到18项知识，20项技能。企业关注中职生的职业素质是能吃苦耐劳，从点滴做起；职业道德是对企业岗位工作的态度；社会能力是沟通、合作能力；理解与执行合同能力。

2.1.1 园林专业定位及中职生岗位分析

通过企业调查分析得出无论是企业数量还是工作内容和性质，绿化公司、苗木生产单位、花卉市场、公园及风景名胜区是吸纳园林专业毕业生的主要单位。各类单位中适合园林专业人员从业的主要部门有造价部、招投标部、工程部、销售部、花卉租摆部、生产管理部、后勤服务、绿化科、园林科、园艺队、绿化队等部门（表1）。

园林专业主要业务范围是城市绿化建设、园林植物生产、花卉装饰应用、绿化养护，通过分析企业工作性质、工作内容和相关部门岗位设置得出园林专业适合中职生的有三大岗位群，即园林绿化施工岗位群、园林花卉生产与应用岗位群、绿化养护管理岗位群。

北京市园林工作所涵盖企事业单位性质及部门设置情况　　表1

序号	企业类型	性质	部门设置	中职生可胜任的岗位	备注
1	园林绿化及监理企业（注册企业）	国营民营合资集体	人力资源部		注册绿化公司650家
			财务部		
			* 设计咨询部	设计岗、绘图岗	
			* 合约部	技术员	
			* 造价部	预算员	
			* 招投标部	工程师、技术员	
			* 工程部	施工员、项目经理、材料员、安全员、保管员、资料员	
2	苗木生产单位	国营民营合资集体	综合管理部		国营、民营合资的400家
			财务部		
			* 销售部	销售员	
			* 花卉租摆部	插花员、花卉养护岗	
			* 生产管理部	花卉养护	
3	公园 风景名胜区	事业单位	行政办公室		市、区级190家
			党委办公室		
			劳动人事科		
			* 园林绿化科	绿化养护岗、班组长、队长、机械维修岗	
			工程规划科		
			安全保卫科		
			经营管理科		
			工会		
			* 园艺队	绿化养护岗、机械维修	
			护园队		
			游客中心		
			文化研究室办		
			研究室		
			后勤服务队		

续表

序号	企业类型	性质	部门设置	中职生可胜任的岗位	备注
4	物业管理企业（二级资质以上的）	国营 民营 合资 集体	办公室		160家
			财务审计部		
			后勤保障部		
			经营部		
			工程部		
			保安部		
			房管部		
			商品楼服务部		
			项目部		
			* 绿化保洁部	绿化养护岗	
5	花卉市场	国营 民营 合资 集体	* 插花部	插花员、花店老板	22个花卉市场中有2020个摊位
			业务部		
			* 销售部	销售岗、插花员	
6	休闲服务企业（四星级以上宾馆）	国营 民营 合资 集体	前厅服务部		121家
			客房部		
			餐饮部		
			球童部		
			工程部		
			* 后勤服务	绿化养护岗、高级插花师、机械维修	

注：* 的是与园林专业工作内容相关部门。

园林专业中职生岗位分析表 **表2**

岗位群	直接胜任岗位	拓展岗位	可延伸岗位	急需岗位	备注
园林绿化施工岗位群	1. 工程施工岗 2. 绿化养护岗 3. 统计岗	1. 施工员 2. 资料员 3. 测量员 4. 保管员 5. 技术员	1. 质检员 2. 安全员 3. 预算员 4. 监理员	1. 施工员 2. 养护技术员 3. 项目经理	园林绿化公司
园林花卉生产与应用岗位群	1. 花卉栽培养护岗 2. 插花岗 3. 销售岗 4. 统计岗	1. 技术员 2. 班组长 3. 高级插花员 4. 机械维修员	1. 花店老板 2. 绿化主管 3. 高级插花设计师	高级插花师	种苗生产、花卉市场、宾馆饭店
园林绿化养护岗位群	1. 绿化养护岗 2. 统计岗	1. 技术员 2. 班组长 3. 机械维修员	园艺队长（中层干部）		公园、物业管理部门

园林行业中，中职毕业生可以直接胜任的岗位有6个（绿化养护岗、工程施工岗、花卉栽培养护岗、插花岗、销售岗、统计岗）；可拓展的岗位有8个（施工员、资料员、统计员、测量员、保管员、高级插花员、机械维修员、技术员、班组长）；可延伸的岗位有8个（质检员、安全员、预算员、监理员、花店老板、绿化主管、高级插花设计师、园艺队长）；急需岗位有4个（施工员、养护技术员、项目经理、高级插花师）（表2）。

2.1.2 园林行业对中职生的素质、能力要求

在对企业的调查问卷中，共设计了17项能力，每个被调查的企业从中选择认为比较重要的六项并对其排序，通过对60份企业问卷的统计，按照企业所选择该能力的百分比排序发现用人单位共同关注中职生的职业素质是能吃苦耐劳、从点滴做起；职业道德是对企业岗位工作的态

度；社会能力是沟通、合作能力；理解与执行合同能力（表3）。因单位工作内容和性质不同，用人单位希望中职生具备的关键能力有明显不同。

企业对中职生素质、能力要求排序　　表3

序号	能力	被选百分比
1	能吃苦耐劳，从点滴做起	90%
2	职业道德	85%
3	对企业岗位工作的态度	72%
4	职业技能	63%
5	服务意识与能力	58%
6	沟通、合作能力	46%
7	理解与执行合同能力	30%
8	语言表达能力	25%
9	抗挫折的能力	22%
10	计算机一般操作	22%
11	书面表达能力	15%
12	身体素质好，喜欢运动	17%
13	礼仪规范	15%
14	创新能力	15%

2.1.3　园林行业中适合中职生的岗位对知识和技能的要求

以三大岗位群为基础，分析了中职毕业生胜任工作岗位需要具备的知识（表4）和技能（表5）。感到以往教学与岗位需要的知识和能力有一定差距。例如施工管理程序、施工规程规范、施工组织、招投标、工程预算等教学中涉及较少，这些恰恰又是企业急需知识；园林设计知识，因有专门设计公司多为本科以上学历人员承担设计工作，因此有明显减少的趋势。

分析了劳动和社会保障部颁布的花卉园艺工职业资格标准中对四级、五级园艺师和初级插花员的要求，发现目前园林专业的课程设置基本涵盖了四级、五级园艺师和初级插花员所要求掌握的知识，但是在技能方面，由于教学实训场地和设备的限制、实训学时不足等原因，使学生的技能训练与职业标准的要求有较大差距。

调研结果显示施工员（园林）、质检员（园林）、预算员（园林）、材料员（园林）和安全员（园林）是中职生延伸和拓展岗位，目前教学中涉及这方面的课程较少，在以后的教学安排中应该适当补充，以为中职生以后的职业发展奠定基础。

园林行业适合中职生岗位所需要的知识　　表4

岗位群	专业知识	主要内容
园林绿化施工岗位群	1. 植物知识	常见园林植物、插花材料形态特征、植物习性、植物应用
	2. 育苗栽培知识	育种知识、植物繁殖知识、苗木栽培管理知识
	3. 植物养护知识	树木修剪知识、病虫害防治知识、养护规程规范
	4. 计算机知识	办公软件、CAD、Photoshop、3D 等园林制图软件
	5. 园林工程施工知识	识图知识、测量知识、施工知识（定点放线知识）、土建施工知识、建筑材料知识、古典建筑知识
	6. 园林施工管理知识	施工管理程序、施工规程规范、施工组织管理、招投标、工程预算知识
	7. 园林机械知识	机械原理、机械保养、维修知识
园林花卉生产与应用岗位群	1. 植物知识	常见园林植物、插花材料形态特征、植物习性、植物应用
	2. 育苗栽培知识	育种知识、植物繁殖知识、苗木栽培管理知识
	3. 植物养护知识	花卉养护知识、花卉病虫害防治知识、养护规程规范
	4. 计算机知识	办公软件、CAD、Photoshop、3D 等园林制图软件
	5. 插花与花卉租摆知识	插花原理、花材习性、色彩搭配知识、用花礼仪知识、室内设计知识、营销知识、成本核算、宾馆酒店服务知识
	6. 花坛设计与施工知识	花坛施工、施工规程规范、施工组织管理、招投标、工程预算知识
园林绿化养护岗位群	1. 植物知识	常见园林植物、插花材料形态特征、植物习性、植物应用
	2. 育苗栽培知识	育种知识、植物繁殖知识、苗木栽培管理知识
	3. 植物养护知识	树木修剪知识、病虫害防治知识、养护规程规范
	4. 计算机知识	办公软件
	5. 园林机械知识	机械原理、机械保养、维修知识

园林行业适合中职生岗位所需要的技能　　表5

序号	专业技能	主要内容
园林绿化施工岗位群	1. 具有认知常见园林植物技能	园林植物种子、花卉、树木、花材的识别
	2. 具有育苗栽培养护技能	浇水、施肥、换盆、播种、扦插、嫁接
	3. 具有植物养护基本技能	树木修剪、病虫害防治
	4. 具有施工识图技能	园林设计图、施工图、建筑图的识图
	5. 具有测量仪器操作技能	水准、经纬、GPS、全站仪
	6. 具有计算机制图技能	熟练运用办公软件、CAD、Photoshop、3D的绘图
	7. 具有园林绿地园林施工	理解计划合同、种植施工（大树移植）喷灌设备安装、道路铺装
	8. 具有园林机械操作技能	常用的园林机械（绿篱、草坪修剪机械）操作
园林花卉生产与应用岗位群	1. 具有认知常见园林植物技能	园林植物种子、花卉、树木、花材的识别
	2. 具有苗木生产技能	露地栽培和设施栽培
	3. 具有花卉养护技术	浇水、施肥、换盆、播种、扦插、嫁接技术、病虫害防治
	4. 具有插花技能	花材保鲜、熟练掌握花束、花篮插制技能、鲜花、绿植基本的销售
	5. 具有计算机制图技能	熟练应用办公软件、CAD、Photoshop、3D的绘图
	6. 具有花坛设计与施工技能	制定计划合同、花卉种植施工、喷灌设备安装、道路铺装
	7. 具有园林机械操作技能	常用的园林机械（绿篱、草坪修剪机械）操作
园林绿化养护岗位群	1. 具有认知常见园林植物技能	园林植物种子、花卉、树木、花材的识别
	2. 具有育苗栽培养护技能	露地栽培和设施栽培
	3. 具有植物养护基本技能	树木修剪技能、病虫害防治
	4. 具有园林机械操作技能	常用的园林机械（绿篱、草坪修剪机械）操作
	5. 具有计算机操作技术	熟练运用办公软件

2.2　园林专业教学方案

通过对提炼的三大岗位群的职业活动进行调研、分析、论证，召开了由企业专家和课程专家共同参与的研讨会，从职业活动中分析、提炼出园林专业典型职业活动。典型职业活动的职业特征，主要从典型职业活动描述、工作岗位、工作对象、工具、工作方法、劳动组织、工作要求以及与职业资格标准等8个方面进行系统分析和描述。通过对典型职业活动分析，提炼形成专业核心课程即核心课程一览表（表6）。通过对园林专业培养目标、专业毕业生应具备的职业知识（文化知识、专业知识）和能力（专业能力、方法能力、社会能力），应具备的情感态度价值观进行充分研讨，以形成目标明确、专业特色突出、符合北京市中等职业教育的园林专业教学方案。

园林专业教学方案确定了专业名称及专业方向、招生对象、学制；确定了园林专业培养目标、专业毕业生应具备的职业知识（文化知识、专业知识）和能力（专业能力、方法能力、社会能力）；确定了专业核心课程框架。

2.3　园林专业核心课程标准

通过分析、论证，形成了园林专业20门核心课程的课程标准（20门核心课程见表6）。其中，园林专业3个专业方向的公共课程有四门、园林花卉生产与应用专业方向课程共6门，园林植物养护管理专业方向课程共4门，园林工程施工与管理业化方向课程共6门。

课程标准对课程目标、课程内容、考核标准、对教学实施提出要求和建议。特别强调要关注大多数学生的学习水平和接受能力，不仅要体现知识和技能的要求，还要体现职业道德和职业规范的要求。

园林专业核心课程一览表 表 6

课程类别	序号	课程名称	典型职业活动	参考课时
专业公共课程	1	园林植物基础		144
	2	园林病虫害基础		72
	3	园林植物环境		72
	4	园林美术与制图		172
	小计　占总课时 14%		460	
园林花卉生产与应用方向课程（一）	1	种苗生产	播种育苗	72
			嫁接育苗	
			扦插育苗	
			分生育苗	
	2	组织培养育苗	组织培养育苗	36
	3	成苗生产	盆花栽培	144
			鲜切花栽培	
			露地花卉栽培	
	4	花卉室外应用	花卉室外应用	72
	5	花卉室内应用	花卉室内应用	144
	6	花卉营销		72
	小计　占总课时 18%		540	
园林植物养护管理方向课程（二）	1	绿化苗木繁育	绿化苗木繁育	144
	2	园林植物环境管理	水分管理	144
			土壤管理	
			灾害预防与管理	
	3	园林植物管理	植物整形、修剪	144
			植物更新、调整	
	4	园林有害生物控制	有害生物控制	108
园林工程施工与管理方向课程（三）	1	园林计算机制图		108
	2	园林土方工程施工	土方工程	54
	3	园林给排水工程施工	给排水工程	36
	4	园林土建工程施工	花池、挡墙工程	126
			铺装工程	
	5	园林种植工程施工	种植工程	108
	6	园林工程项目管理	园林工程预算	108
			资料管理	
			竣工验收	
	小计　占总课时 18%		540	

3 结论

以往的教学方案，强调学科体系，关注学生记忆性知识及单项技能点的培养，教学内容与岗位实际需求差距很大，忽略了对学生综合职业能力的培养。本项目研究的“园林专业教学方案”及“园林专业核心课程标准”，按照职业规律及学生认知特点，紧密结合企业的实际工作过程，构建了理论实践一体化的课程，使学生做中学，学中做，不仅有利于培养学生的综合职业能力，而且也有利于培养学生独立解决问题的能力及创造力。

北京动物园圈养珍稀动物贫血状况调查及原因分析

北京动物园 / 杨玥海　张成林　普天春　贾　婷　罗　毅　夏茂华　龚光建　赵　京　丁　楠　郑常明
卢雁平　原　蕾　张海杰　吴秀山　刘金鹏　李　莹　刘　燕　闫　鹤

摘　要：调查圈养珍稀动物贫血发生状况并分析原因。选择2000年1月1日至2011年4月1日接受血红蛋白检测的野生动物为研究对象，按不同种类和不同身体状况（健康、患病）分组统计，整理了123种（或亚种）珍稀动物的血红蛋白数据资料，确定了大熊猫等17种动物的贫血诊断标准，计算每组的贫血检出率并进行比较。铁、维生素B_{12}和叶酸缺乏造成的营养性贫血是动物贫血的首要原因，其次是疾病原因。进行健康体检，同时在疾病防治、饲养管理和营养供给等方面采取综合措施，能够有效预防动物贫血。

关键词：圈养　珍稀动物　贫血　调查　分析

贫血是由多种原因引起外周血单位容积内血红蛋白（Hb）浓度、红细胞计数（RBC）及红细胞比容（Hct）低于正常参考值下限的一种症状。[1] 贫血严重时表现出营养不良，容易发生其他疾病，造成很大危害。贫血分为缺乏性贫血、先天性贫血等多种类型，治疗的方法也不同，只有查明贫血原因，才能有效防治。前些年，北京动物园的一些珍贵动物贫血后治疗效果不理想，一是因为造成贫血的因素复杂，二是缺少科学的诊断依据。虽然有关野生动物贫血的病例或研究时有报道[2-5]，但国内外尚无系统性研究成果，因此我们开展了圈养珍稀动物贫血状况调查及原因分析。

1　材料和方法

1.1　实验动物和样本

选择 2000 年 1 月 1 日至 2011 年 4 月 31 日在北京动物园实验室接受血红蛋白（Hb）等血液指标检测的珍稀动物（共 5 纲，21 目，142 种或亚种，1246 份样本）为研究对象（表 1）。静脉采集抗凝血 1mL 用于血常规指标测定和血细胞形态学观察，5mL 左右全血分离血清，用于测生

实验动物分类和样本统计　　表 1

动物所属纲	动物目数	动物种数（种）	样本（份）	健康动物样本（份）	患病动物样本（份）
哺乳纲	8	114	1130	593	537
鸟纲	10	25	61	30	31
辐鳍鱼纲	1	1（中华鲟）	52	39	13
爬行纲	1	1（海龟）	2	2	
软骨鱼纲	1	1（白鳍鲨）	1		1
合计共 5 纲	21	142	1246	664	

化及维生素 B_{12}、叶酸等。

1.2 研究方法

1.2.1 检测方法

血红蛋白(Hb)测定用氰化高铁法，红细胞计数(RBC)、白细胞计数（WBC）用显微镜计数法，白细胞分类、细胞形态学观察用血涂片瑞 - 姬氏（Wright-Giemsa）染色法[6]；比容（Hct）测定用温氏法（Wintrobe）；生化项目测定采用化学终点反应法和速率法；维生素 B_{12} 和叶酸测定用微粒子化学发光法。

1.2.2 贫血调查方法

确定贫血诊断标准。一是大量查阅、收集、整理文献资料，同时对本实验室所作的检测数据进行统计分析。二是分组统计分析。将样本分为健康动物样本和患病动物样本，将动物分为哺乳纲、鸟纲等几组（见表 1）。

1.2.3 贫血原因分析方法

参考人类医学对贫血原因的诊断过程：①有无贫血；②贫血的严重程度；③贫血的类型；④查清贫血的原因，结合临床资料，明确诊断。[1]

通过查阅动物病历、体检数据资料等，详尽了解动物情况。根据外周血红细胞的检查结果，确定贫血的细胞形态学类型。根据野生动物特点，选择用镜下红细胞形态异常提示的贫血类型：再结合临床资料，得出初步的诊断意见并明确进一步分析方向。然后选择更多检查项目，深入分析、诊断。[1]

2 结果

2.1 建立贫血诊断参考标准

通过大量查阅资料[7-9]，并结合本实验室的检测数据，收集整理了 123 种（或亚种）野生动物的血红蛋白参考值数据（表 2）。由于这些数据可能存在样本数少，动物生活条件差异大及研究过程中出现差异等不足，不能仅以此作为标准对本园被检动物总体上的贫血状况作出调查。

实验动物的血红蛋白参考值　　表 2

动物所属目	动物种（或亚种）名	血红蛋白参考值（g/L）
长鼻目	非洲象	123 ~ 152
	亚洲象	100 ~ 115
鲸目	海豚	129±70
灵长目	白颊长臂猿	141±15
	白眉长臂猿	133±7.2
	白头叶猴	115 ~ 125
	白掌长臂猿	151±15
	赤猴	142±16

续表

动物所属目	动物种（或亚种）名	血红蛋白参考值（g/L）
灵长目	翠猴	108 ~ 132
	大猩猩	121±7
	代帽叶猴	100
	滇金丝猴	127±6
	狒狒	131±7
	黑猩猩	135±10
	黑叶猴	110 ~ 171
	环尾狐猴	140 ~ 160
	黄猩猩	118±13
	金丝猴	107 ~ 141
	绿狒狒	130±11
	猕猴	125±15
	豚尾猴	119±12
	黔金丝猴	127±6
	山魈	117±11
	食蟹猴	116 ~ 145
	熊猴	138
	蜘蛛猴	108 ~ 144
偶蹄目	白长角羚	135±28
	白唇鹿	103 ~ 153
	白脸牛羚	153±27
	白黇鹿	150±27
	斑羚	145±32
	北山羊	104 ~ 168
	长颈鹿	67 ~ 102
	大羚羊	122 ~ 159
	盘羊	103 ~ 123
	东北马鹿	120 ~ 164
	鹅喉羚	165±21
	甘肃马鹿	136
	河麂	158±53
	黑羚羊	172±24
	黑黇鹿	150±27
	剑羚	157±28
	角马	148±25
	羚牛	108±14
	骆驼	106 ~ 203
	蛮羊	117 ~ 162
	牦牛	129±19
	梅花鹿	136±40
	美洲野牛	148±27
	麋鹿	150±48
	南非长角羚	135±28
	捻角羚	153±22
	盘羊	167±18
	豚鹿	154±37

续表

动物所属目	动物种（或亚种）名	血红蛋白参考值（g/L）
偶蹄目	犀牛	122±19
	旋角羚	79 ~ 120
	驯鹿	115 ~ 165
	岩羊	155 ~ 220
	羊驼	138±23
	野骆驼	120±20
	原驼	139 ~ 150
	爪哇鹿	143±29
贫齿目	二趾树懒	137±23
	大食蚁兽	152±26
奇蹄目	斑马	156±17
	马来貘	128±20
	蒙古野驴	144
	西藏野驴	145
	野马	90 ~ 150
食肉目	巴西狼	136±23
	斑鬣狗	139±21
	豹	80 ~ 130
	北极熊	158 ~ 213
	豺	165±25
	朝鲜豹	106
	大耳狐	162±22
	大熊猫	90 ~ 165
	东北虎	129±19
	非洲狮	80 ~ 120
	果子狸	146±26
	黑豹	124±16
	黑美洲虎	118±22
	黑熊	118 ~ 191
	美洲豹	80 ~ 130
	华南虎	138
	蓝狐	154±19
	马熊	174±60
	美洲狮	124±19
	孟加拉虎	90 ~ 140
	蜜熊	133±24
	狞猫	131±20
	猞猁	150±48
	水獭	142±21
	兔狲	118±17
	小熊猫	123±17
	雪豹	128±16
	银狐	145 ~ 155
	云豹	85 ~ 145
	棕熊	174±60
	狼	164±33

续表

动物所属目	动物种（或亚种）名	血红蛋白参考值（g/L）
有袋目	大赤袋鼠	171±26
鹳形目	大红鹳	153±19
	秃鹳	163±42
鹤鸵目	鸸鹋	152±36
	食火鸡	171±29
鹤形目	白鹤	201±11
	丹顶鹤	184±14
	东非冠鹤	136±30
	黑颈鹤	186±17
	蓝鹤	144±24
	肉垂鹤	133±32
鸡形目	蓝孔雀	112±25
美洲鸵鸟目	美洲鸵鸟	125±36
企鹅目	企鹅	159±20
隼形目	红隼	149±14
	秃鹫	126±20
鹈形目	鹈鹕	161±17
鸵形目	鸵鸟	138±18
雁形目	大天鹅	141±21
	黑天鹅	137±36
	绿头鸭	117±24
鲟形目	中华鲟	65 ~ 105
龟鳖目	海龟	161±20

注：1. 参考值综合了有关书籍、文献和本实验室数据资料，有均值、范围及均值 ± 标准差等不同的形式。

2. 列出部分珍贵动物亚种的参考值，更有实际应用价值。

通过对本实验数据的初步分析，将健康动物及样本分组进行统计分析，计算平均值、标准差、实际测定值范围等参数，结合参考资料数据，确定正常参考值范围，参考值下限则作为贫血诊断参考标准（表 3）。①将健康动物样本数达到 10 份的 17 种动物单独统计，其他样本数少的动物按哺乳纲和鸟纲分别合并统计，以便进行总体数据的统计。②由于大熊猫满 5 岁组与 1 ~ 5 岁组、中华鲟成年组(大于 8 岁）与未成年组（1 至两岁）Hb 差异明显且实验动物样本数较多，故分别统计。③正常参考值范围的确定依据：由于野生动物实验样本一般不多，每个研究者提供的数据之间有时会存在较大差异，本实验室检测数据的结果与文献资料也有所不同，综合各方面数据，确定出了大熊猫、亚洲象、白鹤、中华鲟等 17 种动物的正常参考值范围；其他哺乳纲和鸟纲样本数太少的动物分别按哺乳纲和鸟纲合并统计，也确定出正常参考值范围，用于统计贫血检出率。

从表 3 可发现，17 种动物的 Hb 正常参考值范围都比较宽，相互之间有较大差异，其中中华鲟 Hb 最低，其次是羚牛，而西藏野驴、狼 Hb 则比较高。

健康实验动物血红蛋白分类统计表（血红蛋白单位：g/L） 表 3

动物类别		样本数 n	平均值 x	标准差 SD	实际测定值范围	正常参考值范围	实验动物及样本情况♂、♀（份）
大熊猫	满 5 岁	130	116.6	17.3	85 ~ 188	95 ~ 165	9 ♂（68） 7 ♀（62）
	1 ~ 5 岁	39	107.6	12.4	80 ~ 134	90 ~ 165	9 ♂（11） 9 ♀（28）
亚洲象		17	134.7	20.9	106 ~ 172	110 ~ 165	4 ♂（6） 5 ♀（11）
羚牛		13	104.5	12.5	85 ~ 138	90 ~ 135	8 ♂（9） 4 ♀（4）
北山羊		16	131.4	16.2	105 ~ 160	110 ~ 160	7 ♂（9） 6 ♀（7）
蛮羊		19	129.4	15.01	105 ~ 152	110 ~ 150	8 ♂（11） 5 ♀（8）
梅花鹿		14	125.4	24.9	93 ~ 170	100 ~ 165	6 ♂（7） 4 ♀（7）
盘羊		16	142.3	17.2	110 ~ 165	115 ~ 165	12 ♂（12） 4 ♀（4）
羊驼		16	137.7	12.4	106 ~ 172	110 ~ 170	7 ♂（7） 9 ♀（9）
黄黇鹿		19	134.6	18.1	111 ~ 173	115 ~ 170	17 ♂（17） 2 ♀（2）
麋鹿		19	138.3	18.8	101 ~ 189	105 ~ 185	7 ♂（8） 11 ♀（11）
野马		20	139.5	22.1	100 ~ 186	105 ~ 180	13 ♂（15） 5 ♀（5）
西藏野驴		16	154.3	23.26	121 ~ 215	125 ~ 200	9 ♂（10） 6 ♀（6）
孟加拉虎		11	137.4	13.5	115 ~ 165	115 ~ 165	4 ♂（5） 5 ♀（6）
狼		26	149.6	20.8	116 ~ 192	120 ~ 190	7 ♂（10） 16 ♀（16）
猕猴		26	138.1	22.5	98 ~ 190	105 ~ 175	12 ♂（17） 7 ♀（9）
白鹤		19	166.5	33.1	100 ~ 219	100 ~ 219	19 只（19）
中华鲟	成年	12	86.2	12.2	68 ~ 109	70 ~ 105	属辐鳍鱼纲
	未成年	27	75.2	14.3	59 ~ 99	65 ~ 95	
哺乳纲其他动物合并统计		127	129.6	22.4	76 ~ 204	95 ~ 200	共 8 目、99 种动物
哺乳纲所有动物合并统计		593	131.5	29.7	76 ~ 219		共 8 目、114 种动物
鸟纲其他动物合并统计		20	128.4	31.2	84 ~ 151	95 ~ 200	共 10 目、24 种动物
鸟纲所有动物合并统计		39	129.6	22.2	84 ~ 219		共 10 目、25 种动物

注：1. 样本数达到 10 份的动物单独统计，其他动物按哺乳纲和鸟纲分别合并统计，统计结果更接近实际。
2. 大熊猫满 5 岁组与 1 ~ 5 岁组、中华鲟成年（大于 8 岁）与未成年组 Hb 差异明显且实验样本较多，分别统计。
3. 正常参考值范围的确定依据：本实验室的检测数据结合相关文献。

2.2 受检动物的贫血状况

以表 3 中血红蛋白正常参考值范围的下限作为贫血诊断参考标准，血红蛋白低于标准的样本为贫血样本。贫血检出率指贫血样本占总样本的百分比，用来表示受检动物的贫血发生状况，动物样本贫血检出率分类统计结果（表 4）。

将哺乳纲和鸟纲动物样本 Hb 介于 80g/L（含）至参考值下限的列为轻度贫血，60（含）~ 80g/L 列为中度贫血，小于 60g/L 列为重度贫血，统计结果见表 5。

动物样本贫血检出率分类统计表 表 4

动物类别		总样本数（份）	贫血样本份数（供样动物只数）	样本贫血检出率（%）	合并统计样本贫血检出率（%）
大熊猫	满 5 岁健康	130	9 份（4 只）	6.9	12.2
	满 5 岁患病	42	13 份（6 只）	31	
	1 ~ 5 岁健康	39	5 份（5 只）	12.8	
	1 ~ 5 岁患病	10	0	0	
亚洲象	健康	17	1 份（1 只）	5.9	13.5
	患病	35	6 份（5 只）	17.1	
羚牛	健康	13	1 份（1 只）	7.7	17.2
	患病	16	4 份（4 只）	25.0	
北山羊	健康	16	1 份（1 只）	6.3	21.7
	患病	7	7 份（4 只）	57.1	
蛮羊	健康	19	2 份（2 只）	10.5	26.1
	患病	4	4 份（3 只）	100	
梅花鹿	健康	14	1 份（1 只）	7.1	31.0
	患病	15	8 份（6 只）	53.3	
盘羊	健康	16	1 份 1（只）	6.3	3.7
	患病	11	0	0	
羊驼	健康	16	1 份（1 只）	6.3	17.4
	患病	7	3 份（2 只）	42.9	
黄麚鹿	健康	19	1 份 1（只）	5.3	5.0
	患病	1	0	0	
麋鹿	健康	19	1 份（1 只）	5.3	11.5
	患病	7	2 份（2 只）	28.6	
野马	健康	20	1 份（1 只）	5.0	6.7
	患病	10	1 份（1 只）	10.0	
西藏野驴	健康	16	0	0	0
孟加拉虎	健康	11	0	0	7.1
	患病	3	1 份（1 只）	33.3	
狼	健康	26	1 份（1 只）	3.8	13.7
	患病	3	1 份（1 只）	33.3	
猕猴	健康	26	1 份（1 只）	3.8	12.9
	患病	5	3 份（3 只）	60.0	
白鹤	健康	10	1 份（1 只）	10.0	21.4
	患病	4	2 份（2 只）	50.0	
中华鲟	成年健康	12	1 份（1 只）	8.3	17.3
	成年患病	4	0	0	
	未成年健康	27	3 份（2 只）	11.1	
	未成年患病	9	5 份（3 只）	55.5	
上述大熊猫等 17 种动物合并统计	健康	466	32（26 只）	6.8	13.9
	患病	193	60（43 只）	31.1	
	健康 + 患病	659	92 份（69 只）	13.9	
哺乳纲和鸟纲其他动物合并统计	健康	196	8 份（8 只）	4.1	13.5
	患病	388	71 份（55 只）	18.3	
	健康 + 患病	584	79 份（63 只）	13.5	
哺乳纲、鸟纲和辐鳍鱼纲所有动物合并统计	健康	662	40 份（34 只）	6.0	13.8
	患病	581	131 份（98 只）	22.5	
	健康 + 患病	1243	171 份（132 只）	13.8	

注：1. 样本数达到 10 份的动物单独统计，哺乳纲和鸟纲其他动物贫血诊断参考值相同，合并进行统计。

2. 初步分析发现，健康动物与患病动物的贫血检出率差异明显，故分组统计。

3. 哺乳纲和鸟纲其他动物分别合并统计的参考值可能与实际情况有偏差，故贫血检出率存在误差，但影响小。

哺乳纲和鸟纲动物不同程度贫血情况统计表　　表 5

动物类别	总样本数（份）	总体贫血检出率（及样本数）(%)	轻度贫血检出率（及样本数）(%)	中度贫血检出率（及样本数）(%)	重度贫血检出率（及样本数）(%)
健康动物	623	5.8（36 份）	5.5（34 份）	0.3（2 份）	0
患病动物	568	22.2（126 份）	13.7（78 份）	6.2（35 份）	2.3（13 份）
合并统计	1191	13.6（162 份）	9.4（112 份）	3.1（37 份）	1.1（13 份）

注：哺乳纲和鸟纲动物 Hb 差异不明显且鸟类样本少，故合并统计。

2.3　动物贫血原因分析

从表 4 可见，绝大多数动物类别的患病动物样本贫血检出率明显高于健康动物样本。哺乳纲、鸟纲和辐鳍鱼纲所有动物合并统计，健康动物样本贫血检出率为 6.0%，患病动物样本贫血检出率为 22.5%，二者相差 16.5%。表 5 中哺乳纲和鸟纲动物样本统计的结果显示，健康动物样本总体贫血检出率以及轻度、中度和重度贫血检出率均大大低于患病动物样本。显然，患病动物容易出现贫血并且较重，体检样本中出现 Hb 过低的数目虽然不多，但应受到高度重视，尽可能查明贫血原因，以便有效防治。

由于贫血动物的种类多，情况复杂，诊断检测手段等相对欠缺，在分析贫血原因时，一方面对资料比较全的动物个体详细分析，另一方面从总体上作总结分析。每只贫血动物都有各自的原因，根据被检动物生长发育状况、采样检测时的临床资料、采取治疗的效果以及异常形态红细胞、RBC、Hct 等实验室检测结果进行综合诊断。

通过对患病动物中出现的贫血样本进行分析，发现患慢性病的动物，经常患消化道疾病的动物，生长发育不正常或者营养不良的动物以及年老体弱的动物常会发生贫血，对这些动物往往会多次采血化验，造成贫血样本大量增加。体检发现贫血的动物，多数经过治疗和加强营养都会恢复。

研究表明：多数贫血样本与营养性贫血（包括营养性缺铁性贫血和营养性巨幼细胞贫血）有关，铁、维生素 B_{12} 和（或）叶酸缺乏是造成营养性贫血的首要原因，其中少数样本取自营养供给不足的个体（如争抢不到食物或食欲不佳者），在加强营养调理后便可恢复，多数样本取自患病或身体瘦弱的个体，营养吸收不足，血红蛋白不易增加；其次是疾病原因，如慢性病患者常发生继发性贫血，除了原发病所致的营养摄入不足、储存铁减少、失血、溶血以外，与多种造血负调节因子异常，抑制骨髓的造血功能有关，消化系统疾病常会引起消化吸收障碍或消化道出血；另外，出血和溶血也是常见的贫血原因。

对贫血原因已经查明的动物如大熊猫乐乐等进行治疗取得了良好的效果。开展动物健康体检工作，同时在疾病防治、饲养管理和营养供给等方面采取综合措施，能够有效预防动物贫血。

图 1 ～图 10 列出了几例野生动物典型贫血样本的红细胞形态图，多数贫血动物的红细胞形态发生异常变化。

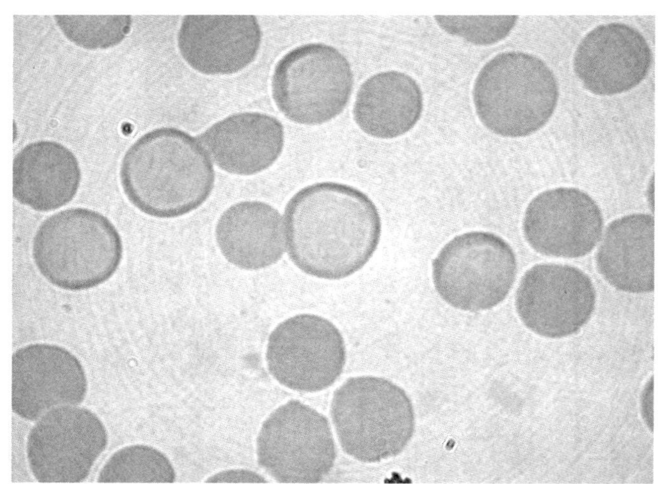

图 1　大熊猫乐乐（20090718）：Hb 91g/L；年老，发情，麻醉输精时采血检查；红细胞数少，大小不均，可见低色素大红细胞；营养性巨幼细胞贫血

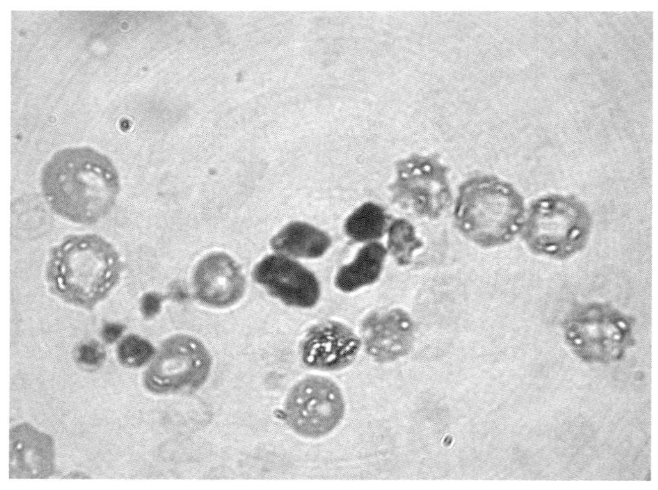

图 2　大熊猫妞妞（20080722）：Hb 35g/L；肠出血，病危；红细胞空泡状、畸形；出血、急性溶血性贫血、营养性缺铁性贫血和继发性贫血

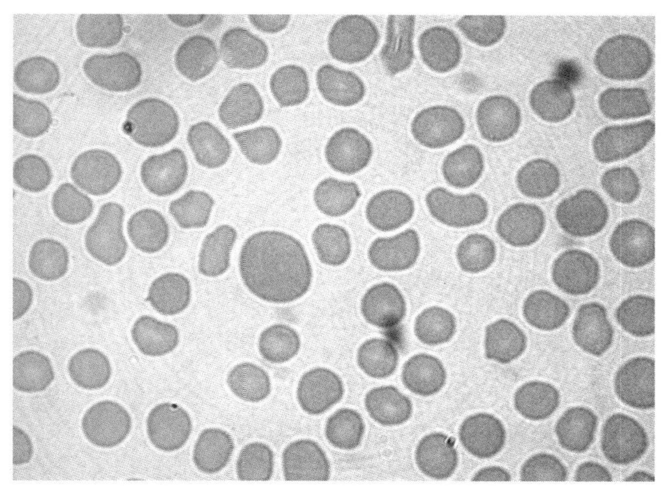

图 3　梅花鹿花花（20110110）：Hb 55g/L；因怀孕产仔，长期采食少；红细胞大小不均、畸形；营养（包括铁、VB12 或叶酸等）不足引起的营养性贫血

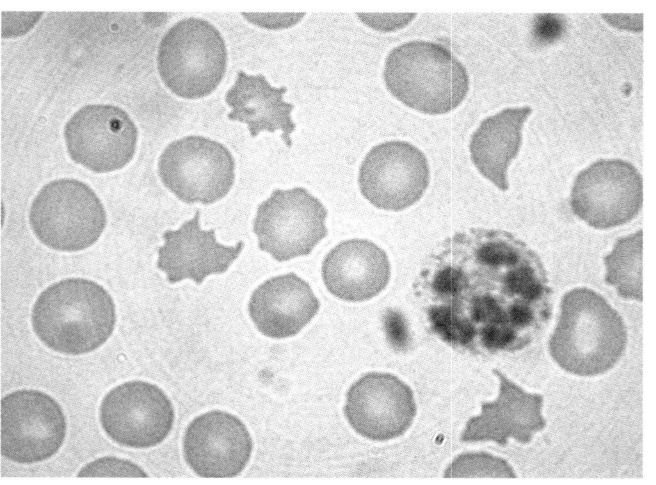

图 4　金丝猴庆庆（20110226）：Hb 50g/L；身体发育异常、肾炎、食欲差等；红细胞破裂多；继发性贫血、溶血性贫血及营养性贫血

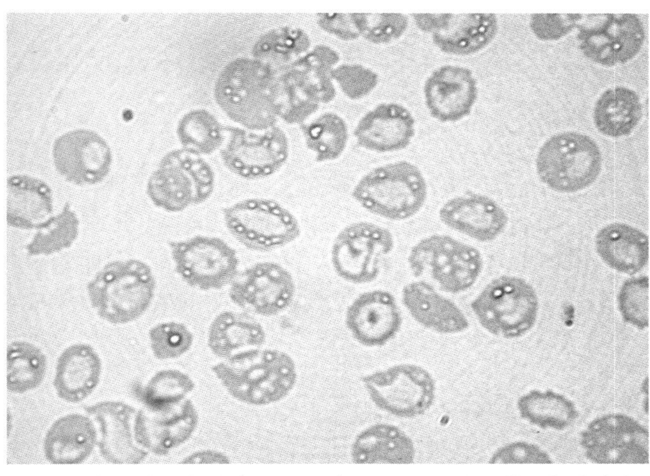

图 5　白颊长臂猿大黄（20091020）：Hb 45g/L；克雷伯氏杆菌感染、子宫肌瘤、肾炎等；红细胞畸形、空泡；继发性贫血、溶血性贫血及营养性贫血

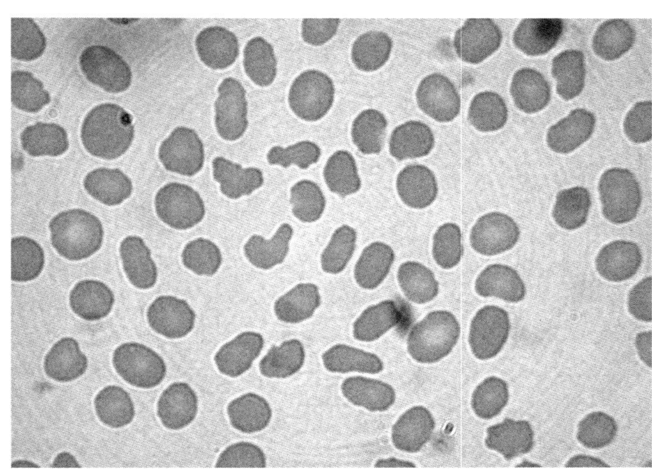

图 6　北山羊"y05-1"（20110224）：Hb 72g/L；细颈囊尾蚴感染引起急性肝炎；红细胞畸形；继发性贫血及营养性贫血

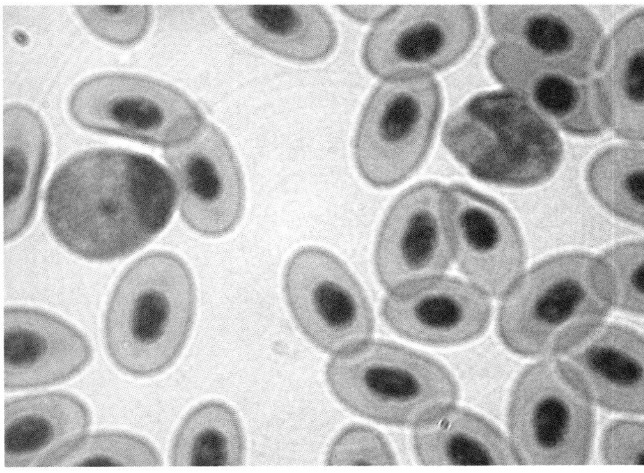

图 7　黑颈鹤 (20080725)：Hb 61g/L；血孢子虫（残疟原虫）感染引起肝、脾等脏器病变；红细胞淡染；原虫感染引起继发性贫血及营养性贫血

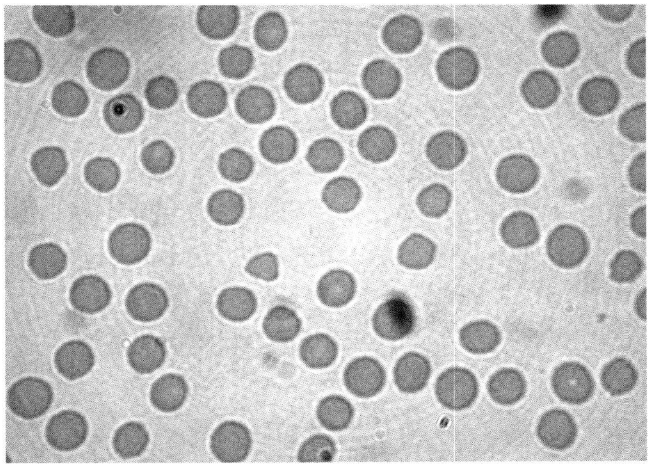

图 8　羚牛倩倩 (20110118)：Hb 85g/L；身体状态一般，血清铁和叶酸偏低；红细胞无明显异常；轻度营养性缺铁性贫血

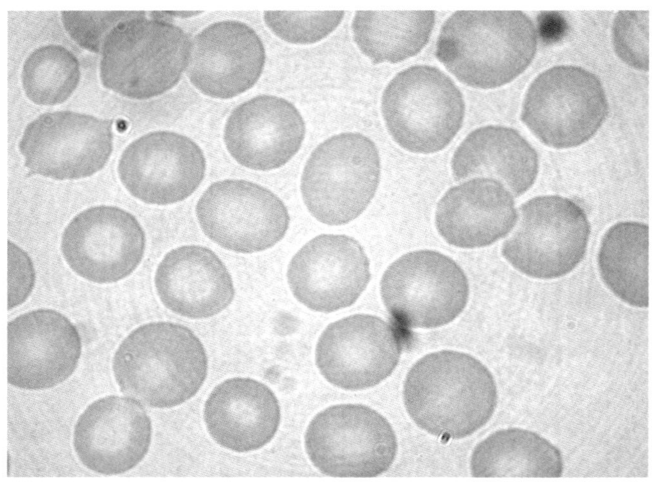

图 9　豚尾猴，大母（20101227）：Hb 50g/L；阴道反复出血，3 个月后死亡，子宫有肿瘤；红细胞无明显异常；继发性贫血及营养性贫血

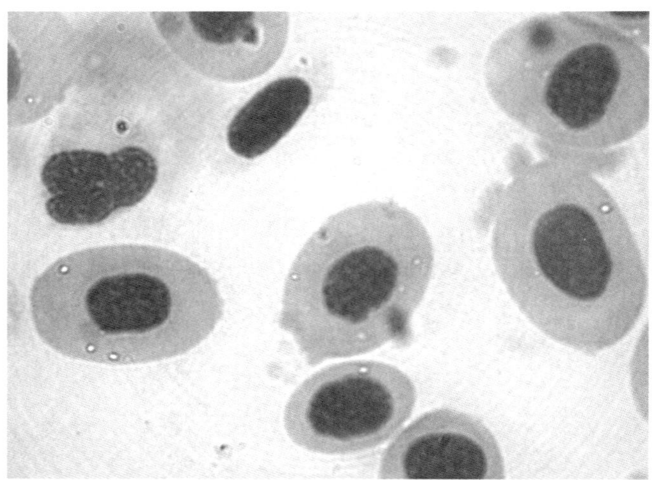

图 10　中华鲟，断尾（20090819）：Hb 28g/L；大量炎性腹水，长期治疗无效死亡；红细胞大小不均；继发性贫血及营养性贫血

3　讨论

由于有关野生动物的数据资料还比较缺乏，因此建立本地生活的部分动物的血红蛋白正常参考标准，能够更准确地表明实际情况。

因为野生动物方面没有可参考的资料，选择调查方法时，参考了人医的研究报道[10]，先对被调查的实验数据进行初步分析，再进行分类、分组统计分析。

关于贫血原因分析的方法，由于贫血的类型多，原因复杂，确诊往往需要全面的临床检查和实验室检测，野生动物兽医在这方面还存在很大不足，特别是检测项目少，参考资料缺乏等。本实验室开展血常规和生化检测，贫血诊断用的特殊项目如血清铁、维生素 B_{12} 和叶酸等则需要外送检测，因为平时很少检测这些项目，参考数据少，难以对一些贫血样本进行深入分析，需要不断完善，灵活运用。将被检动物的实验室检查结果与临床症状、治疗效果结合起来分析，一方面可针对性地查找病因（如缺铁性贫血、巨幼细胞贫血等），同时也能排除另外一些导致贫血（如再生障碍性贫血、铁粒幼细胞贫血等）的原因。

近年来，北京动物园对动物实行发病率、治愈率、健壮率等数据化管理措施，并开展体检工作，使动物的血红蛋白水平总体上有所提升，贫血状况得到明显改善。

参考文献

[1] 谭齐贤主编 . 临床血液学和血液检验 [M]. 北京：人民卫生出版社，2003，120-160.

[2] 许娟华等 . 大熊猫输血试验 [C]// 成都国际大熊猫保护学术研讨会论文集，成都：四川科学技术出版社，1994，331-334.

[3] 王德春，陈玉村，蔡紫珍，等 . 贫血大熊猫同种异体输血及配血研究 [J]. 中国输血杂志，2002，15（6）：399-400.

[4] Juan-Salles C, Prats N, Resendes A et al.Anemia, myopathy, and pansteatitis in vitamin E-deficient captive marmosets (*Callithrix spp.*) [J]. Veterinary pathology, 2003, 40(5): 540-547.

[5] Nancy Kock, Chris Foggin, Michael D. Kock and Richard Kock. Hemosiderosis in the Black Rhinoceros (*Diceros bicornis*): A Comparison of Free-Ranging and Recently Captured with Translocated and Captive Animals[J]. Journal of Zoo and Wildlife Medicine. 1992, 23(2): 230-234.

[6] 刘志洁，宗英主编 . 野生动物血液细胞学图谱 [M]. 北京：科学出版社，2002：1-66.

[7] J.Andrew teare, DVM. International Species Information System Physiological Data Reference Values-2002. ISIS. USA.（电子版）

[8] Fowler M E. Zoo and Wild Animal Medicine[M]. Philadelphia: W.B. SoundersCo., 1986.

[9] Harrsion G J, Harrsion L R. Clinical avian medicine and surgery[M]. Philadelphia: W.B. Saunders company, 1986.

[10] 张静莉，韩秀兰 . 婴幼儿营养性贫血 1000 例病因分析 [J]. 中国临床医生，2008，36（8）：38-39.

生态文明背景下北京西北郊城市湿地保护与发展研究

北京市公园管理中心 / 高大伟　缪祥流　李　妍

摘　要：湿地是与森林、海洋并称的地球三大生态系统，被誉为“地球之肾”、“生命的摇篮”、“物种基因库”和“鸟类乐园”。西北郊城市湿地曾孕育了北京城的成长，后又成就了皇家园林风景名胜区（即三山五园皇家园林集群），这是一个由天然湿地，到城市水源，再到观赏园林的过程。当前北京面临城市严重缺水、自然湿地在城市化进程中逐渐退化的严峻现实，为此，北京已启动并完成了一些位于中心城区外围湿地项目的规划与重建，尤其是从2001年7月编制完成《北京市湿地保护行动计划》后，全市湿地保护、恢复与利用逐步走上正轨。

关键词：西北郊　湿地生态　城市水源地　湿地保护

1　北京西北郊湿地保护的意义

西北郊湿地曾孕育了北京城的成长，后又成就了皇家园林风景名胜区（即“三山五园”皇家园林集群），这是一个由天然湿地，到城市水源，再到观赏园林的过程。[1]

1.1　西北郊湿地现状

西北郊现有城市湿地多为人工湿地，但历史上的西北郊域内还存有大量自然湿地，在城市生态中发挥着重要作用。

这些湿地早期形成于地下水溢出带、永定河古河道或窑坑积水，后经过人工改造而改变了原始风貌，具有了泄洪排水、调节气候、美化城市、娱乐休闲等多重功能。如今只能在古籍中找到这些自然湿地的影子，它们多被称为“淀”。[2] 后来，由于地下水过量开采，地下水位持续下降，导致自然淀泊的数量急剧减少[3]，到 20 世纪 90 年代后期，自然淀泊已基本消失，剩下的人工湿地以其丰富的历史文化内涵成为了世界文化遗产和国家文物保护单位（以颐和园为代表），它们不仅是北京城市发展的历史见证，历史文化名城风貌的重要体现，也是北京生态文明建设史上的里程碑。

1.2　西北郊城市湿地是北京建设宜居城市的基础之一

《北京城市空间发展战略研究》提出了“两轴、两带、多中心”的空间布局调整思路。西北郊湿地正处在这条“西部生态带”上，是北京生态好坏的晴雨表，也是北京可持续发展的重要水源涵养保护地。提升现有湿地的生态服务功能，可以挖掘位于本研究区西北部的北旱河周边湿地资源，提高水体自净能力，稳定水体生态服务功能，起到固碳的作用。[4]

湿地水体具有较大的热容量，热传导率小，面积较大的植被和水体区，比如西北郊域内的颐和园、紫竹院、玉渊潭内的水体等，可以降低地表温度，这又显示出湿地对于降低城市热岛负面效应的功用，这对于打造绿色北京，发展低碳经济，具有更深远的意义。这些湿地环境一旦遭到破坏，湿地的固碳功能将减弱，同时湿地中的碳也会氧化分解，湿地将由“碳汇”[①]变成“碳源”[②]，这将大大加剧城市热岛效应。以颐和园来说，湖泊湿地的水体面积近 $220hm^2$，各种树木 40 多万株，草坪面积 $25hm^2$，再加上周边保护控制地带范围内的绿地，绿地总面积可达上千公顷，据初步估算，在炎热的夏季，颐和园内的温度可比城内低 2 ~ 3℃。[5] 另外，据颐和园管理者统计，园内常年栖息的常见鸟类有 90 多种，共有 89 科 225 属 319 种植物，对于维护区域生物多样性和改善区域生态环境质量发挥着重要作用。

1.3 西北郊湿地的特殊功能

1.3.1 提供文化休闲场所

近年来，在城乡快速一体化的进程中，湿地在美化环境、提供休憩空间方面仍有着重要的社会效益。以水为核心的湿地可以为人们提供集休闲娱乐、科研教育于一体的场所。湿地还具有巨大的人文景观价值，其中有些属于历史名园，如玉渊潭、紫竹院，由于离市区近，既可以带给人们精神上的愉悦，减轻快节奏都市生活给人们带来的压力，又可以使人们感受到北京的历史文化底蕴。

1.3.2 拱卫皇家园林生态系统

西北郊湿地还有其非常特殊的一点，就是将湿地建设与皇家园林联系起来，尤其是当西北郊建成皇家园林集群之后，所有湿地都被圈禁起来，成为皇家禁区，这对于涵养水源，防止人们过度干扰自然生态是有积极作用的。[6] 如今，昔日的皇家园林已经转变为历史名园，不仅具有湿地公园所具备的生态功能，而且是人类生态文明传承的重要依托，如颐和园已被定为世界文化遗产单位。

1.3.3 西北郊城市湿地保护对于中关村科技园区（海淀园区）建设的特殊意义

目前，中关村科技园区从原来的中心区不断向西北方向扩展（图 1），形成了一定的规模，以快速滚动式发展极大地焕发了区域的经济社会发展活力，虽然改变了区域面貌，但并非所有的改变都是良性的。

城市化使得人与自然疏离，大规模的人口迁移也破坏了区域历史空间布局，尤其是对颐和园周边景观环境已构成威胁。到了 20 世纪 80 年代，这一趋势迅速加快，在海淀镇西下坡的边缘低地上，自南而北，从万泉庄直至畅春园遗址中部，不但大量建筑物开始密布其间，更有稻香园和芙蓉里一带高楼成排耸起，将西山、玉泉山、颐和园与

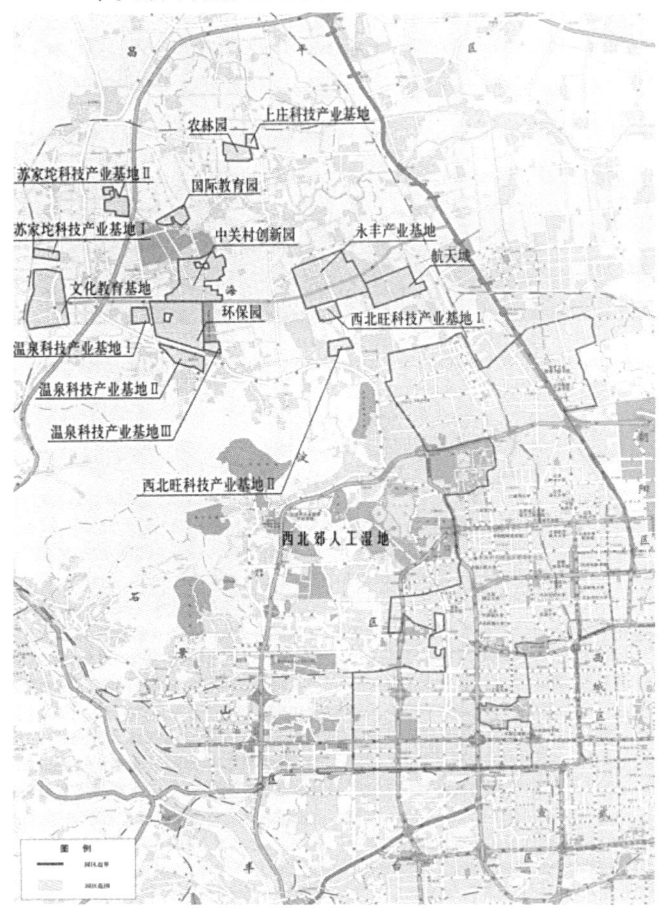

图 1 中关村科技园区海淀园区域图

来源：中关村科技园区管理委员会编．中关村科技园区年鉴（2008）[M]．北京：京华出版社，2009

海淀镇之间良好的景观视线通道生生切断，破坏了“三山五园”规划空间布局。[7]

随着中关村科技园区的崛起，更大体量的现代建筑已经如雨后春笋般拔地而出，建筑高度也在不断地增加，并且向“三山五园”缓冲区推进，极大地破坏了颐和园东、南面的传统空间整体格局，影响着与“三山五园”皇家园林相关联的历史人文环境，同时让颐和园与巴沟、六郎庄之间及与玉泉山之间的村落、京西稻田、八旗营房、皇家庙宇和达官府邸消失。2001 年，随着最后一片京西稻田退出了海淀，颐和园周边就有 $330hm^2$ 稻田湿地消失，这对“三山五园”区域生态环境的影响非常巨大，导致地下水位下降、野生鸟类减少、地面温度升高等。原先延续和承载着

① 碳汇是指自然界中碳的寄存体。《联合国气候变化框架公约》将碳汇定义为从大气中清除二氧化碳的过程、活动或机制。在林业中主要是指植物吸收大气中的二氧化碳并将其固定在植被或土壤中，从而减少该气体在大气中的浓度。增加碳汇，就是要提高吸引和储存二氧化碳的能力。

② 碳源就是释放二氧化碳的母体。

传统社会生活习俗的原住居民，在城市化改造浪潮中不断迁出，他们身上所维系的传统生活方式正在随之消失，因此，修复海淀特色风貌极具价值的诸多自然和历史人文环境迫在眉睫。[8] 在这种背景下，修复海淀特色风貌所依赖的生态湿地，使其发挥出生态系统效益延续古海淀镇的历史文脉，变得非常重要。

西北郊湿地园林在海淀历史发展中具有重要地位，发挥了主导性作用，正是以这些湿地园林为中心，海淀镇形成了自己的历史轨迹、城镇肌理、建筑布局、交通网络、地名人文特色等文脉特征，在海淀古镇的范围内兴起的中关村科学园区建设毕竟只有十几年的历史，只是海淀千年古镇历史发展的一个新片段，保护好对海淀历史发展发挥过决定作用和具有标志意义湿地园林——颐和园，对延续海淀镇的历史文脉，赋予中关村科技园区（海淀园区）以历史连续性和厚重感具有重要的意义。

2 西北郊湿地保护的总体思路

北京湿地保护工作始于 20 世纪 90 年代。为加大保护力度，市政府先后批准了《北京市湿地保护行动计划》、《北京市湿地保护工程建设规划》等相关文件，将北京湿地保护区按流域划分为潮白河湿地、永定河湿地、大清河湿地和蓟运河湿地等四个建设区域，并将湿地保障用水和“中水”利用纳入规划。同时，还确定了“湿地保护区建设”、“湿地保护和恢复示范工程建设”、“野生动物保护工程建设”和“能力建设”等 4 项建设重点。在北京市规划委员会、北京市园林绿化局制定的《北京市绿地系统规划》中特别提到，要规划、扩大湿地保护面积，加大保护力度，使北京湿地面积不断减少和破坏的趋势得到遏制。从 2001 年 7 月编制完成《北京市湿地保护行动计划》后，全市湿地保护、恢复与利用逐步走上正轨。

2.1 规划先行，严格按照相关政策、法规合理布局西北郊湿地

湿地对城市的生态安全和环境质量改善具有重要作用，城市规划应该把湿地考虑进去。北京市近几年来始终坚持以维护湿地系统生态平衡、保护湿地功能和湿地生物多样性、实现资源和科学合理可持续利用为基础，坚持“全面保护、生态优先、突出重点、合理利用、持续发展”的方针，尽可能抢救性地先恢复一批重要湿地。为此，相关政府部门已经组织编制了以保护湿地水体为着眼点的湿地保护发展的规划研究。除此之外，政府部门要在修编北京总体规划时，突出强调湿地对区域生态的作用，给予足够的重视，适当增加政府预算，尽快实现按北京流域情况制定出来的湿地生态规划，把湿地保护与流域治理、防汛泄洪结合起来。

2.2 涵养水源，建立长效的生态用水补偿机制

西北郊湿地保护应立足于北京目前的水资源现状，同时也要适应建设节约型社会的需要，注重与自然和谐、与社会和谐，因地制宜，构建节约型城市湿地保护。为了涵养湿地水源，建议从如下几个方面的工作考虑：①成立综合执法大队，对水工程建设和开发进行行业监管，专门治理乱采沙石、乱砍滥伐、排放污水等违法行为；②对湿地生态环境实时监测网络，尤其是对水质、水量、生物多样性进行检测；③加大对湿地动植物的保护力度，增强湿地保护的景观效果。第四，严格控制湿地周边“城中村”内流出的农药、化肥、禽畜粪便对湿地水源的污染，尤其是农业生产中剧毒、高残留农药的使用。[9]

2.3 挖掘历史，将湿地的生态效益与生态旅游开发结合起来

城市湿地是城市重要的生态基础设施之一，可以提供多种生态服务。但是，生态服务功能很难用货币来衡量。城市寸土如金、地价昂贵，将湿地填埋用来搞房地产开发所得到的收益可能远远大于保留湿地所得的收益，在巨大的经济利益刺激下，能够保存较大面积的湿地很难得，所以应该合理规划、综合利用，让人们看到湿地的生态效益。比如，湿地在缓解城市环境污染、维持城市生态平衡、维护城市社会稳定和提升城市文化品位等方面所能发挥出来，尤其是城市湿地在解决城市老龄化人口的休闲问题所发挥出来的作用——可以让已退休或半退休老年人亲近自然、享受生态乐趣。在保证城市湿地生态系统健康发展和实现湿地生态服务功能的前提下，还可以考虑把湿地生态建设与旅游开发结合起来，以经济补偿激发人们保护湿地的动力。这不是仅仅为了扩大湿地面积，而是要尽量挖掘所保护湿地的历史文化，带动旅游观光，优先倡导发展利于河流湿地生态环境的生态农业、观光农业，促进河流湿地生态环境的可持续发展。由此形成一定规模的旅游产业链。[10]

2.4 加大监管，严格控制土地利用方式的变更

由于土地利用方式与强度和生态环境之间所存在的紧密关联性，在土地资源越来越紧缺的今天，对于所处位置极佳的城市湿地来说，对土地利用方式变更的有效控制是实现城市湿地保护管理目标的关键环节之一。目前暴露出来的生态问题已充分证明，不科学的土地利用方式是造成湿地生态环境恶化的直接原因。为防止西北郊湿地进一步退化，当前必须严格控制湿地所占土地利用方式的变更，尤其是在中国目前相关政策、法律和环境市场还不完善的

情况下，湿地保护只能作为一项公益性事业，由政府运用行政管理、法律制约和市场激励等手段和方法，加强湿地的管理和保护，必要时采取强制性措施严防在湿地用地上大规模地开发房地产项目，或建造大量的人工景观随意取代原有自然景观。这就需要对湿地区域现有的土地经营方式和使用制度加以调整，重新审定土地使用证、土地承包合同和土地利用规划。对于高风险区、生态脆弱区的湿地土地使用权，国家应当收回，以满足生态保护与恢复的国家和公众利益需要。

2.5 开展湿地保护宣传教育，普及湿地文化，提高公众保护意识

虽然，近几年媒体对湿地保护宣传力度不断加强，国民对于湿地的认识不断提高，但由于湿地的概念在我国引入较晚，目前除了专门从事湿地保护和热衷于环保事业的人之外，无论是领导干部还是普通市民，对湿地保护的问题都还缺乏足够的认识，尤其是一些政府部门决策者也和公众一样，对湿地的社会、经济与生态价值缺乏正确认识，湿地保护意识薄弱，法制观念淡薄，甚至只顾短期利益、忽视长远利益，对湿地资源随意破坏。总之目前对湿地保护的普及力度、广度和深度都还远远不够，比较常态化的宣传、教育活动是在每年的“世界湿地日”展开的，而普及对象也多以青少年为主，受众范围较小。因此，要广泛地开展针对湿地保护的宣传教育，重点是进一步加强各级领导干部、湿地保护管理人员、湿地开发利用者、当地社区人员及青少年的湿地保护和合理利用的意识教育，特别是加大警示宣传的力度，树立湿地资源保护和可持续利用意识。把湿地保护与合理利用知识传授到千家万户，让湿地工作者能初步掌握湿地保护和利用的基本知识。这可以注重充分利用广播、网络、电视及报刊等传播媒体，利用各类公共场所及展览馆、博物馆进行图片、标本、实物陈列展览，进行宣传教育，使每一个公民都懂得湿地保护的意义，从而增强公众保护湿地的自觉性，认识到湿地是城市的“肾”。[11]

3 西北郊湿地保护的具体手段

3.1 西北郊湿地保护的科技手段

当前应用于湿地保护比较成熟的科技手段是在数字化技术运用的方面，即湿地的资源调查与监测。其中，范围最大的一次是2007年，北京市园林绿化局首次组织开展

2004年航拍图

2008年航拍图

图2 2004年和2008年颐和园航拍图比较图

了本市湿地资源全面调查，调查范围为面积≥ $1hm^2$ 的所有湿地。在调查中全面应用了“3S”①技术，技术手段先进，调查精度和工作效率高，基本摸清北京市湿地资源现状。目前，西北郊湿地针对湿地生态系统的面积、水质水量及其植被等的发展变化进行了一部分基础性研究工作，为湿地的管理提供基础数据，主要开展湿地面积、土地利用、水质水量、植被和湿地小气候等方面的监测。如1998年6月成立的颐和园气象监测站，颐和园在玉带桥安装了第一座百叶窗式气象监测站；2003年5月，更新为全自动气象监测站，开始对颐和园园内区域的气温、相对湿度、风向、风速、降雨量等多项环境参数进行定时不间断测量和储存，通过人工下载后汇集数据。这些为我们日后开展湿地研究提供了主要的基础数据，有助于我们研究湿地周遭的小气候。利用遥感技术调查湿地范围及土地利用，还可以调查监测湿地的范围及其湿地面积发生发展变化情况，调查湿地范围内的土地利用情况。通过2004年和2008年颐和园航拍图的比较（图2），可以比较直观地监测到颐和园湿地水系与湿地地貌等情况，尤其是这几年昆明湖湖泊湿地周边的变化，包括湿地周边土地使用情况、湖泊湿地面积动态等基本情况。

3.2 北京西北郊湿地保护可适用的法律手段

我国自1992年加入《湿地公约》以来，党和国家领导人对湿地保护工作做过许多重要指示。2000年3月，江泽民总书记在中央人口资源环境工作座谈会上就湿地保护专门作出过重要讲话：“要有针对性地开展湿地保护宣传教育，提高广大干部群众对保护湿地重要性的认识。

① 所谓“3S”技术是利用遥感(RS)、地理信息系统(GIS)和全球定位系统(GPS)相结合的技术，通过建立起湿地数据库，进行属性编码，在地理信息系统(GIS)平台上集成，利用GIS强大的空间分析功能，对湿地进行时空分析，建立预测模型和指标模型，形成湿地地理信息系统。通过预测模型实施信息的运转，逐步修正和完善，以正确指导湿地的持续开发利用。

要严格控制湿地资源开发，在具备条件的地区要采取抢救性措施建立一批湿地保护区，同时要管护好已经建成的湿地保护区。”2001 年 5 月，温家宝副总理就湿地保护的重要批示：保护湿地是生态环境建设的一项重要工作，要制定法规，采取综合措施，首先要禁止在湿地开垦和造田。[12]

北京市也制定了湿地保护管理的相关政策性文件，可以作为保护西北郊城市湿地的法律依据。2001 年 7 月，北京市林业局发布了《北京市湿地保护行动计划》，按照《北京市湿地保护行动计划》制定的总体目标，到 2010 年使本市湿地下降和破坏的趋势得到遏制，在 95% 的湿地建立湿地自然保护区。2003 年 12 月，北京市林业局又起草了《北京市湿地保护建设实施方案》和《全市湿地保护管理和工程建设计划意见》，对湿地保护建设实施目标、重点计划任务、主要政策措施等方面作出了规定，提出了要在 2015 年或南水北调之际使全市湿地面积恢复到 20 世纪 80 年代初期 8 万 hm^2 的水平，并为湿地保护建设工程提供了经济保障。2004 年，北京市规划委公布的《北京城市总体规划》中明确了湿地保护和合理利用，确定了一批保护和逐步恢复的湿地名单。2005 年 2 月，北京市人民政府办公厅印发的《北京市人民政府办公厅关于加强本市湿地保护管理工作的通知》（京政办发〔2005〕6 号），强调要统一思想，加强领导，采取措施，促进湿地保护管理事业健康发展。2006 年 12 月，北京市规划委在《北京中心城地区湿地系统规划研究》中首次完成了对北京中心城地区湿地规划的系统性研究，并在此基础上对城市湿地规划技术问题进行了探讨，初步编制了《北京中心城湿地系统规划方案》。2007 年 4 月，经北京林业大学、湿地国际、北京师范大学等部门的专家审议，通过了《北京市湿地保护工程规划（2007—2010 年）》，将北京湿地建设的重点放在 5 个市级湿地自然保护区①和 5 个重点湿地保护示范建设区②。2012 年 5 月 30 日，《北京市湿地保护条例（草案）》首次提请北京市十三届人大常委会第三十三次会议审议，草案中明确湿地保护的公益性质，建议将保护经费列入政府预算。这意味着北京市将通过地方立法，统一湿地保护理念和保护目标，形成分工负责、共同推进的湿地保护格局。[13]

4 建议与对策

鉴于目前现存的西北郊湿地资源都已被圈进现代公园当中，提出如下建议与对策：

4.1 对于湿地这种具有较强公共物品性质的自然资源，政府要通过体制、机制创新，营造出适宜的推进西北郊城市湿地建设的发展政策环境

政府可以通过强制性的湿地保护法规和保护标准等制度划定西北郊城市湿地的保护与管理范围，还要以法律法规的形式确定西北郊城市湿地开发利用的方针、原则和行为规范，以及辖区内各级、各行业的机构权限以及管理分工，规定管理程序、对违法行为的处理方法和程序等。建议组建专门的湿地治理联合小组。西北郊湿地环境的治理需面临“城中村”、农业生产方式转变以及农民再就业的问题，涉及农民的切身利益，尤其是安置失去赖以生存的生活资料的城市中的农民，要实行社区共管，兼顾自然生态保护和农村经济发展，可吸收当地农民参加湿地保护的管理工作中，引导劳动力转移；并建立文化辅助设施，举办致富技术培训项目，解决城市中农民的分流问题。

4.2 湿地生态系统离不开水，湿地生态用水量应该在城市水资源规划中给予保障

目前西北郊城市湿地用水非常紧张，尤其是在干旱、缺水季节，湿地生态用水量常常被生产和生活用水量挤占。为此，急需将湿地水源开发利用归于一个管理主体，才能更好地协调和解决西北郊城市湿地水源利用中存在的矛盾，在体制上保证湿地水源的优化配置和有效利用。同时，借助法律和经济的手段，制裁过度和不合理利用湿地资源的行为，打击破坏城市湿地资源的违法活动。

4.3 西北郊城市湿地在保护与发展的过程中要与区域经济规划相结合

根据中关村高科技园区的区域自然生态的条件和人文历史资源的特点，在自然生态系统的生产和承载能力之内充分发掘西北郊域内现有湿地自然资源和生态容量，保持湿地生态系统的持续生产能力和生态服务功能，并结合当地的社会、经济、文化和技术等条件，从更大的空间范围综合考虑产业生态化发展战略，建立与城市湿地相适应的生态旅游产业体系。在现有“湿地公园”的基础上，发展生态旅游，要以保护为根本，提高人们湿地生态保护意识，依靠湿地资源优势，逐步出一条有西北郊区域特色的生态旅游产业线。

4.4 从注重保护永定河流域上保证西北郊湿地水源补给，防止湿地水源退化

水源补给是防止湿地退化的关键。西北郊湿地保护跟

---

① 5 个市级湿地自然保护区分别是野鸭湖、汉石桥、永定河、怀沙河怀九河、拒马河湿地自然保护区。

② 5 个重点湿地保护示范建设区分别是密云水库及上游地区、金海湖、南海子、长沟、翠湖 5 个主要湿地。

其水源上游、永定河水系的生态有密切联系。[14]南水北调（北京段）终点就设于西北郊湿地的保护范围之内，趁此契机，应加强西北郊水源地涵养，使得西北郊香山、玉泉山周边地区也能逐渐停止开采地下水，所需水源由南水北调工程供给。因为西北郊属于山前倾斜平原，可以建设冲洪积扇形地下水库，补给水源除大气降水、山区潜流外，还经常获得河流补给，还可以通过建设湿地生态循环的配套设施，收集雨水径流回灌地下水井，并采取雨水蓄渗措施，补充地下水，协助北京应急地下水库建设。

参考文献

[1] 侯仁之．北京城的生命印记[M]. 北京：生活·读书·新知三联书店，2009.

[2] 侯仁之．北京海淀附近的地形、水道与聚落——首都都市计划中新定文化教育区的地理条件和它的发展过程[J]. 地理学报，1951，18（1-2）.

[3] 北京市海淀区水利志编辑委员会．海淀区水利志[M].1993.

[4] 崔保山，林志峰．湿地学[M]. 北京：北京师范大学出版社，2007.

[5] 侯仁之，岳升阳．海淀镇与北京城——历史发展过程中的地理关系与文化渊源[J]. 北京规划建设，2000（1-2）.

[6] 侯仁之．关于古代北京的几个问题[J]. 文物，1959（9）.

[7] 赖双平．海淀镇记忆[M]. 北京：开明出版社，2009.

[8] 彭兴业，岳升阳，夏正楷，徐海鹏．海淀文史·海淀古镇环境变迁[M]. 北京：开明出版社，2009.

[9] 侯仁之．北京都市发展过程中的水源问题[J]. 北京大学学报，1955（1）.

[10] 北京市地质矿产勘查开发局，北京市水文地质工程地质大队．北京地下水[M]. 北京：中国大地出版社，2008.

[11] 鞠美庭，王艳霞等．湿地生态系统的保护与评估[M]. 北京：化学工业出版社，2009.

[12] 建设部建设司．再创与自然共生的环境——城市湿地保护、管理与恢复的实践[M]. 北京：中国城市出版社，2008.

[13] 温亚利等．北京城市湿地现状与保护管理对策研究[M]. 北京：中国林业出版社，2008.

[14] 尹钧科，吴文涛．历史上的永定河与北京[M]. 北京：北京燕山出版社，2005.

乾隆年间的樱桃沟、碧云寺至玉泉山引水工程

北京市植物园 / 樊志斌

摘　要：本文结合一手资料对乾隆年间樱桃沟、碧云寺至玉泉山引水工程的建造目的、经由、做法进行了系统的研究，指出该工程对玉泉山静明园的整体园林造景和三山五园区域空间的构建起到了极大的作用，应该给予积极的保护。

关键词：乾隆年间　引水工程　做法　价值

乾隆时期，樱桃沟、碧云寺至玉泉山引水工程是玉泉山静明园整体扩建工程的重要组成，对静明园的整体造景、三山五园的外部借景都产生了极其重要的影响（图 1）。

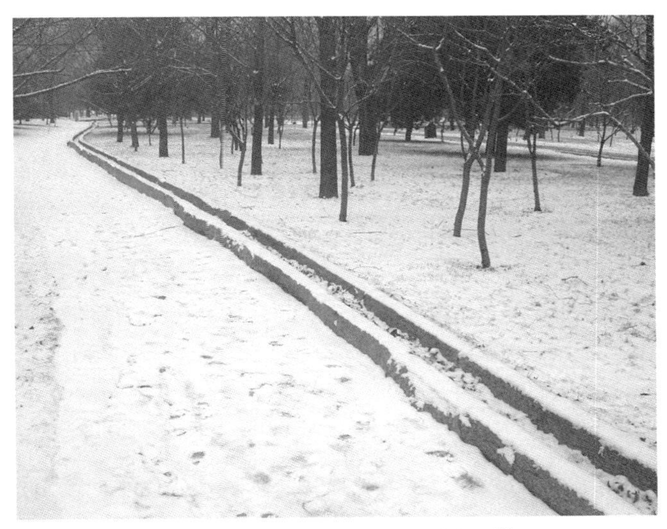

图 1　正白旗西北侧蜿蜒的引水石槽

1　樱桃沟、碧云寺至玉泉山引水工程的建造时间

樱桃沟、碧云寺至玉泉山引水工程的建造时间，史无明文。惟《乾隆御制诗》中乾隆第一首写及涵漪斋诗歌，系于乾隆二十二年（1757 年）的三月，故工程建造时间至晚不晚于此时。

我们知道，中国园林是一个整体的美学空间，其某一区域内主体景观的建造基本在同一年代。

因此，我们可以根据樱桃沟、碧云寺至玉泉山西部引水工程周边相关景观如涵漪斋、涵漪湖的建造年代，推出为涵漪湖供水的引水工程建造时间，同样可以根据涵漪湖附近主体景观，具体地说就是东岳庙的建造年代，推测涵漪湖的建成年代，进而推测为涵漪湖供水的樱桃沟、碧云寺至玉泉山引水工程的建造和完成年代。

东岳庙位于玉泉山西麓、涵漪湖东侧，系祭祀东岳大帝的地方，一名“仁育寺”。乾隆有《御制玉泉山东岳庙碑文》，云：“殿宇若干楹，规制崇丽，以乾隆二十有一年工竣。”

东岳庙、涵漪斋分别位于涵漪湖的南、北两侧，它们三者作为玉泉山西部最主体的配套景观应建于同时，由此，

则樱桃沟、碧云寺至玉泉山引水工程的完成时间应在乾隆二十一年（1756 年）前后。

2 关于乾隆建造引水工程初衷的解读

关于乾隆建造这一引水工程的目的时，学界多认为，是为昆明湖补充水源。

从客观效果上看，引水工程的建造使得泉水从樱桃沟、碧云寺流到玉泉山，并最终汇入昆明湖；但是，需知这只是客观的效果，却不能与乾隆建造这一引水工程的初衷混为一谈。

笔者之所以不认同引水工程为昆明湖补水而建的说法，有以下两个原因：

2.1 香山一带特殊的地理构造致使西山泉水至玉泉、麦庄喷薄而出

西山一带泉水丰沛，地势西北高、东南低，然而，在泉水的下游却没有形成规模较大的溪流与湖泊，直到昆明湖处才有湖泊荡漾的景象。之所以如此，完全是由香山一带特殊的地理构造造成的。

香山一带，三面环山，东南处为平原地带，大自然的造化使得地下形成“U 形凹槽结构”，因此，西山泉水虽然丰沛，只在山中的山林和寺庙中出现，随后在地下顺着“U 形槽”到达玉泉山、昆明湖，从而形成了香山一带泉水出山即隐的特点。乾隆皇帝在乾隆十三年（1748 年）的《御制麦庄桥记》中写道：

> 水之有伏脉者其流必长……京师之玉泉，汇而为西湖，引而为通惠，由是达直沽而放渤海，人但知其源出玉泉山，如《志》所云：“巨穴喷沸，随地皆泉”而已，而不知其会西山诸泉之伏流，蓄极溢涌，至是始见。故其源不竭，而流愈长……
>
> 盖西山碧云、香山诸寺皆有名泉，其源甚壮，以数十计，然惟曲注于招提精蓝之内，一出山，则伏流而不见矣。玉泉地就夷旷，乃腾迸而出，潴为一湖。

在这篇文字里，乾隆指出，西山诸泉的特点“出山即隐”，至玉泉“腾迸而出”。既然西山泉水至玉泉“巨穴喷沸”，深知底细的乾隆皇帝何必还要建造一处规模宏大的引水工程来补充昆明湖水呢？

2.2 从客观效果看，引水工程不能较大规模地补充昆明湖水量

从现存输水工具河槽的规制来看，引香山、水源头泉水济昆明湖也是不现实的。

输水石槽内径只有 25cm，槽深只有 20cm，而建造从樱桃沟、碧云寺至玉泉山的引水工程，很多地方要经过山林、河滩，不少地方还要建立高墙以放置水槽。从投入产出比而言，这完全是没有必要的工作。

既然如此，那么什么原因才促使乾隆决定不惜工本而设计、修建樱桃沟、碧云寺至玉泉山的这道引水工程呢？

既然引水工程不能较大规模地改变玉泉山的水量，那么，它能够改变什么呢？

（1）引水工程改变了樱桃沟、香山部分泉水到达玉泉山的方式：即从地下流动转为地上流动。

（2）改变部分泉水到达玉泉山的方位：即从玉泉山“天下第一泉”及附近泉眼喷出变成从玉泉山西门流出。

在明了了引水工程改变部分香山泉水到达玉泉山方式和位置后，我们就要考虑这种变更有什么样的益处，应该说，引水工程能够造成的益处就应该是乾隆建造这一工程的初衷。

乾隆十八年（1753 年），清政府设总理大臣，兼管万寿山清漪园、玉泉山静明园、香山静宜园，并御题“静明园十六景”。

此时，玉泉山西部广大地区基本还处于一片空白。之所以出现这种情况，无疑是因为西部缺水所致——玉泉山的泉水主要集中于东南部、南部，而玉泉山西部的广阔的区域却没有泉源和水流经过。

玉泉山多泉、多树，却没有瀑布。明人称玉泉为“垂虹”，实际上不过是一种诗意的感受而已。

乾隆本来亦称玉泉为“垂虹”，待其亲观其水，觉得丝毫没有垂虹的感觉。他在“玉泉趵突”碑序中写道：

> 西山泉皆流，至玉泉山势中豁，泉喷跃而出，雪泳涛翻，济南趵突不是过也。向之题“八景”者目以“垂虹”，失其实也。

为了不误导天下，乾隆皇帝命改玉泉垂虹为“玉泉趵突”，以求名副其实。

工程建成后，樱桃沟、碧云寺泉水通过石槽到达玉泉山西门，入园后，北折到飞淙阁，在阁前形成瀑布后，沿院墙北流，然后东折过练影堂，到达山边的挂瀑簷，绕过重檐四方亭，进入石峡，最后汇入涵漪斋南侧的涵漪湖。乾隆在诗序中描写引水工程的效果云：

> 从香山、碧云及卧佛寺引诸泉曲注于此，垂为瀑布，下回成湖，方与玉泉合流，下浸稻田，其来源实与玉泉出自趵突者有别。

乾隆对自己的这一工作很满意，曾先后数十首诗写及飞淙阁。看到这里瀑布的景象，他甚至有时候会想到庐山的瀑布。《清高宗御制诗三集》卷二《飞淙阁》诗云：

> 飞淙自在泉石，高阁乃享其名。
> 可悟主宾无定，益觉云水有情。
> 大珠小珠空落，日面月面烟生。
> 香炉蓦问李白，三千尺此何争？

除了要弥补玉泉山没有瀑布的遗憾外，乾隆设计引水工程还受到了郭忠恕《辋川图》的影响。他在《涵漪斋》诗中写道：

位置若还觅粉本，辋川图里辨新丰。

其诗注云："《石渠宝笈》藏郭忠恕《辋川图》，此处位置略仿之"。

综上，可见，乾隆在引水工程建造、玉泉山西部景区建造上都是有意进行的，而这种"意"的核心就是玉泉山西部景区建造的用水需要。

3 樱桃沟、碧云寺引水工程的经由与长度

3.1 引水工程的经由

结合国家图书馆样式雷档案，《日下旧闻考》相关记载，北京市植物园的现场发掘，当地老人采访和实地勘察，引水工程的经由如下：

樱桃沟一线引水工程从水源头、五华寺开始，沿山势向下游延展，至隆教寺西南角东折，其后顺着卧佛寺行宫南大墙东折，进入西宫墙后，分作两支：一流向卧佛寺行宫方河，并从地下管道南行至前院水池，东折入卧佛寺放生池；另一支则由卧佛寺御膳房和卧佛寺行宫院西墙之间南流，在御膳房前院东侧东折，经卧佛寺行宫院朝房前、卧佛寺琉璃牌坊前，与卧佛寺放生池水流汇合，经卧佛寺东侧院前院东流，至高地最东端南折，石槽突出空中，水流跌落至下方的水池中，顺着孙传芳墓园祠堂院的西侧东流，经现在植物园丁香园北侧入口，东南折向王锡彤墓高地下，顺而东行，至正白旗河滩上游，绕着正白旗外围与河滩之间顺河滩而下，至四王府广润庙（今香泉环岛北侧车站东北一带）。

碧云寺一线泉水由卓锡泉水出，绕过香积厨，流入碧云寺内，顺势而下，入大雄宝殿前放生池，出碧云寺后，跨过峡谷上的石桥入静宜园北墙，在今缆车西的高地处南下，入静心斋水池，复由此入昭庙外护城河，下勤政殿前水池，出宫门至宫门外月牙河。

双清一路泉水则出松坞山庄，至永安寺前的知乐濠，由地下到璎珞岩，顺山势而下，至带水屏山上方数十米处分为二流，一股依然顺山势而下，跨过峡谷至勤政殿前水池，一股右折从带水屏山及右侧岩石底部入静翠湖。

卓锡泉、双清两股泉水在静宜园宫门外月牙河汇合后，在河墙的支持下，顺着河滩的北侧（沿途过正黄旗、杰王府、南辛村）东下，过鲍家窑（中科院植物所北部高地）、袁家坟南，东北折向四王府广润庙，在水池中与樱桃沟泉水汇合。

樱桃沟、碧云寺泉水自王府广润庙合流后，出广润庙（今香泉环岛与五环路北侧交会处），顺着（北旱河南侧）土山内侧径直东下，至玉泉山西门，入静明园。

3.2 引水工程的长度

樱桃沟、碧云寺至玉泉山引水工程的全长，张宝章先生引同治样式雷修缮工程档案云：

樱桃沟、碧云寺、静宜园内外来源处起，到静明园内挂水池止，通共明、暗渠凑长二千九百四十丈零四尺。

这"二千九百四十丈零四尺"分布情况如下：

静宜园外月牙河到静宜园北墙石渠全长 232 丈，其中露明石渠 123 丈，暗渠 109 丈，静宜园北墙到碧云寺卓锡泉石渠长 211 丈，总计 443 丈；

双清至静宜园宫门外月河石槽长 240 丈，其中露明水渠 50 丈；

静宜园外月牙池到四王府广润庙石渠长 750 丈；

樱桃沟至四王府广润庙石渠长 986 丈；

四王府广润庙至玉泉山西门 569 丈。①

按照清代 1 丈等于 10 尺，1 尺等于 32 厘米计算，则樱桃沟、碧云寺到玉泉山全部渠道长度为 9569.28 米，即近 10 公里。

4 引水工程的做法

4.1 引水工程的结构

引水石槽，一名"引水石沟"，以山石打就，因底部呈荷叶弯曲状，又名"荷叶沟"，是输送泉水的直接容器。②

石瓦，一名"沟盖"，放置在石渠上，防止泉水污染和淤塞，以石头打制而成，有两种形制：长方形条石状、上面造成弧状的"兀脊顶"。③

土峰，一名土山，即引水工程一线上的高地，用以放置石槽，代替地势低洼处河墙的作用，主要位于广润庙至荷叶山一带。

石垣，一名河墙，是在地势低洼处以石头堆砌而成的、用以抬高地势、使河槽保持水平的高墙。

夹垣，是河墙的一种变形，即荷叶山至玉泉山西门一带的普通寺、甘露寺、妙喜寺的墙头，起着寺庙围墙和河槽支撑的双重作用。

---

① 张宝章．海淀文史·京西明园 [M]. 北京：开明出版社，2005.

② 同治六年（1867 年）样式雷"添修并拆修水沟和挑挖河泡淤浅"工程册载："接修引水石沟长九丈"，"安砌豆渣石沟底，凿作荷叶沟。"

③ 同治六年，修复静宜园双清至宫门外月河河槽，其中两段各 25 丈明渠，上加沟盖，凿作"兀脊顶"。

水池，碧云寺、双清、樱桃沟至玉泉山一带地势复杂，为了解决泉水的水平输送，于沿途修建数个水池，用以存储流泉，并完成下一段河槽的水平输送。

涵洞，设置于峡谷处石墙的底部，用以泄洪（荷叶山至玉泉山段设有走人与牲畜的大涵洞），规模大小不等，有一孔、三孔、七孔之分，又有桥（上面可以走人）和涵洞两种，视实际需要而定。

4.2 引水工程的做法

4.2.1 起沟

打好地基是建造工程的前提，为了保证地基质量，施工中要开挖沟槽。

4.2.2 筑打地槽灰土和建造墙体（图 2、图 3）

沟槽起好后，要在槽内夯打灰土；在灰土上夯筑三合土墙体，根据地势的高低筑打不同的高度。

土要分层筑打，每一层称为“一步”。同治六年修复樱桃沟引水工程，称：“地脚刨槽，筑打灰土二步。”这是指沟槽内的地基。碧云寺至四王府一带河墙，在下衬灰土两步的基础上，还要“衬平筑打灰土四步”，作为墙体，墙体高度视地势高下而定。

4.2.3 砌筑墙体外层

三合土墙体夯筑完成后，为了安全和美观，要在墙体外侧包裹条石，条石分作两种：一是最下层作为基础的条石，比较狭窄；一是基础条石上的石墙，是比较规矩的长方形条石。包裹的高度与墙体高度一致。

最后，在墙体上石渠以外地方铺砌石头。

4.2.4 石槽与石瓦的制作

现存的单体石槽和石瓦极少，据笔者所知北京市植物园牡丹园西侧、曹雪芹纪念馆西侧、军事科学院内，原香泉环岛广润庙遗址处、普安淀果园内有一段石槽（近两年埋入地下）各有一块单体石槽；单体石瓦，曹雪芹纪念馆外有四块，香山璎珞岩通静翠湖的路边石槽上有两块，打成“兀脊顶”样式。

图 2　王锡彤墓下侧引水石渠立体结构

图 3　王锡彤墓下侧引水石渠内部夯土剖面

引水石槽的尺寸（单位：cm）　　表 1

位置	长度	宽度		高度		
		外径	内径	通高	槽深	隼厚
樱桃沟	160	53	25		19	
牡丹园西	260	55	25	37	19	5
王锡彤墓下侧	60	54	26		19	
曹雪芹纪念馆外	230	56	25	30	19	5

由表 1 中数据可见，引水工程的石槽长度不一，通高也有一定的差距，但其输水用的内径则整齐划一：宽 25 厘米，高 19 厘米。

可见，石槽上的石瓦除了宽度基本统一外，长度、高度并没有严格的规定，甚至在形制上也没有统一的要求（表 2）。

石槽上石瓦的规制（单位：cm）　　表 2

位置	长	宽	高
曹雪芹纪念馆	82	59	20
	86	44	19
香山静翠湖	189	45	30
香山静翠湖	70	45	30

4.2.5 安置石槽

按照墙体的总体走向，将石槽放置在河墙上一段段连接起来。石槽内部是荷叶沟底，下部水平，而两端接口处有接榫相连，勾以油灰，以保证不会漏水，损害墙体。

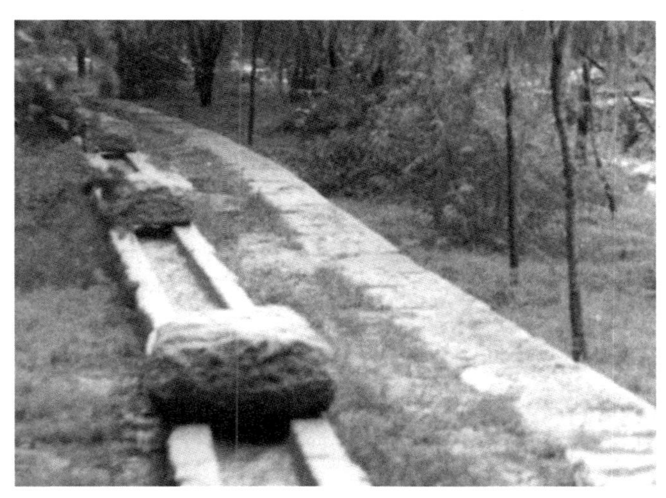
图4　正白旗西侧盖着石瓦的引水石槽

4.2.6　铺置石瓦

将石瓦铺置在石槽之上，以保证水流不会受到污染和堵塞（图4）。

实际上，并非所有的石槽都需要铺盖石瓦，行宫内的部分石渠是露明的，以便形成行宫中的泉水下流效果，石瓦主要铺在行宫内需要埋入地下的石渠和行宫外石槽上，以保证美学效果和水流的干净。

一般说来，当石瓦铺就以后，整个引水工程就算大功告成了；但是，对于部分埋入地下的暗渠来说，还需要最后一道工序，即加土和行埚，以保证石瓦上黄土的紧密，不致散落石渠之内。

5　乾隆樱桃沟、碧云寺至玉泉山引水工程的价值评价

5.1　樱桃沟、碧云寺至玉泉山引水工程是玉泉山西部造景的决定因素

引水工程将樱桃沟、碧云寺泉水送抵玉泉山西部，形成了飞淙阁、挂瀑檐、涵漪湖等水景，弥补了玉泉山没有瀑布的遗憾，同时，涵漪斋、涵漪湖与玉泉山西部陡峭的山壁一起模仿出辋川别业“北宅”的景象。[①]

不仅如此，涵漪湖的存在还将玉泉山西部的广大区域分隔开来，湖北部的涵漪斋建筑群、湖南部的东岳庙仁育宫景区既独立又关联，一片全陆地的区域顿时灵动起来。

5.2　引水工程对沿途景区的关照

樱桃沟、碧云寺至玉泉山引水工程的建造，不仅使得玉泉山西部景区顿时活泼起来，还极大地关照了沿途各景观的营造。

引水工程经过处的碧云寺行宫、碧云寺、静心斋、昭庙、静宜园静翠湖及宫门外月池、卧佛寺行宫、卧佛寺、正白旗旗营内的饮马池等，既起着平衡储蓄泉水的作用，同时也因引水工程的存在提升了景区的质量。

5.3　配套工程对玉泉山、香山之间景区的影响

为了缩短四王府广润庙至玉泉山西门之间引水工程的距离，这一段工程尽量走直线，为此，除了充分利用天然的土峰外，乾隆皇帝在玉泉山至香山之间建造了妙喜寺、香露寺、普通寺、妙云寺、广润庙等五座皇家寺庙，并利用寺庙的墙体作为石槽的承载，造成玉泉山至四王府之间的寺庙景观群。

这样，石渠与散布其沿途的村庄、旗营、寺庙将整个香山、寿安山、玉泉山一带贯穿起来，形成了连续和谐的景观带。

5.4　对玉泉山南部稻田种植和玉泉山南部景观的影响

为了解决玉泉山南部御稻用水问题，乾隆皇帝令在玉泉山南水门外挖掘高水湖，承接西山泉水、玉泉水，以资灌溉，保证了上游玉泉稻的用水。

笔者认为，樱桃沟、碧云寺至玉泉山引水工程作为玉泉山西部造景的关键，并对静宜园、卧佛寺及沿途景观的形成都起到了很大的影响，从而连接起香山景区、玉泉山景区，使之成为“互相照应”的整体景观区，具有极高的价值，应该给予重视。

① 岳升阳等著《海淀文史·海淀古镇环境变迁》一书开始注意到引水工程对玉泉山西部景区的影响，云：“唯有侯仁之先生的学生、北京大学教授岳升阳提出了不同的观点”，他在《海淀古镇环境变迁》一书中指出：“石渠之水不但为静明园景观提供了水源，还成为蓄水湖泊的水源之一。”开明出版社，2009。

遮荫对牡丹光合特性及观赏品质的影响

北京市植物园北京市花卉园艺工程技术研究中心 / 朱　莹
北京市植物园 / 宋　华　赵世伟
北京林业大学园林学院 / 王莲英

摘　要：对牡丹栽培品种进行了不同程度的遮荫处理（100%、65%、45%及15%自然光强），并对其中5个品种（'傲阳'、'粉中冠'、'蓝宝石'、'迎日红'及'朱光墨润'）进行了光合特性及观赏品质的测定。结果表明：牡丹各品种光饱和点及光补偿点较高，遮荫处理下光饱和点与光补偿点有不同程度降低。65%光照下，所有品种的净光合速率较对照组明显提高，成花率高，花朵直径明显增大；45%光照下，各品种成花率高，'傲阳'、'蓝宝石'、'迎日红'及'朱光墨润'4个品种的净光合速率较对照组明显提高，'粉中冠'、'蓝宝石'、'迎日红'及'朱光墨润'的花朵直径较对照组不同程度增大；15%光照下，所有品种的净光合速率及成花率较对照组显著降低，花朵直径显著减小。'蓝宝石'在不同程度遮荫下花色较对照组没有明显变化，'傲阳'在轻中度遮荫下花色较对照组没有明显变化；'粉中冠'及'迎日红'在65%光照下花色变深变红，45%光照下花色开始变浅；'朱光墨润'在45%光照下花色开始变蓝变红。研究发现牡丹是阳生植物，但光照生态幅较宽，适度遮荫能促进光合作用，成花率高，花朵直径增大，花色鲜艳，提高观赏品质，但不同色系品种的适宜遮荫程度各异。

关键词：牡丹　遮荫　光合特性　成花率　花朵直径　花色

牡丹（*Paeonia suffruticosa* Andr.）为芍药科芍药属落叶亚灌木，是我国特产的传统名花，目前品种达1000余个，在园林中应用非常广泛。由于植物配置等需要，牡丹在园林应用中被种植在全光下、树荫下、建筑周围等具有不同光照强度的地方；为了延长牡丹花期，在生产实践中人们用不同密度的遮荫网对牡丹进行遮荫处理，但是对于牡丹在什么程度的光照条件下生长比较好却没有具体的说明。目前，国内仅有杨秋生等及郑国生等对牡丹在短期遮荫下某一个品种的光合特性作了一些研究，杨秋生等[1]认为遮荫(50%光照及20%光照)使牡丹'洛阳红'光合能力降低，郑国生等[2]却认为50%光照减轻了牡丹'胡红'夏季晴天中午的光抑制，改善了光合功能。郭香凤等[3]及杨秋生等对遮荫条件下的牡丹花色素苷含量进行了定量的测定。这些实验是在短期遮荫下针对某一个品种或者某一方面生理特性所进行的，且所得结论不太一致。关于长期不同强度遮荫对于牡丹光合特性及观赏品质的影响，目前均无量化指标也未见系统研究。本研究以牡丹最常见的5个色系的5个品种为实验材料，以全光照条件为对照，设定3个不同的遮荫梯度，测定分析长期遮荫条件下光饱和点、光补偿点、净光合速率及成花率、花朵直径、花色等基本数据，以定量确定牡丹最适宜生长的光照强度，为牡丹催花、种苗生产及园林应用提供理论基础。

1　材料与方法

1.1　材料

实验于 2008 ～ 2011 年在北京市植物园进行。供试材料为中国中原品种群的 5 个品种：'傲阳'、'粉中冠'、'蓝宝石'、'迎日红' 及 '朱光墨润'，代表牡丹较常见的 5 个色系：黑色系、紫红色系、红色系、粉色系、蓝色系。所有材料均为 4 年生苗，2008 年 9 月从山东菏泽购进，栽植于北京植物园苗圃内，土壤条件为沙质壤土。2009 年 4 月初开始进行遮荫处理，11 月份撤除遮阳网，2010 年、2011 年 4 月初分别进行第二轮、第三轮遮荫处理。遮阳网透光率分别约为全光照的 65%、45% 及 15%（分别记为轻度遮荫、中度遮荫及重度遮荫），以全光照为对照，每处理设 5 株重复。光合指标测定时段内自然光强为 800 ～ 11600 μ mol/（m^2 · s）。2010 年进行光合指标的测定及观赏品质的初步测定，2011 年对花朵观赏品质进行复测。光合指标测定时段内自然光强为 800 ～ 1600 μ mol/(m^2·s)。每处理设 5 株重复。

1.2　测定指标及方法

1.2.1　光合—光响应曲线

8 月份用 CIRAS- Ⅱ便携式光合系统（PP-Systems，UK）通过控制光照强度进行光合—光响应曲线的测定。CO_2 浓度控制为 360 μ mol/ mol，相对湿度 70%，设定光强梯度为 1400、1200、1000、800、600、400、300、200、150、100、80、60、40 μ mol/（m^2 · s），每个光强下适应 2min 后测定。将光合—光响应曲线作 3 次多项式回归，*Pn* 开始达到最大值时的光强为光饱和点（LSP），将光合—光响应曲线在低光强下 [光强在 200 μ mol/（m^2 · s）以下] 作直线回归，计算出光补偿点（LCP）。

1.2.2　净光合速率（Pn）

6 月份用 CIRAS- Ⅱ便携式光合系统（PP-Systems，UK）进行气体交换参数的测定。选取一年生枝基部倒数第三片复叶的顶小叶相同部位进行测定，每处理设 5 个重复。选择晴天 8：00 ～ 11：00、光强 1000 μ mol/（m^2 · s）（饱和光强）、大气 CO_2 浓度 360 μ mol/ mol 和大气相对湿度 70% 条件下测定净光合速率（Pn）。

1.2.3　成花率

由每株植株的开花数量按照公式计算所得：

成花率 =（开花总数 / 总枝条数）× 100%

1.2.4　花朵直径

每天上午选择盛开初期的花朵进行测量，测量时将花朵托平，每处理设 5 次重复(花朵数量少于 5 朵则全部测量)。

1.2.5　花色

上午选择盛开初期的花朵采集后迅速送至实验室，先用英国皇家园艺学会比色卡（RHSCC）进行初步测定：选取花朵的第二或第三轮花瓣，测定距瓣尖外缘约 1/3 处的向阳侧，用比色卡上最接近花色的代码来表示这个花瓣的 RHSCC 值。[4]

再用日本电色工业株式会社生产的 NF333 型分光色差计对花色进行测定，光源 C/2º。按国际照明委员会（CIE）表色系进行测定：花色的 *CIEL*a*b** 表色系统的明度 *L** 值、色相 *a** 值、色相 *b** 值在三维色度坐标系上，*L** 轴垂直于 *a** 轴、*b** 轴组成的平面。*L** 值从 0 ～ 100 的变化过程中，表示明度由黑变亮逐渐增加；红绿属性 *a** 值由负值变化到正值，表示绿色减退红色增强；黄蓝属性 *b** 值由小变大，表示蓝色的减退黄色的增强。彩度 *C**=（*a**2+*b**2）2，表示到 *L** 轴的距离，距离越大，彩度越大。[5] 第二或三轮花瓣距瓣尖外缘约 1/3 处的向阳侧对准分光色差计的集光孔进行测量，每处理取 3 枝花，每枝花重复 6 次。

1.3　数据分析

用 Excel 2003 进行数据整理、曲线拟合及计算，用 SPSS 17.0 进行统计分析。

2　结果与分析

2.1　遮荫对各品种牡丹光合—光响应曲线的影响

植物长期生长在不同的光环境下，其叶片的光响应特性也会随之改变，这是植物适应环境的一种改变。由图 1 看出，牡丹各品种遮荫处理后对光照强度的响应曲线变化趋势与全光照下基本一致，即光合速率随着光强的上升而升高，超过一定范围后，增速变缓，最后不再升高，表现出光饱和现象。

同时，各品种在不同光照条件下的光饱和点和光补偿点有明显变化（表 1）。在全光条件下，供试 5 个品种的光饱和点（*LSP*）较高，约为 1000 μ mol/（m^2 · s）左右，说明牡丹对光照强度的适应性表现为喜阳，对光能的利用能力很强。随着遮荫程度的提高，供试各品种的 *LSP* 较对照组有不同程度的降低。65% 及 45% 光照处理下，各品种 *LSP* 略有下降 [800 μ mol/（m^2 · s）左右] 或维持不变；15% 光照处理下，所有供试品种的 *LSP* 降至 600 μ mol/（m^2 · s）左右。说明遮荫处理后牡丹各品种可以通过降低光饱和点来适应光照减弱的环境，但是光饱和点的降低有一定的限度，到一定程度便不再下降。

光补偿点的高低反应了植物对弱光的利用能力，阳生植物的光补偿点约为 9 ～ 18 μ mol/（m^2 · s）[6]。全光下，牡丹各供试品种的光补偿点（*LCP*）较高，均在 70 μ mol/ (m^2·s) 以上（表 1），随着遮荫程度的提高，各品种 *LCP* 依次降低。重度遮荫处理下，'朱光墨润' 的 *LCP* 降到了 24 μ mol/(m^2·s)

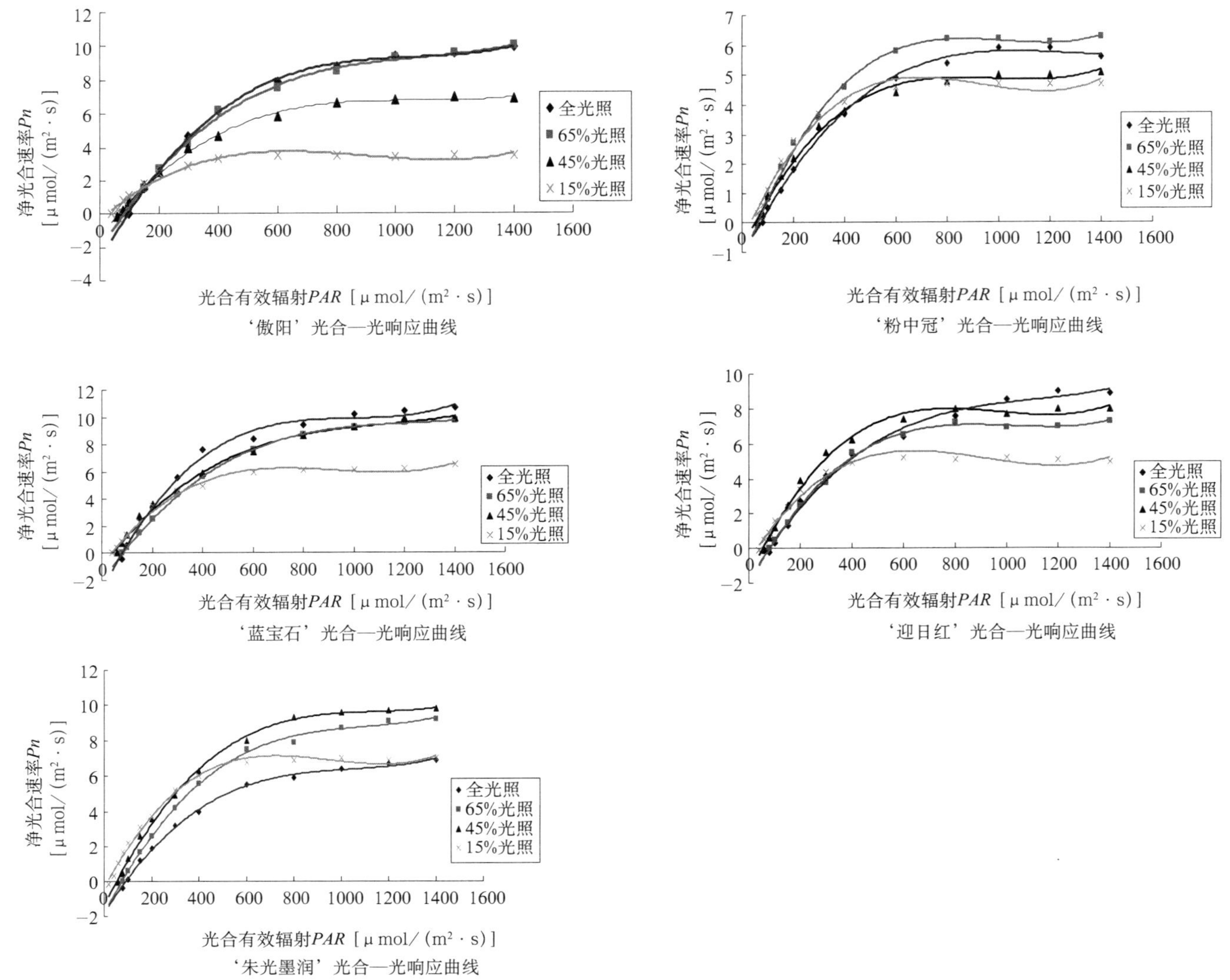

‘傲阳’光合—光响应曲线

‘粉中冠’光合—光响应曲线

‘蓝宝石’光合—光响应曲线

‘迎日红’光合—光响应曲线

‘朱光墨润’光合—光响应曲线

图 1　5 个品种牡丹的光合—光响应曲线

不同遮荫条件下牡丹各品种的光补偿点和光饱和点　　　表 1

处理	光饱和点 [μmol/（m²·s）]					光补偿点 [μmol/（m²·s）]				
	‘傲阳’	‘粉中冠’	‘蓝宝石’	‘迎日红’	‘朱光墨润’	‘傲阳’	‘粉中冠’	‘蓝宝石’	‘迎日红’	‘朱光墨润’
全光照	1000	1000	1000	1000	1000	97	73	84	89	96
65% 光照	1000	800	1000	800	1000	82	65	80	78	75
45% 光照	800	800	1000	800	1000	68	55	52	60	60
15% 光照	600	600	600	600	600	34	43	40	37	24

左右，其余各品种的 *LCP* 均降到了 40μmol/（m²·s）左右，说明牡丹各品种虽然也可以通过降低光补偿点来适应低光强环境，但降低幅度不大，在重度遮荫条件下 *LCP* 仍然较高，对弱光的利用能力不强。

2.2　遮荫对各品种牡丹净光合速率的影响

光合速率是表示植物光合能力的重要指标，由表 2 可以看出，65% 光照处理下 5 个牡丹品种叶片的净光合速率

(Pn)较对照组(全光照)均有不同程度提高,其中‘粉中冠’、‘蓝宝石’及‘朱光墨润’的 Pn 较对照组有显著差异;45% 光照下‘粉中冠’Pn 较对照组有所下降,但差异并不显著,其余四个品种的 Pn 均较对照组有不同程度的提高,其中‘傲阳’及‘朱光墨润’的 Pn 较对照组有显著差异;15% 光照处理下,所有供试品种的 Pn 较对照组均显著降低。说明各牡丹品种叶片的光合能力在 65% 光照下均得到不同程度的促进,在 45% 光照下仅部分品种得到促进,在重度遮荫条件下受到显著的抑制。

2.3 遮荫对各品种牡丹成花率的影响

成花率的高低对牡丹整体观赏品质有着重要影响,如果成花率过低,牡丹就失去了观赏价值。由表 3 看出,全光照下,5 个品种的成花率较高,均在 67% 以上,其中‘粉中冠’的成花率最高,达 92.59%;65% 及 45% 光照下,‘傲阳’及‘蓝宝石’两个品种的成花率较对照组有了大幅提高,其他品种仅有小幅变化,它们与对照组均没有显著差异;15% 光照下,所有品种的成花率均大幅降低,与对照组呈显著差异,其中‘傲阳’成花率最低,仅为 8.33%(只开了 1 朵花),完全失去了观赏价值(在以下花朵直径、花色测定中不再作统计分析),其他品种成花率在 50% 左右。15% 光照下,各品种植株长势较弱,分枝数量较少,因此有的品种成花率虽然达到了 50%,但总花朵数量少,整体观赏效果大为降低。

2.4 遮荫对各品种牡丹花朵直径的影响

由表 4 可以看出,65% 光照处理使所有品种的花朵直径都不同程度增加,其中‘傲阳’、‘粉中冠’、‘迎日红’的花朵直径与对照组差异显著;在 45% 光照下,‘蓝宝石’、‘粉中冠’、‘迎日红’的花朵直径与对照组相比显著增加,其余两个品种没有显著差异;在 15% 光照下,除‘傲阳’外的 4 个品种的花朵直径比对照组显著减小,‘傲

遮荫对牡丹净光合速率的影响 表 2

处理	净光合速率 Pn [μmol/(m^2·s)]				
	‘傲阳’	‘粉中冠’	‘蓝宝石’	‘迎日红’	‘朱光墨润’
全光照	10.62±0.89b	10.48±0.34b	14.62±0.97b	9.70±2.01b	10.72±1.31b
65% 光照	11.18±0.49bc	11.42±0.89c	16.04±0.86c	11.04±0.85b	13.58±0.57c
45% 光照	12.36±1.37c	10.22±0.72b	15.02±0.83b	11.18±1.09b	12.34±0.92c
15% 光照	7.40±0.98a	5.78±0.36a	8.20±0.65a	8.04±0.23a	8.42±0.83a

注:同列不同字母表示光照处理间在 0.05 水平存在显著性差异。下同。

不同遮荫条件下各牡丹品种的成花率 表 3

处理	成花率(%)				
	‘傲阳’	‘粉中冠’	‘蓝宝石’	‘迎日红’	‘朱光墨润’
全光照	67.75±12.70b	92.59±6.41b	78.31±7.15b	86.11±12.73b	88.33±4.41b
65% 光照	90.47±8.25b	96.67±5.77b	95.24±8.25b	88.64±12.65b	87.78±10.72b
45% 光照	87.83±11.26b	90.47±8.25b	96.30±6.41b	86.77±14.40b	90.48±16.49b
15% 光照	8.33±14.43a	45.24±4.12a	50.00±16.67a	59.00±11.12a	41.67±14.43a

不同遮荫条件下各牡丹品种的花朵直径 表 4

处理	花朵直径(cm)				
	‘傲阳’	‘粉中冠’	‘蓝宝石’	‘迎日红’	‘朱光墨润’
全光照	14.00±0.61a	15.90±0.41b	15.30±0.67b	16.10±0.55b	16.60±0.89b
65% 光照	14.80±0.27b	17.40±0.42d	15.80±0.27bc	17.60±0.55c	17.00±0.61b
45% 光照	14.00±0.50a	16.60±0.42c	16.30±0.27c	17.10±1.02c	16.90±0.42b
15% 光照	10.50*	14.80±0.27a	13.60±1.08a	14.90±0.65a	13.80±1.30a

注:15% 光照下的‘傲阳’仅有 1 个样本,没有参与统计分析。表 5 同。

阳’仅有的1朵花直径也较对照组相差3.5cm。以上结果说明65%光照处理对5个牡丹花朵直径均有不同程度的促进作用，45%光照处理对部分品种花朵增大有促进作用，但15%光照处理下所有供试品种的花朵显著变小，观赏品质大为降低。

2.5 遮荫对牡丹花色的影响

花色是牡丹观赏品质最重要的指标之一，遮荫处理对牡丹不同色系品种花色的影响不太一致（表5，图2）。对黑色系品种‘朱光墨润’来说（图2中Ⅴ-1～Ⅴ-4），65%光照下L^*、a^*、b^*与c^*与对照组均没有显著差异，45%光照下，花瓣的亮度稍有增加，蓝色增强，红色显著增强，即花色开始发红变蓝，但没有影响到观赏效果；15%光照下，花瓣的亮度进一步增加，红色及蓝色进一步增强，花色进一步变浅变蓝（图2中Ⅴ-1～Ⅴ-4）。说明轻度遮荫对黑色系品种花色没有明显影响，随着遮荫程度的加深，花色逐渐变浅变蓝，重度遮荫时观赏品质已经严重降低，失去了极为珍贵的黑色品质。

对紫红色系的‘傲阳’来说，65%及45%光照处理下，花瓣的L^*、a^*、b^*与c^*与对照组均没有显著差异，即轻中度遮荫处理对花色没有产生明显影响（图2中Ⅰ-1～Ⅰ-3），在15%光照下，由于样本不够仅用RHSCC进行了比色，花色由71A变为72C，明显变浅，进一步说明重度遮荫严重降低了‘傲阳’的观赏品质。

对红色系的‘迎日红’来说（图2中Ⅳ-1～Ⅳ-4），65%光照下，花瓣的L^*、a^*、b^*与c^*与对照组均没有显著差异，但是a^*较对照组有一定增加，说明轻度遮荫下的花色更为红艳；在45%光照下，花瓣的L^*较对照组显著增加，a^*较对照组显著降低，即中度遮荫下花色开始变浅；在15%光照下，花瓣的L^*进一步增加，a^*较进一步降低，即花色进一步变浅，但与中度遮荫下差异不显著。

对粉色系的‘粉中冠’来说（图2中，Ⅱ-1～Ⅱ-4），在65%光照下，花瓣的L^*较对照组显著降低，a^*及c^*较对照组显著增加，说明花色更红更艳；在45%光照下，花瓣的L^*却较对照组显著增加，a^*及c^*较对照组显著降低，说明中度遮荫下花色开始变浅；在15%光照下，花瓣的a^*及c^*进一步降低，说明花色变得更浅。

对蓝色系的‘蓝宝石’来说（图2中Ⅲ-1～Ⅲ-4），不同遮荫处理下L^*、a^*、b^*与c^*与对照组均没有显著差异，说明遮荫对‘蓝宝石’花色的影响不明显，仅重度遮荫下红色稍有减退，但没有影响到观赏效果。用RHSCC比色卡比色的结果与分光色差计测试的结果比较一致（表5）。

不同遮荫条件下各牡丹品种的花色变化　　**表5**

品种	处理	RHSCC	L^*	a^*	b^*	c^*
‘傲阳’	全光照	71A	30.56±2.32a	42.98±2.46a	−6.15±5.18a	43.60±2.92a
	65%光照	71A	30.95±1.13a	43.97±1.65a	−2.45±0.79a	44.04±1.64a
	45%光照	71A	31.57±1.26a	44.34±0.77a	−5.77±3.77a	44.81±1.20a
	15%光照	72C	—	—	—	—
‘粉中冠’	全光照	62B	66.24±1.02b	20.32±1.29c	−0.40±0.68ab	20.33±1.29c
	65%光照	62A	63.66±0.37a	22.88±0.06d	−1.31±0.21a	22.91±0.06d
	45%光照	62B	68.10±1.20c	16.89±1.79b	0.20±0.72b	16.90±1.78b
	15%光照	62C	68.86±0.45c	14.00±0.68a	0.48±0.48b	14.02±0.68a
‘蓝宝石’	全光照	76C	71.30±1.08a	3.75±1.28ab	0.48±0.81a	3.85±1.21a
	65%光照	76C	70.54±1.91a	4.54±2.50b	−0.21±1.96a	4.77±2.64a
	45%光照	76C	70.55±1.72a	3.68±1.33ab	0.13±0.81a	3.75±1.31a
	15%光照	76D	71.61±0.54a	0.49±1.36a	1.94±1.17a	2.37±0.89a
‘迎日红’	全光照	N57D	52.77±2.50a	36.65±2.52b	−4.10±0.68a	36.88±2.43a
	65%光照	N57C	50.32±3.39a	39.63±3.12b	−3.48±0.43a	39.79±3.09a
	45%光照	68B	60.03±3.11b	26.21±3.63a	−2.92±2.29a	26.41±3.87b
	15%光照	63C	61.81±2.73b	23.61±4.02a	−2.83±0.41a	23.78±4.03b
‘朱光墨润’	全光照	61A	24.33±0.93a	29.47±1.57a	−0.22±1.05bc	29.48±1.58a
	65%光照	61A	24.10±0.65a	29.27±1.40a	1.57±1.34c	29.34±1.36a
	45%光照	61A	26.41±1.25a	34.49±2.41b	−2.26±1.43b	34.58±2.50b
	15%光照	72A	30.24±2.26b	39.08±1.61c	−10.54±2.57a	40.51±2.23c

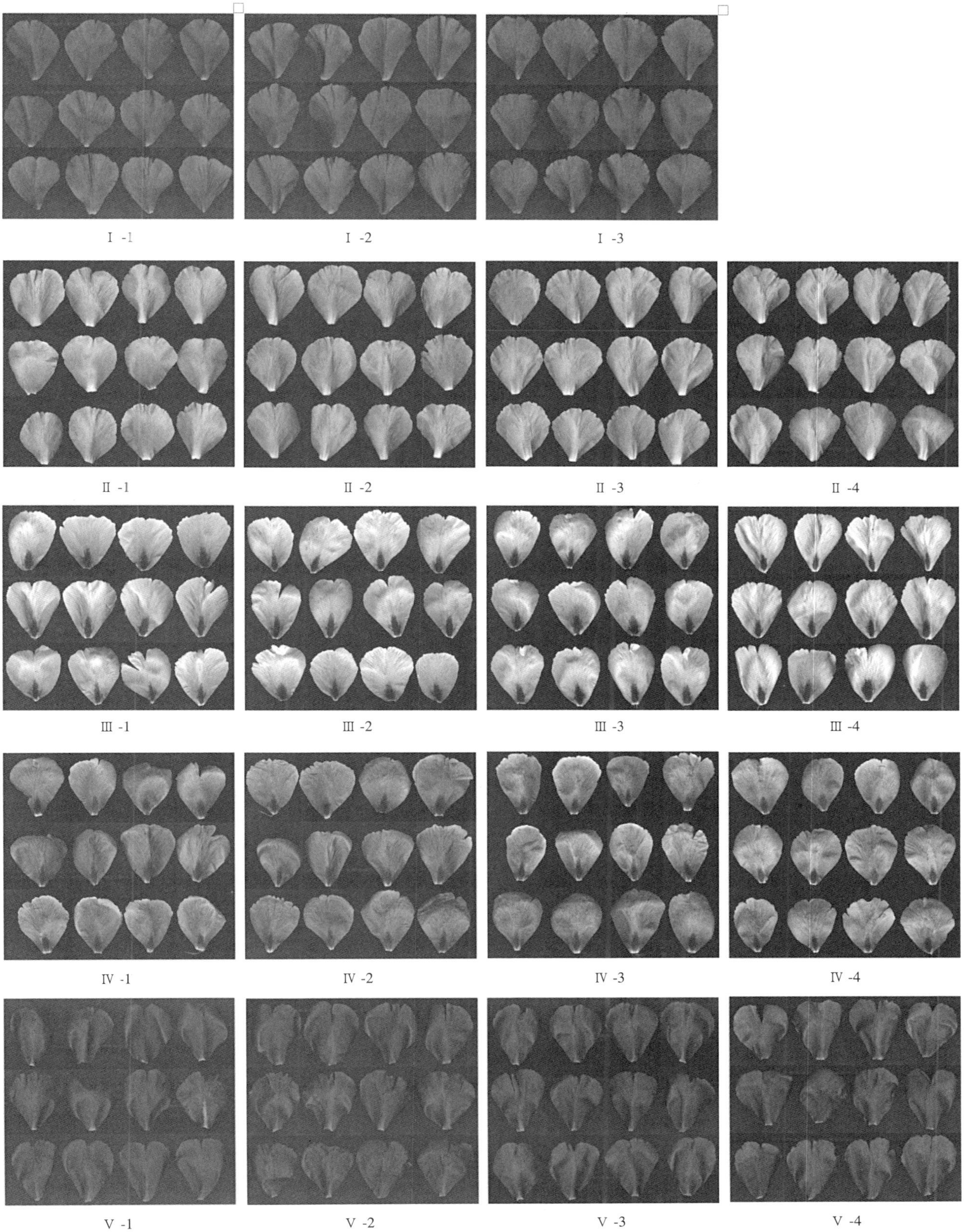

Ⅰ-1　Ⅰ-2　Ⅰ-3

Ⅱ-1　Ⅱ-2　Ⅱ-3　Ⅱ-4

Ⅲ-1　Ⅲ-2　Ⅲ-3　Ⅲ-4

Ⅳ-1　Ⅳ-2　Ⅳ-3　Ⅳ-4

Ⅴ-1　Ⅴ-2　Ⅴ-3　Ⅴ-4

图 2　遮荫处理下牡丹花瓣颜色的变化

Ⅰ～Ⅴ分别为牡丹‘傲阳’、‘粉中冠’、‘蓝宝石’、‘迎日红’和‘朱光墨润’；1～4 分别为全光照（对照）、65% 光照、45% 光照和 15% 光照处理

总之，轻度遮荫处理下红色系、粉色系的两个品种花色更红更艳，观赏品质得到提高；中度遮荫处理下黑色系品种开始发红变蓝，红色系及粉色系品种花色开始变浅，观赏品质开始降低；重度遮荫处理下黑色系品种进一步变蓝，红色系及粉色系品种花色进一步变浅，严重影响了观赏品质。

3 结论与讨论

光补偿点和光饱和点的高低直接反映了植物对弱光和强光的利用能力，是植物耐阴性评价的重要指标[7]。本研究表明，自然光下，牡丹各供试品种的光饱和点及光补偿点较高，光饱和点大约在 1000 μ mol/（$m^2 \cdot s$）左右，光补偿点大约在 70 ～ 100 μ mol/（$m^2 \cdot s$）之间，这说明牡丹对强光的利用能力较强，但对弱光的利用能力不强，应属阳生植物。随着光照强度的减弱，牡丹各品种通过降低光饱和点和光补偿点来适应弱光环境，与前人的研究结果一致[7～9]。但是光饱和点和光补偿点的降低有一定的限度，到一定程度便不再下降，光饱和点的下限为 600 μ mol/（$m^2 \cdot s$）左右，光补偿点最低也在 24 μ mol/（$m^2 \cdot s$），这说明牡丹虽然对弱光有一定的适应性，但耐阴性不是很强。15% 光照条件下，光照强度最高只能达到 300 μ mol/（$m^2 \cdot s$）左右，不能满足光饱和需求，因而 15% 光照下光照的严重不足可能是影响牡丹光合作用的主要因子。

光是光合作用的原动力，光照强度还会影响其他环境因子，因此光照强度对光合速率有最深刻和多方面的影响。适度的遮荫处理可以在一定程度上缓解水分亏缺和强烈的太阳辐射胁迫因子的副作用，从而提高净光合速率。实验表明，适度的遮荫处理会显著提高牡丹供试品种的净光合速率，这与茶花幼苗、西番莲的结果一致。[10～11] 若遮荫程度过高（光照仅为自然光的 15% 时），牡丹的净光合速率显著降低。遮荫处理对牡丹供试品种成花率及花朵直径的影响与净光合速率的影响比较一致。这可能是因为适度遮荫条件下，由于光合作用得到促进，有机物合成增多，植物长势好，从而使花朵直径增大，并有利于花的形成。过度遮荫时，由于光合作用受到抑制，有机物合成减少，从而使植株长势减弱，不利于花的形成，即使成花，花朵也显著变小，严重影响了观赏品质。

花色是影响观赏植物观赏品质的重要因素之一，光对花色的影响一方面可能是光作为信号，通过光受体的作用影响色素的合成；另一方面光可能通过光合作用影响花的生长和着色。[12] 一般认为，遮荫会使花色变浅[1，3]，影响观赏品质。目前，较为客观的测色方法有比色卡比色和仪器测色[5，13] 2 种。研究观赏植物常用的比色卡是英国皇家园艺学会比色卡 RHSCC。比色卡使用方便，但是对实验者及环境的要求比较苛刻，也容易受人为因素的影响。仪器测色精确度高、外界因素影响小、数据以数字化输出，可对花色进行定量分析。[14] 本次实验使用了两种测色方法，准确地对不同遮荫程度下的花色变化进行了定量的分析。实验表明，不同程度遮荫处理对不同色系牡丹花色的影响是不一致的，轻度遮荫下牡丹花色并未变浅，粉色系及红色系还稍有改善，只有当遮荫达到 50% 以上时牡丹品种花色才开始变浅发蓝，因而不能笼统地说遮荫花色就会变浅，这还与遮荫程度及花朵本身的颜色有关。

综上所述，牡丹为阳生植物，但光照生态幅较宽，在适度遮荫条件下，净光合速率提高，植株成花率高，花朵直径增大，花色鲜艳。过度遮荫（15% 光照）则会严重抑制牡丹光合作用，成花率显著降低，花朵直径变小，黑色系牡丹花色变浅变蓝，紫红色系、红色系及粉色系牡丹花色变浅，观赏品质明显降低。据此建议：在牡丹的生产栽培及园林观赏中，可以对其进行遮荫处理，但遮荫网密度不能过大，透光率不能低于自然光强的 45%。

参考文献

[1] 杨秋生，朱丽娟，路玲，卢欣周．遮荫及蔗糖喷施对牡丹花色及光合特性的影响 [J]．河南农业大学学报，2005，39（3）：249-253.

[2] 郑国生，何秀丽．夏季遮荫改善大田牡丹叶片光合功能的研究 [J]．林业科学，2006，42（4）：27-32.

[3] 郭香凤，史国安，孔祥生，白春萍，刘秀云．喷施蔗糖对遮荫条件下牡丹生长和花朵观赏品质的影响 [J]．河南科技大学学报（农学版），2003（3）：15-18.

[4] VOSS D H. Relating colorimeter measurement of plant colour to the Royal Horticultural Society Colour Chart[J]. HortScience, 1992, 27(12): 1256-1260.

[5] WANG L S, HASHIMOTO F, SHIRAISHI A, Li J J, Sakata Y. Chemical taxonomy of Xibei tree peony from China by flora pigmentation[J]. Journal of Plant Research, 2003, 117(1): 47-55.

[6] 潘瑞炽．植物生理学 [M]．北京．人民教育出版社，2001：55-98.

[7] 刘悦秋，孙向阳，王勇，刘音．遮荫对异株荨麻光合特性和荧光参数的影响 [J]．生态学报，2007，27（8）：3457-3464.

[8] 杨兴洪，邹琦，赵世杰．遮荫和全光下生长的棉花光合作用和叶绿素荧光特性 [J]．植物生态学报，2005，29（1）：8-15.

[9] 孙佳音，杨逢建，庞海河，张学科，祖元刚．遮荫对南方红豆杉光合特性及生活史型影响 [J]．植物研究，2007，27（4）：439-444.

[10] 翟玫瑰，李纪元，徐迎春，李辛雷，李玉红．遮荫对茶花幼苗生长及生理特性的影响 [J]．林业科学研究，2009，22（4）：533-537.

[11] MENZEL C M，SIMPSON D R. Effect of continuous shading on growth, flowering and nutrient uptake of passion fruit[J]. Scientia Horticulture, 1988, 35: 77-88.

[12] 王小菁，孟祥春，彭建宗．花色形成与花生长的调控 [J]．西北植物学报，2003，23（7）：1105-1110.

[13] HASHIMOTO F, TANAKA M, MARDA H.Characterization of cyalic flower color of delphinium cultivals[J]. J Jpn Soc Hortic Sci, 2009, 69(4): 428-434.

[14] 白新祥，胡可，戴思兰，王亮生．不同花色菊花品种花色素成分的初步分析 [J]．北京林业大学学报，2006，28（5）：84-89.

北京露地蜡梅冬季开花的研究

北京市植物园 / 陈进勇　李菁博

摘　要：通过多年观测北京市植物园卧佛寺内露地栽植的蜡梅开花物候和花朵耐冻性，发现‘十月梅’是目前北京地区冬季开花景观效果最好的蜡梅品种，能在11月中下旬开花，且在2月中旬有二次花，花朵耐-8℃低温。测定蜡梅开花过程中花蕾、花朵含水率和枝条含水率的变化趋势，发现水分是影响北京地区蜡梅冬季开花的关键因素之一。通过地表覆盖试验，发现草帘覆盖效果最好，可以有效保湿，提高土温，保持枝条含水率，促进蜡梅在冬季提早开花且多开花。

关键词：蜡梅　冬季开花　地表覆盖　温度　含水率

1　前言

蜡梅（*Chimonanthus praecox*（L.）Link）原产于中国，花色蜡黄，花期多在农历腊月前后，是世界上少有的冬季开花且芳香宜人的园林绿化植物之一。[1] 蜡梅广泛栽培于秦岭—淮河以南的中国南方地区，在北京地区仍属于“边缘树种”，只在一些公园、寺观、机关绿地等小气候环境适宜的场所有少量栽培，因而蜡梅花在冬季开放的身影就很难得一见。

北京市植物园内卧佛寺天王殿前东侧的古蜡梅据传在唐代就已栽植，几经荣枯，时至今日仍枝繁花茂。[2] 自20世纪90年代植物园陆续从河南鄢陵及江苏、四川等地分多批引种蜡梅，栽植于卧佛寺内及周边景区，先后共引种十余个变种（品种），包括素心、虎蹄、磬口、檀香等传统类型以及河南鄢陵的‘十月梅’、江苏扬州的‘扬州黄’等地方品种[3]，共计数百株。每年晚秋（11月中旬）至翌年早春（3月下旬）陆续有不同花色、花型的蜡梅开花，使卧佛寺成为北京冬季难得的赏花景点，北京市植物园也因冬季蜡梅开花而吸引众多游客。

为充分发挥蜡梅冬季开花芳香宜人的优势，增加北京冬季园林景观，北京植物园开展了一系列的实验和实践，旨在深入分析影响蜡梅冬季开花的诸多因素，包括品种因素及水分、温度、土壤、风力、光照等环境因素，力争确立一套适合北京地区气候特点且行之有效的技术集成，促进北京地区露地栽植的蜡梅早开花、多开花，丰富冬季园林景观。

2　材料与方法

2.1　蜡梅的开花物候及花朵耐冻性观测

选择在卧佛寺内栽植多年，生长势强，每年都能正常开花的蜡梅变种（品种）进行连续观测，包括河南鄢陵的地方品种‘十月梅’（*Chimonanthus praecox*‘Shiyue’）及常见的狗牙（*C. praecox* var. *intermedius*）、虎蹄（*C. praecox* var. *grandiflorus*）、素心（*C. praecox* var. *concolor*）等3个蜡梅变种，每个变种（品种）至少有2株，同时对仅有的一

株古蜡梅作相同的观测。观察记录各变种（品种）的物候期，包括始花期（5% 以上花蕾开花）、盛花期（50% 以上花蕾开花）、末花期（80% 以上的花变干或脱落）；使用水银最高最低温度计每天测量蜡梅树冠内的日最高、最低温度，观测冬季寒流对蜡梅花朵造成的冻害，初步确定各变种（品种）始花期对应的最低温度及花朵受冻害的临界温度。

以蜡梅之乡重庆市为参照，比较北京与其在冬季的气候差异，寻求影响蜡梅冬季开花的关键气象因素，从而开展相关研究。

2.2　开花过程花蕾、花朵含水率变化的测定

在蜡梅花期分东、南、西、北、中 5 个方向，分别采集‘十月梅’、素心、狗牙蜡梅的当年生不含花蕾的枝条段、未膨大的花蕾、膨大的花蕾、含苞欲放的花蕾、盛开的花朵、凋谢的花朵，各 5 朵（段），立即测量鲜重，经过烘干至恒重再测量干重，计算绝对含水率。公式：绝对含水率 =（鲜重 - 干重）/ 干重 ×100%

2.3　地表覆盖对开花的影响

2.3.1　覆盖处理对蜡梅花期的影响观测

选择卧佛寺内生长势和栽植环境相似的狗牙蜡梅 3 株，连续 3 年在初冬（11 月下旬至 12 月上旬）土壤上冻之前，分别在树冠投影面积内作地面覆盖处理，材料选用塑料布和草帘，并设不作覆盖的对照。持续观测、记录不同覆盖处理的蜡梅开花情况。花期结束后再撤除覆盖措施。

2.3.2　覆盖处理对温度的影响测定

2008 年 12 月 9 日，分别在 02 时、08 时、14 时、20 时测量 3 株不同覆盖处理的狗牙蜡梅的土壤表面温度（用普通水银温度计测量）、20cm 土层温度（用 20cm 水银土温表测量）、树冠内气温（用普通水银温度计测量）、树干表面温度（用手持式红外线温度测定仪测量），以四个时间点数值的平均值为日均值。

2.3.3　覆盖处理对当年生枝条含水率的影响测定

自 2008 年 11 月至 2009 年 2 月，每月一次采集 3 株不同覆盖处理的狗牙蜡梅当年生枝条，采集时每株分东、南、西、北、中 5 个方向共采 5 枝，每枝长度 20cm。立即测量鲜重，经过烘干至恒重再测量干重，计算绝对含水率 =（鲜重 - 干重）/ 干重 ×100%

3　结果与分析

3.1　蜡梅开花物候及花朵耐冻性观测

通过连续 5 年的观察，除 2009 年底至 2010 年初的冬季遇到 30 年不遇极端严寒和春季“倒春寒”，多个蜡梅变种（品种）花期普遍比往年延后 20 天至一个月，甚至不开花，其余年份卧佛寺内多个变种（品种）花期都比较稳定（表 1）。卧佛寺内多个品种蜡梅的花期自 11 月中旬直至翌年 3 月下旬，表现出较大的差异性。其中‘十月梅’较为特殊，在农历十月（一般在 11 月下旬）就能达到盛花期，通常在 12 月下旬至 1 月上、中旬遭遇低温寒流后，花朵受冻，失去观赏价值。但是‘十月梅’有“二次开花”习性，在春节过后（2 月中、下旬开始）原先没有膨大的花蕾开始膨大开花，再次达到盛花期的景观效果。‘十月梅’名副其实在农历十月开花，即使在遭遇 2009 年底的极端严寒，卧佛寺内的‘十月梅’依然在 2009 年 12 月 2 日（农历十月十六）开始开花。经多年的观测和验证，‘十月梅’花朵受冻害的临界气温是 -8℃，当气温保持在 -8℃以上，已开放的花朵不会遭受明显的冻害，成为真正能在北京地区冬季开花的蜡梅品种。

‘虎蹄’、‘素心’、‘狗牙’的花期偏晚，一般在 2 月中下旬始花，一直持续到 3 月下旬，卧佛寺古蜡梅的花期最晚，要到 3 月上旬才能始花。‘虎蹄’花朵抗冻性强，花朵受冻害的临界温度为 -5℃，而‘素心’为 -3℃，通常‘虎蹄’始花期要比‘素心’早近一周时间。古蜡梅的花朵抗冻性最弱，通常在 2 月下旬至 3 月上旬日最低温度连续 3 天在 0℃以上开始进入始花期，此时若遇 -2℃以下低温寒流，花朵就会受冻害。

将北京与重庆的气象资料相比较（表 2），可见北京冬季严寒、干燥、多风，冬三月（12 月、1 月、2 月）的月均气温都在 0℃以下，比重庆低 10℃以上；月极端最

北京地区蜡梅变种（品种）的花期及花朵抗冻性　　表 1

	始花期	盛花期	末花期	二次花期	始花期对应的最低气温	花朵受冻害临界气温
‘十月梅’	11 月中旬	11 月下旬	1 月中旬	2 月中旬至 3 月下旬	一次始花期 2℃ 二次始花期 -5℃	-8℃
素心	2 月下旬	3 月上旬	3 月下旬	无	-2℃	-3℃
虎蹄	2 月中旬	3 月上旬	3 月下旬	无	-3℃	-5℃
狗牙	2 月下旬至 3 月上旬	3 月中旬至 3 月下旬	3 月下旬	无	0℃	-2℃
古蜡梅	3 月上旬	3 月中旬	3 月下旬至 4 月上旬	无	0℃	-2℃

北京与重庆晚秋至早春各月气象比较（1977 ~ 2000）　　表 2

	月平均气温（℃）		月极端最高气温（℃）		月极端最低气温（℃）		月平均相对湿度（%）		月平均风速（m/s）		月降水量（mm）	
	北京	重庆	北京	重庆	北京	重庆	北京	重庆	北京	重庆	北京	重庆
10 月	13.1	18.6	29.3	35.1	−3.5	6.9	61	84	2.1	1.0	21.8	92.4
11 月	4.6	14.0	22.0	28.7	−10.6	3.3	57	84	2.4	1.0	7.4	45.9
12 月	−1.5	9.3	19.5	18.6	−15.6	−1.7	49	85	2.5	0.9	2.8	24.9
01 月	−3.7	7.8	12.9	18.8	−18.3	−0.3	44	83	2.6	1.0	2.7	19.5
02 月	−0.7	9.5	19.8	23.7	−16.0	−0.1	44	80	2.8	1.2	4.9	20.6
03 月	5.8	13.6	26.4	34.0	−15.0	1.2	46	76	3.1	1.6	8.3	36.2

注：摘自中国气象科学数据共享服务网 http：//cdc.cma.gov.cn。

低气温能下降到 -15℃以下，比重庆低 14 ~ 18℃；月均空气相对湿度只有重庆的一半；月降水量也只有重庆的 1/8 ~ 1/4[4]，这些温度、湿度、水分等条件都严重制约着蜡梅在北京冬季开花。

3.2 蜡梅开花过程花蕾、花朵含水率变化

测定 3 个蜡梅变种（品种）开花过程中花蕾、花朵的绝对含水率（图 1），其变化趋势基本一致，未着生花蕾的枝条段含水率最低，含苞欲放的花蕾和盛开的花朵含水率最高，随着花开败，花朵的含水率快速下降。可见蜡梅开花过程中，水分因素至关重要。若想使花蕾膨大、开花，根系必须能吸收足够的水，并通过枝干内的输导组织运送到花蕾以供开花之需。而北京地区冬季严寒干燥，表层土壤上冻，蜡梅根系生理活动弱，无法吸收充足水分，解决水分运输障碍是促进蜡梅在冬季开花的关键。

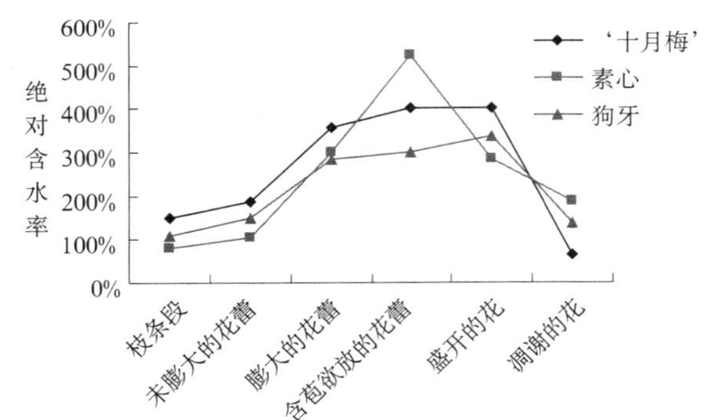

图 1　三个蜡梅变种（品种）开花过程中含水率变化

3.3 地表覆盖对促进蜡梅开花的影响

3.3.1 覆盖处理对蜡梅花期的影响

由于北京地区每年冬季气候都有较大差异，3 个冬季的覆盖催花实验结果也有较大差异（表 3），2008 ~ 2009 年的冬季为暖冬，初冬（12 月）温度高、少降雪，草帘覆盖处理的狗牙蜡梅在 12 月下旬开始开花，持续至 2009 年 1 月遭受强冷空气花瓣全部冻干，在 2 月下旬气温回升后再次开始开花，到 3 月初达到盛花期。经过草帘处理的狗牙蜡梅实现了与‘十月梅’相似的“二次开花”，初步实现了冬季开花。而塑料布处理的狗牙蜡梅虽没有实现“二次开花”，花期也比无覆盖对照提前了 10 天左右。2009 ~ 2010 年冬季极端严寒，各处理（包括对照）狗牙蜡梅均没有开花，但是两种覆盖处理的蜡梅 1 年生枝条抽条程度轻。2010 ~ 2011 年冬季各处理（包括对照）狗牙蜡梅均没有“二

覆盖处理对蜡梅花期的影响　　表 3

		塑料布覆盖	草帘覆盖	无覆盖对照
2008 ~ 2009 年	始花期	2 月下旬	12 月下旬开花 1 月份已开的花均冻干 2 月上旬“二次开花”	3 月中旬
	盛花期	3 月上旬	2 月中旬至 3 月上旬	3 月中旬
	末花期	3 月中旬	3 月中旬	3 月中旬
2009 年至 2010 春	始花期	遭受极端寒冬，花蕾受冻害，全株没有开花，但 1 年生枝抽条程度轻	遭受极端寒冬，花蕾受冻害，全株没有开花，但 1 年枝抽条程度轻	遭受极端寒冬，花蕾受冻害，全株没有开花，1 年生枝抽条严重
2010 ~ 2011 年	始花期	3 月中旬	3 月中旬	3 月下旬
	盛花期	因早春升温快、干旱 约 80% 花蕾抽干 没有盛花期	因早春升温快、干旱 约 80% 花蕾抽干 没有盛花期	因早春升温快、干旱 95% 以上花蕾抽干 没有盛花期

次开花”现象，由于早春升温快没有及时浇春水，各处理狗牙蜡梅受旱开花少，均没有达到盛花期的景观效果，但是草帘覆盖处理和塑料布覆盖处理均比无覆盖对照早开花10 天左右，并且开花量多。初步推断草帘覆盖处理和塑料布覆盖对促进蜡梅在冬季开花有一定效果，其中草帘覆盖处理效果更好一些。但是覆盖处理的促进效果不稳定，容易受冬季强冷空气和降雪少等环境因素影响。

3.3.2 覆盖处理对温度的影响

2008 年 12 月上旬测定覆盖处理对温度的影响（表 4），两种覆盖处理对提升土表温度和 20cm 土温效果明显，其中草帘覆盖处理提升效果更好，日均温度较空白对照分别提升 3.2℃和 3.6℃，这也是促成其于 2008 年 12 月下旬提前开花的原因。但是两种处理对树冠内气温和树干表面温度无提升作用。

覆盖处理对温度的影响　　表 4

		02 点	08 点	14 点	20 点	日均温度
无覆盖对照	20cm 土温（℃）	2.5	2.5	3	1.5	2.4
	树冠内气温（℃）	1.1	−3.2	−3.5	5	−0.2
	树干表面温度（℃）	−0.3	−3.4	−3.7	1.7	−1.4
	土表温度（℃）	−4.5	−4.5	−4.6	−1.6	−3.8
塑料布覆盖处理	20cm 土温（℃）	5.5	5.5	5.5	5.5	5.5
	树冠内温度（℃）	1.7	−3.3	−3.2	5.5	0.2
	树干表面温度（℃）	0.6	−2.8	−3.6	2.8	−0.8
	土表温度（℃）	−1.2	−3	−1.5	1.4	−1.1
草帘覆盖处理	20cm 土温（℃）	6.0	5.5	5.5	7.0	6.0
	树冠内温度（℃）	1.4	−3.6	−2.9	4.9	−0.1
	树干表面温度（℃）	0.4	−3.3	−3.1	2.4	−0.9
	土表温度（℃）	−1.5	−2.0	−0.7	1.9	−0.6

注：数据测量于 2008 年 12 月 9 日。

3.3.3 覆盖处理对冬季当年生枝条含水率的影响

测定两种覆盖处理和无覆盖对照的冬季当年生枝条绝对含水率（图 2），其变化趋势相近，都是从 11 月至 12 月上升，而在最寒冷的 1 月份急剧下降，至 2 月份再回升。但是草帘覆盖处理的枝条含水率变化幅度小，绝对含水率始终保持在 90% 以上，保持枝条较高的含水率有利于在冬季温度回升后开花。而塑料布覆盖处理和无覆盖对照的绝对含水率在 1 月份都降到 70% 左右，其中塑料布覆盖处理变化幅度最大，其原因尚需进一步分析。

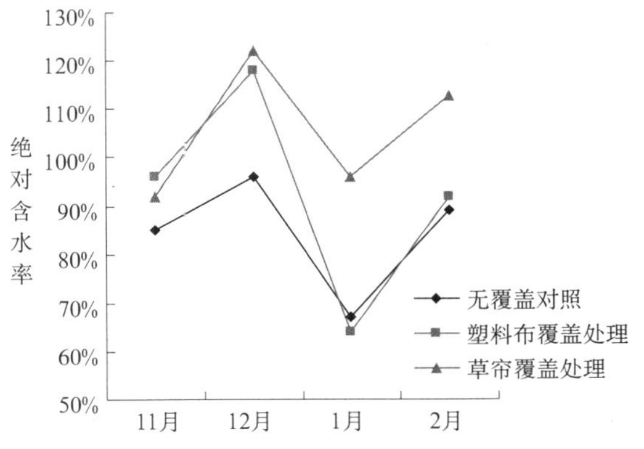

图 2　覆盖处理对冬季当年生枝条含水率的影响（2008 年 11 月至 2009 年 2 月）

4 讨论

蜡梅在重庆、成都等南方地区通常在 11 月下旬至翌年 2 月上旬的整个冬季开花，北京由于冬季气温过低，露地栽植的蜡梅通常在 2 月下旬开花，并不能真正在冬季开花。此外在蜡梅栽培中还存在冬季严寒使蜡梅地上部枝干受冻死亡，花蕾在冬季容易被冻干而不能开花，早春升温过快致使花蕾尚未完全膨大就发芽长叶等不良现象。

卧佛寺内‘十月梅’于 1996 年引自河南省鄢陵县，在北京已生长 10 余年，逐渐适应了相对寒冷的气候，自 11 月中下旬（农历十月中下旬）开始开花，翌年 2 月中旬还有“二次开花”习性，成为北京地区露地栽植能够冬季开花的蜡梅品种（图 3）。而近几年从河南鄢陵新引种的‘十月梅’幼苗，并没有表现出很好的适应性。因此应当深入研究卧佛寺‘十月梅’冬季开花的机理，以便逐步应用推广此品种。

通过栽培实验，发现水分和温度是影响蜡梅冬季开花的 2 个关键因素。草帘覆盖能有效保湿，增加土壤温度，保持枝条相对高的含水率，可以促进蜡梅提早开花，多开花，塑料布覆盖也有一定的促进作用。近两年来对卧佛寺内的素心、虎蹄等蜡梅变种采取了冬季覆盖措施，对于冬季提早开花也有一定促进作用。借鉴实验结果，初步总结出北京地区露地栽培蜡梅技术，包括选用株龄大、地径粗、抗冻能力较强的蜡梅苗；栽植地点选背风向阳之地，并要

图 3　卧佛寺内蜡梅冬季斗雪而开

求土壤疏松、肥力足且透水性好；适当晚浇冬水，早浇春水；新栽蜡梅冬前树干裹草绳和无纺布以保暖，栽植地覆盖草帘加塑料布，以提高土温，保持枝条含水率，以促进提早开花、多开花。

在几年的蜡梅栽培和管理中，注意到多种因素对蜡梅生长以及冬季开花产生影响。栽植蜡梅应选择背风向阳的场所，北面和西面应有建筑物以遮挡冬季的西北风，若无建筑物挡风，则应在入冬之前搭风障。蜡梅为喜阳树种，栽植地过于遮荫会使蜡梅生长缓慢，花芽分化少，经实践验证蜡梅栽植地日均日照时数不应少于 6h。蜡梅虽然对土壤要求不严格，但在微酸性的疏松土壤中，蜡梅根系生长更旺盛，且疏松、腐殖质多的土壤最大持水量高，土壤解冻的时间通常比普通土壤提前 1 周至 10 余天，有利于蜡梅提早开花。在深秋至初冬多次浇足冬水，在冬末至早春提早浇春水，可以提高土壤含水率，保证蜡梅在开花过程中根系能吸收充足的水分，对于促进蜡梅提早开花、多开花的效果十分明显。当然，采取合理的修剪、施肥措施，保持蜡梅健康生长，也是蜡梅冬季开好花的基础。

参考文献

[1] 赵冰 . 蜡梅种质资源遗传多样性与核心种质构建的研究 [D]. 北京 ：北京林业大学，2008.

[2] 北京植物园管理处 . 北京植物园志 [M]. 北京 ：中国林业出版社，2003.

[3] 陈俊愉，程绪珂 . 中国花经 [M]. 上海 ：上海文化出版社，1990.

[4] 中国气象局，国家气象中心 . 中国气象科学数据共享服务网 [DB/OL]. http ：//cdc.cma.gov.cn.

北京市免票公园可持续发展研究

北京市紫竹院公园管理处 / 徐　新

摘　要：免票公园作为公园管理的新模式，随着时代的发展应运而生，给城市居民带来更多的好处，且随着城市免票公园的发展和演变，其对于中国当前快速城市化进程中的城市绿化建设具有重要意义。公园免票对市民开放，既是政府的德政工程，也是广大市民的迫切愿望。然而相对传统的收费制、封闭式公园管理模式，免票公园的建设与发展也面临着新的挑战。因此，积极探索免票公园的可持续发展的机制与对策，具有重要的现实意义。

关键词：免票公园　可持续　发展

城市公园实行免票管理是社会进步与发展的必然需求。在很长的历史时期内，我国的公园实行封闭式管理。随着改革不断深化，开放进一步扩大，国民经济和社会快速发展，人民生活水平不断提高，城市功能日趋完善，这种传统的管理方式已不能适应社会发展的需要，许多大中城市纷纷打破了原来的管理方式，实行免票管理，这是顺民心、合民意的举动，不仅赢得了广大市民的赞誉，也提高了政府的形象。但这无疑给公园的管理带来很大困难。与封闭性公园相比，免票公园在管理上存在更大的难度。

目前，北京市共有 178 个公园，其中只有 39 个是收费公园，其他公园都免票对市民开放，取得了良好的社会效益和生态效益。

1　国内、外免票公园的现状

从国外看，英国、美国、日本等发达国家的大部分公园、城市绿地、广场实行了免票开放。例如，英国的一些公园、图书馆，甚至包括大英博物馆在内的许多公共场所基本上都是免票开放的，收费的主要是王室产业和名人故居。纽约的中央公园、佩里公园、利顿豪斯广场公园、河岸滨水公园等都是开放的城市公共活动空间，只有迪士尼等商业投资的主题公园收取门票。在日本，公园和自然景观也基本上是不收费的，在日本东京，公园的总数达到一万，其中免票的公园就有 6000 多个，而世界文化遗产景点、历史文化古迹和人文景观则只是象征性的收费。

从国内看，上海、郑州、武汉、北京、杭州、广州、石家庄、沈阳、长春、深圳、宁波等城市公园免收门票早已成为民心工程的一部分，并取得了成功的经验。上海 141 座公园，除豫园等 16 座古典园林之外，其余的公园已经基本上免票开放。郑州市几年前就全部免票开放了城区所有的公园。武汉市除武汉中山公园外，其余公园都实行了免票开放。杭州市 110 多个公园中 2/3 已免票开放。广州市也逐步实行免票入园，全市 173 个公园中已有 133 个免票开放。石家庄，现有 25 个公园中有 19 个于 2001 年 2 月 5 日开始免收门票，目前只有植物园、动物园、水上公园、华北烈士陵园等 6 个公园收取门票。沈阳市，除少数国家重点保护文物景点外，所有公园均免票开放。长春市，除植物园、动物园，市内其他公园全部免票开放。深圳市，除仙湖植物园外，深圳的100多个公园全部向市民免票开放。至2005年宁波市40多所公园全部成为免票公园。

2 紫竹院公园管理现状

2.1 紫竹院公园概况

“紫竹院”本是明代的一座庙宇，为“万寿寺”之下院。院后是源于玉泉山瓮山泊的古河道——长河。清乾隆年间疏通河道，整修苏州水街，因庙中供奉观音，遂改名为“紫竹禅院”。后为便于帝后在此乘船途中休憩，在院之西侧增修行宫，隶属内务部管辖。清光绪十一年（1885年）重修，改名为“福荫紫竹院”。海淀区政府1992年公布其为“海淀区文物保护单位”。

紫竹院公园位于中关村高科技发展园区南部龙头位置，是市属公园之一，隶属于北京市公园管理中心，属差额补贴事业单位。全园占地45.73hm^2，其中陆地面积29.84hm^2，水面面积15.89hm^2，绿地面积25.63hm^2，建筑面积2.1hm^2，路面、广场铺装面积3.73hm^2。全园现有在职职工398人。

紫竹院公园自1976年6月1日开始实施售票至2006年7月1日停止售票，售票时间30年零1个月。期间共经历了3次门票价格调整：第一次1982年5月2日，门票由最初的0.02元调整为0.05元；第二次1991年1月2日，门票由0.05元调整为0.30元；第三次1999年10月8日，门票由0.30元调整为2.00元。

2.2 公园开放后管理方式的改变

紫竹院公园在很长的一段时期内进行封闭式管理，通过收取门票限制游人的进入量，以维护和修缮公园的设施。随着公园开放，大量的游人涌入公园，特别是低收入人群的进入，对公园的承载力形成新的挑战。其特点是：①游客数量突然增加，成分复杂；②园内设施被破坏严重，修复困难；③植物和公园设施老化更快，更新压力很大；④经费依靠政府拨款；⑤公园开放以后，管理人员的素质要求进一步提高；⑥管理方式由过去的阵地管理模式变成监控中心、定点管理和区域化巡逻管理相结合的管理方式。

3 公园免票开放带来的管理问题

3.1 公园养护管理资金来源方式的转变问题

公园免票开放失去了原有的门票收入，公园养护管理经费由原来的门票收入加财政补贴模式，转变为全部由政府财政支出，而公园的基建维修项目依靠年度计划向财政提出专项申请。

3.2 公园养护管理成本提高的问题

公园免票开放后，由于没有了门票的限制，游客进出公园的随意性加大，游客流量迅速增加，而公园休闲设施数量相对固定，这势必增加公园内设施的承载量次，使一些公园设施超负荷运作，造成设施使用寿命缩短，而一些素质较差的游客，更会对公园设施造成损害，增加了公园的管理成本。另一方面，由于近年来物价上涨和工人最低工资调整等因素，公园养护成本也随之上涨，而公园的养护定额从20世纪90年代直至现在，20年来没有变化过，这无疑也是一种费用的变相增加。

3.3 游客量剧增，管理难度加大

公园免票开放后，单位时间内游人量剧增，导致安全隐患增多，其中部分游客素质较差，乱扔乱踩。如节假日期间，来游玩的人用报纸、胶袋等垫坐于草地上吃东西，人走时报纸、胶袋等垃圾便开始随风四处飘飞，这对公园保持清洁的环境造成了不利的影响。公园周边全是居住小区，周边的游客一早就来公园进行早锻炼——跳舞，其音乐的声音过大，影响了周边居民的休息，管理部门时常接到周边居民的投诉电话，调和这种矛盾也给公园管理带来了一定的难度。游客的剧增，致使树木、花坛、草坪和园艺设施及一些基础设施反复受损，养护不足，公园管理成本急剧增加。同时公园免票开放后，一些无业游民也会视公园为理想的“休息地”，给治安工作带来困难；公园管理者由于权力有限，对发生在公园内的不文明行为只能善意劝阻，效果不明显。

4 探索公园免票开放后可持续发展对策

公园免票开放不仅是政府为民服务的实事工程，也是新时期建设现代化城市的必然要求。然而每一种新机制的运行，必然会出现新的情况和问题，公园经营主管部门应针对新的情况和新问题，积极探索公园管理新机制，把免票开放这项实事工程办好办实。

4.1 “公共产品”是免费开放公园的实质，公园免票需要政府财政全额投入，由政府购买服务

公园的公共设施是一种公共物品，需要较大的投资，而作为公共设施具有公益性，不可能在建设后，通过日后的使用和消费来实现经济收益，随着其交付使用，日常养护和损耗还需要继续投入。政府管理部门应该从公益事业的社会效益角度着手，一如既往地对这些公共设施的不断完善提供有力的投入和保障，同时还要根据社会的发展和市民不断增长的需求，有计划的更新和增加公园的公共设

施。有些设施在游客的使用过程中要求不断的维护，像儿童游乐设施中的一些器械就需要不定期的更换，来保证使用的安全性。

以紫竹院公园为例：①免票后用于基础建设的费用增幅显著，其中公园道路广场铺装费用由 2006 年 200 万元增至 2009 年 899 万元，铺装面积由 2006 年 8300m^2 增至 2009 年 31200m^2；公园房屋维修费用由 2005 年 46 万元增至 2009 年 128 万元，即便如此仍不能完全满足游客需要。②公共服务设施成本提高。公园免票后，由于没有了门票的限制，游客进出公园的随意性加大，游客流量迅速增加，针对这一情况公园新增路椅 60 把，果皮箱 77 个，牌示 60 块。尽管设施增加，仍无法满足游客需求，公园设施均存在超负荷运作的现象，而一些素质较差的游客，更会对公园设施进行损坏，造成设施使用寿命缩短，设施破损率从 2005 年的 18% 上升至 2009 年的 33%。③绿地养护成本提高。

作为综合性公园，应有合理的动静分区，园内需要健身场地，也需要安静休闲区。公园的经营活动，是作为公园服务功能的拓展，为广大旅客服务的项目，与社会上纯粹的经营活动有本质区别。公园在满足观众基本需求的同时，注重结合自身特点，发掘文化内涵，向观众提供特色服务，历经多年，有些已形成了一定的品牌效应。根据不同层次的游人需求，设立一定的收费服务项目，既扩大了服务层面，又可为公园提供部分资金。

4.2 公园免票开放应量力而行

公园免票开放已是大势所趋，但无论在发达国家，还是发展中国家，公园免票开放都不能搞一刀切，宜收费则收费，宜免票则免票，宜限流则限流。公园是否免票开放要看公园的性质与类型。动植物园需要维持动植物特定的生活生存环境，特别是名贵的动物、植物，如果游人过多，不利于动植物正常生长。有的公园拥有一定的历史文化遗产，需要加强保护，本身运行的费用较大，适当的收取门票可以弥补公园的开支，还能限制客流量，使公园在良性的环境中发展。因此诸如植物园、动物园、名胜古迹、文化遗产以及需要特殊保护的公园景点免票开放应该谨慎行事。

4.3 公园开放与安全管理

公园免票开放、游人骤增，且滞留公园时间延长，如何确保游客的人身安全，公园的安全保卫工作显得尤为重要。在实践中，我们在公园主要位置设置各种引导和警示标志，为游人提供预警。例如：这里山石危险严禁攀爬、水深严禁游泳、此处有电、注意安全等宣传标志，同时加强公园安全巡查，责任到人，杜绝安全隐患。这样，有了事先告知的预警，加之安全巡查，既可以减少事故的发生，又能使游人一旦遇到意外时，将损失降到最低程度。因地制宜，限时开放，免票公园地形有平坦的、有山地形的。对地形起伏有变的，不能一眼望穿的免票开放公园能否根据人们的生活规律，对此类的公园夜间限时开放，以确保公园的安全等。

4.4 公园开放与卫生保洁管理

公园免票开放，在极大方便市民游客游园休闲的同时，日常垃圾量较之开放前有了明显的增加，卫生保洁的难度无疑大大增加。公园的免票开放是对公园的管理水平、管理能力的考核。为使公园的环境整洁干净，管理方除需投入更多的人力、财力、精力，加大卫生保洁力度外，还应制定更加详细全面和可操作性的保洁方案，结合公园开放卫生管理的实际，提出了更高卫生标准和更快时效性的保洁要求，确保园区的环境卫生在任何时段内、任何情况下、任何地点上都保持清爽干净。

以紫竹院公园为例：免票前，公园平均每天打捞湖面垃圾 0.25t，清理垃圾约 4t。免票后，公园平均每天打捞湖面垃圾约 0.5t，每天清理垃圾约 6t，园容保洁量上升约 42.2%。公园的厕所保洁工作量也随之增加，公园新建及改建厕所 6 处，增加坑位 80 个，确保 250m 内有厕所，抽粪次数同比增长 50%，公园由 35 名保洁人员增至 64 人。

4.5 深度挖掘园内文化，凸显景观特色，体现出园林文化内涵及多样性

加强公园和谐文化建设要广泛开展群众喜闻乐见的文体活动，打造行业文化活动品牌。在公园内，广泛开展摄影、书画、舞蹈和拳操类活动等。公园免票开放后，成为广大市民和相邻社区的大众休闲娱乐场所，要发挥出这一特色，把公园的管理与社区文化结合起来，如与相邻的居委会或街道联合，利用公园内现有的设施，开展适合社区老年人或广大市民的志愿者之家活动——摄影书画艺术活动、读书会活动、歌舞戏曲活动等文明健康的活动。通过提供服务来加强公园的管理，既解决了社区活动场地不足的困境，又拓宽了公园管理的新思路，还能促进公园更好地发挥为社区服务的作用，体现公园作为公益事业的辐射作用，使公园的管理和服务更上一个新台阶。

4.6 功能性质应符合现代城市的发展需要

城市公园改善了城市空间环境质量，从而为游人、市民提供多种物质功能和精神感受的空间环境。因此，城市公园的形式与功能应随时代的发展而发展，应适应游人的生活方式和游人量上不断变化的要求。根据不同公园的地理优势和景观特色，合理布置以适应现代城市发展的需要。城市公园毕竟不同于风景旅游区，其景观的特征、服务对

象、功能设施等应满足当地城市居民的需求；因受社会生活方式的丰富多样的影响，游人进入公园不再是某种单一的活动方式，而是多方面的需求，从而引起公园的功能性质发生变化。这样，城市公园的整体规划布局应不断完善以适应城市发展的需要，通过景观的不断创新来满足游人的需求变化。

4.7 加强环境宣传力度

公园免票开放后游人增多，游客的素质高低不同。由于游客素质低而导致的对公园设施、环境破坏的现象屡见不鲜，因此文明游园显得尤为重要。公园可以通过广播、报纸及公园的宣传栏等多种方式进行宣传，提高游客爱绿、护绿、卫生、环境保护意识。公园也要实行人性化管理，给游客一些热心提示，引导游客文明游园。逐步使爱护花草树木、不乱扔垃圾、不随地吐痰、自觉维护公共设施、使用文明用语等文明行为成为游人的自觉行动。久而久之，文明游园被游人广泛接受，也会相应提高市民素质，提升城市整体文明形象。

4.8 完善法律法规，有法可依

目前我国尚未建立《公园法》，北京市政府制定的《北京市公园条例》的部分内容已不能适应公园管理的现状，对游客的约束力不够，没有强制性的法律法规，使公园管理缺乏依据，造成公园免票后入园兜售、散发小广告、保险人员呈爆发性增长，而公园在管理过程中经常发生保安人员乃至公园职工被游人殴打。如果政府能及时编制并发布公园管理规章和地方性法规，将会为公园系统管理体制的建立和运作提供有效保证。

总之，公园免票开放是个大趋势，今后我国免票公园的数量将继续扩大。对于目前免票开放给公园管理带来的诸多难题有待政府、管理者和市民共同探讨，而最终的目的只有一个，就是让市民更好地享受高质量的公共服务。

以颐和园排云殿建筑群内檐修缮实践为起点的中国传统建筑内檐棚壁糊饰工艺应用的初步研究

北京市颐和园管理处 / 秦　雷　王敏英　毛金陵

摘　要：该论文以颐和园排云殿建筑群大修工程中实现恢复皇家内檐棚壁糊饰工艺为主要研究内容，对排云殿建筑群内檐棚壁糊饰从面纸、内层纸、施工工艺等方面进行现场勘察与科技考古，并形成了有一定深度的经验总结。按照继承而不泥古的原则，在清醒认识排云殿等园内古建殿堂现存棚壁糊饰工艺缺陷与不足的基础上，努力探索为其注入丰富的传统科技内涵，从而在挖掘和传承传统棚壁纸张糊饰工艺的基础上进一步提高了科技含量，较好地恢复了古建筑内檐装饰的历史风貌，达到了延年益寿的目标。

关键词：内檐棚壁糊饰　排云殿

相比起古建筑的砖木、油饰、彩画等，古建筑的内檐棚壁糊饰是一项以前不为人们重视和传承的传统工艺，基本已经逸出了当今一般的古建修缮专业队伍的业务和管理内容之外。排云殿景区是颐和园的核心古建筑群，经国家文物局批准，2005 年开始对该景区建筑进行颐和园列入《世界遗产名录》以来的第一次大修。大修的范围不仅包括了砖木、油饰、彩画等项，内檐棚壁糊饰也成为一项必要内容。在排云殿大修工程中，颐和园开展科技考古与攻关，以期挖掘传统工艺，恢复排云殿建筑群内檐顶棚墙壁的历史面貌。

1　排云殿现存棚壁糊饰的纸张材料、纹样及工艺的调查分析

搜集揭取排云殿建筑群遗存纸样并进行材料质地、纹样及工艺等分析是开展工作的基础。

1.1　材料、纹饰的调查分析

清亡后，排云殿景区建筑经历了几次修缮，加之过去对棚壁纸张还处于一种功能性认识的阶段，未将其作为历史文化遗存加以保护和留取资料，给今天恢复工作带来了困难。据《颐和园志》记载：排云殿景区于 1956、1962 年、1987 年、1992 年都进行过不同程度的修缮；另外我们进行了口碑调查，据一位退休的老同志回忆他曾经在 20 世纪 60 年代，裱糊过排云殿和部分配殿的顶棚和墙壁。在施工前取样时，文物部人员只取到正殿内顶棚上遗存的极少部分原状内层纸样（图 1），而未收集到确凿的原状遗存面纸。

将在排云殿取到的内层纸样清洗揭开，可看到原状为 7 层纸张，1 层棉布（非手工纺织），基本可推断该内层纸样为晚清遗存。外层面纸为无花大白纸，在大白纸下面发现了小片建国后出版的报纸，可以推断为后人粘贴；在配殿墙壁上依稀见到“酱色葵花纹”、“延年益寿纹”、“福寿三多纹”、“卐字纹”等不完整的纸迹。经过分析认为，所见葵花纹饰粗细不一，刷印不匀，几种面纸的纸片摘取即碎，与建国前后生产的粗糙再生纸相同。

鉴于施工前取样环节中，在排云殿景区未找到确切的清代内檐面纸，因此对我们仿制工作的参考价值十分有限。

图 1　排云殿正殿顶棚所取内层纸样

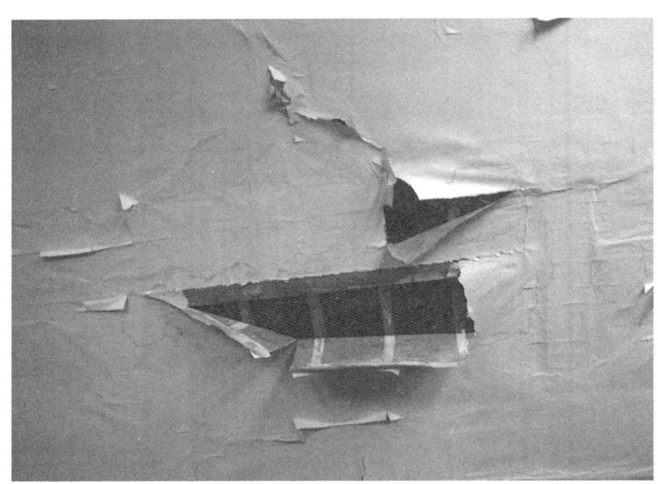

图 2　底纸只是与很窄的白堂箅子木框平面粘贴

1.2　对遗存纸张工艺状况的调查分析

（1）内层纸和面纸为廉价而不耐久的材料。这些易老化、本身不能延年的材料直接影响棚壁的强度，抵御四季气候变化的能力极差，耐久延年就更无从谈起。

（2）传统棚壁糊饰技术中，“扒蹬”是一道重要工序，是能否使纸张与白堂箅子牢固结合的关键环节。但在调查殿堂棚壁破损状况中没有发现“扒蹬”的做法。顶棚底纸只是与很窄的白堂箅子木框平面粘贴，这样裱糊的顶棚不具备抗张功能（图 2）。当温湿度变化时很容易造成顶棚与白堂箅子大面积分离，导致顶棚整体下垂，即便选用了耐久的棚壁材料，也会影响顶棚的寿命。

（3）不合理的维修方法，对棚壁的质量有直接影响。维修破损棚壁时，只更换外层纸张，不解决内层纸张与木箅分离的问题，导致外层纸张逐年加厚，顶棚纸张的自重使脱离白堂箅子的速度加快（图 3）。此种“治标不治本”的做法难以起到维修的作用，大都在裱糊的纸张干燥后，顶棚就陆续崩裂。

（4）使用不适宜的化学糨糊或面粉糨糊、糨糊调制不当，都会影响棚壁的耐久性。近些年，内檐棚壁糊饰的粘合剂大部分使用化学糨糊，早期也多使用面粉直接制糊。从排云殿取到的顶棚纸样看到，顶棚材料为 6 层内层纸，1 层棉布，1 层面纸。与白堂箅子结合的第一层纸张上面糨糊刷得很厚，虽然距今已有百年，仍然可以看到糨糊厚度竟达 1mm。分析当时用糊过厚的目的，可能是在不做扒蹬工序的情况下，为了增加纸张与木箅平面结合的牢度而采取的补救措施。但是，客观上用糊过厚不仅影响棚壁的质量，而且给害虫提供了良好的生存环境，也给微生物的滋生准备了充足的营养物质。一旦害虫和微生物蔓延，给建筑和殿内文物带来的威胁就更加严重（图 4）。棚壁选材和操作不当是导致排云殿内拟裸蛛甲等虫害产生的重要原因之一。

图 3　错误的维修方法——局部表面贴补

图 4　棚壁选材和操作不当也是导致古建筑发生虫害的主要原因之一

1.3 调查结论

通过调查分析认识到：古建内檐顶棚墙壁裱糊问题一直未被提高到如同大木、砖石、油饰彩画维修同等的重视程度和技术规范。在现实的利用和维修中，往往对古建内檐棚壁糊饰工艺的认识偏重在其功能的现实使用上，而在材料、纹饰及工艺上相对随意。对技术性与无形文化内涵的部分则未加以充分注意，历次裱糊基本是以清洁见新为目的。棚壁选材受到资金和传统产品等多方面的制约，基本使用的是不耐久的材料；由于历史上的多种原因和局限，传统技术在传承中趋于民间化，并且在传承过程中将有误的操作方法重复使用和延续，将原工艺所具有的部分科学含量丢失，直接造成了古建内檐装饰无论从工艺还是材料上都已经渐失传统工艺的真意。

2 对传统棚壁糊饰工艺的初步整理

经过查阅相关资料和向古建单位技术人员请教、考察古建棚壁、取样分析等技术考古工作，我们大体弄清了传统棚壁糊饰工艺的主要材料、工艺流程及技术特点的等内容，为在排云殿工程中应用该项技术工艺打下了坚实的基础。

传统棚壁糊饰工艺是指：用纸张裱糊装饰传统木构建筑内的顶棚墙壁以及门窗缝隙的封护，并在长期流传过程中形成的带有规范或一定模式的裱糊技术。我国北方古建筑的内装修，大都采用这种裱糊装饰方法，尤以清代盛行。清雍正十二年（1734 年）颁布的《工程做法》营造中被列为裱作，与“木作”、“油作”并列于古建内檐装修的范围，棚壁糊饰是其中的一个重要组成部分。至民国时期，裱糊顶棚在民间形成大行业，据建国初期统计，北京有三百多家。但这时的民间裱糊行业与清代宫中棚壁糊饰工艺在诸多方面都有很大差异。20 世纪末，国家文物保护相关机构将该项技术称为“中国古建筑室内装修装裱技术”。21 世纪初，又将该项技术与中国书画装裱修复、囊匣制作同时列为“中国传统装裱技术”中，并被归属于无形文化遗产的范畴之内。

2.1 宫廷建筑的棚壁装饰形式

根据建筑和用途大致分为以下几种：与外檐装饰一样的油子彩画（如故宫三大殿）；细木包镶、雕刻烫蜡与纸张裱糊相结合（如颐和园排云殿）；全部为通景贴落（如故宫倦勤斋）；顶棚上镶边、足花、四壁皆白（宁寿宫、坤宁宫）。大型建筑造型有平棚、开天窗、三锭形式。小型建筑有平棚、卷棚、三锭式、藻井海棠；屋顶构造大致有木格和秫秸秆 2 种。木格构造的由木工制作，称为白堂箅子，裱糊工匠称其为“顶格”。秫秸秆箅子是用一种节小而直的高粱秆扎起来的，由裱糊工所作。墙体大致有：在砖墙上安装内衬封护木版后外糊纸张；在砖墙上直接封护纸张；将白堂箅子竖起来装在隔墙位置处，扒蹬后封护内层纸和面纸。

2.2 传统棚壁糊饰工艺的材料

据雍正十二年（1734 年）注录中记载：纸张有山西纸、白棉榜纸、白栾纸、蜡花纸、裱料、高丽纸、连四纸等。乾隆年间，出现倭子（日本）纸的记载。嘉庆年间，又有官倭子纸。清末民初，打底子的纸用麻呈文，然后用高丽纸、毛边纸、大白纸、银花纸。使用面粉水冲法制作的糨糊，不提取面筋，加明矾。工序为打底儿、加麻纻布、封护纸、面纸。在排云殿取得原顶棚内层纸样为宣纸、高丽纸、棉布、面纸。

3 对清代宫廷内檐棚壁纸样进行系统搜集与分析选择

在未获得确切的清代排云殿用内檐棚壁纸样的情况下，鉴于颐和园内没有发现与排云殿地位、功能相当的建筑内檐清代纸样，我们专程走访故宫寻找依据，故宫保留了大量清代棚壁糊饰的遗迹，为我们研究清代宫廷内檐棚壁糊饰工艺提供最直接的参考材料。

（1）实地考察中，搜集到宫殿内檐现存面纸和照片资料主要有以下几种：倦勤斋绿色小团龙卐字不到头银印花地面纸（图 5）、养性殿、延趣楼内绿色小枫叶面纸（图 6、图 7）、乾隆时代佛堂建筑内装饰缠枝花卉卐字不到头银印花面纸（图 8）、翠云馆装饰浅绿色松针卐字不到头银印花面纸（图 9）、养心殿装饰延年益寿银印花面纸等；另外，我们还在乾隆时的宫廷画家绘画的宫廷建筑中发现了绿色大团龙纹面纸《乾隆妃古装画轴》（图 10）。

图 5 故宫倦勤斋内小团龙卍字不到头银印花纸

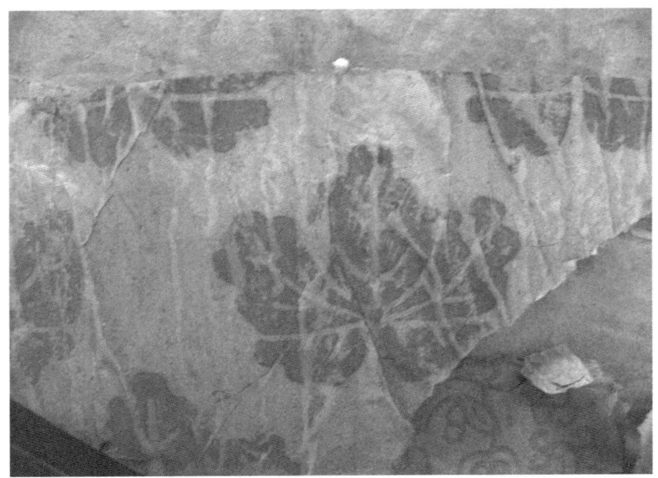

图 6　养性殿小枫叶纸样

图 7　延趣楼缠枝花卉面纸

图 8　乾隆时代佛堂建筑内装饰缠枝花卉万字不到头银印花面纸

图 9　翠云馆装饰浅绿色松针万字不到头银印花面纸

（2）使用以上纸样的宫殿，其时代、级别不一，功能也各有不同。如使用绿色小团龙卐字不到头银印花面纸的宫殿有倦勤斋、延晖阁、延趣楼、养性殿、建福宫、宁寿宫内符望阁等处。级别和使用功能各不相同，既有休闲的建筑，也有重要的高级建筑。如倦勤斋是乾隆皇帝为自己退位后准备的一处重要建筑，装饰极其精美华丽；使用绿色缠枝花卉卐字不到头银印花面纸的则有二处乾隆时期的佛堂建筑；同时，先后从倦勤斋、延晖阁、延趣楼取到清代小团龙银印花、小枫叶面纸实物样品。每处为不同朝代的 5 ~ 6 块，三处取到纸样实物大约 15 块以上。故宫专家介绍所取纸样是乾隆年间至光绪年间的。通过逐层揭取分析，证明这些纸样的使用时间是贯穿乾隆至晚清的。

（3）通过故宫专家，我们取到了绿色小团龙卐字纹银印花面纸、益寿延年纹面纸、绿色缠枝花卉卐字纹银印花面纸完整的印花面纸标本，这 3 种面纸是建国初期根据清代制版手工刷印的，载体为再生纸。因此我们认为，凡是再生纸载体的面纸产生较晚，不一定是清代遗存。

我们将获取的故宫各类纸样结合排云殿实际情况进行了分析比较，并最终作出选择：

（1）比较：鉴于排云殿是颐和园内最重要的建筑，故将其与故宫三大殿进行比较。我们认为，排云殿与故宫的标志性建筑三大殿等在建筑规格上有着很大的差别：三大殿为藻井天花，四面皆为菱花窗扇，不存在棚壁糊饰问题；皇极殿、乾清宫等为井口天花，顶棚也不存在纸张裱糊的做法。据《颐和园志》载：排云殿为海墁天花，廊内隔井天花；芳辉殿、紫宵殿为海墁天花；德晖殿为木方格天花。我们现场查看排云殿、四配殿、德晖殿内檐顶部原状木架，与《颐和园志》记载相符，为海墁天花和木顶隔天花，在德晖殿内还发现秫秸秆顶隔。这说明排云殿的建筑级别和装修水平不仅远远低于故宫三大殿，甚至还低于故宫内不少相对次要建筑的级别，甚至有非常粗糙的工艺存在。如在德晖殿内发现的秫秸秆顶隔（图 11），在清宫盛时是用来处理较低级别的建筑的工艺做法。排云殿建筑群的这种情形可能是由颐和园为园林的性质以及晚清时期的国力和工艺水平大为下降等原因造成的。

（2）认识：在延趣楼所取清代历代面纸实物样品发现的 6 层叠粘的面纸中，前后面纸为小团龙图案，中间的一层却是小枫叶图案的印花面纸（图 12）。通过这个信息我们推测：同一建筑同一室内历代所用面纸未必相同或前后一律，统治者有可能出于材料短缺或口味不同的原因换个花样。

（3）选择：通过以上了解，我们认为可以适用于排云殿建筑内面纸的纸样难以确定唯一性，卐字纹银花纸、益寿延年银花纸、绿色小团龙卐字不到头银印花纸等应该皆可使用，至少都不抵牾，无论上述哪种面纸都可以反映清代重要殿堂建筑内檐装修的面貌和内涵。最后，鉴于排云殿工程需要在即，为了大幅度缩短工期和节省科研经费，我们选择了美国世界遗产基金会捐助的故宫倦勤斋维修项目正在进行的阶段科研成果——安徽潜山的传统作坊生产的仿乾隆高丽纸为内檐棚壁糊饰的内层纸张材料和河北生产的绿色团龙卐字不到头银印花纸面纸。

4 技术改进与提高

研究实践中，我们觉察到传统的棚壁糊饰工艺也并不是尽善尽美，按照继承而不泥古的原则，有必要在其不足之处予以改进，在继承传统工艺的同时发展传统工艺，在

图 10 乾隆妃画轴

图 11 德晖殿秫秸秆棚架子

图 12 夹在小团龙纸中间的小枫叶纸

保存古代遗产的本来面目的基础上增加其延年性。

4.1 选材

4.1.1 内层纸张

选用故宫博物院研究监制的仿乾隆高丽纸。乾隆高丽纸生产于乾隆年间，是一种 100% 的桑皮纤维为原料的手工纸张。其抗张强度、耐折度、撕裂度等指标非常良好，pH 值呈弱碱，属于耐久的纸张材料。这种纸张在清代中期后不再生产。近几年，故宫将此种纸张研究仿制成功，各项指标与乾隆高丽纸接近，其中抗张强度超出原纸指标。排云殿采用这种耐久的传统技术手工制作的桑皮纸，即保留了相关的传统技术信息，也为棚壁的延年提供了不可缺少的物质基础。

4.1.2 面纸（印花纸）

面纸选择绿色小团龙卐字不到头银印花纸。但直接使用故宫倦勤斋的小团龙面纸仿制成品的计划却出现了困难，因为故宫的成品完成期晚于颐和园工程的要求期限，工期紧迫不容等待故宫的成品出来。为了确保工程需要，我们决定独立进行该纸的仿制工作。

我们找到早年为故宫制作手工刷印面纸的厂家。试制中，发现该厂的所谓“传统工艺”，因为技术断裂、市场需求、成本等多种客观原因，建国以后生产的银印花纸在载体、施胶、色素等方面都发生了很大变化，更多注重降低成本、增加产量方面。产品虽然还是通过手工制版和刷印完成，但已经不是完全意义的传统工艺。我们在监制过程时，要求和指导刷纸厂改变载体，选材尽量接近清代选材标准，使用耐久的手工宣纸；改变施胶的代替材料聚乙烯醇，恢复传统的施胶材料和配方；保留了传统的“银粉”材料、传统木质手工雕刻膜板工艺和传统的手工套版刷印等工艺（图 13 ～图 16）。

图 13　香河手工刷印车间

图 14　香河刷印工具

图 15　排云殿用小团龙木刻版

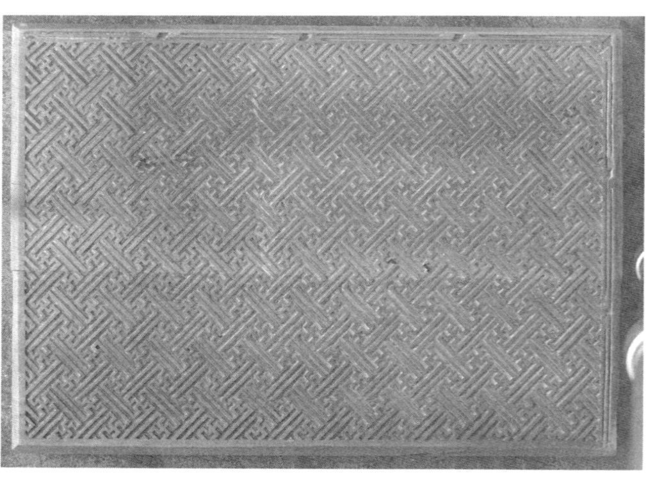

图 16　排云殿用万字木刻版

4.1.3 粘合剂

传统棚壁糊饰工艺中大多使用面粉制糊。由于面粉糨糊存在诸多不利于棚壁延年的因素，我们选择了使用剔除面筋的小麦淀粉作为粘合剂。针对很多业内人士提出小麦淀粉糨糊黏度不够的看法，特请相关专业部门做了面粉糨糊和小麦淀粉糨糊黏度的技术测定。结果表明：从 5 次实验数据中取两组较稳定的数据比较。小麦面粉糊化后的运动黏度为 4.8mm²/s、4.9mm²/s，小麦淀粉糊化后的运动黏度为 35.4mm²/s、35.8mm²/s。小麦淀粉糊化后的黏度是小麦面粉糊化后的黏度高达 7 倍以上。另外，要求棚壁糊饰的粘合剂必须具备化学性能稳定、pH 值接近中性或微碱性、色白或无色透明，不易生虫生霉，具有可逆性等性能。用小麦淀粉制糊作为粘合剂可以满足上述要求。

4.2 调整和控制关键工序

实现棚壁的耐久延年，除选材外，还要掌握各种材料的特性，利用其自身特点、合理组合增加功效。首先，通过施工人员的操作手法，保证纸张的形稳性，使棚壁自身具有抗张功能。纸张形稳性是指纸张在外界环境变化的情况下，保持其尺寸和形状的能力。能否解决纸张的形稳性，对顶棚的耐久性至关重要。由于组成纸张的原料纤维本身具有随湿度变形的特性，决定了纸张的不稳定性。纸张吸水后均发生变形，而且存在着纵横方向的差异。这种不稳定性从某个角度说是不利的，我们在操作中利用了纸张的这个特性，将不利因素转变为有利于耐久的功能。

应用中，利用了纸张自身的吸水性、伸缩率等物理特性，操作时控制湿度、控制纤维润胀速度、合纸选择非限制干燥法进行干燥纸张；又在粘贴时将纸张受力的大区分散成若干小区，恢复梅花盘布（扒蹬儿）工序（图 17）；整个顶棚用纸方向严格做到纹理相交，每层纸张分别制约相邻层纸张的不稳定性，使棚壁整体具有了随气候、温、湿度变化而伸缩自如的抗张功能。

图 17　梅花盘布（扒磴儿）

其次，研究测试小麦淀粉的成分，利用小麦淀粉各种成分的自身特性，通过正确地制糊方法，使其粘和功能得到充分发挥，再通过正确地刷糊操作，使纸张与粘合剂达到最佳粘和状态。传统制糊中，经常出现糨糊黏度“过低”或“燥性大”的现象，其黏度不统一对棚壁能否耐久也有直接影响。使用黏度值差悬殊大的糨糊，棚壁就会产生因“较劲”而裂开等诸多状况。这个问题使用仪器控制是可以解决的，可是在现实中，施工现场不可能有在实验室里制糊的条件。为了使糨糊即符合标准又便于工人操作，我们要求采取“三定”办法，来获得淀粉糨糊黏度的最高值，并使其达到每次制糊的黏度基本相同。所谓的“三定”，即：淀粉、花椒、水等材料配比定量，限定制糊容器和搅拌工具，限定糊化温度和制糊时间。

4.3 运用传统的椒汁浸渍法解决棚壁避蠹

一般棚壁糊饰后经过一段时间，屋顶与顶棚之间就会集落灰尘。木材、纸张、淀粉是害虫和鼠类的食物，在湿度大的环境下多有虫蛀鼠咬现象发生。我们在施工中将古代“椒汁染纸”法加以改变，运用在排云殿的棚壁糊饰中，做到预防性避蠹保护。

椒汁浸渍纸为南宋发明的避蠹技术。椒汁的原料为胡椒、花椒。以椒汁做防蠹纸，将印刷书籍的纸张，置于椒果水浸液中做浸渍处理，称之为椒纸，用椒纸印刷书籍，可使整套书籍免遭蠹虫侵蚀，得以长期保存。我们将一定配量的花椒煮开，虑去椒果成椒汁。再用椒汁将定量小麦淀粉糊化。在棚壁糊饰的过程中，使椒汁糨糊均匀地接触每层纸张，确保防虫处理做到棚壁的每个角落。

5 结论与思考

经过艰苦的努力，课题组人员完成了仿乾隆高丽纸内层纸与绿色小团龙卐字不到头银印花面纸（图 18），在排云殿内檐棚壁糊饰中的制作和使用（图 19），实现了传统工艺上的继承和革新，恢复了排云殿建筑群内檐顶棚墙壁纸张糊饰的历史风貌。

然而就古建内檐棚壁糊饰项目而言，各方面绝对历史真实性的恢复只能是一个不断接近的理想境界。现实中无论材料、工艺、工匠、制度完全回到历史都已是不可能的；从排云殿建筑群内檐棚壁糊饰项目的实践效果看，对传统工艺在挖掘和传承的前提下进行革新和发展是可能和可行的。值得一提的是，即使是革新和发展的部分，基本上也仍然是在传统工艺的沃土上进行的，而不是完

图 18　排云殿绿色小团龙卐字不到头银印花面纸

图 19　排云殿装饰小团龙银印花纸后的效果

全以现代工艺和材料来取代。如排云殿棚壁糊饰项目中所用的淀粉制糊粘合剂及椒汁浸渍法解决防蠹等技法仍然是取自传统的书画装裱等工艺。对传统工艺遗产的革新和发展应该是在更宽广的领域内集中更多传统工艺的已有成果，是比古人做得更好，而不是做的更新，否则，革新便成为了取代。

北京植物园桃花种质资源收集保存及桃花专类园建设研究

北京市植物园 / 付俊秋　胡东燕　赵世伟

摘　要： 本文主要围绕北京植物园桃花种质资源收集、数据库建立以及桃花专类园的建设进行阐述。2006年以来，北京植物园重点对桃的近缘种、优良变异和花果两用型品种进行引种，增加了桃花观赏类型，丰富了种质资源；建立了桃花品种数据库，数据库包括基本性状信息和图片信息2部分，为今后深入开展桃花研究提供了专业技术支持；在现有研究基础上，进一步对桃花专类园进行改造，依据桃花品种分类原则和观赏特性，将桃花专类园建设成为保存桃花品种的种质资源圃，充分体现桃花专类园的科学研究水平和栽培展示功能。

关键词： 桃花　收集保存　种质资源圃

桃是蔷薇科李属落叶小乔木，原产中国，有着3000多年的栽培历史。根据应用价值，可分为2类：即以食用果实为主要用途的果桃和以观赏桃花为主要目的的桃花。桃花花色艳丽，类型多样，观赏价值高，有着极为丰富的种质资源，是春季重要的观赏植物种类，深受人们的喜爱，园林应用形式多样化。近10多年来，北京植物园先后增加引进了近30个桃花新品种，目前观赏桃花品种已达75个，种质资源极其丰富，为北京植物园开展桃花品种深入系统的研究提供了丰富的种质资源。

1　桃花研究进展及品种分类系统

1.1　国内外桃花研究进展

桃花研究是在果桃研究基础上展开的，在果桃领域里，光合特性、生理指标、栽培技术以及新品种培育等研究取得大量的科研成果，但是，与之相比，观赏桃花的研究成果却非常少。目前，北京、山东、杭州、宜昌、合肥、武汉等地都有不同程度的桃花品种的分布和保存，但进行系统研究的机构较少。在国内，通过形态学、孢粉学、生物化学和分子生物学等研究方法，对桃花的品种演化、亲缘关系及品种分类等方面进行了研究。日本近三十年来，培育出了十多个在枝型、叶色、花型上具有极高观赏性的桃花品种，但仅限于果树研究机构以资源保存、培育果桃新品种为目的。美国农业部在对果桃进行研究的同时，百年以来培育出众多优秀的观赏桃花品种，包括矮性、垂枝、柱型及一些复合枝型；欧洲的法国、意大利、罗马尼亚、乌克兰等国也有一定程度的观赏桃花品种存在，但并未有人专门进行调查和整理。由于国内外对于果桃的研究较为深入，而对观赏桃花进行系统研究的机构较少，在以观赏为主要目的的桃花品种资源收集、保护、应用和研究等方面并未得到充分重视[1-10]。

1.2　桃花品种分类系统

品种分类是研究保护品种资源的基础，是选种、育种的重要依据。随着桃花科研工作的不断深入，桃花品种的分类方法在不同研究阶段出现了2个不同的分类系统。2000 年，北京林业大学张秀英教授等提出以二元分类法建立桃花品种分类系统，以种性作为第一级分类标准，分为真桃花系和山桃花系，枝姿作为第二级分类标准，分为直枝桃类、帚桃类、寿星桃类、垂枝桃类和杂种山桃类。[4] 2010 年，北京植物园胡东燕等根据《国际栽培植物命名法规》的规定和要求，将观赏桃花分为 6 大品种群，即直枝桃品种群、帚型桃品种群、寿星桃品种群、垂枝桃品种群、曲枝桃品种群和山碧桃品种群，以花型作为次级分类标准，分为铃型、单瓣型、梅花型、月季型、牡丹型和菊花型。[3]

2 北京植物园桃花品种收集及数据库的建立

2.1 桃花种质资源收集与保存

种质资源保存是开展育种工作的物质基础，是培育新品种的主要来源。保存桃花品种资源就是保护桃花的基因资源，收集、保存桃花品种资源不仅是园林应用的需要，更是培育桃花新品种的先决条件。北京植物园的桃花引种目标包括桃的近缘种、桃花品种和花果两用桃的引种，主要针对观赏桃花在树型、花型、叶色等方面具有较高观赏价值的品种进行引种，进一步丰富桃花种质资源（表 1）。

北京植物园近年来桃花引种情况　　表 1

时间	类型	数量
2006 年以前	直枝桃品种群（Standard Group）	28
	垂枝桃品种群（Weeping Group）	10
	寿星桃品种群（Dwarf Group）	9
	帚型桃品种群（Pillar Group）	6
	曲枝桃品种群（Twisted Group）	1
	山碧桃品种群（David Group）	3
2009 年	桃花优良变异（Excellent Varieties）	11
2010 年	近缘种（Related Species）	2
	花果两用型（Varieties for Both Ornamental and Edible）	5
合计		75

2.2 桃花品种多样性

桃花在枝型、花型、花色及叶色等方面具有丰富的形态多样性，枝型作为桃花最显著的性状特征，在分类中起着至关重要的作用，根据桃花枝型特点将其划分为 6 大品种群。

2.2.1　直枝桃品种群（Standard Group）

枝条斜出，节间较长，是桃花品种中最为常见的、品种最多、变化幅度最广的一个类群（图 1）。‘单白’、‘红碧桃’、‘五宝桃’、‘菊花桃’等为此品种群的代表品种。

2.2.2　垂枝桃品种群（Weeping Group）

小枝拱形下垂，树冠伞形，花开时节宛如花帘一泻而下，是桃花中最具韵味的一种类型（图 2）。‘黛玉垂枝’、‘五宝垂枝’、‘鸳鸯垂枝’、‘源平垂枝’等为此品种群的代表品种。无论是孤植于庭院，还是群植、配置，都有很好的观赏效果。

2.2.3　寿星桃品种群（Dwarf Group）

枝条节间很短，着生紧密，呈乔木状矮灌木，叶椭圆状披针形，叶缘有不同程度的波状（图 3）。‘寿红’、‘单瓣寿粉’、‘瑕玉寿星’等为此品种群的代表品种。适于群植或片植，观赏效果极佳。

2.2.4　帚型桃品种群（Pillar Group）

树体直立，树冠窄而高，是众多品种中极为独特的一个类型（图 4）。‘照手姬’、‘照手桃’、‘照手红’等为此品种群的代表品种。适宜作行道树和庭园栽植，是一种具有很高观赏价值的桃花新类型。

图 1　直枝桃品种群‘五宝桃’

图 2　垂枝桃品种群‘黛玉垂枝’

图 3　寿星桃品种群‘寿红’

图 5　曲枝桃品种群‘云龙桃’

图 4　帚型桃品种群‘照手姬’

2.2.5　曲枝桃品种群（Twisted Group）

小枝自然弯曲，呈现“之”字状，更为奇特的是，其花、叶及花瓣、雄蕊、雌蕊等均呈现不同程度的弯曲状，是桃花中枝性最为特殊的一个类型。目前，‘云龙桃’为此类型的唯一品种（图 5）。

2.2.6　山碧桃品种群（David Group）

树体高大，小枝细长，是桃花与山桃的杂交种，花期明显早于其他桃花品种，4 月上旬即可盛花。北京植物园为了增加这一时期的桃花品种，以此类型唯一的‘白花山碧桃’为父本，分别以‘合欢二色桃’和‘绛桃’为母本，培育出了淡粉色的‘品霞’[13] 和粉红色的‘品虹’两个山碧桃新品种，增加了山碧桃品种数量，丰富了这一时期的花色，有效地弥补了山桃与碧桃之间花期断档期的不足（图 6）。

图 6　山碧桃品种群‘白花山碧桃’、‘品霞’、‘品虹’

2.3　桃花品种数据库的建立

2.3.1　桃花品种数据库的基本性状信息

根据多年的观察和分析，在桃花品种的分类研究成果的基础上，以已知桃花品种的分类标准和观测方法为依据，针对观赏桃花形态特征的具体特点，突出桃花的观赏特性，选择出表现稳定，便于测试，受环境影响相对较小，而且能够准确有效地表现出品种特征的 43 个性状作为“桃花品种数据库”的基本信息，主要包括植株、枝干、花、叶、果、核等方面（表 2）。

2.3.2　桃花品种数据库的图片信息

图片信息是桃花品种数据库的重要组成部分，特别是针对品种之间的细微差异，图片资料更是必不可少。桃花品种数据库的图片信息主要包括传统的照片和实物扫描两部分内容。对株型、花枝等宏观特征进行拍照，对花、叶、果、核等细部特征在原有传统照片的基础上进行逐一扫描，建立了一套完整的数据库图片信息（图 7）。

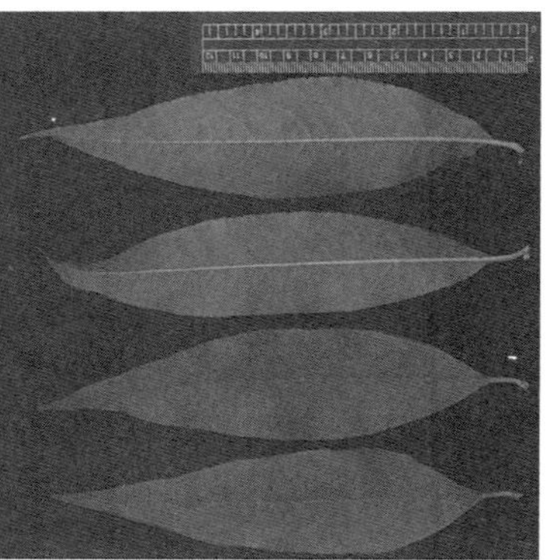
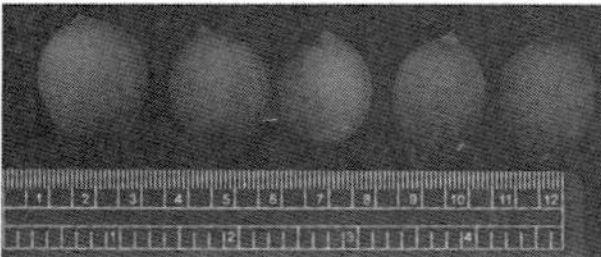
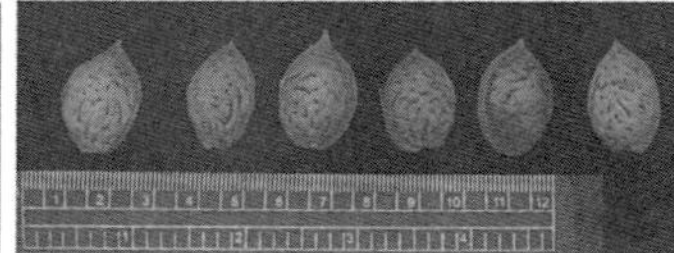

图 7　花、叶、果、核的细部扫描示意

数据库的建立，对桃花品种各个性状进行了系统的量化与分析，确定了每一个桃花品种的所有性状数据，为桃花新品种鉴定提供了重要科学理论依据。

桃花品种数据库基本性状信息表　　　　表 2

序号	性状特征	序号	性状特征
1	植株：树体大小	23	花：雌蕊
2	植株：矮型	24	花：雌蕊数量
3	植株：分枝角度	25	花：柱头相对于花药的位置
4	枝：曲枝	26	花：花药颜色
5	枝：节间长度	27	叶：颜色
6	枝：花枝颜色	28	叶：形状
7	枝：花芽量	29	叶：长
8	花蕾：颜色数量	30	叶：宽
9	花蕾：单色花蕾颜色或双色花蕾的主色	31	叶：长／宽
10	花蕾：双色花蕾的副色	32	叶：叶面状态
11	花蕾：形状	33	果实有无
12	花：小花	34	果：果皮毛
13	花：花型（此性状适用于非小花品种）	35	果：颜色
14	花：直径	36	果：单色果实颜色或双色果实的主色
15	花：萼片数量	37	果：双色果实的副色
16	花：花瓣颜色数量	38	果：形状
17	花：单色花颜色或双色花的主色	39	果：大小
18	花：双色花的副色	40	核：形状
19	花：花瓣形状	41	核：核纹
20	花：花瓣大小	42	始花期
21	花：花瓣数量	43	开花持续时间
22	花：雄蕊相对于花瓣的位置		

3 北京植物园桃花种质资源圃及桃花专类园建设

通过对桃花的引种、收集及数据库建立等研究，进一步提升和改造桃花园，把桃花园建设成为集科研、科普、游览、观赏于一体的专类园，充分体现桃花专类园的资源收集和栽培展示功能。

3.1 北京植物园桃花园现状及存在问题

北京植物园桃花园建于 80 年代初期，占地 $3.4hm^2$，栽植桃花品种 40 多个 800 余株。目前，桃花园内的桃花植株老化，新品种融入功能差，观赏效果不佳，桃花园已历时近 30 年，未进行过大规模的提升和改造，建设发展处于较为滞后的状态（图 8 ～图 11），主要问题有：①桃花品种偏少、类型布局不合理，没有完全承担起作为种质资源圃的作用；②景观效果单一，配景设施陈旧，观赏性较差；③缺乏科普宣传手段，桃花科学普及和展示功能较为薄弱。

3.2 北京植物园桃花种质资源圃及桃花专类园建设

3.2.1 调整种植布局，体现桃花园的科学性

1）以进化规律为主体结构，展示桃花演化过程

桃花品种分类遵循了由简单到复杂、由原始到进化的原则，枝型、花型和叶色在一定程度上都体现出了品种的演化规律。直枝型较为原始，垂枝、寿星较为进化；单瓣型较为原始，牡丹型较为进化；绿叶较为原始，紫叶较为进化。在改造建设过程中，种植展示要充分体现桃花的进化演化规律，提高种质资源圃展示的科学性。

2）以分类标准为基础布局，体现种群类别划分

按照桃花品种分类标准，划分品种展示区域，重点建设山碧桃、寿星桃、垂枝桃、曲枝桃和帚型桃五大桃花品种群展示区域，集中展示桃花品种群。直枝桃品种群品种

图 8 桃树老龄化

图 9 桃花种植于林下

图 10 桃花栽植过密

图 11 开花数量少

数量较多，整体花期较长，可根据品种的花期、花色和叶色不同，分散种植于桃花园内。

3.2.2 增加品种，扩大引种，完善桃花种质资源圃

作为种质资源圃，应将现有品种全部进行种植展示，要在现有40个品种的基础上增加品种数量。此外，开辟引种研究区，扩大引种范围，加强对新疆桃、甘肃桃等桃的野生近缘种以及花果两用型桃花品种的引种工作，丰富种质资源，增加桃花观赏类型，培育抗性强的桃花新品种，不断完善桃花种质资源圃的建设水平。

3.2.3 加强养护，提升品位，丰富桃花园景观层次

1）适地适树，进行科学养护管理

在种植过程中，要充分考虑到桃花喜光、不耐阴、怕涝的生长习性，给予充足的光照和生长空间，进行科学合理种植；对施肥、浇水等养护环节进行科学指标量化，摸索桃花修剪新技术、新方法，建立精细化养护管理模式，使科学种植和科学养护相结合，提升桃花园的景观水平。

2）挖掘文化内涵，体现桃花专类园特色

作为桃花专类园，要充分体现浓厚的桃花文化特色，利用桃花历史典故及桃花所蕴含的深厚文化，通过创作景点、小品或雕塑等来渗透桃花文化，形成浓郁的文化氛围，让人们在欣赏园林的过程中感悟桃花文化，从而提升专类园的园林意境和文化品位。

3）以桃花为主体，提升植物景观艺术性

在专类园建设中，在原有地形基础上进行调整改造，将桃花品种按照花期、树型、花色及叶色等因素与其他植物进行合理搭配，以丰富的桃花种质资源为主体，利用不同的园林表现方法和手段，营造优美的园林景观，突出桃花专类园营造园林景观的科学性和艺术性。

3.2.4 增加科普设施，加强科普宣传力度

科普设施在专类园的建设中是必不可少的。在桃花园内增设科普画廊、科普牌示以及电子显示屏等设施，加强科普知识的宣传力度。从桃花的起源、历史、文化及品种演化过程等方面进行科学系统的普及介绍，利用完善的科普内容、新颖的科普形式来达到科学普及效果，提高桃花专类园的知识性和教育性。

4 小结

桃花原产中国，树姿优美，类型多样，有着极为丰富的种质资源。目前，北京植物园收集保存桃花品种75个，是世界上保存桃花品种最多的地方，在桃花引种研究的基础上，北京植物园成功举办了25届以桃花为主题的文化节，深受广大游客的喜爱，取得了巨大的经济效益和社会效益。今后，北京植物园要继续开展桃花的引种、育种、保存和研究工作，不仅要将桃花园建设成为世界上一流的桃花专类园，而且要持续保持桃花研究领域的领先优势，未来的北京植物园，桃花的科研、科普及栽培展示将会取得更大的进展，桃花园也将成为植物园最具特色、最具影响力的专类园之一。

参考文献

[1] 曹珂，王永熙，王力荣，朱更瑞，方伟超．遮荫对桃幼树光合特性的影响 [J]. 西北林学院学报，2004，19（4）：28-31.

[2] 田莉莉，方金豹，王力荣，牛良．华光油桃解除休眠过程中几项生理指标的变化 [J]. 果树学报，2006，23（1）：121-124.

[3] 胡东燕，张佐双．观赏桃 [M]. 北京：中国林业出版社，2010.

[4] 张秀英．桃花 [M]. 北京：上海科学技术出版社，2000.

[5] 胡东燕．付俊秋．桃花品种资源研究进展与展望 [C]// 北京园林学会论文集，2008.

[6] 胡东燕．桃花品种资源多样性调查及其分类研究 [D]. 北京：北京林业大学，1999.

[7] 臧德奎，于东明，杨美铃等．山东省观赏桃花品种资源的初步调查 [J]. 山东农业科技，1998（4）：1-6.

[8] 胡东燕，霍毅，李燕．沪、杭地区桃花品种资源的调查 [J]. 北京林业大学学报，1998，20（2）：114-117.

[9] 高玲．长江三峡风景名胜区宜昌景区桃花品种资源的初步调查 [J]. 花木盆景，2002.8：7.

[10] 何浩，何小平．合肥地区观赏桃花品种资源调查 [J]. 安徽农业科学，2007（35）.

[11] Hu, D., Zhang, Z., Zhang, Q, Zhang D, and J., Li. Genetic Relationship of Ornamental Peach Determined Using AFLP Markers[J]. HortScience, 2005, 40(6): 1782-1786.

[12] Hu, D., Zhang, Z., Zhang, Q., Zhang D, and J. Li. Ornamental Peach and Its Genetic Relationship Revealing by Inter-Simple Sequence Repeat (ISSR) Fingerprints[J]. Acta Hort. 2006, 713: 113-120.

[13] 胡东燕，付俊秋，张佐双，张秀英等．观赏桃花新品种‘品霞’[J]. 林业科学，2011，47（9）.

《红楼梦》中同名植物辨析

北京市植物园 / 康晓静

摘　要：《红楼梦》素有“民间百科全书”之称，同时也是中国传统植物文化的集大成者，小说中出现的植物有近240种，涵盖93个科，195个属。由于我国地域广阔，植物种类繁多，植物同名现象常见，加之作者在写作时为了音律协调，将植物名称作了适当简化，所以小说中出现了很多同名植物，给现代的阅读者造成一定程度的理解困难。本文试图从植物形态、栽植方式、花期、功用、文学意象等方面将这些同名植物加以辨析，以便对《红楼梦》中的植物文化信息有更全面准确的认识。

关键词：《红楼梦》　同名植物　辨析

1 《红楼梦》中的丰富的植物文化信息

古典文学著作是植物文化研究的一个重要内容，古籍中的记载能反映出不同历史时期不同地区的人们对植物的认知和利用实践。我国民族植物学研究的发展，其中一项就是科学考证我国古籍中的植物学信息，为我国传统使用的各种植物进行“正本清源”，为进一步利用丰富的古籍植物学信息提供科学依据和方法。[1]《红楼梦》无疑是中国古典文学作品中涉及植物种类最多，描写最为详尽的一部著作，小说中出现的植物有近240种，涵盖98个科，195个属。我国历史悠久，地域辽阔，由于植物种类极其繁多，叫法不一，所以经常发生同名异物或异名同物的混乱现象[2]。通过对这些同名植物的辨析，能了解作者描写这些植物的真实面貌，以及这些意象蕴含的更深层次的含义，对《红楼梦》中的植物文化信息有更全面准确的认识。

2 小说中同名植物的辨析

2.1 由名称简化造成的同名植物辨析

中国植物名称相同或相近现象较多，在《红楼梦》中，作者为了辞藻华丽，音律协调，常将植物名称作适当简化，更造成了植物名称的混同。在不同的使用情境下，通过对形态、花期、文化内涵、文学意象、功用等方面的比较，可以辨析出这些同名植物，从而准确把握其代表的文化信息。

2.1.1　海棠（秋海棠 *Begonia evansiana* Andr.、海棠 *Malus spectabilis* Borkh.）

1）秋海棠

秋海棠（图1），秋海棠科秋海棠属，多年生草本，花期秋季，盆栽观赏。

第三十七回，探春等人成立诗社，第一社就以贾芸送给贾宝玉的两盆白海棠为题。写明这种海棠是盆栽种植的；贾宝玉的诗句里描写它“七节攒成雪满盆”，符合秋海棠茎上部分枝的形态；此花花期和桂花、菊花同时，应是秋季。综合以上描述，这种花应该是秋海棠。

图 1　秋海棠

图 2　海棠

图 3　木芙蓉

第四十回，海棠式的雕漆几；第四十一回，海棠花式雕漆填金云龙献寿小茶盘；第五十三回，海棠式压岁银锞子。秋海棠花瓣四片，外面两片大而圆，里面两片略小，两两对称，为传统器型海棠式的造型来源。

2）海棠

海棠（图 2），蔷薇科苹果属，落叶小乔木，花期春季，露地栽植，庭园观赏。

第十七至十八回，贾宝玉居住的怡红院，“那一边乃是一棵西府海棠”，“其势若伞，丝垂翠缕，葩吐丹砂”。说明这种海棠为露地栽植，且形态是小乔木。第九十四回，贾母提到“这花儿应在三月里开的”，说明其正常花期应在 4 ～ 5 月。

第五回，秦可卿房间墙壁上有“唐伯虎画的《海棠春睡图》”；第六十三回，湘云抽了一支海棠花签，上写：“只恐夜深花睡去”，取自苏东坡《海棠》诗，“只恐夜深花睡去，故烧高烛照红妆。”因有杨贵妃“海棠春睡”的典故，海棠常被比成倦睡的美人。

2.1.2　芙蓉（木芙蓉 *Hibiscus mutabilis* L.、荷花 *Nelumbo nucifera* Gaertn.）

1）木芙蓉

木芙蓉（图 3），锦葵科木槿属，落叶灌木，花期秋季，露地栽植庭园观赏、可提取染料。

第七十八回，“恰好这时八月时节，园中池上芙蓉正开”。木芙蓉花期秋季，常栽植于水滨，范成大诗云：“袅袅芙蓉风，池光弄花影”；《长物志》云：“芙蓉宜植池岸，临水为佳”，有“照水芙蓉”之称。贾宝玉写了《芙蓉女儿诔》，将诔文挂在花枝上祭奠晴雯。表明其形态为灌木。

木芙蓉花开时整朵摘下，然后放在石钵中反复杵槌，淘去黄汁后，即成鲜艳的红色染料。《广群芳谱·木芙蓉》引《成都记》：“（蜀后主孟昶）以花（木芙蓉）染缯为帐，名芙蓉帐。”在第七十八回《姽婳词》里的“丁香结子芙蓉绦”及《芙蓉女儿诔》里的“蓉帐香残”，都指用芙蓉花染成的丝织品。

第六十三回，黛玉抽到芙蓉签，上写：“莫怨东风当自嗟”。取自苏轼《明妃曲和王介甫作》：“红颜胜人多薄命，莫怨春风当自嗟。”唐·高蟾《下第后上永崇高侍郎》，“芙蓉生在秋江上，不向东风怨后开”；清·赵执信《题画芙蓉》：“江边谁种木芙蓉，寂寞芳姿照水红。莫怪秋来更多怨，年年不得见春风。”木芙蓉开在秋季，神态似凝结着淡淡的愁怨，符合林黛玉多愁善感的个性。

第七回，在宝钗的“冷香丸”配方里，有“秋天的白芙蓉蕊十二两”。此方中还有“夏天的白荷花蕊十二两”，可见当时的人们是能根据语境区分出这两种植物的。

2）荷花

荷花（图 4），莲科莲属，多年生水生草本，花期夏季，可观赏、食用、药用等。

荷花也叫水芙蓉[3]，第三十八回，藕香榭柱子上的对联，“芙蓉影破归兰桨”；第九十三回，描写蒋玉菡，“鲜润如出水芙蕖”，符合荷花水生习性。

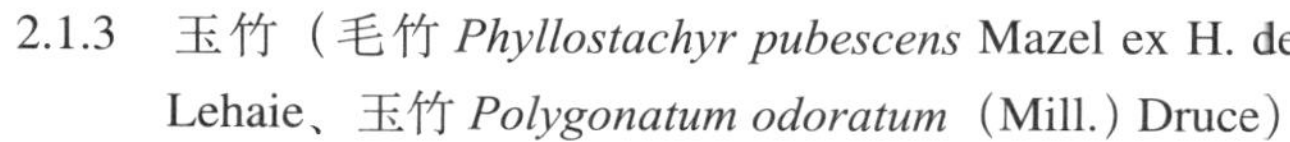

荷花花形规整，经常用作器物造型或装饰，第二十八回，元妃赏赐端午的节礼，其中有“芙蓉簟”，编有荷花图案的竹席；第五十三回，元宵家宴，花厅“两边大梁上，挂着一对联三聚五玻璃芙蓉彩穗灯”，也就是荷花灯。

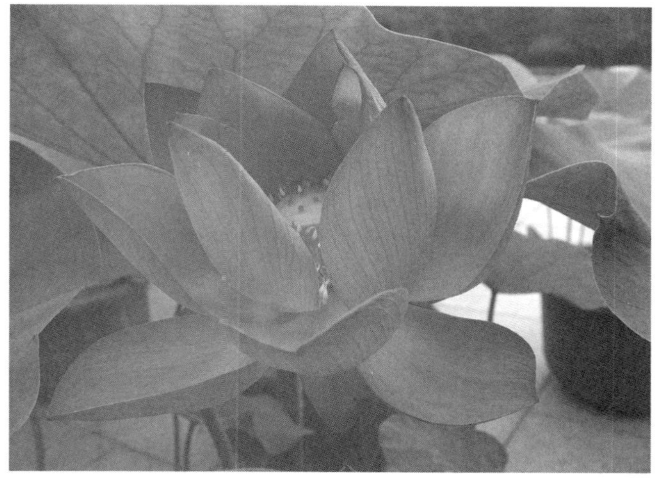
图4　荷花

2.1.3　玉竹（毛竹 *Phyllostachyr pubescens* Mazel ex H. de Lehaie、玉竹 *Polygonatum odoratum*（Mill.）Druce）

1）毛竹

毛竹（图5），禾本科刚竹属，乔木状竹类，材用类植物。

第四十八回，石呆子收藏了很多名贵的旧扇子，“全是湘妃、棕竹、麋鹿、玉竹的”。指用毛竹制成的扇骨，因水磨加工后竹材洁净呈清白色，莹透如玉，所以称之为玉竹。

2）玉竹

玉竹（图6），百合科黄精属，多年生草本，根茎入药。

第十二回，贾瑞病倒，“诸如肉桂、附子、鳖甲、麦冬、玉竹等药，吃了有几十斤下去”。这种玉竹有养阴，润燥，止渴功效。

2.1.4　茉莉（茉莉 *Jasminum sambac*（L.）Aiton、紫茉莉 *Mirabilis jalapa* L.）

1）茉莉

茉莉（图7），木樨科茉莉属，常绿灌木，花期夏秋季，花后通常不结实，可提取芳香油。

图5　毛竹

图6　玉竹

图7　茉莉

第三十八回，“迎春又独在花阴下拿着花针穿茉莉花”。茉莉花白色芳香，可加工成花环等装饰品，汉·陆贾《南越行记》：“南越之境，百花不香，惟茉莉素馨花特芳香，女子以彩线穿心，以为首饰。”

2）紫茉莉

紫茉莉（图 8），紫茉莉科紫茉莉属，一年生草本，花期夏季，花冠高脚碟状，胚乳制作化妆用香粉。

第四十四回，贾宝玉取出玉簪花棒盛着的粉给平儿，说“这是紫茉莉花种，研碎了兑上香料制的。”第六十回，芳官“便将些茉莉粉包了一包拿来”，代替蔷薇硝给了贾环。紫茉莉种子内的胚乳含大量淀粉、又含粗脂肪、脂肪酸、油酸、亚油酸、亚麻酸等，辗成白粉加香料，可作化妆用香粉，《纲目拾遗》：“取其粉可去面上瘢痣粉刺。”明·秦兰征《宫词》组诗，其中有：“玉簪香粉蒸初熟，藏却珍珠待暖风”，意为“时宫眷饰面，收紫茉莉实，拣取其仁，蒸熟用之，谓之‘珍珠粉’”。

图 8　紫茉莉

2.1.5　皂（栎树 *Quercus acutissima* Carr.、皂角 *Gleditsia sinensis* Lam.）

1）栎树

栎树（图 9），山毛榉科栎属，落叶乔木，可提取黑色染料。

栎树的总苞为杯状，可提取黑色染料，称为“壳斗”、“皂斗”。《吕氏春秋》记载，“其壳斗煮汁，可以染黑”。皂在古代是黑色的代称，第六十八回，王熙凤威胁尤氏，“咱们只去见官，省得捕快皂隶拿来”；第一〇二回，贾赦请道士到大观园内作法事，“一位捧着七星皂旗”。因为黑白对比鲜明，书中经常出现“青红皂白”、“未见皂白”，“不管青红皂白”之类的语言，引申为正确与谬误。

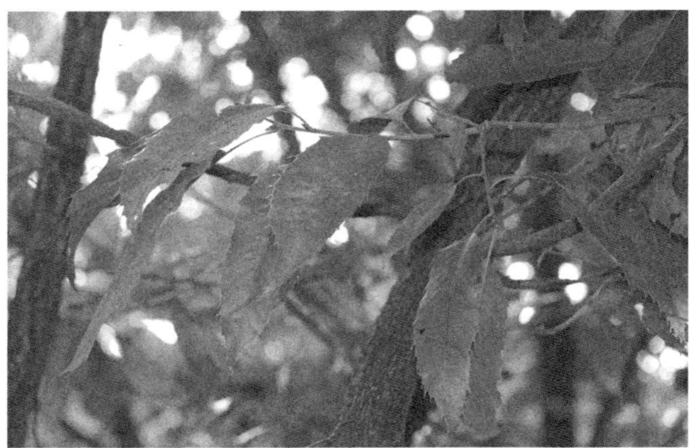
图 9　栎树

2）皂角

皂角（图 10），豆科皂荚属，落叶乔木，荚果富含胰皂质，煎汁可代替肥皂用；种子榨油也可制肥皂。

古人很早就发现胰皂质是天然去污成分，用来洗衣洗发。第二十一回，贾宝玉用湘云用过的水洗脸，“紫鹃递过香皂去”；第五十八回，袭人取了一些“花露油并些鸡卵、香皂、头绳之类”，让人给芳官送去洗头。现代的肥皂的主要成分就是脂肪酸钠，不含皂角的成分，但因去污效果和皂角类似，所以沿用了“皂”的称呼。

图 10　皂角

2.1.6　荆（紫荆 *Cercis chinensis* Bunge、荆条 *Vitex negundo* var. *heterophylla* Rehd.）

1）紫荆

紫荆（图 11），豆科紫荆属，落叶灌木。

第九十四回，深秋季节怡红院本来枯萎的海棠开花了，贾母带领众人观赏，不知征兆凶吉，黛玉为了让贾母宽心，举了“荆树复生”的传说，为兄弟友爱、家庭和睦之典。

2）荆条

荆条（图 12），马鞭草科牡荆属，落叶灌木，枝条可制作器具。

《广雅》:“楚，荆也。”“笞楚”，指作刑杖用竹板和荆条，后演变成刑罚的象征。第二回，甄父“也曾下死笞楚过几次”；第三十回，《负荆请罪》。古代“以荆为钗”是形容妇女简朴的装扮。第三回，林如海自谦妻子为“贱荆”；第四十三回，南戏《荆钗记》；第五十七回，邢岫烟“是个钗荆裙布的女儿”；第九十二回，“孟光的荆钗布裙”。

图11　紫荆

图12　荆条

荆条多分枝，古人在开田辟地时，必须先伐除丛生的荆条、酸枣等有刺灌木，即所谓“披荆斩棘”，荆棘常七喻困难和险恶，第八十六回，黛玉说，“手生荆棘”；第一一九回，贾环“如在荆棘之中”；第五回，“荆榛遍地”；第七十八回，“荆棘蓬榛”。

2.1.7　荔（薜荔 *Ficus pumila* L.、荔枝 *Litchi chinensis* Sonn.）

1）薜荔

薜荔（图13），桑科榕属，常绿攀援灌木。

薜荔在园林中常用作点缀假山石及绿化墙垣。在大观园的蓼风轩、蘅芜苑都有种植，常和藤萝并称为“萝薜”。第七十八回，贾宝玉作的《芙蓉女儿诔》:“雨荔秋垣，隔院希闻怨笛”，秋雨飘落在爬满薜荔的墙垣上，时断时续地听到邻家幽怨的笛声。

2）荔枝

荔枝（图14），无患子科荔枝属，常绿乔木，著名果树。

荔枝果实是大众所喜爱的水果，假种皮肉质，白色，半透明，第三回，迎春，“腮凝新荔，鼻腻鹅脂”，形容皮肤像刚剥了壳的鲜荔枝般水润鲜亮。第三十七回，探春写

图13　薜荔

图14　荔枝

图 15　菖蒲

图 16　香蒲

图 17　玉兰

信感谢贾宝玉亲自探问自己的病情，“兼以鲜荔并真卿墨迹见赐”；第五十二回，贾宝玉身上穿着“荔色哆罗尼的天马箭袖”，指成熟荔枝果皮的暗紫红色。

2.1.8　蒲（菖蒲 *Acorus calamus* L.、香蒲 *Typha angustata* Bory et Chaub.）

1）菖蒲

菖蒲（图 15），天南星科菖蒲属，水生草本。

菖蒲叶片呈剑形，民间《本草·菖蒲》载曰：“典术云：尧时天降精于庭为韭，感百阴之气为菖蒲，故曰：尧韭。方士隐为水剑，因叶形也”；第三十一回，端午佳节“蒲艾簪门”。端午节习俗门上插蒲、艾这两种香草，旧时用以避邪。第七十八回，《芙蓉女儿诔》：“列枪蒲而森行伍”，形容菖蒲叶片似剑而长，排列严整。

2）香蒲

香蒲（图 16），香蒲科香蒲属，水生草本，叶狭长线形。

香蒲叶片可用来编织蒲团等，第四十一回，黛玉便坐在妙玉的蒲团上；第一〇三回，“我于蒲团之外，不知天地间尚有何物”；第一〇四回，甄士隐的“一个蒲团、一个瓢儿还是好好的”。

2.1.9　兰（玉兰 *Magnolia denudata* Desr.、兰 *Cymbidium* spp.、泽兰 *Lycopus lucidus* Turcz.）

1）玉兰

玉兰（图 17），木兰科木兰属，落叶乔木，名贵的庭院观赏树木。

玉兰木材可制作器具或雕刻用。第十七至十八回，为元妃省亲修建的大观园建筑精美，器物奢华，“桂楫兰桡”、“桂殿兰宫”；第三十八回，藕香榭柱子上的对联，“芙蓉影破归兰桨”。南朝·梁·任昉《述异记》：“木兰洲在浔阳江中，多木兰树。昔吴王阖闾植木兰于此，用构宫殿。”秦·宗敏求《长安志》也有“阿房宫以木兰为梁的”的记载。

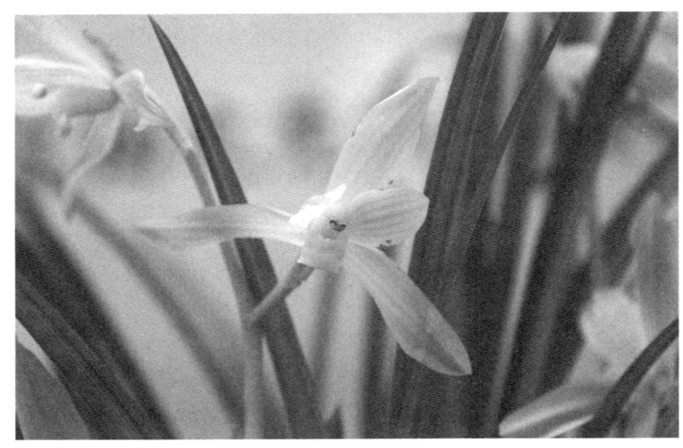
图 18　兰

2）兰

兰（图 18），兰科兰属，多年生常绿草本，观赏花卉。

兰自古被赋予了高洁、典雅的人文气质，书中形容美好的事物，大多使用这种兰，如“似桂如兰”、“气质美如兰”、“蘅芜君兰言解疑癖”、“金兰契互剖金兰语”，“香欺兰蕙”等，第七十七回，贾宝玉把晴雯比成了“才抽出嫩箭的兰花”。

兰在我国栽培历史悠久，早在唐代就已用作盆栽观赏。第八十六回，王夫人“那边有人送了四盆兰花来”，转送黛玉一盆。

图 19　泽兰

图 20　枫香

图 21　元宝枫

3）泽兰

泽兰（地瓜儿苗）（图 19），唇形科地笋属，多年生草本，药用植物。

泽兰含挥发油、黄酮甙、皂甙、酚类、糖类、鞣质及树脂等，可以煎炼油脂。第七十八回，《芙蓉女儿诔》："爇莲焰以烛兰膏耶"，意思是点燃了莲花灯里的兰香油膏。陶弘景："泽兰，今处处有，多生下湿地。叶微香，可煎油，或生泽傍，故名泽兰。"《本草图经》："泽兰……茎干青紫色，作四棱。叶生相对，如薄荷，微香。七月开花，带紫白色，萼通紫色，亦似薄荷花。"

2.2　小说中易被混淆的植物

我国幅员广阔、气候多样，植物种类繁多，植物同名现象甚多。小说中存在着一些易被混淆的植物，失去了小说写作年代的社会背景和语言环境，现代人容易理解为另一种植物，和作者的真实意图相去甚远。根据所描写植物的形态、产地及文化内涵可以厘清两者之间的区别。

2.2.1　枫树

第五回，《虚花悟》，"青枫林下鬼吟哦"；第四十六回，平儿拉鸳鸯到枫树底下的石头上坐下。

枫香（图 20）*Liquidamba formosana* Hance，金缕梅科枫香属，落叶乔木。枫香指枫树的树脂，有香气，供药用。《证类本草 · 木部上品》载有《唐本草》之"枫香脂"。《尔雅·释木》中有"枫，欇欇"，郭璞《注》曰："枫树似白杨，叶圆而岐，有脂而香，今枫香是也。"《说文》："枫，木也；厚叶弱枝，善摇。"言其树之叶因风而善摇动，故以"枫"为名。枫香是南方著名的秋色叶树种，深秋叶色红艳，称"丹枫"，未变红时称"青枫"。

易混淆为元宝枫（图 21）*Acer truncatum*、五角枫 *Acer* spp. 等，槭树科槭树属，落叶乔木，北方常见秋色叶树种。

2.2.2　木瓜

第五回，秦可卿房内"盘内盛着安禄山掷过伤了太真乳的木瓜"；第六十四回，黛玉"素日屋内除摆新鲜花果木瓜之类，又不大喜熏衣服"。

木瓜（图 22）*Chaenomeles sinensis*（Thouin）Koehne，蔷薇科木瓜属，落叶小乔木，梨果长 10 ~ 15cm，深黄色，木质，果香清新自然，极耐贮藏，可在摆放在室内 3 ~ 6 个月。

图 22　木瓜

图 23　番木瓜

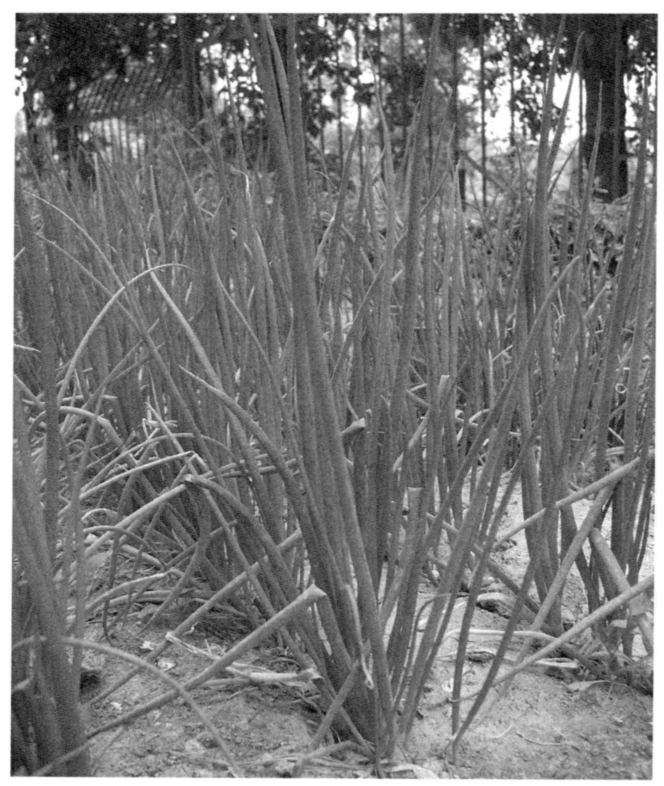
图 24　葱

易混淆为番木瓜（图 23）*Carica papaya* L.，番木瓜科番木瓜属，多年生常绿草本果树，浆果长圆形，肉质，橙黄色或黄色。为热带、亚热带水果，不耐储存，更无香味。

2.2.3　水葱

第四十六回，凤姐奉承贾母把丫头调理得“水葱似的”惹人喜爱；第四十九回，晴雯夸新来的四个女孩，“倒像一把子四根水葱儿”。

葱（图 24）*Allium amethystinum* Tausch.，百合科葱属，多年生草本。小葱翠绿白净，“水”是用来形容其鲜嫩、挺拔，用来比喻青春少女的清秀水灵十分恰当，从“一把子四根水葱儿”可知，纤细鲜嫩的小葱更符合作者的描写意图。

易混淆为水葱（图 25）*Scirpus validus* Vahl，莎草科藨草属，高大的多年生挺水草本。

2.2.4　红豆

第二十八回，贾宝玉唱了个曲子：“滴不尽相思血泪抛红豆，开不完春柳春花满画楼。”

红豆 *Ormosia semicastrata* Hance.，豆科红豆树属，常绿乔木，种子鲜红色、扁圆形；海红豆（图 26）*Adenanthera pavonina* L.，豆科孔雀豆属，落叶乔木，种子

图 25　水葱

图 26　海红豆

美丽。红豆作为相思寄托之物，古已有之，王维《相思》中写道："红豆生南国，春来发几枝。愿君多采撷，此物最相思。"更将红豆和寄托思念紧密联系起来。

易混淆为赤豆 *Phaseolus angularis* Wight，豆科菜豆属，一年生草本，种子椭圆或长椭圆形，一般为赤色，可作粮食及药用。

图 27　芋

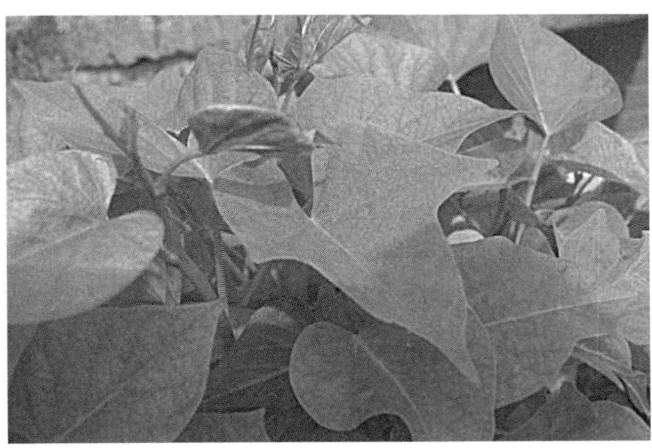

图 28　番薯

2.2.5　芋

第五十回，李纨命人"将那蒸的大芋头"给袭人带去；黛玉联诗说了一句"煮芋成新赏"。

芋（图 27）*Colocasia esculenta* Schott，天南星科芋属，多年生湿生草本，叶盾状，块茎椭圆形。《说文》："芋，大叶，实根骇人，故谓之芋也。"芋块茎可食用，苏轼被贬岭南，在琼岛发现当地"土人顿顿食薯芋"，其子苏过以芋作羹汤，坡公食后赞不绝口，有《玉糁羹》诗云："香似龙涎仍酽白，味如牛乳更全清。莫将南海金齑脍，轻比东坡玉糁羹。"即是林黛玉所说的"煮芋"典故。

易混淆为番薯、甘薯、山芋（图 28）*Ipomoea batatas* Lam.，旋花科番薯属，多年生蔓性草质藤本，块根可食用。或山药、山芋（图 29）*Dioscorea opposite* Thunb.，薯蓣科薯蓣属，多年生缠绕草本，块茎圆柱形，可食用、入药。

2.2.6　葵

第十七至十八回，怡红院屋内槅子有很多式样，有圆形、方形、连环形，及"葵花"等；第四十回，缀锦楼前设宴，每一榻前有两张雕漆几，"也有葵花式的"。

中国传统器型纹样中的葵形，形象来源于锦葵科的蜀葵、秋葵、木槿等，蜀葵（图 30）*Althaea rosea*（Linn.）Cavan，多年生草本，花形圆而规整，单瓣花多数为五瓣。葵形常被用于碗、盘盒、等圆形器物，外形作等分的连弧花瓣状。

易混淆为向日葵（图 31）*Helianthus annuus* L.，菊科向日葵属，一年生草本，头状花序呈圆盘状，瘦果俗称"瓜子"，种子可食用。

2.2.7　茑萝

第九十九回，镇宝海门总督给贾政写信提亲，"希望茑萝之附"。《诗经·小雅·頍弁》："茑与女萝，施于松柏。"谓茑与女萝，附寄在松柏树上，比喻亲戚攀附关系。茑萝不是一种植物，而是一类攀附植物。茑，指桑寄生或槲寄生；

图 29　山药

图 30　蜀葵

萝，指菟丝子或松萝，《释文》:“在草曰菟丝，在木曰松萝。”

桑寄生 *Loranthus parasiticus*（L.）Merr.，桑寄生科桑寄生属，常绿小灌木，常寄生于桑科等植物上，枝叶入药；槲寄生（图 32）*Viscum coloratum*（Kom.）Nakai，桑寄生科槲寄生属，灌木，带叶的茎枝可入药。

松萝、女萝、破茎松萝 *Usnea diffracta* Vain.，长松萝（图 33）*Usnea longissima* Ach.，松萝科松萝属，藻和菌共生的丝状地衣，常附生在针叶树上。第七十八回，《芙蓉女儿诔》，“搴烟萝而为步障”，烟萝也指的是松萝这类附生植物。

菟丝子（图 34）*Cuscuta chinensis* Lam.，旋花科菟丝子属，一年生全寄生草本，种子入药。

图 31　向日葵

图 32　槲寄生

图 33　松萝

图 34　菟丝子

易混淆为茑萝（图 35）*Quamoclit pennata* (Lam.) Bojer，旋花科茑萝属，一年生缠绕草本，花冠高脚碟形，羽状叶片纤细柔软，常用以缠绕篱笆、围栏，有“锦屏封”的别名。

图 35　茑萝

3　结语

《红楼梦》中的植物丰富多彩，在作者描写真实生活和营造优美文学意境方面都不可或缺，在很多章节中都起到了点题，甚至推动情节发展的作用。小说中的植物涉及饮食、医药、园艺、礼仪、信仰、诗词、典故等诸多方面，精彩地展示出了中国传统植物文化的魅力，正因为其蕴含的植物文化信息丰富，更应该辨析出作者描写植物的真实面貌，以便更全面、准确地了解书中的植物文化，从另一个角度更深层次解读《红楼梦》的深邃意境。

参考文献

[1] 裴盛基，淮虎银．民族植物学 [M]. 上海：上海科学技术出版社，2007.
[2] 陈有民．园林树木学 [M]. 北京：中国林业出版社，2009.
[3] 陈俊愉，程绪珂．中国花经 [M]. 上海：上海文化出版社，1990.

绿化废弃物堆肥化处理模式和技术环节的探讨

北京市香山公园管理处 / 周肖红

摘　要：文章介绍了堆肥发展的情况和国外绿化废弃物堆肥化处理的概况，分析了以绿化废弃物作为主要材料进行堆肥化处理的可行性。对绿化废弃物堆肥场建设和进行堆肥处理的流程进行了分析；对堆肥过程中的原料处理、C/N比调节，菌种使用等技术环节进行了探讨，分析了堆肥产品的应用方向，介绍了现代堆肥常用的堆肥机械，比较了不同堆肥机械配备的优劣。建议城市绿地管理部门建立科学合理的绿化废弃物循环处理消纳模式，为可持续发展服务。

关键词：园林绿地　绿化废弃物　堆肥　堆肥机械　循环

绿地在养护过程中，都会产生绿化废弃物，树枝、落叶、草坪剪落物及其他植物残体等，都需要进行处理。将这些富含有机质的废弃物倒掉或填埋，当然很可惜，也需要花费运输和处理资金；如果进行堆肥处理，虽然同样需要处理费用，但至少可以得到腐殖质丰富的有机肥；将每年由于修剪、清理落叶等丧失的有机质返回绿地，对绿地土壤健康和生态平衡来说，也不无益处。随着城市发展，绿地面积增加，产生的绿化废弃物也逐年增加，如果还一直沿用填埋、堆放、焚烧等传统处理方式，必然给城市环卫部门带来很大的处理压力并有可能污染环境（事实上由于城市垃圾填埋场稀缺，目前很多填埋场已经拒绝接收绿化废弃物）；因此将绿化废弃物堆肥化处理是可行的解决办法。

1　堆肥的定义和堆肥发展简介

所谓堆肥，是指在人工控制下，在一定的水分、C/N比和通风条件下通过微生物有氧发酵作用，将废弃有机物转变为肥料的过程。通过堆肥化过程，有机物由不稳定状态转变为稳定的腐殖质物质，堆肥产品可以安全处理和保存，是一种良好的土壤改良剂和有机肥料。[1]

绿化废弃物堆肥，就是指将绿地中产生的树枝、落叶、草沫等废弃物经过一定的处理和混合配比，在适合的条件下经过有氧发酵，形成有机肥料和土壤改良剂的过程。达到无害化（无杂草、寄生虫等）、减量化、资源利用的目的。

传统有机废弃物堆肥历史悠久，而现代堆肥技术发展于20世纪30年代，出现了称为印多尔法（Indore）堆肥法，以在堆肥方法上出现了堆体、翻堆和发酵有效控制为标志。20世纪90年代后，各国堆肥处理呈上升的发展趋势；近年来，堆肥化处理更是逐渐成为可降解有机物的再生利用，垃圾减量和垃圾资源化的最佳途径；堆肥的发酵工艺、技术和设备日趋完善，机械化程度提高，进入了规模化和产业化发展阶段。

2　绿化废弃物堆肥化处理的可行性

分析绿化废弃物的原料特点和产出情况，将其堆肥处

理是完全可行的：①首先，绿化废弃物主要成分为可降解的纤维素、木质素等，降解率约占固体比例的 66%，进行堆肥处理基础好；②绿化废弃物由园林绿化部门单独收集，不需要增加分类费用，在管理模式上有利于堆肥处理实施；③绿化废弃物相比城市污泥和其他生活垃圾，原料污染少，不含重金属等有毒物质，堆肥后产品安全性好，市场价值高，公众易于接受；④绿化废弃物体积大、重量轻，填埋、运输费用高，进行堆肥处理节约效果好；⑤园林绿化行业每年需要使用大量的有机肥、土壤改良基质，绿化废弃物堆肥处理后可以实现自产自销，循环利用；⑥绿化废弃物产出稳定，堆肥场建成后原料来源丰富，供给稳定；⑦绿化废弃物堆肥过程基本没有臭味污染，对周边环境影响小，堆肥场建设制约因素少。

3 国内外绿化废弃物堆肥化处理研究进展

在我国，由于城市绿地不断扩大，绿化废弃物处理问题首先在上海、广州等大城市被提出，并进行了不同方面的研究。广州、北京等地分别都已经开始建设不同处理规模的绿化废弃物处理场。

如广州园林基质厂（广州市绿色废弃物处理中心），已经能处理广州市区绿地产生的约 40% 的绿化废弃物，包括树枝、树叶、草沫等，年处理绿化垃圾达 10 万 m^3。堆肥场达 $30000m^2$，分为堆料区、粉碎区、仓库等功能区，并配制出作为土壤改良剂、高效营养基质、有机肥等系列的肥料。包括高效营养基质：天台、阳台和天桥等立体绿化专用，容器苗木专用基质，一品红专用营养基质，草花专用基质，阴生植物专用基质，家庭高效营养基质。有机肥系列包括：蔬菜专用、果树专用、桉树专用有机肥等。

而华南植物园建设的兼顾科普和堆肥功能的小型堆肥场，不但能处理园内所有绿化废弃物，还具备科普参观宣传的功能，产出的有机肥主要应用在植物园温室植物栽培，是一种自产自销的模式。

上海园林科研所和上海植物园均建设了小型的堆肥场。在北京地区，绿化废弃物堆肥场主要针对大型绿地和花卉生产产生的垃圾处理而建设，主要有西城区东坝苗圃基质场，丰台花乡花木公司园林基质场等；还有一些从事有机栽培的农场等，如小汤山特菜大观园等，也建有小型的堆肥场。

此外，一些企业也参与到绿化废弃物处理中，如浙江虹越园艺公司利用树皮类废弃物进行粉碎发酵后生产出了用于兰花栽培的专用基质，陕西杨陵科技公司引进澳大利亚的生产技术，利用粗木屑等材料发酵生产树木容器苗的专用基质，都已经取得了一些市场效益。

一些发达国家较早就开始对绿化废弃物进行堆肥处理，利用现代堆肥技术各种工艺系统和配套设备，规模化和产业化程度高，宣传力度大，公众认知程度广，其经验和作法，值得我们借鉴。

在加拿大、美国等地，由于地广人稀，经常采取地面铺设的循环方式让庭院废弃物自然降解，也就是将树枝类粉碎处理后进行地面直接覆盖，落叶也可以同样处理。但在纽约等城市中心绿地和城区，庭园有机废弃物的堆肥处理仍被大力宣传，如由纽约市环境卫生局发起，纽约植物园支持的“布朗克斯行政区绿色垃圾堆肥项目”，目的是教育居民了解堆肥制作、庭院废弃物处理的方法，减少城市固体垃圾中有机物占的比例，并建立永久示范中心来展示各种堆肥箱。纽约植物园建立的永久性堆肥场面积达 $2787m^2$，使交送环卫局处理的垃圾减少了一半。

在欧洲，对城市有机废弃物的管理有严格的法规控制，如欧盟的土地填埋法对可降解的有机废弃物进入填埋场的比例有严格控制，并逐年降低比例；而氮素法严格规定了单位土地面积化肥使用量，也有力促进了有机堆肥的市场发展。布鲁塞尔等较大的城市绿化服务机构较早就开始用混合堆肥的方式处理绿地有机废弃物，城市建有 15 个大型露天堆肥场，4 个安置场，处理绿化废弃物达 216000t，由非营利组织 VLACO 进行组织和控制质量、进行促销；城市的整个堆肥系统实行质量控制的整体化，更有利于市场的销售；此外，比利时政府也鼓励家庭堆肥，市民可以按生产的堆肥公斤数从当局获得补贴；Jean Pain 委员会在堆肥方法宣传上也起到了积极作用。在英国、葡萄牙等，植物园成为绿化废弃物堆肥处理最好的宣传阵地，如丘园植物园，葡萄牙马德拉植物园等。[2]

在日本，采取多种堆肥方法来处理绿化废弃物；使用树皮堆肥发酵制作肥料，使用可移动的粉碎设备将树木的剪枝等就地粉碎后堆肥，鼓励家庭制作活性堆肥；各类发酵剂和小型堆肥配套机械种类齐全，不少园林绿地都建有配套的堆肥场。[3]

4 绿化废弃物堆肥处理的技术环节

绿化废弃物堆肥既有其特殊性，也有和其他物料堆肥技术共通的地方。在借鉴学习堆肥常规技术的基础上，通过对多个堆肥场建设模式和采用的技术调研，总结绿化废弃物堆肥处理应注意以下技术环节：

4.1 堆肥场建设

4.1.1 堆肥场场地选择

堆肥场一般建在大型绿地边，如果是处理城市街道绿地产出的废弃物，要综合考虑和各个绿地之间的运输距离，尽可能减少运输费用。堆肥场对周边环境主要影响是部分机械会产生噪声，所以要尽可能远离居民区。虽然绿化废弃物堆肥处理不像污泥和畜禽粪便在堆肥过程中会产生臭气污染，但场地选择还是避开上风口为好。如果在室外堆肥，要考虑堆肥的渗淋会对周边土壤产生影响，可将土地硬化处理并在坡度最低处建立渗出液体收集池。

4.1.2　原料来源分析和堆肥产品设计

不同绿地产出的废弃物种类数量有一定差别，新建绿地以草沫为主，建成后的绿地落叶和树枝量会增加；绿地废弃物的产出也有季节性；这些都会影响堆肥场的建设模式、规模和堆肥产品。因此要对堆肥场依托的绿地废弃物产出种类和数量进行一个前期的统计分析。要根据原料情况、市场需要、使用需要进行堆肥产品设计，保证堆肥产品能有效利用。目前绿化废弃物堆肥主要可生产以下类型的产品，可用于产品设计参考：①园艺基质：应用于园艺生产，是草炭理想的替代物；②立体绿化轻型营养基质；堆肥产品肥力、物理性状都优于草炭、珍珠岩，已逐步成为立体绿化基质的首选；③园林绿地覆盖物，落叶、树枝等都非常适合在发酵后作为绿地覆盖物使用；④有机复混肥：通过混合配比，作为草坪养护、花卉、作物有机肥料，因为添加有机菌种发酵的堆肥本身具有生物活性，有很好的生物肥力，有利于土壤的修复。

4.1.3　场地建设和流程设计

场地建设和流程设计要满足堆肥过程中以下环节：

原料堆放：绿化废弃物体积较大，在某一季节（如大量剪枝季节）产生量大，原料堆放场需要大一些。树枝和树叶处理方式不同，最好能分开堆放；草沫容易变质腐败，收集后需要马上堆制或分成小堆铺开。

粉碎场地：场地需要能放下粉碎机械和满足粉碎后材料的暂时堆放。许多堆肥场在粉碎机出料口建一个密闭的简易房，有效防止了作业时尘土飞扬的情况；还可以在房顶装配上喷淋头，不但防尘，还能为原料补充水分。

堆肥发酵场地：堆肥发酵场是将原料堆放起来进行发酵的场地。在华南和华东地区，由于气候温暖湿润，堆肥场一般建在室外，或只简单加一个顶棚。但在北方地区，冬季室外温度低，气候干燥，水分丧失很快，影响堆肥的升温、保湿；而冬季正好需要处理大量枯枝落叶，所以堆肥发酵场地最好建在室内，如温室大棚，利用温室的升温、保温和保湿的功能，提供有效微生物发酵适宜的环境条件；不过北方地区在春、秋季节也可在室外堆肥。目前绿化废弃物堆肥发酵场的形式主要有 2 种：一种是条垛式，将原料堆成条垛状，使用条垛式翻堆机翻堆；这种场地特点是建设比较简单，建一块足够大的空地就可以了，但对场地利用率较小；另一种是槽式发酵场，需要建一个 U 形槽，宽度在 4 ～ 8mm 左右，长度则按规模需要来定，发酵槽的上部装配槽式翻堆机对原料进行翻堆；槽式发酵有的只建一个 $20m^2$ 的发酵池，有的槽式发酵池较长，分进料口和出料口，可以利用翻堆机前推的作用将物料不断前移到出料口，物料从进口移到出口正好完成发酵过程；槽式发酵场特点是场地利用率大，自动化程度高，但场地建设和设备费用高，而且原料只能在发酵槽内发酵，在产量上受发酵周期的限制，不够灵活。

后期腐熟陈化场地：堆肥原料经过高温发酵阶段后，温度会逐渐下降，不再上升、湿度也会下降到一定程度，就进入堆肥的后期低温腐熟陈化阶段。后期腐熟场没有特别的处理要求，主要满足堆放的功能；条垛式发酵场地，原料可以就地腐熟；槽式发酵场地，就需要将原料移出发酵池，在适合的地方堆放，进入低温发酵陈化阶段，当堆肥的温度不再上升，含水量降到 14% ～ 15% 时，堆肥过程基本结束。

堆肥流程结束时需要对腐熟程度进行判断：判断堆肥腐熟度的方法很多，生产上采用的主要有以下方法：(1) 通过堆肥温度变化判定。堆肥内部温度变化要经过 3 个阶段：升温阶段（30 ～ 45℃，1 ～ 3 天）；高温阶段（2 ～ 3 天后温度上升到 45℃，在此阶段，温度在 55 ～ 65℃维持 10 ～ 20 天）；降温阶段（温度由最高值开始下降，直到平稳。）经过 3 个阶段的变化，此时肥堆内的温度与外界的环境温度大致一样，不再发生很大的变化，表明此堆肥已达到腐熟。(2) 种子发芽实验法。是判定堆肥是否还含有对作物生长有害的物质的一种简便方法。主要是用堆肥的浸出液对水芹等植物种子进行培养，通过测试种子的发芽率来进行对比；在实际生产中也使用黄瓜或萝卜的种子。(3) 根据堆肥的外观性状来判定。腐熟后的堆肥无任何令人不快的气味如恶臭、氨味等；堆肥呈黑褐色或黑色；在形状上一般呈粉状，目数较大，细而疏松。化学测定的方法也可用来判定堆肥的腐熟度，如测定堆肥的有机质、腐殖酸、有机酸的含量变化，pH 值、C/N 的变化。[4]

后期处理和仓库：提供对堆肥产品进行后期分选、包装的场地和产品储存的场地。

总之，场地建设和流程设计虽然是堆肥处理的第一步，但其实是在其他技术环节设计完成后才能开始，可以说是在兼顾到各个技术环节后的统筹过程。场地和流程设计要参考环境、物料特点、气候、资金条件等因素；要适合机械操作顺利实施；要根据技术条件设计合理的场地大小、堆肥周期和场内物料流动方向，尽可能的减少场地空置或物料来不及处理情况的发生，使物料流动，翻堆、辅料添加等环节处于最经济的位置，减少多次运输。

4.2　原料调节和配比处理

堆肥是一个有氧发酵的过程，要使发酵顺利进行，需

要将堆肥原料进行调节处理，使之有利于发酵的进行。绿化废弃物堆肥前调节和处理参数可以参照常规堆肥中通用的数值（表 1）。

堆肥影响因素的合理值和最佳值　　表 1

因素	合理值	最佳值
碳氮比	20 ∶ 1 ~ 40 ∶ 1	25 ∶ 1 ~ 30 ∶ 1
含水率（%）	45 ~ 65	50 ~ 60
氧气浓度（%）	5 ~ 15	10
颗粒直径（cm）	0.5 ~ 5.0	0.5 ~ 2.5
pH 值	5.5 ~ 8.0	5.5 ~ 8.0
温度（℃）	43 ~ 66	54 ~ 60
环境温度（℃）	0 ~ 30	20

4.2.1　C/N 比调节

堆肥能进行有效发酵的 C/N 比在 20 ∶ 1 ~ 40 ∶ 1 之间，绿化废弃物普遍具有较高的 C/N 比：树皮木屑 C/N 比约为 200 ∶ 1 ~ 750 ∶ 1，植物残体类 C/N 比约在 100 ∶ 1 ~ 150 ∶ 1，草沫 C/N 比为 40 ∶ 1 ~ 60 ∶ 1。可采取以下调配处理方式：①将含氮丰富的草沫和树皮木屑、树叶等粗质材料混合，降低 C/N 比、促进堆肥分解；②部分堆肥场选用蘑菇渣、厨房垃圾等来源容易的配料，对原料进行混合调配 [5]；③使用园艺肥料中常用的干鸡粪（C/N 比大约在 9 ∶ 1），来源比较容易并含一定的磷肥，添加到树枝和落叶中来调节 C/N 比。如日本的堆肥场在使用树皮进行堆肥时一般每吨物料添加 50kg 的干鸡粪 [6]；④添加一定量的硫胺或尿素等化学氮肥。总之，C/N 比调节需要根据实际情况选择经济实惠、来源广泛的辅料，并实验合理的配方。

4.2.2　水分调节

适合发酵的水分条件是原料含 45% ~ 65% 的水分：树皮木屑含水量从 19% ~ 65% 不等；植物残体类含水量 5% ~ 20%；而草沫含水量高达 85% ~ 90%。绿化废弃物水分调节采取以下方法：①将含水丰富的草沫与树叶等较干的原料混合；②用喷淋的方式直接补水。原料合理的水分值可采用直观检测的方法：即用手抓原料感觉较湿润，手抓紧后有水分渗出但不滴下即达到合理的水分值。

4.2.3　供氧调节

堆肥供氧可以通过翻堆和强制通风来实现。绿化废弃物堆肥中一般通过适时翻堆进行供氧调节，绿化废弃物原料比较疏松，所以在堆体下埋设通风管供氧不太必要，及时翻堆就可以达到供氧目的。

4.2.4　颗粒调节

适合的颗粒直径可以使原料接触到充分的空气和水分促进发酵；绿化废弃物堆肥适合的颗粒直径一般在 0.5 ~ 5cm 之间，所以需将原料进行粉碎。树枝类废弃物先用树枝切碎机破碎到 5 ~ 15cm 的小片，再使用锤片式粉碎机粉碎到 0.5cm 左右的颗粒直径；植物残体和树叶直接使用锤片式粉碎机进行一次粉碎就可以了，由于绿化废弃物具有疏松多孔的性质，颗粒直径适当小于 0.5cm 也是可以的，并不会因为原料颗粒过小而使肥堆产生通气不良和过于致密的问题；草坪剪落物不需要粉碎处理，直接就可以堆制。

4.2.5　温度控制

堆肥合适的发酵温度在 43 ~ 66℃，温度控制的目的是控制堆体的温度，使之有利于发酵进行。在堆肥过程营造适合的条件使堆体升温，在温度过高的时候进行翻堆散热降温，避免有益菌群失活，这样使堆体温度始终适合发酵的进行。此外，环境温度对发酵也有一定的影响，特别是在北方地区的冬季，如果环境温度过低，堆体会结冰，发酵就无法进行了，因此一般要求环境温度不低于 0℃，最好在 5℃以上。

4.2.6　pH 值调节

植物类原料在发酵过程中产生有机酸，会降低堆体的 pH 值；石灰或石灰水可以调整提高 pH 值，也用于堆肥时消除臭味。

4.2.7　添加发酵菌种和促进发酵剂

在堆肥原料中接种微生物发酵菌剂，可缩短发酵周期。微生物肥力方面的研究还显示：在堆肥内添加菌种不但缩短发酵时间，节约场地和费用，还可以使堆肥产品具有生物活性和肥力，促进作物生长，有利于土壤修复 [7-8]。目前有不少菌种可供选择，如日本的酵素菌、EM 菌、国内研发的 VT 菌等；以复合型菌种为主。堆肥场也可根据需要自己进行菌种复合调配。正规市场销售的菌种在农业部有登记，登记内容包括企业名称、产品商品名、产品登记证号、企业联系地址（邮编），目前登记的菌种有 31 种，可以登录农业部的网站查询。

将已腐熟或半腐熟的堆肥约 1/4 的量添加到新料中，也是常用的接种办法，并有节约费用，控制氮素损失等优点。绿化废弃物堆肥过程中减量比较快，可以通过不断添加新料来保持堆体高度，同时有效的接种了菌种。[9]

其他添加剂还有在接种时加入红糖、豆饼等有利于微生物生长的培养物质，促进发酵菌剂快速形成优势菌群。过磷酸钙和磷矿粉也是常用添加剂，一般每吨可添加 5 ~ 20kg，使 C/P 比在 75 ∶ 1 ~ 150 ∶ 1 之间，促进有益菌的繁殖，有利于发酵进行。[10]

4.3　堆肥机械

机械化作业是现代堆肥的重要特征，特定的堆肥机械减轻了堆肥过程中的劳动量，优化了发酵条件，缩短了堆肥过程，提高了产品质量；绿化废弃物堆肥，主要应用以下机械：

4.3.1 粉碎机械

粉碎处理可以使绿化废弃物达到适合发酵的颗粒直径，也起到减量作用。绿化废弃物粉碎处理主要使用2类机械：①树枝切碎机：目前市场上有不同的品牌，主要分电驱动和油驱动两种动力形式，可以根据需要进行选择；树枝切碎机主要用于切碎处理绿化废弃物中的大块树枝和树皮；②锤片式粉碎机：用来粉碎树叶、植物残体，对切碎后的树枝进行二次粉碎。建议可直接使用农用的秸秆粉碎机，不同的筛网可以调节颗粒直径。[11]

4.3.2 翻堆机械

翻堆机械用于对物料进行定期堆翻，达到供氧、降温、搅拌均质的作用。目前国内有不少研究所和厂家可提供堆肥机械，但大部分是针对畜禽粪便、污泥翻堆处理需要设计的，有的并不适合绿化废弃物，所以一定要根据绿化废弃物的特点进行前期充分调研和考察。目前用于绿化废弃物翻堆的主要有槽式翻堆机和条垛式翻堆机2种：槽式翻堆机造价较贵，比较适合小规模的堆肥场，适合主要处理草沫和树叶。条垛式翻堆设备造价低廉，比较适合场地大的堆肥场地，处理堆肥时间较长的树枝等原料；而且条垛式翻堆机可以在场内移动，根据原料情况在场内同时建立好几个堆体，处理原料灵活；有的堆肥场也用铲车来替代条垛式翻堆机进行，虽然堆体不太规则，但并不影响堆肥正常发酵；铲车还可用于物料场内运输，一机多用。

4.3.3 鼓风设备

由于绿化废弃物比较疏松，所以堆肥设备中常用的通风爆气装置在绿化废弃物堆肥中不是很重要，可以视情况决定是否安装。小型堆肥场还有一种采用静态鼓风爆气的方式进行发酵堆肥的模式，发酵时不通过翻堆，而是通过堆体下的管道直接向堆中鼓气，补充氧气，调节温度，促进发酵进程，安装有自动化程度较高的鼓风设备；但应用并不广泛。

4.3.4 传送和运输机械

大型的堆肥场可以配备传送带来完成原料在场内的转移运输；但在调研中发现：很多设计了传送设备的堆肥场并没有使用传送带，主要还是使用推车或小型铲车来完成搬运；因为传送装置开动起来过于麻烦，而绿化废弃物的产出量有时并不稳定，推车或铲车使用起来更加灵活方便。

4.3.5 分选和包装机械

堆肥产品要进入市场销售，需要将发酵完成后的堆肥按使用要求进行分选并包装。调整分选机的筛网和转速，然后将材料通过分选机就可以将堆肥按不同的颗粒大小分开：大颗粒可作为园林绿地覆盖物，小颗粒的则用作园艺基质和土壤改良剂。分选后的堆肥就可包装了：有的堆肥场装备有分装机械，自动化程度很高；小型堆肥场也可以手工分装，配备简单的封口机就可以了。

4.4 质量检测和控制

堆肥产品要保持稳定，需要一套合理的控制模式，将各个技术环节标准化，保证堆肥产品各项指标相对一致。绿化废弃物每年的产出和原料组成主要受季节影响而波动，但成分比较稳定，可以通过合理的控制和配比来使堆肥产品达到稳定性。所以需要建立合理的物理指标和化学指标评价体系，进行定期检测，达到质量控制的目的。

5 结语

在城市化发展进程中，绿化废弃物堆肥化处理是减少城市固体废弃物的一条重要途径。但目前绿化废弃物堆肥处理尚有不少问题：首先堆肥处理中关键技术还不够成熟，有的环节有保密性，不能达到技术共享；其次是堆肥产品缺乏统一的质量和流程控制，产品的稳定性和市场化还有待加强；此外，虽然将绿化废弃物堆肥处理在环保、生态上具有重要意义，但与将绿化废弃物直接倾倒相比，堆肥处理势必要增加场地、人工、设备等方面的成本，而目前绿化废弃物堆肥处理尚不能像其他城市固体废处理一样，享受在法规、政策上的优惠和补贴，运作费用大部分依赖科研经费，因而极大制约了基层部门将绿化废弃物堆肥处理的积极性。

因此我们有必要对城市绿化废弃物堆肥处理进行合理的规划：在城市规划中建立以处理道路和街道绿地废弃物为主的大型堆肥场；同时鼓励大型公园绿地、苗圃、农场建立自我循环利用的中小型堆肥场，在区域内自产自销；加大政策优惠和市场激励，鼓励以商品化为目的的企业进入绿化废弃物处理领域，加快行业技术发展和市场化；设立专项研究，加大对技术环节的攻关研究，建立绿化废弃物堆肥管理的科学模式。那么绿化废弃物堆肥处理将会有一个很好的发展前景，这也是我们在城市化发展过程中的必由之路。

参考文献

[1] 李季，彭生平．堆肥工程实用手册[M]. 北京：化学工业出版社，2005：1-28.

[2]（英）E. 莱德雷，等主编．达尔文植物园技术手册[M]. 靳晓白，石雷，唐宇丹等译．郑州：河南科学技术出版社，2004：66-67，78-79.

[3]（日）农山渔村文化协会编．活性堆肥的制作和施用技术[M]. 尹林，等译．北京：中国农业科技出版社，1994：

104-118.

[4] 朴哲，崔宗均，苏宝林 . 高温堆肥的生物化学变化特征及植物抑制物质的降解规律 [J]. 农业环境保护，2001，20（4）：206-209.

[5] 陈广银，王德汉，吴艳，等 . 不同时期添加蘑菇渣对落叶堆肥过程的影响 [J]. 环境化学，2008，27（1）：82-86.

[6] 河田弘，树皮堆肥制造方法，国外林业，1990（1）：13-16.

[7] 徐大勇，王为一 . 人工接种堆肥和自然堆肥微生物区系变化的比较 [J]. 安徽农业科学，200735（23）：7219-7220，7223.

[8] 李玉红，王岩，李清飞 . 外源微生物对牛粪高温堆肥的影响 [J]. 农业环境科学学报，2006，20（S1）：609-612.

[9] 栗绍湘，李玉俊，郭洪嘉，等 . 堆肥过程中的保氮技术 [J]. 环境卫生工程，2001，9（4）：185-186.

[10] 李国学，李玉春，李彦富，固体废物堆肥化及堆肥添加剂研究进展 [J]. 农业环境科学学报，2003，22（2）：252-256.

[11] 贾小红，黄元仿，徐建堂 . 有机肥料加工和施用 [M]. 北京：化学工业出版社，2002：55-56.

北海的历史文化研究
——北海公园的桥

北京市北海公园管理处 / 任明杰

摘　要：北海公园是“世界上建园最早的皇城御苑”，始建于金大定六年（1166年），也是我国现存历史最悠久且保存完整的皇家园林，在北京城市发展中有其特殊的地位。北海公园是老北京城内古桥最集中的所在，研究北海的桥梁对于了解老北京城悠久的历史十分必要。本文主要侧重于北海公园桥梁历史沿革的考证，并对公园各景区桥梁的分布及古桥的现状、数目等内容详加论述，对于公园史志中关于桥梁的部分加以补充，起到丰富园史之作用。

关键词：北海公园　历史　古代桥梁

中国是世界上的桥梁古国，我国的古桥建造历史悠久，不仅数量多、种类多，而且构筑精、造型美，在世界上处于举足轻重的地位。北京的建桥史可以追溯到远古时代。北京的桥分布很广，几乎有水的地方必有桥。北京市境内有大小河流200多条，古桥数量可以说是数不胜数。仅据史料文献记载的古桥就有上千座之多！北京上千座大大小小的古桥，不仅揭示了众多河流的走向与变迁，也诉说着不同时代的历史信息。北京的每一座古桥，都留下了北京先民的生活足迹，都承载着极厚重的历史气息。

北京的古桥千姿百态，横跨在大河小池之上，大多今存古桥多为明清时修建的。仅据《清会典事例》记载：“都城内外大街凡十有六，坊二十有四。护城桥十有五，玉河桥十，水陆大小桥梁共三百有七十。”这些大大小小的不同材料、形态、功能的桥梁，不仅方便了北京的交通，也装点着这座历史悠久的古老城市。北海公园则是老北京城内桥梁分布最集中的所在地。

1　北海公园桥之特点

北海公园是“世界上建园最早的皇城御苑”，始建于金大定六年（1166年），也是我国现存历史最悠久且保存完整的皇家园林，在北京城市发展中有其特殊的地位。北海是北京城的中心和发祥地。历史学家侯仁之先生曾说：“没有北海，也就没有现在的北京城。”

北海公园坐落于古都北京的中心，是皇城中古桥分布最集中的场所。北海公园历史悠久，水面面积约占全园面积的2/3，为了全园的交通以及点景需要，历史上从元到清共建有各式桥梁34座，至今有6座无存。现存（含改建、移建、复建、增建）古桥28座，后添建4座，现共有各式新旧桥梁32座。北海公园的桥样式丰富，几乎涵盖了所有样式：有石拱桥、廊桥、平板桥（含铁路桥）、曲桥、亭桥、汀步桥等多种样式。其中石板桥数量最多，达22座（4座新添建）；石拱桥9座，2座无存；木桥3座，全部无存；廊桥2座；汀步桥1座，今无存；假山石桥1座。

自古至今，中国园林一直追求“虽由人作，宛自天开”的境界，园林多依山傍水而建，因此，园林中常用桥来联系隔水相望的两岸和组织水面的景观，其制作考究，形式丰富。北海公园的桥作为皇家园林中必不可少的要素，隶属于园林桥范畴，具有园林桥的许多共性特点与作用。

1.1　历史悠久

北海公园的桥同公园一样历史悠久。虽然辽、金两朝未留下明确记载，但从同期宋代的皇家园林的营造规模和记述上对比看，辽、金时的北海园林中肯定有桥的存在。而且琼华岛和圆坻（团城）当时都在水中，作为皇家宫苑，两岛之间不可能没有交通用的桥梁，反而更说明北海早在辽金时代就应该有建桥史。文献上最早在元代《辍耕录》中对北海古桥有所表及，如团城东侧的木桥（今无存）和今天的金鳌玉蝀桥和永安桥（图 1）均始建于元代。

1.2　分布广，遍及全园，形式多样

北海公园的桥无论园中园、祭祀场所（蚕坛）还是佛教寺院中都有桥梁的踪迹。其形式多样，按形式分可分为石拱桥（如玉带桥）、廊桥（如沁泉廊）、平板桥（如今日蚕坛内四平桥、北岸铁路涵洞桥）、曲桥（如濠濮间曲桥）、亭桥（五龙亭桥、烟云尽态桥）、汀步桥（万佛楼前汀步桥，今无存）等；按材质分可分为石制、木制（如今已无存的团城东侧木桥和蚕坛内二木桥）、钢筋混凝土（如今天的画舫斋西小石桥、蚕坛内四平桥和衆祥桥）等。再细分有临水桥（永安桥）和旱桥（如道宁斋后石板桥）之分。

1.3　既美观又实用

有人说过：“桥是站立的诗，是睡卧的画。”北海古桥，桥梁与景致整齐划一，融入画中，既实用又美观。有些桥梁也具有南方私家园林桥梁的柔美。桥不仅起两岸交通之用，还是园林布景中必不可少的一部分。试想在静心斋那种有水有屋的景致中，恰到好处的搭一两座小桥可以把两岸的美景有机联系起来，真是美不胜收。周新成在其《中国桥美学》一书中说：“建筑中最美的是桥，它‘临镜梳妆，波光生艳’，长虹卧波，分外妖娆”。《园冶》中强调的“景到随机”、“因境而成”、“得景随形”等原则，就是在满足使用要求的基础上巧于造景。静心斋内的小玉带桥，拱券

图 1　北海永安桥

婉转优美，犹如一轮皎月，横卧在静心斋水池上。既不耽误帝王后妃的游玩观景，也为他们的出行带来便利，体现出桥梁设计者的匠心独具。

1.4 做工精细，命名讲究

1.4.1 做工精细

北海古桥与其他桥梁相比有其皇家血统，是为皇家专用，因此，在建造时处处体现其华美与精致的做工及等级规格。如金鳌玉蝀桥是连通皇宫大内与隆福宫、兴盛宫的要道，所以建造得既结实耐用，又美观宏大。

北海的桥梁多为乾隆朝时修缮、改建的，带有独特的乾隆朝风格、印记，代表皇家园林最高水平。北海园林由于乾隆皇帝的恩宠，因此在乾隆朝时期达到鼎盛，因此，乾隆朝时的北海格局以及古建形式、样式、风格就成为我们今天北海古建维护、修缮的蓝图和样本，包括 2006 ~ 2007 年对北海历史上最大规模的修缮，即是按照乾隆朝时的规模修复的。再者北海古桥由于成长在北海这座皇家园林中，因此桥的规模体量都不是很大，以小巧为主，观赏性、点景性桥梁居多。

1.4.2 命名讲究

北海古桥命名很讲究。如金鳌玉蝀桥（图 2）的“鳌”有两种说法：一是龙生九子之一，是龙头龟背麒麟尾的合体鱼龙。另一说法：鳌，传说中海里的大龟或大鳖。女娲补天时曾经“断鳌足以立四极”。而“蝀”字是繁体字，简化字是把右边的“東”换成“东”。螮蝀，虹的别名，借指桥，比喻才气横溢。由此可见金鳌玉蝀桥的命名寄予了营造者多少期望啊。

永安桥始建于元代，清代才有此称谓，又叫“堆云积翠”桥（图 3）。清代直到乾隆朝国家才基本上平定了较大叛乱，社会才得以平稳发展，因此“永安桥”可谓是寄托了清代统治者对国家社稷稳定与发展的良好憧憬与厚望。“堆云”是指从远处看琼华岛上层层叠叠的太湖石就像朵朵白云般浮动；“积翠”指的是团城上苍翠的古树生长得茂密繁盛。

图 2 金鳌玉蝀桥（1900 年）

图 3 永安桥侧观

如果说“永安桥”之名是一种心理上的慰藉，那么“堆云积翠”则是一种写实的情景描述。

烟云尽态桥的命名是根据乾隆皇帝在阅古楼（图 4、图 5）内的题字“烟云尽态”而来的，是乾隆皇帝“爱屋及乌”的具体表现。他把珍藏的古人书法当作是上等艺术珍品，其中的字迹就像带有生命一般，活灵活现，如烟如云，乾隆皇帝置身于其中随之飘舞，仿佛看到那些亲笔字迹就能够和古人拉近距离，沟通情感，与古人促膝长谈，亲近交流。“烟云尽态”四字成为他追思古人的默默寄托，足见乾隆皇帝对阅古楼所藏艺术珍品的喜爱程度。

图 4　阅古楼（1922 年）

陟山桥中的“陟”字当登高讲，“陟山”就是登山，“陟山桥”就是指皇帝由北海东门进园，过陟山桥就等于提示皇帝要登白塔山了（图 6）。

籴祥桥桥下是北海湖水的第一道进水口，其中的“籴”古同“饮”（图 7）。北海的湖水就是由什刹海出来从这里“饮”进来的。前文已提及过，由此可见北海桥梁的命名还是很讲究的。

沁泉廊是静心斋内一处别致的建筑，既是廊也是桥，既是休憩娱乐之处又是静心斋后院交通必经之所。“沁”，渗入；浸润：沁人心脾。坐在沁泉廊中，能够听到桥下水流汩汩的悦耳声响，还能看到成群锦鲤往来嬉戏，别提有多惬意了（图 8）。

图 5　阅古楼（2003 年）

图 7　籴祥桥东部——水闸

图 6　站在陟山桥上望白塔

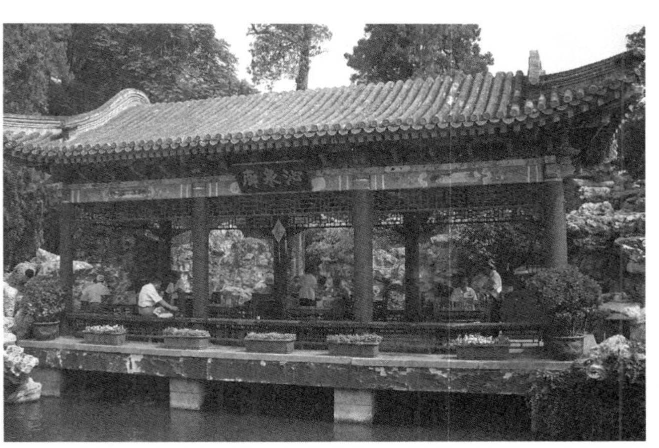

图 8　静心斋内沁泉廊

园桥具有园林道路的特征和园林建筑的双重特征。通过对北海园林中园桥的类型及应用情况进行归纳研究，总结出园桥在园林中具有实用、景观、提升园林意境的功能作用。

2 北海公园桥之功用

2.1 实用作用

园桥可以根据人的行为及心理需求，结合园林中的环境，联系水陆交通，组织游览线路，又可供人停留赏景。人具有亲水的本能，桥也是让人亲近水的一种形式，人在桥上行，由于水面开阔，所以此处又是赏景之佳处。始建于元代的永安桥，桥身比较低矮，其右侧的“小海荷花”在夏季盛开时节，与桥身完美地相融在一起，构成一幅怡人的风景画卷（图9）。游人行走于桥上，既可以感受到脚下潺潺的流水，又能伸手爱抚那田田的荷叶。让人不由得想起《荷塘月色》中“曲曲折折的荷塘上面，弥望的是田田的叶子。叶子出水很高，像亭亭的舞女的裙……”的美景。

图9　永安桥侧观

2.2 景观功能

园桥在造园艺术和园林景观上的价值，往往超过交通功能，其景观功能有以下几个方面：

2.2.1 点景

园林中的桥在与周围景物融合的基础上，以其恰当的位置和自身优美的形态常成为园林景致的构图中心或主题。因此，园桥在园林景观构图中，常具有“画龙点睛”的作用，如琼华岛西麓唯一的桥——罗锅桥。它不仅是琼华岛西侧的交通要道，更是琼华岛西部的点睛之笔。有了这座柔美的小石拱桥，从西岸观看美丽的琼华岛，山顶的白塔，中部的庆宵楼，以及下部的琳光三殿都被协调地组织起来，显得气氛活泼，带有灵气，而非那么肃杀，严肃（图10）。

图10　琼华岛西麓罗锅桥

“相地合宜，构园得体”是我国古典园林建筑布局的一项重要准则。在园林中，桥的布置同园林的总体布局、道路系统、水体面积、水面的分隔或聚合等密切相关。其位置和体形要和景观相协调。大水面架桥宜宏伟壮丽，桥较高并加栏杆。如金鳌玉蝀桥将北海与中南海两大水面一分为二，桥高且长，犹如卧波；小水面架桥宜轻盈质朴，可不设栏杆。如静心斋西南侧院的汀步桥，完全由太湖石堆叠而成，将小小的水池分成两半，营造出古朴、清新的感觉，“宜桥斯桥”，恰到好处（图11）。

图11　静心斋西南侧院的假山石桥

2.2.2 隔景与障景

园桥不但有增添景色的作用，还可用以隔景与障景，在视觉上产生扩大空间的作用。隔景与障景功能有横向和纵向之分。横向上，如若乘船从桥下穿过，则更有别样的

感受；纵向上，沿路走来，眼前只有桥体，走上桥面之后豁然开朗，呈现另一番景象。北海北岸的极乐世界殿前一座石拱桥作用正是如此。在桥南侧看极乐世界殿感觉有种被阻挡的感觉，当迈上高高的拱券之后，眼前便顿感心神开阔，高高的牌楼烘托出的方亭式的大殿显得格外高大壮观，叹为观止（图 12）。

图 12　小西天前石拱桥

图 13　濠濮间曲桥

图 14　1901 年夏俯瞰永安寺白塔（法国人 Plaisant 摄）

2.2.3　引导游览路线、联系园林景点

园林建筑常常具有起承转合的作用，当人们的视线触及某处优美的园林建筑时，游览路线就会自然而然地延伸，建筑常成为视线引导的主要目标。园桥作为一类比较特殊的园林建筑，既可以成为引导视线的目标，又是达到目标的途径。濠濮间的曲桥正是起到引导游览路线之用。如从曲桥北部向南走，就会沿着桥的走向，慢慢地不知不觉地步入濠濮间景区（图 13）。

2.2.4　组织园林空间

园中水面设桥，可分隔水面空间，一般将池面分割成有大有小，使水面主次分明，以增加水面的空间层次与进深。如北海东南部水域永安桥和陟山桥连同琼华岛将北海水面划分为一大一小两部分，不但有层次并且又有主次。如今大片水域用来泛舟十分惬意，小片水域用来种植各类荷花，景色宜人（图 14、图 15）。

2.2.5　提升园林意境

中园园桥受中国文化的滋育，经中国文人的参与，具有东方神韵的至高无上的美，正如英国科技史学者李约瑟所说："中国的桥梁无一不美。"如北海北岸静心斋面积其实并不大，但因其内用小玉带桥、沁泉廊和曲桥等四座不同样式风格的桥，将静心斋后院的水面划分成四部分，再加上精致的建筑构成与巧妙的叠石技艺，于是狭而短小的溪流顿生渊源不尽之意，这些桥不但使水体多层面化，而且使小院的空间也随着丰富了。这就是所谓"水因断而流远"的艺术效果。在水面空间的层次变化中，常用小桥收

图 15　北海航拍图

而为溪、放而为池的水景处理手法来丰富水系多变的意境。因此，当人们踏上苔藓斑斑的小玉带桥，在其上驻足停留之际，就会顿生怀古之幽思。静心斋也恰是具有如此这般的美妙意境而驰名中外，经久不衰（图 16）。

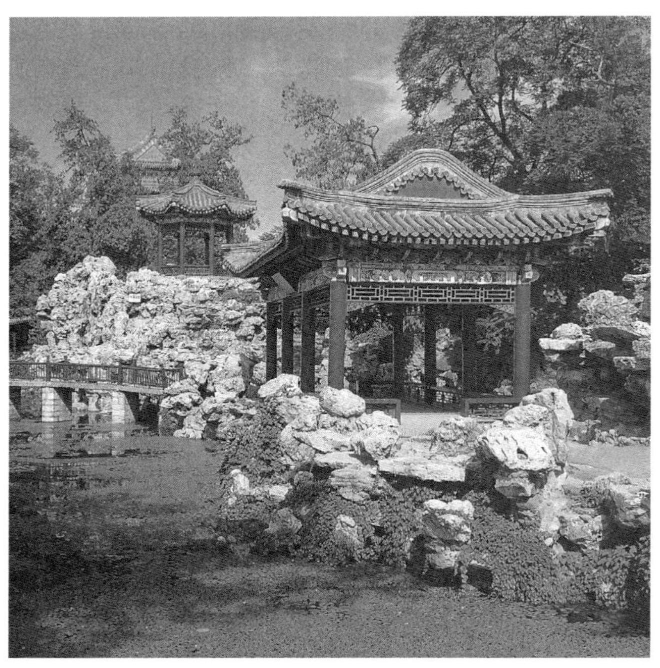

图 16　静心斋园景（局部）

3　综述：北海桥梁现状及保护意向

桥与水是不可分割的，北海公园的桥是昔日皇城水系上一道亮丽的风景线，也是老北京城水系中的重要组成部分。因此，为了更好地掌握北海古桥梁的现状，为日后条件允许时对桥梁的保护、修缮以及部分桥梁的复建工作做准备，同时为公众解读历史，还原历史的本来面貌，2009 年公园与北京工业大学世界文化遗产保护研究中心合作，选取了 4 座非常有代表性的典型桥梁，用先进的 Trimble GX 及 Trimble FX 三维激光扫描仪进行了详尽的测绘。测量结果准确可靠，并制成严谨的测绘报告。精选的 4 座桥梁是金鳌玉蝀桥、永安桥、濠濮间曲桥和静心斋内小玉带桥。

金鳌玉蝀桥是老北京城内最长的桥，也是京城历史最悠久的古桥之一，它的历史与北京皇城演进的历史以及老北京城在新中国成立后的改建等重大事件历史密不可分。在测绘过程中，发现金鳌玉蝀桥桥身多处存在破损、剥落、裂缝、腐蚀和变色等不同程度的损坏（图 17）。即使这样每天还要负担起东西两大城区的交通运输，看上去很让人心疼，在条件允许下希望能够适当地局部修缮。

永安桥也是始建于元代的古桥，现桥体为乾隆朝改建。新中国成立后虽经多次修缮，但局部也存在裂缝、附垢、锈蚀、沉淀等破损（图 18）。相对其他古桥永安桥还算保存得比较完好。

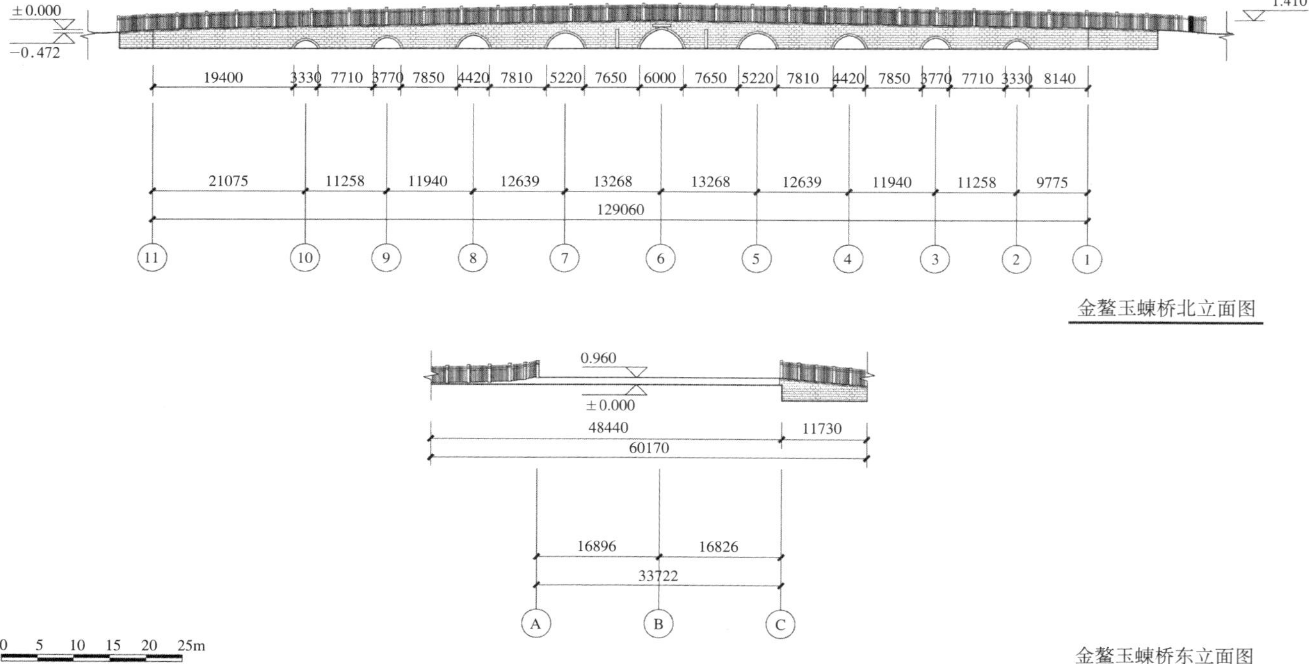

图 17　金鳌玉蝀桥测绘图

东岸景区濠濮间内的石曲桥是该景区水与景交融的纽带，是此处园林景观不可分割的重要组成部分，是景观升华的必要条件。漫步在小桥上，让人身临其境，俯视桥下悠闲的鱼儿嬉戏，遥想庄子与惠子风趣的对答典故，造园者的意境不经意间流露出来。然而这座曲桥在北海所有桥梁中损坏得最为严重。桥身随处可见裂缝、剥落、锈蚀以及许多不合理的人为修复痕迹，亟待全面修缮，进而保存它身上所蕴含的历史、人文等文化信息（图 19）。

静心斋内小玉带桥是北海众多桥梁中做工最细致、优美的。它弯曲优美的造型犹如姑娘弯弯细细的腰肢在舞动。桥两端的戗兽雕刻更是细致入微，因此在测绘时，对其特意作了许多细部的扫描（图 20）。

应该说这四座桥梁是北海古桥的代表，在它们身上出现的比如破损、附垢、变色等问题在别的桥身上也同样存在。北海的桥不是北海一园之物，既是老北京丰厚的文物古建的一部分，也是老北京人文园林景观中的“活化石”，是我国皇家园林桥中的典范之作，是后续皇家园林模仿与借鉴的样本。因此，将北海的古桥梁作为一个独立的项目进行研究与发掘，更显得意义尤为突出。

研究北海的桥梁尤其是那些已经消失的桥梁，对于考察园史、了解园内水流历史走向及变迁等有着深远意思，更有助于广大喜爱中国园林、热爱园林事业的朋友了解北海。研究北海的桥对于介绍北海、宣传北海、推广北海有着极其重要的作用，对于日后园内景区景点的保护与复建有巨大的指导作用和深远意义，为北海文化建园开创了良好的开端。研究北海的桥梁只是一个突破口，还有更多的不解之谜需要我们共同努力！

最后引用舒乙先生的话作为结题语：

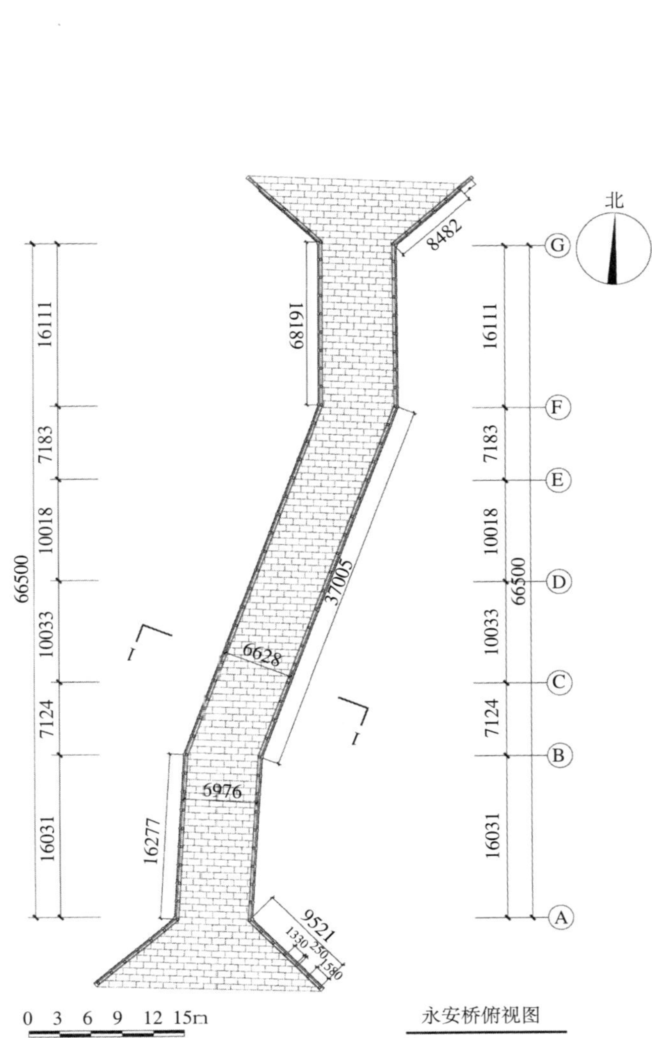

图 18　永安桥测绘图

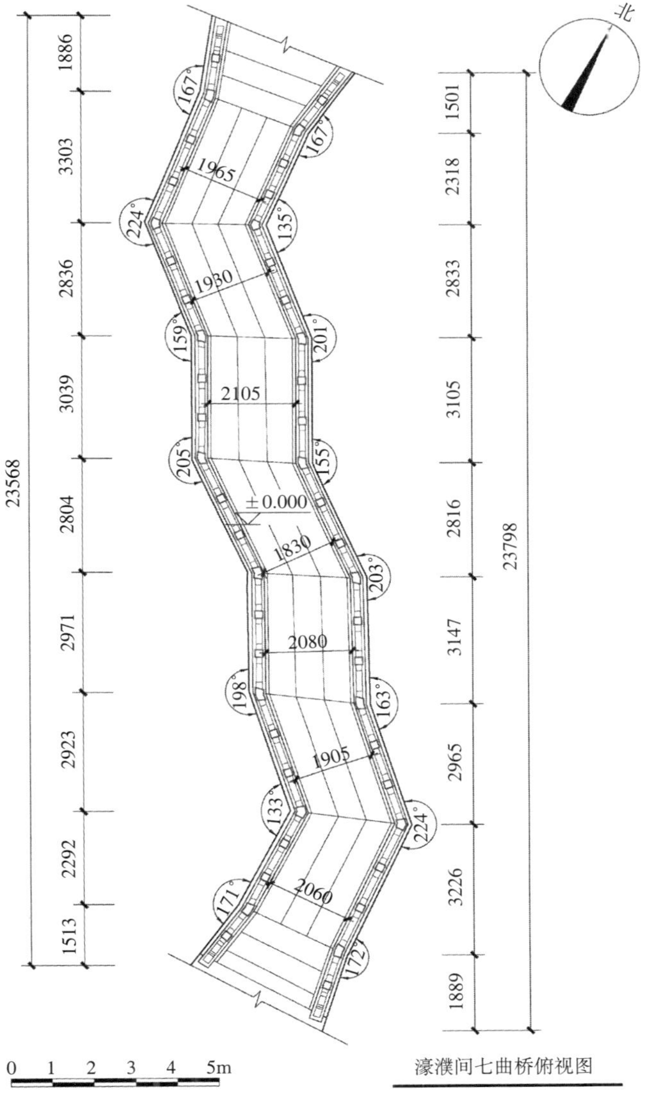

图 19　濠濮间七曲桥测绘图

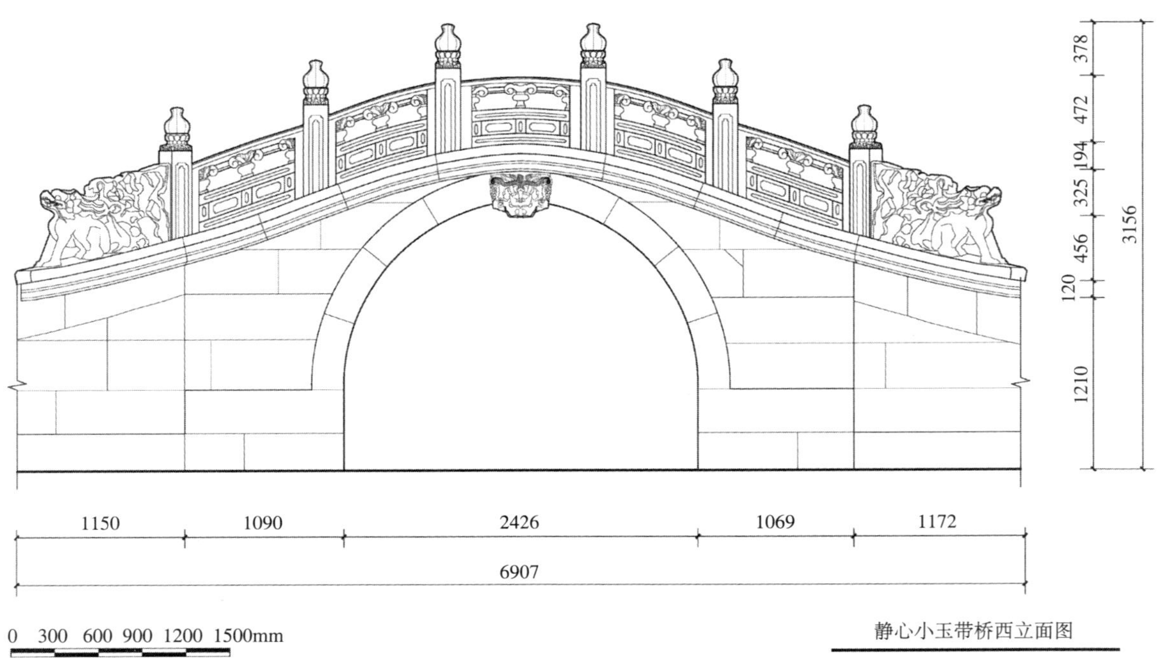

图 20　静心斋小玉带桥测绘图

如果说水是城市的生命之源，那么，桥，就是这些生命之源的标记，不朽的、漂亮的标记。水是天赐的，而桥则是人的智能和劳动的产物。

有了桥，就有了天人合一。

有了桥，就有了沟通、交往、交流、友谊和进步。

所以，要感谢桥。要记住桥。要保护桥。

参考文献

[1] 傅玉华主编 . 白珍珍，袁世文编 . 北海景山公园志 [M]. 北京：中国林业出版社，2000.

[2] 白珍珍，李镇西 . 北海 [M]. 北京：北京美术摄影出版社，2000.

[3] 朱耀廷，郭引强，刘曙光主编 . 中华文物古迹旅游——古代桥梁 [M]. 辽宁师范大学出版社，1996.10.

[4] 罗哲文，紫福善编著 . 中华名胜大观——中华名桥大观 [M]. 北京：机械工业出版社，2009.

[5] 段天顺，王同祯 . 京水名桥 [M]. 北京：北京美术摄影出版社，2000.

[6] 刘文杰主编 . 21 世纪交通文化建设研究与实践系列丛书——桥文化 [M]. 北京：人民交通出版社，2008.7.

[7] 王同祯 . 北京的桥 [M]. 北京：北京燕山出版社，2000.

[8] 梁欣立 . 北京古桥 [M]. 北京：北京图书馆出版社，2007.1.

[9] 周成新编著 . 中国桥美学 [M]. 北京：中国矿业大学出版社，2003.12.

[10] 李敏 . 中国古典园林 30 讲 [M]. 北京：中国建筑工业出版社，2009.5.

[11] 赵思毅，张赟 . 中国文人画与文人写意园林 [M]. 北京：中国电力出版社，2006.

[12] 唐寰澄编著 . 中国古代桥梁 [M]. 北京：文物出版社，1987.

[13] 梁美勤主编 . 园林建筑 [M]. 北京：中国林业出版社，2003.

[14] 王其钧，邵松 . 图解中国古建筑丛书——古典园林 [M]. 北京：中国水利水电出版社，2005.

[15] 刘忠伟编 . 燕赵古桥 [M]. 北京：科学出版社，2009.

京味盆景小菊优良品种评价指标体系初探

北京市园林学校／陈秀中　杨　艳　齐　静　金　燕

摘　要：国内外小菊的品种很多，但大多用于地被菊、盆栽菊、切花菊、茶用菊等方面，真正用于盆景菊的选种育种科研项目很少，笔者2007～2010年开展了京味小菊老桩盆景研究，从我们搜集的大量盆景菊品种里筛选出理想的用于制作原本菊小菊盆景的优良小菊品种，根据京味小菊老桩盆景在造型、观赏、种植养护等方面的具体要求，制定了京味盆景小菊优良品种评价指标体系。运用“小菊盆景优良品种评价指标体系”，采用分项分等级打分而计算其总分的方法，来对北京小菊老桩盆景的品种性状进行量化评价，从现有的70余个品种中进行筛选，最终筛选出了评分在85分以上（优）的京味小菊老桩盆景优良品种15个。

关键词：京味小菊老桩盆景　优良品种筛选　盆景小菊品种评价指标体系

1　京味小菊老桩盆景优良品种评价指标量化体系

国内外小菊的品种很多，但大多用于地被菊、盆栽菊、切花菊、茶用菊等方面，真正用于盆景菊的选种育种科研项目很少，笔者 2007 ～ 2010 年主持京味小菊老桩盆景研究，从我们搜集的大量盆景菊品种里筛选出理想的用于制作原本菊小菊盆景的优良小菊品种，根据京味小菊老桩盆景在造型、观赏、种植养护等方面的具体要求，制定了“小菊盆景优良品种评价指标”，文字描述如下：

针对北京小菊老桩盆景特殊要求以及市场需求，筛选培育盛花期在 10 月 11 月份开花，特别是盛花期在传统重阳节开花的京味小菊盆景新优品种（重点为纽扣型）8 ～ 10 个。品种要求：花径 2.5cm 左右，花心大，花型好，着花数量多，花色淡雅明快；花柄短、节间短，株型紧凑，观赏效果好；主干粗壮、姿态挺拔、主干直径生长速度快，能够快速成型，小菊老桩主干能够成活多年；提根后根系发达，根盘造型丰满；枝干柔韧、耐剪耐扎、叶型小巧、枝条易出层片；株高 10 ～ 50cm，能够适应不同规格盆景要求，少病虫害、管理简便、适合于制作京味小菊老桩盆景的小菊盆景新优品种。

运用上述“小菊盆景优良品种评价指标”，我们对搜集来的大量盆景菊品种进行了筛选，初步筛选出有价值的盆景菊品种 70 余个。在筛选的过程中，我们发现必须有具体的量化评价指标才能使筛选更为准确、科学与合理。通过连续两年对现有 70 余个北京盆景小菊品种的生物学性状的细致记录观察，针对京味小菊老桩盆景在造型、观赏、种植养护等方面对品种特性的具体要求，我们制定了 5 项一级评价指标和 11 项二级具体评价指标，并对其进行量化，采用分项分等级打分而计算其总分的方法，来对北京小菊老桩盆景的品种性状进行量化评价，从现有的 70 余个品种中进行筛选，最终筛选出了评分在 85 分以上（优）的京味小菊老桩盆景优良品种 15 个。

“京味小菊老桩盆景优良品种评价指标量化体系”主要从以下 6 大方面进行具体描述。

1.1 花部形态指标的量化评分

小菊盆景造型对于花型的要求不同于盆花，关键要有韵味、小巧玲珑、姿韵可人。盆景小菊选种要求“重点为纽扣型小菊”，所谓纽扣菊就是指：花序直径小（花序直径在2.5cm左右），花心大而花瓣短（花瓣可以单瓣，也可以重瓣），花心最好为蜂窝状或托桂状，也可以是一般花心。

上述“花部形态指标”又进一步细化为以下4项具体指标：

（1）花序直径大小：花序直径在2.5cm内，9分；花序直径在2.5～3cm内（不含2.5cm），6分；花序直径在3～5cm内（不含3cm），3分。

（2）花心大小：花心大（花心直径大于或等于2倍外层花瓣长度）（蓟瓣也属于花心大），9分；花心一般（花心直径小于2倍外层花瓣长度），6分；花心小（花心不明显），3分。

（3）花型：花型奇特，为蜂窝形、蓟瓣形、针管形、管匙形，8分；花型为纽扣，花心大，花瓣短，5分；花型一般，花心小，花瓣长，3分。

（4）色彩：色彩淡雅、明快，10分；色彩一般、不明快，6分；色彩暗淡、发旧，3分。

1.2 主干造型指标的量化评分

北京小菊盆景艺术风格的最突出特点就是主干粗壮、霜皮古朴老辣，于锡昭先生运用独特的栽培技法，取得了盆景小菊由传统的宿根花卉作一年生栽培向多年生树木型栽培的重大突破。本课题要求在造型上要选育出主干粗壮、主干直径生长速度快、姿态挺拔、枝干柔韧度强的品种，以及筛选多年生老干不死的小菊老桩品种。

上述“主干造型指标”又进一步细化为以下3项具体指标：

（1）主干直径：一年生小菊主干直径（直径测量在地面以上4cm处）在0.8cm以上，10分；一年生小菊主干直径在0.5～0.79cm以内，6分；一年生小菊主干直径在0.49cm以下，3分。

（2）枝干柔韧度：枝干柔韧度强，8分；枝干柔韧度一般，5分；枝干柔韧度差，易断，3分。

（3）多年生主干存活率：一年生小菊过冬主干存活率在60%以上，10分；一年生小菊过冬主干存活率在30%～59%以内，6分；一年生小菊过冬主干存活率在29%以下，3分。

1.3 枝叶形态指标的量化评分

本课题要求品种要叶型小巧、节间短、花柄短、耐剪耐扎、枝条易出层片。这是因为小菊盆景的造型要求不同于盆花造型，关键要有韵味与姿态。小菊盆景的姿态除了要靠小巧玲珑、姿韵可人的花朵来表现之外，更重要的是靠小菊枝干与层片的线条美来体现，苍劲老辣的主干再配以潇洒流畅的枝条，整株菊树枝干与层片巧妙得体的章法布局往往能令欣赏者百看不厌、回味无穷；这是普通的小菊盆花所无法比拟的，也正是小菊盆景的艺术魅力之所在。

上述“枝叶形态指标”细化、量化为以下2项具体指标：

（1）叶型大小：叶长度在2.5cm内，8分；叶长度在2.5～3.5cm（不含2.5cm），5分；叶长度在3.5cm以上（不含3.5cm），3分。

（2）节间长度：节间长度在1cm内，8分；节间长度在1～1.5cm（不含1cm），5分；节间长度在1.5cm以上（不含1.5cm），3分。

1.4 根盘造型指标的量化评分

提根栽培技法和剔除脚芽的栽培技术保证了小菊老桩主干能够成活多年，同时也塑造出了北京小菊老桩盆景悬根露爪、嶙峋苍古的艺术特色，本课题特别重视小菊老桩根盘的塑造，要求小菊老桩其根盘悬根露爪、抓地有力，饱满传神地表现出小菊老桩顽强的生命力。

上述“根盘造型指标”确定了以下一项具体指标：

提根后根盘造型发达程度：提根后根盘造型发达，10分；提根后根盘造型一般，6分；提根后根盘造型差，3分。

1.5 抗性培育指标的量化评分

本课题要求选育出适宜于阳台养护、生命力强盛、无病虫害、管理粗放的盆景小菊新优品种。考虑到盆景小菊的栽培环境主要是居民阳台的露天空间，因此小菊品种一定要生命力强盛、无病虫害，适宜于粗放管理，这样的盆景小菊品种才是京城百姓喜闻乐见的。

上述“抗性培育指标”确定了以下一项具体指标：

生长势及抗性：生长势好，10分；生长势一般，6分；生长势差，3分。

1.6 株型株高选择指标的量化评分

本课题要求选育出在株型上包括可用于制作微型、中小型、大型盆景的不同规格的盆景小菊品种。在“2008年北京盆景小菊老桩品种评价体系的量化评分”中首先将盆景小菊品种分出四种规格类型，即微型（株高在15cm以下）；中小型（株高在16～40cm之间）；大型（株高在41cm以上）；藤本型（主干不粗壮，但主干擅长附干缠绕生长）四个类型。然后再按照制定的11项具体量化指标，采用分项分等级打分而计算其总分的方法，来对北京小菊老桩盆景的已有品种进行量化评价。在2008年的盆景小菊品种中，获中小型品种46个、大型品种13个、藤本型

京味小菊老桩盆景优良品种评价指标体系的量化评分表 表 1

评价指标	分项评价指标	分值	评价指标	分项评价指标	分值
花径大小	花序直径在 2.5cm 内	9	多年生主干存活率	一年生小菊过冬主干存活率在 60% 以上	10
	花序直径在 2.5 ~ 3cm 内（不含 2.5cm）	6		一年生小菊过冬主干存活率在 30% ~ 59% 以内	6
	花序直径在 3 ~ 5cm 内（不含 3cm）	3		一年生小菊过冬主干存活率在 29% 以下	3
花心大小	花心大（花心直径大于或等于 2 倍外层花瓣长度）（蓟瓣也属于花心大）	9	叶形	叶长度在 2.5cm 内	8
	花心一般（花心直径小于 2 倍外层花瓣长度）	6		叶长度在 2.5 ~ 3.5cm 内（不含 2.5cm）	5
	花心小（花心不明显）	3		叶长度在 3.5cm 以上（不含 3.5cm）	3
花型	花型奇特，为蜂窝型、蓟瓣型、针管型、管匙型	8	节间长度	节间长度在 1cm 内	8
	花型为纽扣，花心大，花瓣短	5		节间长度在 1 ~ 1.5cm 内（不含 1cm）	5
	花型一般，花心小，花瓣长	3		节间长度在 1.5cm 以上（不含 1.5cm）	3
色彩	色彩淡雅、明快	10	根盘造型	提根后根盘造型发达	10
	色彩一般、不明快	6		提根后根盘造型一般	6
	色彩暗淡、发旧	3		提根后根盘造型差	3
主干直径	一年生小菊主干直径在 0.8cm 以上	10	生长势及抗性	生长势好	10
	一年生小菊主干直径在 0.5 ~ 0.79cm 以内	6		生长势一般	6
	一年生小菊主干直径在 0.49cm 以下	3		生长势差	3
枝干柔韧度	枝干柔韧度强	8			
	枝干柔韧度一般	5			
	枝干柔韧度差，易断	3			

品种 4 个。

最后将各性状量化评分情况总结见表 1。

2 筛选的 3 个品种

通过京味小菊老桩盆景研究，筛选出的 15 个京味小菊老桩盆景优良品种，经过最近 2 年的观察，有 3 个品种表现非常稳定而且出色。

2.1 06-10-16-11（拟命名“黄龙腾跃”）

盛开时花瓣为明黄色。

花心直径 0.87cm，黄色。

花径 1.6cm，2 层重瓣。

花柄长度 2cm，节间 0.4cm。

着花数量多，株型较为丰满。

叶色深绿，叶长 1.4cm，叶宽 0.8cm。叶子小，自然成枝片。

株高 42cm，冠幅为 30/14cm，一年生茎粗 1.07cm；适合于制作中小型盆景。

提根后根系发达程度好，脚芽少；枝干柔韧度强。

从一年生到二年生过渡主干存活率为 100%。

该品种花期从 10 月 16 日至 11 月 3 日，花期 20 天。特别适合重阳节期间的花展。

该品种量化评分成绩为 97 分。

拟命名为“京味小菊老桩盆景 2 号——黄龙腾跃”。

2.2 06-10-16-21（拟命名“奶油小生”）

盛开时花瓣为乳白色。

花心直径 0.45cm，黄色，呈蜂窝状。

花径 1.4cm，多层重瓣。

花柄长度 1.2cm，节间 0.4cm。

着花数量多，层片感强，适宜于小菊盆景的枝片造型。

叶色深绿，叶长 2.06cm，叶宽 1.74cm。叶子小，自然成枝片。

株高 48cm，冠幅为 38/34cm，一年生茎粗 1.07cm；适合于制作中型盆景。

提根后根系发达程度好，脚芽少；枝干柔韧度极强。

从一年生到二年生过渡主干存活率为 75%。

该品种花期从 10 月 9 日至 11 月 3 日，花期 25 天。特别适合重阳节期间的花展。

该品种量化评分成绩为 88 分。

拟命名为“京味小菊老桩盆景 3 号——奶油小生”。

2.3 06-10-16-4（拟命名“广阳少女”）

盛开时花瓣为粉色，开花味香。

花心直径 0.8cm，黄色。

花径 1.8cm，二层重瓣。

花柄长度 1.9cm，节间 0.4cm。

着花数量较多，株型较为丰满，层片感强，适宜于小菊盆景的枝片造型。

叶色浅绿，叶色有白蒿银色痕迹，叶长 3.8cm，叶宽 2.6cm。

株高 32cm，冠幅为 27/25cm，一年生茎粗 1.06cm；适合于制作中小型盆景。

提根后根系发达程度好，脚芽少；枝干柔韧度极强。

从一年生到二年生过渡主干存活率为 98%。

花期从 10 月 16 日至 11 月 3 日，花期 20 天。特别适合重阳节期间的花展。

该品种量化评分成绩为 87 分。

拟命名为“京味小菊老桩盆景 4 号——广阳少女”。

2012 年从春季到秋季笔者在天坛公园菊花班又培养了几十株京味小菊盆景，在这个小菊盆景完整的生长季中经过与天坛菊花班尹佳鹏菊艺师的交流，又对“京味盆景小菊优良品种评价指标量化体系”进行了 2 处修改。

在“花部形态指标”加入一项二级指标，即“着花数量”；在“枝叶形态指标”加入一项二级指标，即“花柄长度”。因为只有节间短、花柄短、叶型小巧、着花数量多，才能形成“一层花一层叶”的丰满紧凑的小菊盆景枝片造型。因此在“小菊盆景优良品种评价指标”里必须加入“着花数量多”、“花柄长度短”这两项量化指标，筛选才更为准确、科学、全面与合理，详见表 2。

京味小菊盆景具有擅长于传达文化意蕴的作用，通过京味小菊老桩盆景的研究，可以主动积极地向全社会宣传、推荐最具民族文化特质的中华传统名花菊花的深厚历史文化底蕴，全力打造北京传统菊花文化的特色精品。我国自古以来重阳节就有登高、插茱萸、赏菊、咏菊、喝菊花酒、饮菊花茶、簪菊花等风俗，唐代孟浩然《过故人庄》“待到重阳日，还来就菊花”等大量重阳赏菊的诗篇流传至今。此外，因为“九”在个位数中最大，九又跟“长久”谐音，所以重阳节还含有恭祝健康长寿、尊老爱老的含义，我国在 1989 年将重阳节定为老人节、敬老节。当今我国已经进入了老龄化社会，在重阳节将已经筛选定型的重阳节开放的小型京味小菊老桩盆景新优品种打造成重阳节文化礼品特色花卉送给老人，既表达了一份孝心，也给他们一份精神寄托，同时也传承了中华传统名花菊花的深厚历史文化底蕴（图 1 ～图 7）。

京味小菊老桩盆景优良品种评价指标体系的量化评分表修订版　　表 2

评价指标	分项评价指标	分值	评价指标	分项评价指标	分值
花径大小	花序直径在 2.5cm 内	8	多年生主干存活率	一年生小菊过冬主干存活率在 60% 以上	10
	花序直径在 2.5 ～ 3cm 内（不含 2.5cm）	5		一年生小菊过冬主干存活率在 30% ～ 59% 以内	6
	花序直径在 3 ～ 5cm 内（不含 3cm）	3		一年生小菊过冬主干存活率在 29% 以下	3
花心大小	花心大（花心直径大于或等于 2 倍外层花瓣长度）（蓟瓣也属于花心大）	6	叶形	叶长度在 2.5cm 内	6
	花心一般（花心直径小于 2 倍外层花瓣长度）	4		叶长度在 2.5 ～ 3.5cm 内（不含 2.5cm）	4
	花心小（花心不明显）	2		叶长度在 3.5cm 以上（不含 3.5cm）	2
花型	花型奇特，为蜂窝型、蓟瓣型、针管型、管匙型	6	节间长度	节间长度在 1cm 内	6
	花型为纽扣，花心大，花瓣短	4		节间长度在 1 ～ 1.5cm 内（不含 1cm）	4
	花型一般，花心小，花瓣长	2		节间长度在 1.5cm 以上（不含 1.5cm）	2
色彩	色彩淡雅、明快	8	花柄长度	花柄长度在 2cm 内（含 2cm）	6
	色彩一般、不明快	5		花柄长度在 2 ～ 3cm 内（含 3cm）	4
	色彩暗淡、发旧	3		花柄长度在 3cm 以上（不含 3cm）	2
着花数量	着花数量多（或较多）	6	根盘造型	提根后根盘造型发达	10
	着花数量一般（或中等）	4		提根后根盘造型一般	6
	着花数量少	2		提根后根盘造型差	3
主干直径	一年生小菊主干直径在 0.8cm 以上	10	生长势及抗性	生长势好	10
	一年生小菊主干直径在 0.5 ～ 0.79cm 以内	6		生长势一般	6
	一年生小菊主干直径在 0.49cm 以下	3		生长势差	3
枝干柔韧度	枝干柔韧度强	8			
	枝干柔韧度一般	5			
	枝干柔韧度差，易断	3			

图 1　京味小菊老桩盆景作品 1

图 2　京味小菊老桩盆景作品 2

图 3　京味小菊老桩盆景作品 3

图 4　京味小菊老桩盆景作品 4

图 5　京味小菊老桩盆景作品 5

图 6　京味小菊老桩盆景作品 6

图 7　京味小菊老桩盆景作品 7

本科研课题组尝试在小菊老桩盆景创作中打造“京人、京石、京菊、京腔、京韵、京味”的北京乡土特色，借助举办京味小菊老桩盆景展览向社会展示北京的特色花卉和园艺水平；通过对京味小菊老桩盆景作品进行精心的文化包装，把北京小菊老桩盆景这支中国菊花艺术的奇葩打造成中国传统名花的特色品种。2007 年参加第九届中国菊花

图 8　获奖的京味小菊老桩盆景作品 1

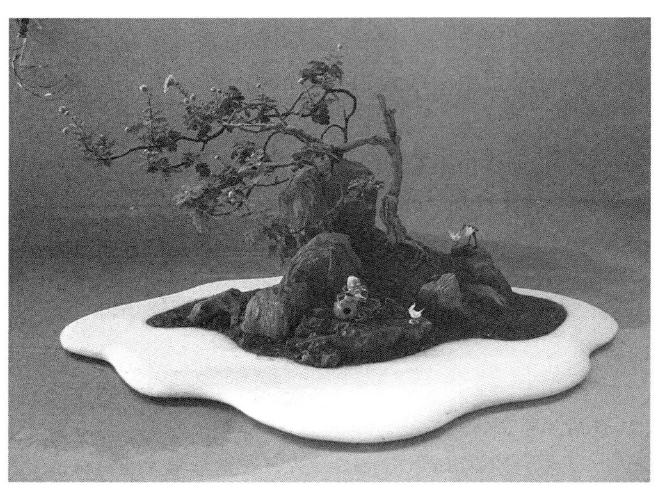

图 9　获奖的京味小菊老桩盆景作品 2

展览，荣获中国菊花展览（第九届）一金二银三铜的优异成绩；2008 年参加第 29 届北京市菊花展览，课题组制作了 3 个北京小菊老桩盆景作品，荣获一个创新奖、两个二等奖，受到同行及菊花爱好者的关注与好评；2010 年本科研课题组的一组微型京味小菊老桩盆景作品被北京花协选中参加 11 月的台湾国际花展；课题组制作的京味小菊老桩盆景作品参加了 2010 年第二届北京菊花文化节展览，荣获 5 个二等奖，向社会展示本科研课题组的研究成果和京味小菊老桩盆景迷人的艺术风采（图 8 ～图 10）。

深入挖掘最具民族文化特质的中华传统名花菊花的深厚历史文化底蕴，将京味小菊老桩盆景这支中国菊花艺术的奇葩打造成中国传统节日重阳节的特色文化礼品花卉，是完全可能的。让我们共同努力，为中国菊花大发展摸索出一条文化搭台、科研创新、产业受益的可持续发展之路！

图 10　获奖的京味小菊老桩盆景作品 3

参考文献

[1] 王静等 . 北京栽培菊花的历史 [M]. 北京：中国计量出版社，1999：78-79.

[2] 陈秀中 . 不懈探索　再创辉煌——北京小菊盆景艺术特色发展初探 [C]//2007 中国（中山小榄）国际菊花研讨会论文集 .2007：115-119.

[3] 陈秀中 . 立足北京乡土资源，探索创新发展之路——大型山水壁挂式小菊盆景《陶渊明笔意》创作手记 [J]. 北京园林，2009（3）：53-56.

[4] 陈秀中，于锡昭等 . 北京盆景 [M]. 上海：上海科学技术出版社，2008.

[5] 刘展 . 小菊盆景提根法的栽培养护 [C]. 北京：中国菊花研究会论文集，2006：345-348.

[6] 王平 . 盆景艺菊的制作 [C]. 北京：中国菊花研究会论文集，2001：182-184.

[7] 欧丽霞 . 菊艺盆景的制作与栽培技术 [C]. 北京：中国菊花研究会论文集，2001：185-187.

[8] 中岛為次 . 小菊盆栽百态 [M]. 东京：加岛书店，昭和三十五年 .

[9] 陈秀中 . 全力打造北京传统菊花文化的特色精品——京味小菊老桩盆景艺术特色发展再探 [C]//2010 中国（开封）第二届国际菊花研讨会论文集 .2010：168-173.

[10] 陈秀中 . 京味小菊老桩盆景研究结题报告 [R]. 北京：北京市公园管理中心科技项目，2010.

小尺度气象模式在北京城市绿地建设规划中的应用研究

北京市园林科学研究院园林绿地生态功能评价与调控技术北京市重点实验室 / 谢军飞　李延明
韩丽莉　郭　佳

北京大学物理学院大气科学系 / 桑建国

摘　要：为了科学评价绿地生态功能，以及更好地服务于绿地建设的生态功能优化设计，本文建立了一个城市小尺度气象数值模式，该数值模式主要采用三维准静力大气动力学和热力学方程组及ε-k湍流闭合方案，引入有效空气体积比和形式阻力描述建筑群对气流的作用，同时考虑冠层内的能量平衡，并对天坛公园的风场、温度场进行了模拟验证。其模拟结果能较好地反映出天坛公园区域风速和温度场的基本特征，即城市绿地在一定程度上可降低风速，并能明显降低周围温度。

关键词：城市绿地　风场　温度场　小尺度气象模式　数值模拟

1　前言

相关研究指出，城市绿地，尤其规模较大的集中绿地，作为城市生态系统的重要组成部分，在改善环境方面，尤其在缓解城市热岛效应方面，发挥着重要的作用，其准确、快速的进行定量客观评价非常必要，但在实际应用中，通常通过有限观测点的数据，推算大范围气象要素，容易存在误差，另一方面，为使新建绿地能最大程度发挥生态效益，对各种绿化设计方案的优劣进行比较也非常重要，到目前为止，虽然园林行业存在大量的需求，但在技术上，还没有办法来实现。

近年发展起来的大气数值模式模拟，基于大气动力学和热力学基础，理论上可以弥补上述点位观测等所存在的问题[1-4]。本研究，通过城市小尺度的能量平衡模式与动力学模式的耦合，尝试建立了城市小尺度气象数值模式，并结合遥感技术所提取的高分辨率下垫面信息和气象参数，以北京天坛公园的风场和温度场为例，进行了数值模拟验证，使得了解城市水平尺度范围约为 0.5 ～ 2km^2 之间的绿地风热环境特征、模拟指导、优化园林绿化设计以改善大气风热环境变得可行。

2　模式结构

所建立的小尺度气象模式由动力学模式和能量平衡模式两部分构成，动力学模式部分采用三维准静力大气动力学和热力学控制方程组及 ε-k 湍流闭合方案，引入有效空气体积比和形式阻力描述建筑群对气流的作用，能量平衡模式则是冠层内以达到能量平衡状态作为约束条件而建立起来的简化方程。在文件组织形式上，该模式包含风场模拟和温度场模拟两个部分，并在 Fortran PowerStation 4.0 编程语言平台上，采用三维网格差值计算方法进行模拟。

2.1　大气动力与热力学控制方程组

三维准静力大气动力—热力学方程组包括：连续方程、水平运动方程、准静力方程、热力学方程。引入有

效空气体积比和形式阻力，经过空间平均后，大气方程组可以写成[5-7]：

$$\frac{1}{G}\frac{\partial(Gu_j)}{\partial x_j}=0，j=1，2，3 \tag{1}$$

$$\frac{\partial u_i}{\partial t}+\frac{1}{G}\frac{\partial(Gu_iu_j)}{\partial x_j}=-\theta\frac{\partial\pi}{\partial x_i}+\frac{1}{G}\frac{\partial}{\partial x_j}\left(K_j\frac{\partial Gu_j}{\partial x_j}\right)+F_{\mathrm{form}} \tag{2}$$

$$\frac{\partial\pi}{\partial z}=-\frac{g}{\theta} \tag{3}$$

$$\frac{\partial\theta}{\partial t}+\frac{1}{G}\frac{\partial(Gu_j\theta)}{\partial x_j}=\frac{1}{G}\frac{\partial}{\partial x_j}\left(K_j\frac{\partial G\theta}{\partial x_j}\right) \tag{4}$$

其中，u_j、θ、π、k、ε 分别为水平风速分量、位温、Exner 函数、湍流动能、湍流动能耗散率；式（2）中 K_j 表示湍流动量扩散系数，当 j=3 时，令 $K_3=K_m$，表示垂直湍流动量扩散系数，$K_m=c_\mu k^2/\varepsilon$；式（4）中 K_j 表示湍流热量扩散系数；G、F_{form} 分别为有效空气体积比和形式阻力。方程组同时忽略了科里奥利力及黏性项，对 $10^2\sim10^3$m 尺度来说，忽略其影响不大。

有效空气体积比 $G(x, y, z)$ 定义为：

$$G(x, y, z)=\frac{V_0(x, y, z)-V_a(x, y, z)}{V_0(x, y, z)} \tag{5}$$

其中，$V_0(x,y,z)$ 为中心位于 (x,y,z) 点的网格体积，$V_0(x, y, z)=\Delta x\Delta y\Delta z$；$V_a(x, y, z)$ 为该网格内建筑物所占的体积；有效空气体积比反映了网格中建筑物所占的百分比。

形式阻力 F_{form} 定义为：

$$F_{\mathrm{form}}=-\alpha c_f u_i|u_i| \qquad i=1，2 \tag{6}$$

其中：$c_f=1-G(x, y, z)=V_a(x, y, z)/V_0(x, y, z)$；$u_i$、$|u_i|$ 分别为水平风速分量及其相应的绝对值；α 为形式阻力系数，是一个由现场观测或风洞实验确定的半经验常数，表示建筑物对气流的阻挡作用。

2.2 闭合方法

$$\frac{\partial k}{\partial t}=\frac{1}{G}\frac{\partial}{\partial z}\left[G\left(\frac{K_m}{\sigma_k G}\frac{\partial Gk}{\partial z}\right)\right]+K_m\left[\left(\frac{1}{G}\frac{\partial Gu}{\partial z}\right)^2+\left(\frac{1}{G}\frac{\partial Gv}{\partial z}\right)^2\right]-\frac{g}{\bar\theta}\frac{K_m}{\sigma_\theta G}\frac{\partial G\theta}{\partial z}-\varepsilon \tag{7}$$

ε 由湍流耗散率预报方程给出：

$$\frac{\partial\varepsilon}{\partial t}=\frac{1}{G}\frac{\partial}{\partial z}\left[G\left(\frac{K_m}{\sigma_\varepsilon G}\frac{\partial G\varepsilon}{\partial z}\right)\right]+c_1\frac{\varepsilon}{k}\left\{K_m\left[\left(\frac{1}{G}\frac{\partial Gu}{\partial z}\right)^2+\left(\frac{1}{G}\frac{\partial Gv}{\partial z}\right)^2\right]-\frac{g}{\bar\theta}\frac{K_m}{\sigma_\theta G}\frac{\partial G\theta}{\partial z}\right\}-c_2\frac{\varepsilon^2}{k} \tag{8}$$

上述两式中常数取值为：$c_\mu=0.09$，$\sigma_k=1.0$，$\sigma_\varepsilon=1.3$，$c_1=1.44$，$c_2=1.92$，$\sigma_\theta=0.74$。

2.3 冠层内能量平衡

在城市冠层中，各表面（地面、墙面及屋顶）能量平衡方程表示为：

$$R_n+Q_a=H+LE+G \tag{9}$$

式中，R_n（净辐射通量）和 Q_a（人为热通量）为外部强迫，H（显热通量）、LE（潜热通量）与 G（净贮热量）为响应项。限于篇幅，其具体的参数化方案及相关经验参数可参考相关文献[8-12]。

3 模拟区域及基本参数

3.1 模拟区域

模拟区域包含北京天坛公园及周边区域（图 1），东西方向为 2400m，南北方向为 2100m，垂直方向为 100m；在模拟中所用水平和垂直网格距均为 5m，整个模拟区域共划分成 480×420×20 个格点。下垫面类型具体包括路面（含铺装地面）、建筑、绿地（已合并树木和草坪）3 类（图 2），在模拟过程中，为了简化计算，模拟中仅考虑了该区域内的相对高度在 40 ~ 50m 建筑。

3.2 边界与初始条件

风场初始条件：风速大小选为幂指数形式：$u(z)=u_r(z/z_r)^p$，其中 u_r 为参考高度 z_r 处的风速，p 为经验常数。温度场初始条件为：$\theta(z)=\theta_0+\Gamma z$，其中 $\Gamma=d\theta/dz$ 为位温垂直梯度，θ_0 为地面位温。

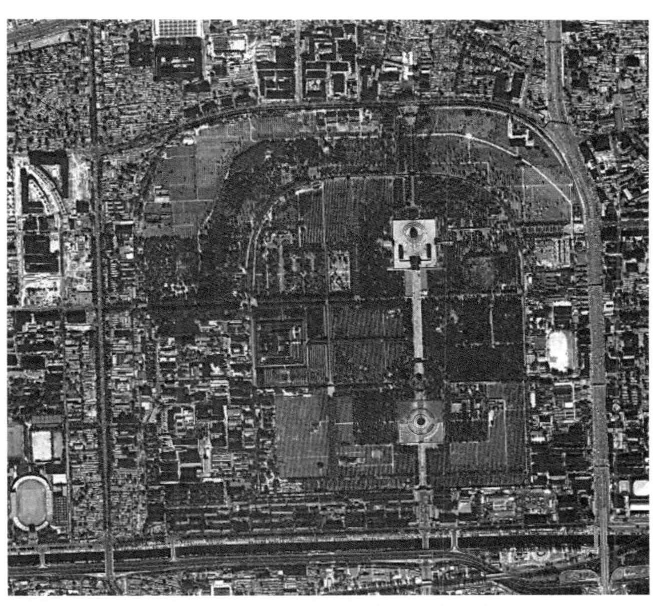

图 1　天坛公园及周边地区遥感影像图
（人为添加的深红色代表建筑）

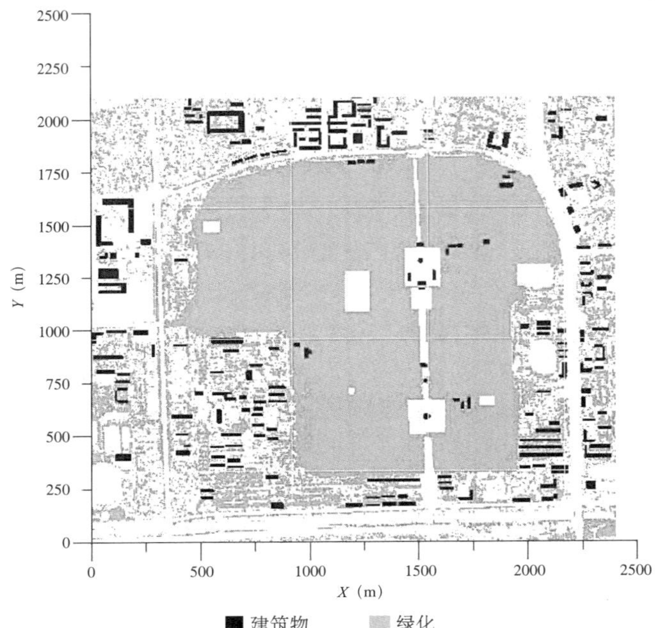

图 2　建筑物平面布置及地表类型图
（区域内白色代表）

边界条件：在模式顶部，为避免扰动的反射，最上部的 5 层设为吸收层。入流边条件取为定常，其余 3 个侧边界取为开放边界，即变量与邻近内点上变量数值相同。

地表特征是根据 Ikonos 卫星影像图将下垫面分为路面、建筑、绿地 3 类，通过 3 种类型在同一网格中所占比重来决定某一网格的地表热系数、反照率、粗糙度、地表放射率等参数。

4　结果及分析

4.1　风场模拟与验证

经气象资料统计分析，北京地区全年盛行风向为西北风，且大风多出现在该风向，因而本次模拟仅对西北风向的流场分布进行模拟。

最终，运行小尺度气象数值模式对天坛公园区域进行了风场模拟(图 3),从图 3 可以看出,气流进入天坛公园后,相对边界入流，风速变小，并且内部差异较大，这是由于天坛公园分布有建筑物和绿化植被，从而增加了地表粗糙度，加大了城市冠层的平均高度，从而降低了城市的通风能力。天坛公园四周建筑物相对密集，因而附近地面风速明显小于天坛公园内部风速，这说明，城市风形成、加强或减弱与建筑群位置、高度、分布等有关。从改善城市通风能力来说，留有一定的空隙地段非常有必要，在扩建新区或改造旧区时，应适当拓宽南北走向街道，以加强城市通风。另外，天坛公园某些局部地区风速较高，应考虑通过绿化等手段减少大风的形成。[13]

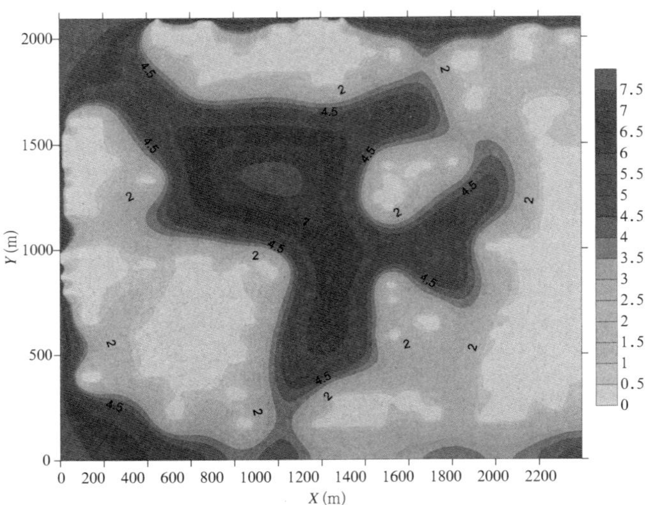

图 3　离天坛地面 5m 高处的风场分布

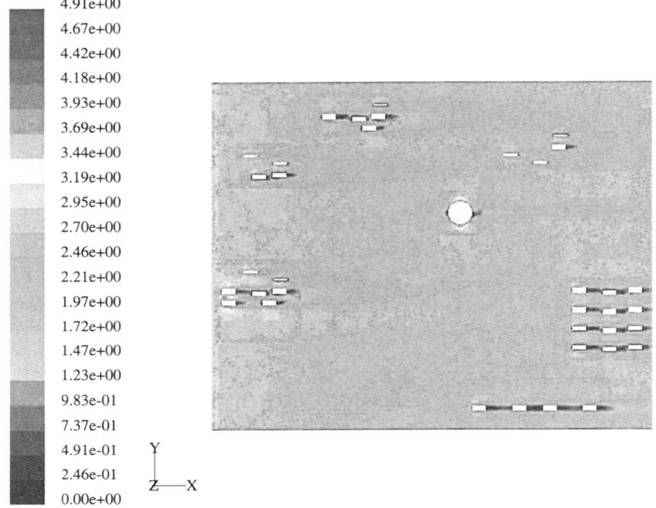

图 4　二维计算区域水平风速等值线分布示意图
（FLUENT，考虑了粗糙度）

为了验证城市小尺度气象模式风场的数值模拟能力，本研究尝试选用了目前比较通用、模拟能力比较强的 CFD（Computational fluid dynamics，计算流体力学）FLUENT 软件对天坛公园区域进行了模拟，希望通过对比分析，从而有助于我们了解小尺度气象模式的风场模拟能力。为了加快计算，只选取了天坛公园区域 40 ~ 50m 高度的建筑，建筑形状也进行了简化，仅以圆柱体和长方体构成。

对比图 3 和图 4，可以看出，FLUENT 的验证图与小尺度气象数值模式的风场总体分布特征基本一致。在局部细节上，面对来流方向，均表现出与单一建筑物风场相类似的效果。[3]

4.2　温度场的模拟与验证

在基于风场计算结果的基础上，模拟地面绿化对天坛

公园及周围温度场的影响效应，从图 5 可以看出，天坛内绿地区域地表温度相对较低，这是由于绿地的热容量和导热率特性有别于其他地表类型，绿地的热容量大于路面，而导热率小于路面，当接受同样的太阳辐射时，路面表面温度升高速率将大于绿地。树冠对太阳辐射的遮蔽作用也会间接改善热环境。[14]

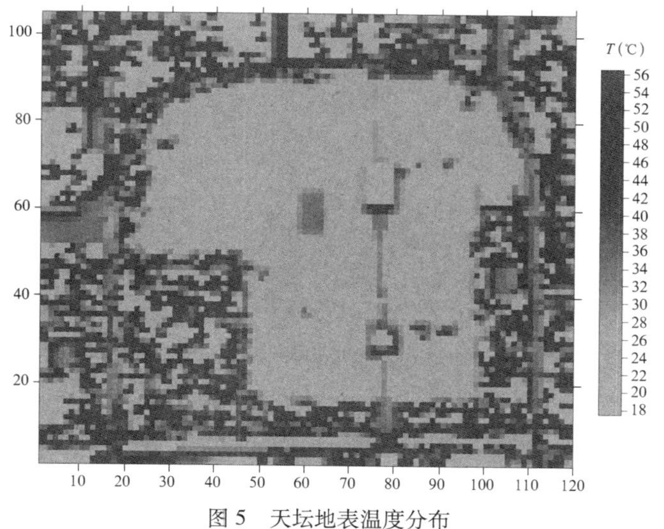

图 5　天坛地表温度分布

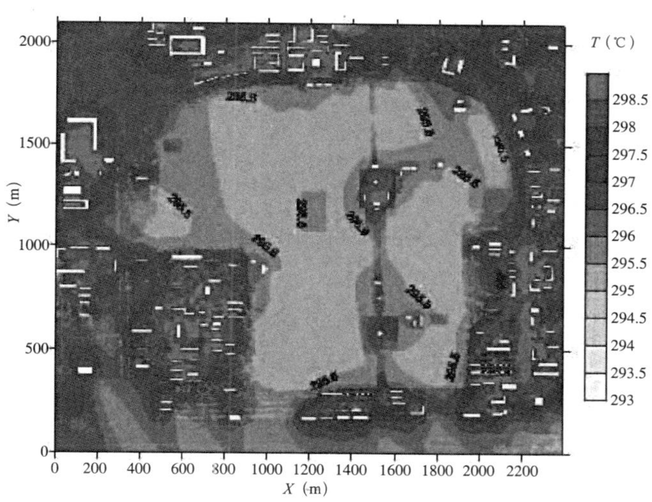

图 6　离天坛地面 5m 高处的温度场分布

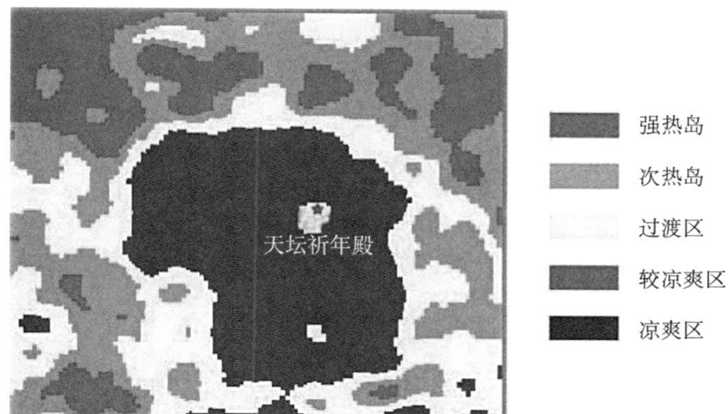

图 7　2007 年天坛公园热岛分布

另外，园林植物还可以通过蒸腾作用向环境空气中散失水分，增加环境空气湿度的同时，还将从环境中吸收热量，从而降低周围空气温度。很显然，改变局部地区下垫面特性，将有效地改善区域内的热环境状况[15]，其温度分布特征也与相关课题研究有一定的相似性。[16-18]

从图 6 还可以看出，天坛内绿地区域相对应的地表温度对于离天坛地面 5m 高处温度场的分布也有影响。

关于地表温度场的验证，主要通过热岛遥感影像间接反演地表温度，即通过热红外波段遥感影像，直观的反映样区下垫面温差即热岛效应分布与强度，从而进行大范围地表温度模拟值的验证，最终，基于 DN 值制作了 2007 年热岛分布图（图 7），其热岛分布特征与相关研究结果一致。[17]

通过对图 5 和图 7 的对比分析可知，2007 年的热岛分布特征与小尺度模式的温度场分布规律基本一致：绿地对应低温区，水泥路面温度高于绿地。另外，因模式目前还没有考虑植被的遮阳作用，其模拟的植被地表温度值均高于实际观测值。

4.3　小结

通过与 FLUENT 软件模拟流场及热岛影像的对比验证，可以了解到，本研究所建立的城市小尺度气象数值模式，其模拟结果能较好地反映出天坛公园区域风速和温度场的基本特征，即较大规模的集中绿地形成的低温区域，与周围的高温区域之间形成了明显的温差，可以形成局地空气小环流，能有效缓解周围地段的热岛效应。

总体而言，该模式不仅具备较强的预测模拟能力，其数据前处理也相对灵活，该模式的建立，使得了解城市冠层内绿地风热环境特征、模拟指导、优化园林绿化设计以改善大气风热环境变得可行，为深入研究城市绿地规划所涉及的生态环境问题提供了新的途径，具有较强的应用价值。但由于时间有限以及模拟过程使用了大量的经验参数，模拟精度还有待提高。

参考文献

[1] Michael B, H. Fleer. Simulating surface–plant–air interactions inside urban environmentswith a three dimensional numerical model[J].Environmental Modelling &Software., 1998, 13(2): 373–384.

[2] T. H. Shih, W. W. Liou, A. Shabbir et al.. A New k- ε Eddy-Viscosity Model for High ReynoldsNumber Turbulent Flows-Model Development and Validation[J]. *Computers Fluids*,

1995, 24（3）: 227-238.

[3] 魏建明，王晓云，金琰，等. 应用 Fluent 软件模拟城市小区流场特性 [C]//FLUENT 第二届中国用户大会议文集，2002：191-196.

[4] 苗世光，蒋维楣，王晓云，等. 城市小区气象和污染物扩散数值模式建立的研究 [J]. 环境科学学报，2002，22（4）：479-483.

[5] 王宝民，桑建国. 北京市朝阳区 CBD 流场、温度场和氮氧化物浓度场数值模拟 [C]// 第六届全国风工程及工业空气动力学学术会议论文集 .2002：386-395.

[6] 佟华，刘辉志，胡非，等. 城市规划对大气环境变化及空气质量的影响 [J]. 气候与环境研究，2003，8（2）：168-179.

[7] 桑建国，刘辉志，王宝民. 街谷环流和热力结构的数值模拟 [J]. 应用气象学报，2002（13）：69-81.

[8] 王宝民，刘辉志，桑建国，等. 大风条件下城市冠层流场模拟 [J]. 大气科学，2003，27（2）：255-264.

[9] 佟华，桑建国. 北京海淀地区大气边界层的数值模拟研究 [J]. 应用气象学报，2002，13（S1）：51-60.

[10] 周淑贞，束炯. 城市气候学 [M]. 北京：气象出版社，1994：404-405.

[11] 卞林根，程彦杰，等. 北京大气边界层中风和温度廓线的观测研究 [J]. 应用气象学报，2002（13）：13-25.

[12] Hua Tonga, Andrew Waltonc, Jianguo Sanga, et al., Numerical simulation of the urban boundary layer over the complex terrain of Hong Kong[J]. Atmospheric Environment, 2005(39): 3549–3563.

[13] 汪光焘，王晓云，苗世光，等. 大气环境数值模拟在城市小区规划中的应用 [J]. 清华大学学报（自然科学版），2006，46（9）：1489-1494.

[14] 赵敬源，刘加平. 城市街谷绿化的动态热效应 [J]. 太阳能学报，2009，30（8）：1013-1017.

[15] 柯咏东，桑建国. 小型绿化带对城市建筑物周围风场影响的数值模拟 [J]. 北京大学学报（自然科学版），2008，44（4）：585-591.

[16] 周红妹，丁金才，徐一鸣，等. 城市热岛效应与绿地分布的关系监测和评估 [J]. 上海农业学报，2002（18）：83-88.

[17] 李延明，张济和，古润泽. 北京城市绿化与热岛效应的关系研究 [J]. 中国园林，2004（1）：72-75.

[18] 林波荣. 绿化对室外热环境影响的研究 [D]. 北京：清华大学，2004.

微生物菌剂对园林绿化废弃物堆肥养分的影响

北京市园林科学研究院园林绿地生态功能评价与调控技术北京市重点实验室 / 李　芳　勇　伟
白雪薇　刘　倩

摘　要：为了提高园林绿化废弃物堆肥质量，通过比较5种微生物菌剂处理的园林绿化废弃物落叶堆肥中的养分含量变化和腐熟度，筛选适宜在落叶堆肥化处理过程中应用的微生物菌剂。结果表明，所有处理的堆肥的C/N比低于18，发芽指数大于90%，堆肥达到腐熟程度；随着堆肥化处理时间延长，堆肥中的养分含量增加；添加微生物菌剂显著影响了堆肥中的养分含量，其中添加有机废物发酵菌曲和有机肥处理的腐熟堆肥中的总养分含量高，分别为5.13%和5.01%；添加法夫曼公司生产的微生物菌剂处理的堆肥中的养分含量为4.41%，在所有处理中最低；所有处理的腐熟堆肥，均为碱性，pH值接近或大于8.0。在园林绿化废弃物堆肥化处理过程中，加入有机废物发酵菌曲或有机肥效果好，提高腐熟堆肥中的总养分含量。

关键词：微生物菌剂　绿化废弃物堆肥　养分变化

园林绿化废弃物是指在城市绿化美化过程中所产生的枝干、落叶、草屑及其他绿化修剪物等。一般在绿地养护中，将这些废弃物清除干净，废弃物从绿地移除造成植物叶片和枝干中的营养元素不能归还绿地、破坏了园林绿地土壤的生态循环，使其养分收支不平衡，绿地养分流失，土壤有机质含量降低、土壤板结，土壤质量变差。[1] 这不仅增加了园林绿化的管理成本，而且容易形成扬尘天气等，影响城市环境质量。园林绿化废弃物堆肥化处理可以解决废弃物的消纳问题，同时废弃物中丰富的营养物质堆肥化处理后成为堆肥中的营养物质，这些堆肥应用到绿地土壤中，可以提高土壤肥力，改善土壤物理结构，涵养水分，维持土壤温度，减少城市土壤扬尘、土壤侵蚀和地表径流。[2]

堆肥法处理城市园林绿化废弃物可以变废为宝，节约垃圾填埋所占土地，减轻垃圾焚烧对大气的污染，在安全和经济方面明显优于其他方法，成为目前最有发展潜力的废弃物处理技术。[3] 在堆肥化处理过程中，微生物利用废弃物作为其食物而生长繁殖，产生水、二氧化碳和稳定程度高的腐殖质类物质。由此可见，微生物在园林绿化废弃物处理中起着至关重要的作用。一些学者相继开展了功能微生物接种剂方面的研究[3-5]，以期缩短堆肥腐熟时间和提高堆肥养分含量。目前，园林绿化废弃物堆肥化处理中应用的菌剂大多是农业废弃物堆肥化处理的菌剂，并不是针对园林绿化废弃物成分研发的菌剂。因此，需要筛选适宜在园林绿化废弃物堆肥化处理中应用的菌剂，以保证菌剂在堆肥化处理中作用的充分发挥。笔者应用农业废弃物堆肥化处理中常用的微生物菌剂和有机肥应用到园林绿化废弃物落叶堆肥化处理中，分析不同微生物菌剂处理的落叶堆肥的养分、pH 值变化及腐熟度，从堆肥养分变化和堆肥腐熟度角度来筛选适宜在落叶堆肥化处理过程中应用的微生物菌剂。

1 材料及方法

1.1 实验材料

以国槐、银杏等树种的混合叶片为实验材料。其中氮含量为0.84%，钾含量（K_2O）为1.18%，磷含量（P_2O_5）为0.89%，碳含量为26.89%，C/N比为32.01。粉碎后粒径为5mm左右。

1.2 实验处理

实验设5个处理，每个处理堆体长1.5m，宽1.5m，高0.85m，在每个处理原料中加入1.5kg尿素和0.75kg磷酸二铵，调节含水量为55%左右，加入微生物菌剂分别为北京法夫曼技术有限责任公司提供的菌剂（1.5kg，简称处理1）、圃园牌有机废物发酵菌曲I（1.5kg，简称处理2）、落叶中加入酵素菌菌剂堆肥化处理生产的堆肥（0.05m^3，简称处理3）、江苏省淮安大华生物制品厂的酵素菌速腐剂（1.5kg，简称处理4）和蘑菇渣与粪便经过发酵而成的有机肥（0.05m^3，简称处理5）。原料与所加入的物质混合均匀后于2009年2月27日在北京市园林科学研究院院内的水泥地面上露天堆放，在堆体没有升温前，堆体上面覆盖一层塑料布，升温后除去塑料布，每天在堆体表面喷适量的水和翻堆时喷水以保证堆体含水量为55%左右。在堆肥化处理的第7、14、21、50天取样，每个处理的样品中随机取5处混合作为该处理的一个样品，每个处理取3个样品。

1.3 测定指标与方法

全氮：H_2SO_4-H_2O_2消煮—凯氏定氮法；全磷：H_2SO_4-HNO_3消煮—钼锑抗比色法；全钾：H_2SO_4-HNO_3消煮—火焰光度法。[6] 待测液的制备：用蒸馏水浸提堆肥新鲜样品，固液比为1∶10，在180r/min的速度下振荡1h，过滤后滤液为待测液；pH值：待测液用PB-10酸度计测定；EC值：DJS-C型电导率仪测定；*GI*值测定：吸取待测液8mL于垫有滤纸的培养皿中，取20粒一年生黑麦草种子，每个处理重复3次，然后放置在（24±1）℃的培养箱中培养，在96h测定发芽率和根长，计算得出*GI*值。[7]

$$GI=\frac{\text{堆肥处理的种子发芽率}\times\text{种子根长}}{\text{蒸馏水处理的种子发芽率}\times\text{种子根长}}\times 100\%$$

1.4 数据统计分析

数据采用Excel 2003分析。

2 结果与分析

2.1 堆肥中氮、磷、钾含量及总养分含量变化

由表1可知，堆肥原料中氮含量相同，但在加入不同微生物菌剂后，不同处理时间的堆肥中的氮含量出现差异。随着堆肥化处理时间延长，堆肥中的氮含量增加，但增加幅度取决于加入的微生物菌剂等，其中处理2的堆肥在第50天时的氮含量最高，达到1.85%，其次是处理5的堆肥中的氮含量为1.52%。其余3个处理的堆肥中氮含量相当。所有处理的堆肥中的氮含量均高于原料。

从表1中还可以看出，在原料中加入磷酸二铵，用于调节C/N比和C/P比。堆肥中磷含量在堆肥化处理过程中的变化幅度比氮和钾小，不是十分明显，变化趋势因添加

堆肥中氮、磷、钾和总养分的变化　　表1

养分	取样时间	处理1	处理2	处理3	处理4	处理5
N含量/%	第7天	1.11±0.01	1.28±0.06	1.12±0.07	1.13±0.02	1.42±0.05
	第14天	1.06±0.01	1.28±0.01	1.18±0.01	1.20±0.09	1.16±0.09
	第21天	1.17±0.06	1.37±0.05	1.29±0.05	1.29±0.03	1.33±0.01
	第50天	1.42±0.00	1.85±0.07	1.41±0.03	1.43±0.04	1.52±0.00
P_2O_5含量/%	第7天	1.08±0.01	1.14±0.02	0.88±0.04	1.06±0.05	1.49±0.07
	第14天	0.82±0.00	0.94±0.05	0.94±0.00	0.96±0.04	1.41±0.01
	第21天	1.10±1.00	0.94±0.00	0.92±0.01	1.06±0.05	1.78±0.01
	第50天	1.04±0.01	1.12±0.01	1.10±0.03	1.12±0.04	1.67±0.04
K_2O含量/%	第7天	1.54±0.02	1.87±0.12	1.57±0.05	1.49±0.00	1.73±0.14
	第14天	1.61±0.10	1.71±0.02	1.53±0.00	1.52±0.00	1.33±0.09
	第21天	1.72±0.00	1.57±0.00	1.68±0.05	1.60±0.00	1.80±0.00
	第50天	1.95±0.07	2.17±0.00	2.18±0.11	2.05±0.00	1.82±0.02
总养分含量（N+P_2O_5+K_2O）/%	第7天	3.73±0.048	4.28±0.142	3.57±0.209	3.67±0.134	4.64±0.385
	第14天	3.49±0.105	3.93±0.128	3.65±00.13	3.69±0.177	3.90±0.027
	第21天	3.99±0.061	3.88±0.045	3.89±0.128	3.96±0.143	4.91±0.035
	第50天	4.41±0.055	5.13±0.048	4.69±0.113	4.59±0.123	5.01±0.110

的微生物菌剂而不同，处理 5 的堆肥中的磷含量高于其他处理。所有处理的堆肥中磷含量明显高于原料中。

堆肥中钾含量在不同微生物菌剂处理时的变化趋势一致，随堆肥时间的延长而增加，但加入微生物菌剂对堆肥中钾含量的影响不同。处理 1 和处理 4 的堆肥中钾含量在整个堆肥化处理过程中一直呈增加趋势，而其他处理则是先降低再增加，第 50 天时测定的钾含量明显高于第 7 天。二次发酵的处理过程利于钾元素的释放，堆肥中的钾含量增加（表 1）。

本实验是在堆肥化处理的 14 天后进行二次堆放发酵。从处理第 21 天的堆肥处理的黑麦草的发芽指数可以看出，堆肥已经完全腐熟。从堆肥中养分含量可以看出，添加不同微生物菌剂对堆肥养分含量影响不同。堆肥处理第 50 天时，总养分含量达到最高，处理 2 的堆肥中的总养分含量最高，达到 5.13%；其次是处理 5；处理 1 的总养分含量最低为 4.41%（表 1）。

2.2 堆肥有机质含量的变化

园林绿化废弃物堆肥中的有机质含量经过了降低—升高的过程。以落叶为原料生产的堆肥中有机质含量均很高。从表 2 中可以看出，在堆肥化处理结束时，处理 5 的堆肥中的有机质含量最高，为 45.89%；其次为处理 3 的堆肥中的有机质含量为 42.26%，处理 2 的堆肥中有机质含量最低，为 38.05%。

2.3 堆肥 pH 和 EC 值的变化

由表 3 可知，不同处理堆肥的 pH 出现了升高—降低—升高的过程，但总体趋势是随着堆肥化处理时间的延长而升高，升高的幅度也因添加的微生物菌剂而不同。堆肥的 pH 值均大于 7。堆肥化处理第 50 天时，处理 2 的堆肥 pH 值最高，处理 3 的堆肥 pH 值最低。

从表 3 中还可以看出，添加不同微生物菌剂处理的堆肥的 EC 值变化规律一致。在堆肥化处理的第 7 天较高，随着堆肥化处理时间延长，EC 值略有降低，但在处理的第 50 天时，堆肥的 EC 值又有所升高，但明显低于第 7 天时的测定值。在堆肥化处理的第 50 天，处理 3 的堆肥 EC 值最低，而处理 1 的堆肥 EC 值最高。

2.4 堆肥的腐熟度

由表 4 可知，在堆肥化处理第 21 天时，处理 2 和处理 5 的堆肥的碳氮比低于 16，其他 3 个处理的碳氮比为 16% ~ 17%。堆肥化处理第 21 天时，所有处理的黑麦草的发芽指数均大于 90%。

堆肥有机质含量的变化（%） 表 2

取样时间	处理 1	处理 2	处理 3	处理 4	处理 5
第 7 天	38.22±0.04	43.96±0.42	38.36±0.39	40.95±1.53	42.84±0.23
第 14 天	43.51±1.70	36.53±0.01	40.39±1.17	41.20±0.16	35.46±0.72
第 21 天	33.29±0.62	37.03±0.68	39.57±1.49	36.15±0.57	36.29±0.62
第 50 天	40.76±0.62	38.05±0.36	42.26±1.40	40.95±0.12	45.89±0.11

堆肥的 pH 和 EC 值的变化 表 3

指标	取样时间	处理 1	处理 2	处理 3	处理 4	处理 5
pH 值	第 7 天	7.47	7.71	7.76	7.18	7.49
	第 14 天	7.85	7.78	7.65	7.63	7.83
	第 21 天	7.75	7.71	7.57	7.81	7.62
	第 50 天	8.0	8.38	7.98	8.13	8.04
EC 值 /（μS/cm）	第 7 天	1760	1510	1610	1460	1650
	第 14 天	1750	1600	1480	1470	2270
	第 21 天	1480	1380	1270	1290	1570
	第 50 天	1510	1440	1300	1390	1440

堆肥的 C/N 比和发芽指数* 表 4

指标	处理 1	处理 2	处理 3	处理 4	处理 5
C/N 比	16.49±1.38	15.64±0.04	17.84±0.51	16.22±0.87	15.86±0.34
发芽指数	91.78±21.69	99.47±11.22	112.2±16.16	96.9±16.30	119.0±13.71

注：* 为堆肥化处理第 21 天样品数据。

3 讨论

园林绿化废弃物堆肥再利用的前提是保证堆肥腐熟、无害。在园林绿化废弃物堆肥应用前需进行腐熟度指标的检测，测定C/N比是一种传统的方法，被认为是评价腐熟度的一个经典参数。一般，C/N比从最初的35～40或更高降低到18～20，表示堆肥已经腐熟，达到稳定的程度，此时堆肥的C/N比趋向于微生物菌体的C/N比，即16左右（15～20）。[8]还有用生物方法测定堆肥的毒性，该方法被认为是检验正在堆肥的有机质腐熟度的最精确和最有效的方法[9]，其中种子发芽指数（*GI*）是评价堆肥腐熟度的一个非常重要的指标，是对堆肥低毒性（影响根长）和高毒性（影响发芽率）的综合表现。[10]理论上讲，$GI<100\%$，就判断是有植物毒性的。[11]但在实际实验中，当$GI>50\%$时，即表明这种堆肥已达到可接受的腐熟度，即基本上没有毒性，若$GI>80\%$则表明堆肥已达到完全腐熟。[9]从堆肥的碳氮比值和测定的黑麦草的发芽指数可以看出，堆肥化处理第21天时的堆肥已经腐熟，无害，并且达到稳定状态，可以应用，该堆肥经过二次发酵后，性质更加稳定。

有研究发现，很多因素对堆肥的腐熟度产生影响，如堆肥中的C/N比和C/P比等。[12]本实验中加入尿素和磷酸二铵主要是为了调节C/N比和C/P比，加快堆肥腐熟。堆肥中的氮、磷、钾含量及总养分含量与原料中的含量相比，均大幅度增加，且所有处理的堆肥中的总养分含量和有机质含量均高于有机肥国家标准中规定的数值。由于堆肥过程中有机质的分解，堆体体积和堆料质量不断减小，若养分不损失，则养分被浓缩，其含量将不断上升，有机质分解越快，养分含量上升的越快。[13]在所有处理中，处理2的总养分含量最高。在5个处理中，处理3和处理5的堆肥中的有机质含量最高，由于这2个处理添加的物质中的有机质含量比其他3个处理高，使得完全腐熟的堆肥中的有机质含量高于其他3个处理。添加的微生物菌剂对堆肥的C/N比和发芽指数、堆肥中的养分含量有一定的影响。从本实验的结果可以看出，添加菌剂和合格的有机肥同样能够使堆肥达到腐熟、稳定状态。

落叶堆肥的pH值变化规律与猪粪等废弃物堆肥化过程中的pH值先降低后升高的趋势不同[14]。可能是堆肥化处理前调节C/N比加入的尿素和磷酸二铵，含氮物质在微生物的作用下发生氨化反应，释放出氨气，导致堆肥的pH值上升，随着氨气释放和硝化作用转化，氨气含量减少，pH值下降；随着堆肥化处理过程持续，废弃物中易于分解的氮被分解，导致堆肥的pH值升高。

堆肥EC值变化是因为堆肥原料中加入的物质含有可溶性盐离子，使得堆肥第7天时EC值高；随着堆肥化处理过程中的不断升温，尿素和磷酸二铵以及废弃物中含有的部分氮以氨气的形式进入大气中，堆肥的EC值有一定程度的下降；但随着堆肥化处理过程的进行，堆肥中的物质进一步降解，堆肥温度下降，堆肥体积和质量减少，达到相对稳定的状态，废弃物中的元素保留在堆肥中，使得堆肥中的可溶性盐离子含量有所增加，EC值升高。堆肥的高EC值对于一些盆栽植物的生长具有一定的抑制作用。[15]

本实验中采用人工翻堆方式，与堆肥厂机械化翻堆生产的堆肥的养分含量及堆肥化处理进程的影响应该有所不同。人工翻堆处理的每次处理量受限，物料的混匀度要低于机械翻堆处理。堆肥化处理前期时堆肥理化性质变化较大，以7天为采样周期，无法掌握此时堆肥中的养分含量的变化规律，在今后的实验中应该缩短堆肥化处理前期的采样间隔时间。

园林绿化废弃物包括落叶、枝干修剪物、草屑、已经凋谢的花卉植物等，由于植物种类多、植物对养分吸收特性及其生长立地土壤理化性质的差异，均影响堆肥原料特性。因此，针对园林绿化废弃物堆肥物料的复杂性，需要研发针对园林绿化废弃物组成成分的堆肥用微生物菌剂产品，加速堆肥化处理进程和提高堆肥质量；同时需要加强园林绿化废弃物堆肥养分的变化规律、堆肥腐熟度、堆肥应用效果等方面的研究，保证将园林绿化废弃物中大量的营养元素和丰富的有机质转化为堆肥中的养分和有机质，减少营养元素损失造成的环境污染。

4 结论

（1）添加不同微生物菌剂影响堆肥养分含量，其中添加有机废物发酵菌曲和有机肥处理的堆肥总养分含量较高。从堆肥腐熟度和腐熟堆肥中总养分含量来看，在以落叶为主的园林绿化废弃物堆肥化处理过程中应用有机废物发酵菌曲或加入合格的有机肥的效果好。

（2）腐熟堆肥pH值接近或大于8.0。

（3）所有处理腐熟堆肥中的总养分含量和有机质含量高于有机肥国家标准规定的数值。[16]

参考文献

[1] 韩继红，李传省，黄秋萍．城市土壤对园林植物生长的影响及其改善措施[J]. 中国园林，2003，19（7）：74-76.

[2] 吕子文，方海兰，黄彩娣．美国园林废弃物的处置及对我国的启示[J]. 中国园林，2007（6）：90-94.

[3] Fang M, Wong M H, Wong J W C. Digestion activity of thermophilic bacterial isolated from ash-amended sewage sludge compost[J]. Water, Air and Soil Pollution, 2001(126): 1-12.

[4] Requena N, Azcon R, Baca M T. Chemical changes in humic substances from compost due to incubation with ligno-cellulolytic microorganisms and effects on lettuce growth[J]. Appl. Microbiol. Biotochnol., 1996(45): 857-863.

[5] Singh A, Sharma S. Effect of microbial inocula on solid waste composting, vermicomposting and plant response[J]. Compost Science and Utilization, 2003, 11(3): 190-199.

[6] 鲍士旦．土壤农化分析 [M]. 第 3 版．北京：中国农业出版社，2005.

[7] 秦莉，沈玉君，李国学，等．不同 C/N 比对堆肥腐熟度和含氮气体排放变化的影响 [J]. 农业环境科学学报，2009，28（12）：2668-2673.

[8] 陈世和，张所明．城市垃圾堆肥原理与工艺 [M]. 上海：复旦大学出版社，1990.

[9] Zucconi F, Forte M, Monac A, et al., Biological evaluation of compost maturity[J]. Biocycle, 1981(22): 27-29.

[10] 江定钦，徐志平，阮琳．园林垃圾堆肥化过程中理化性质的变化及堆肥对几种园林植物生长的影响 [J]. 中国园林，2004（8）：63-65.

[11] 牛俊玲，李彦明，陈清主编．固体有机废物肥料化利用技术 [M]. 北京：化学工业出版社，2010.

[12] 李国学，张福锁．固体废物堆肥化与有机复混肥生产 [M]. 北京：化学工业出版社，2000.

[13] 张桥，吴启堂，黄焕忠，等．未消化城市污泥与稻草堆肥过程中的养分变化研究 [J]. 农业环境科学学报，2002，21（6）：489-492.

[14] 黄国锋，吴启堂，孟庆强，等．猪粪堆肥化处理的物质变化及腐熟度评价 [J]. 华南农业大学学报：自然科学版，2002，23（3）：1-4.

[15] 张骅，孙向阳，于鑫，等．园林绿化废弃物花木基质对矮牵牛生长效果的影响 [J]. 中国农学通报，2010，26（19）：312-315.

[16] 中华人民共和国农业部发布 .NY525-2002 有机肥料标准 [S].

大型鸟类生态标本制作技术的研究总结

北京动物园/李 辉 吴 楠 赵 岩 牛 锐 肖 方 张成林 卢雁平

摘 要：动物标本制作技术不断改进和提高，本文通过吸收和应用国际先进技术，并结合自己多年的摸索，对模型技术、皮张鞣制技术，以及标本制作的各个环节进行了总结和改革，摸索出大型鸟类生态标本制作技术方法，供同行参考。

关键词：鸟类 标本 技术

传统动物标本剥制技术起源于17世纪的英国。19世纪末20世纪初，我国在欧洲动物标本剥制技术的基础上，逐渐形成适合我国特色的动物形态标本制作技术和方法，称为传统制作法[1]。由于地域的不同，发展出制作手段、材料和风格鲜明的南北两大技术流派，即"南唐北刘"。目前的大部分单位仍采用这种标本剥制技术和方法。随着科技的发展和新材料的应用，标本制作技术在西方国家有了很大的改进，制作成型的动物标本更加栩栩如生，经形成了现代标本制作技术[2]。国内部分单位已经开始引进国际先进技术[3-5]，但没有形成较系统的适合国内情况的制作方法。新的标本制作技术和方法即动物生态标本剥制技术和方法是一种以剥制技能为基础，应用模型技术、皮张鞣制技术、生态展示等于一体的综合技能。[6, 7]作者长期从事动物生态标本的制作，通过融合了西方制作技术，进行实践形成了自己的一套适合国内的制作方法，现以大型鸟类的生态标本制作技术和方法为例，系统介绍制作的过程，以期为国内同行开展相关工作提供借鉴。

1 制作材料

1.1 鸟类尸体

选择外形完整无损的鸟类尸体，所选材料要求没有传染病。

1.2 常用标本制作工具

解剖器材：解剖刀、解剖剪、骨剪、钳、镊子、锯、解剖盘、针、线、各型钢丝等。

充填物：脱脂棉、竹丝、稻草、油灰、雕塑泥、义眼等。

1.3 常用标本制作药品

硼酸防腐粉、明矾粉、樟脑、柠檬酸、硫酸铝、无碘盐等。

2 制作准备

对尸体死亡时间等情况进行记录，对身体各主要部位进行测量并进行记录（表1）。

鸟类尸体测量记录表　　表 1

动物名称	编号	性别	死亡时间	体长	翼展度	翼长	尾长	嘴峰长	嘴峰长（蜡膜除外）	嘴裂长	跗蹠长	趾长	爪长

2.1 尸体的冷冻处理

通常要先将新鲜尸体冷冻 30 ~ 60min；之后，解冻。这样处理过的尸体可以使血液凝固，比较容易剥皮和皮张处理。

2.2 皮张准备过程

剥制标本前，应准备好记录表，记录标本的姿态、使用的假体类型、头和脚的类型、义眼的种类、各测量值等。有些姿态会使皮张缩进身体，要预先定好标本的姿态。鸟皮很薄，剥皮时会很快变干，需提前准备一个喷壶，水里加一些杀菌剂，剥皮同时喷水；剥离头部皮肤时，要准备些湿棉花塞入眼部周围，防止头皮干得快。

剥制中如需暂停，可用湿毛巾裹起未剥制完的皮张，放入冰箱冷藏室；如果要放置较长时间，须先用湿棉花缠住头、脚，再用塑料袋包好，放在冷冻室保存。

3 制作步骤

3.1 剥皮

剥取皮张是制作标本的关键，要得到好的皮张首先要选择合适的开口。腹部（图 1）或背部开口、侧面开口等是较常见的开口部位。根据动物的种类、标本的造型等选择开口的部位。

3.1.1 开口部位的选择

标本是把动物的美展示给人的一个方式，所以制作标本时尽量把好的一面展现出来，看不见刀口是一个基本要求。剥皮时选择开口位置的原则就是尽量避开视线。根据动物和制成标本展示的情况，开口一般选择腹部、背部、翅膀内侧等部位。同一件标本展示方式不同，刀口的位置不同。如果是俯视展示时，刀口选在腹侧；如果仰视展示则把刀口选在背侧。

从腹部开口是最容易也最常用的方法，因为鸟类的胸、腹部有无毛区域，从此处开口可以避免将羽毛切掉。

从背部或侧面开口，剥皮的方法和胸部、腹部开口一样，但要非常小心，因为羽毛易被切掉，要绕过羽根而不要切断。

3.1.2 剥皮过程

剥皮前，先用湿海绵湿润开口处羽毛，向两面分开，用手术刀切开一条垂直的刀口，不要切断羽毛。笔直的刀口会方便之后的缝合处理。

开好口后，提起刀口两侧的皮肤，使之与肌肉分离，从一侧向内剥离，通常用手指即可辅助剥皮。必要时，也可用手术刀切割。剥取同时将硼砂洒在皮内吸收体液，也可增加手指的摩擦力，并能使羽毛蓬松，清洗时羽毛会更容易干净。

剥离到腿部时，将腿弯曲使膝盖弯向开口。膝盖露出来后，用偏口钳切开骨股头与躯干的连接。腿部松开后，继续剥开周围连接的肌肉。待两条腿分开后，再向肛门方向剥离。仔细切断肛门和生殖器，洒一些硼砂。

剥离尾部皮肤直到尾骨或尾羽露出。尾羽由软骨和肌肉包围，用偏口钳剪断尾部连接，然后继续向前剥离。这时，可用挂钩钩住胸腔的顶部，一只手握住尸体另一只手剥皮。

剥离翅膀，剥出翅骨，露出上臂骨。用偏口钳在靠近肩关节的地方剪断臂骨。剪开两只翅膀后，向下剥开脖子部位的皮直到头骨基部（图 2）。

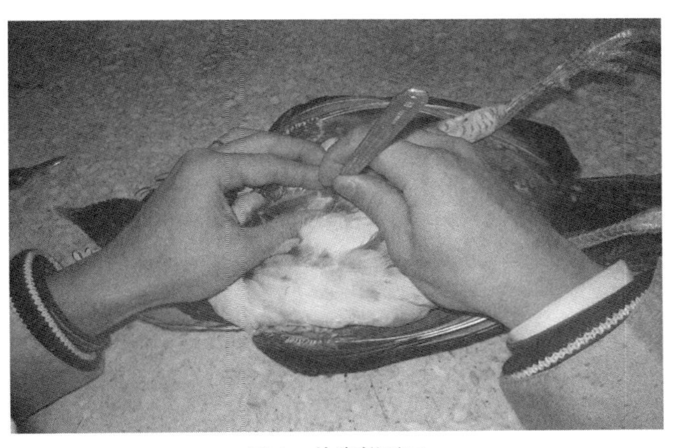

图 1　从腹部开口

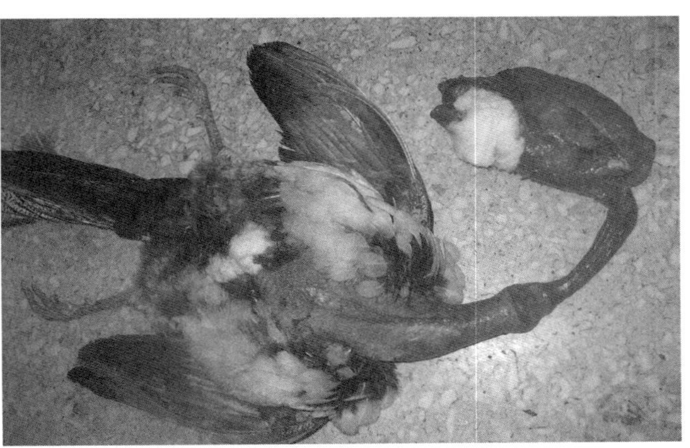

图 2　完整剥离躯干

3.2 皮张处理

3.2.1 皮张清理

皮张清理是把皮张表面和内部多余的脂肪、肌肉、血渍等部分清理掉。

先清理尾部尾脂腺和肌肉，尾脂腺位于尾羽顶端，可用剪刀剪除，然后仔细清理尾羽上的肌肉和脂肪。

清理腿部时，用剪刀、手术刀从胫骨和髌骨上清理掉所有肌肉（图 3），再用一根钢丝插入腿骨中，将硼砂或防腐剂送入腿骨中，以彻底清理骨髓。

翅膀皮肤褪到腕关节，清理干净肱骨和尺桡骨上的肌肉，抹上硼砂或防腐剂。注意不要将尺桡骨与肱骨间的韧带切断。

处理剥下的皮张时，需用手指垫起皮张，另一只手拿剪刀清理大的残肉和油脂，之后，再用钢丝轮仔细清理。清理时，通常一只手握皮，另一只手放在皮下。握皮的手很重要，把握不好，皮会被钢丝轮卷走而造成严重损坏。先用钢丝轮清理尾羽根部一侧，轻轻将钢丝轮贴住皮肤，慢慢向头的方向移动。处理开口边缘时，让钢丝轮沿开口线边缘打磨，不要贴太紧，否则易造成开口撕裂。注意打磨过薄时也容易造成皮张撕裂。

盐腌可以去掉皮内大部分可溶性蛋白质（包括血液、水分等），有助于鞣制时试剂与胶原蛋白更好的结合。鸟皮很薄，通常腌制 2 ~ 3h 就可以了。然后清理掉表面多余的脂肪等组织。

脱脂皮肤上或皮内都含有脂肪，水禽的油脂更多，过多的脂肪会阻止化学试剂渗入皮内。将盐腌后的皮张放入配好的脱脂溶液浸泡、搅拌。油脂少的鸟 20min，多的 1h 取出、挤干，可进一步清理掉皮肤表面的脂肪。清洗脱脂后，用 20g 清理剂，50g 杀菌剂和冷水配成溶液清洗，最后用清水清洗至没有泡沫。

清理过程中需要注意几点：①从尾部向头部清理，用剪刀清理大的脂肪；②用硼砂或防腐剂吸干体液；③用钢丝轮时手要握住皮张；④背脊处皮肤非常薄，清理时易破损；⑤如果中途需暂停，要将鸟皮用毛巾裹好冷藏，如暂停时间较长，还要用塑料袋包裹未处理完的标本，放入冷冻室；⑥要尽可能清理干净皮张上残留的肌肉、脂肪等，否则会影响后续的脱脂、杀菌、防腐、鞣制等过程。

3.2.2 皮张鞣制

皮张的鞣制步骤如下：防腐、防蛀、清洗、软化、加脂等。

1）防腐：在 1000 毫升冷水中加入 18g 盐，1.5g BORAX 防腐剂，搅匀后将皮浸泡 30min。

2）防蛀：将鸟皮干重 1% 的防蛀剂加入盐水液中，搅匀后再加柠檬酸，调整 pH 值到 4.5 ~ 5.0。（注意，如果使用了过多的防蛀剂，会对羽毛造成伤害）。

3）软化：用柠檬酸调整盐水的 pH 值到 4.5 ~ 5.0，放入皮张，水温保持摄氏 10 ~ 15℃。1h 后取出皮张沥干，再用硫酸铝与盐（1 ：3 的比例）调成硫酸铝盐膏涂抹在皮内。12h 后，去掉硫酸铝盐膏，用清水清洗干净。

4）加脂：从鞣制溶液中取出皮张，冲洗羽毛 2 ~ 3min，用干净、柔软的毛巾包裹鸟皮吸干水分，和硬锯末混一起放在干燥机内干燥。最后，用毛刷将加脂剂刷涂在鸟皮内，静置 1h 以上。

3.3 假体制作

制作假体是制作标本的关键部分。根据标本展示的要求，设计出标本的姿态，再根据标本姿态，分别设计出躯干、头、翅膀、腿等部位的假体姿态，然后进行制作（图 4）。

3.3.1 躯干部假体

躯干部假体是假体的中心部分，按照尸体大小和标本的形状要求，便于用钢丝穿插和固定的稻草、竹丝、木丝或聚氨酯等材料，再经捆绑或削磨制成合适的假体。

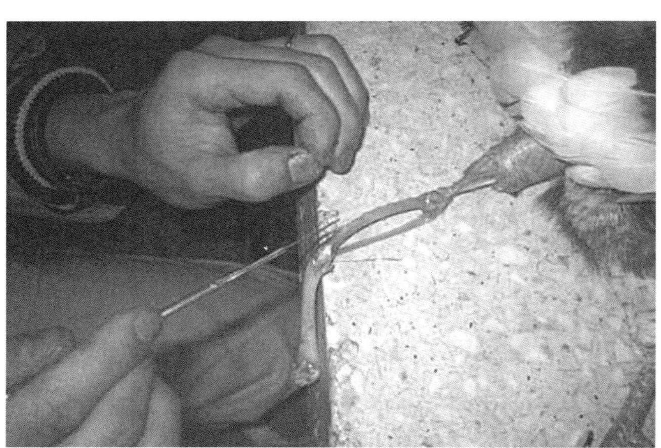

图 3 清理腿部肌肉

图 4 假体和钢丝

3.3.2　头部假体

鸟类的冠、肉垂等柔软部分不容易保留，建议用假体替代。

头部假体用树脂材料制作。用直接翻制或雕塑的方法制作出模型，用钢丝或胶把模型直接对接在标本上，再经过修饰完成。

3.3.3　腿部假体

涉禽和游禽的腱和爪部的肌肉与油脂不易处理，可以用假体代替。

腿部假体制作和对接过程类似头部假体。

3.3.4　翅膀假体

翅膀假体制作相对比较简单，用钢丝与肱骨、尺桡骨绑定，用棉花缠成肌肉的形态即可。

3.4　皮张与假体组合

把鞣制好的皮张和制作成的各部分假体分别组合起来，是制作标本的重要过程。

3.4.1　头部组合

选用黏泥把眼窝垫平或略突一点，把颈部假体上的钢丝从枕骨大孔沿上颚背面叉入头骨中，而后用钢丝或针线横穿两侧耳道并与颈部假体缠固，起到固定头骨与颈部假体的作用。然后，冷头颈部的皮翻过褪回来，使羽毛朝外，再用镊子手柄拔出眼眶，使左右对称。

3.4.2　翅膀部组合

将钢丝从皮内面穿插，经过肱骨、尺骨、桡骨至指骨。把穿插好的钢丝按各个关节自然状态进行初步弯曲。然后，用线或金属丝把穿插的钢丝与各骨段连固在一起。最后，把皮肤褪回梳理羽毛。

3.4.3　腿部组合

将钢丝从脚掌中心，插入贴跗跖骨后侧经过胫骨、股骨穿入皮内面，两端各留出一部分钢丝做固定用，穿好后，用线把钢丝和胫骨、股骨连接在一起，用棉花缠卷在胫骨、股骨上，代替原有的肌肉。最后，把皮褪回伸展摆正（图5）。

3.5　假体对接

3.5.1　头颈部与躯干假体对接

先把头与颈部假体连接在一起，将颈部假体下端的钢丝插入胸部假体固定。连接部位接口用黏土抹平。

3.5.2　翅膀与躯干假体对接

先在躯干假体上预先开好对接口，将翅膀上的钢丝穿过躯干假体，使肱骨与躯干假体紧贴。同样方法安装另一侧翅膀。将两侧穿出假体的钢丝拧在一起，接头部分折回插入假体内。

3.5.3　腿部与躯干假体对接

预先在躯干假体上打好对接口，将腿部钢丝插入，穿过后的钢丝反插入假体。固定后，握住钢丝，将股骨推上去贴住假体。

3.5.4　尾部与躯干假体对接

从尾羽处分开，将马蹄形钢丝插入到尾羽下面，将尾羽调整为自然状态。另一端的钢丝插入假体中固定（图6）。

3.5.5　缝合

钢丝按部位对接好后六根钢丝就与假体连成了一个整体。这样就可以从头部向尾缝合。缝合好后调整羽毛，注意不要压住羽毛。

3.5.6　安装义眼

用黏土充填眼窝，仔细将义眼放到合适位置，安装好后用量规检查对称性。为看起来更生动，义眼的角度要正确，太深太浅都不行。为使眼部逼真，避免安装深度不合适，最好对照参考图册塑造上、下眼睑。装好义眼后，用喷笔绘制喙，也可以制作完再上色（图7）。

3.5.7　整体与底座对接

将底座与爪连接，确认两者较好地吻合，在底座与爪

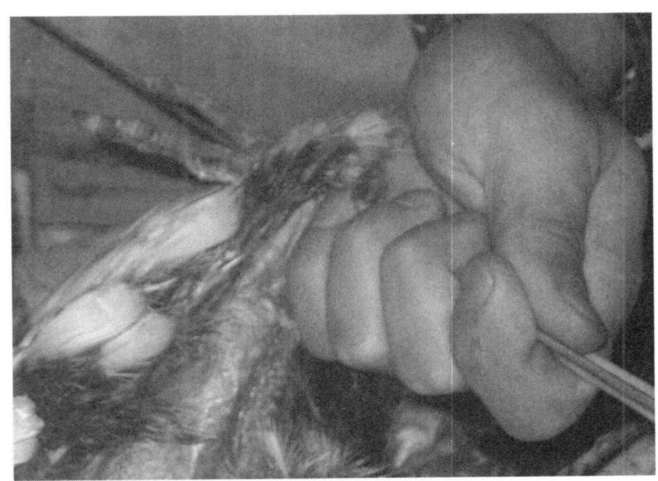

图5　穿插腿部钢丝

图6　尾部与躯干假体对接

图 7　安装义眼

图 8　与底座连接

之间看不到钢丝。如果鸟的姿态是抬起一只脚，脚部钢丝需要隐藏起来。此时，开始调整翅膀、脖子等姿态，从不同角度审视鸟的形态，一旦定好，就要将翅膀固定，并用工具理顺羽毛，将工具伸到羽毛下面调整，这样就能使羽毛归位，理顺羽毛并用针固定（图 8）。

3.6　整形与修饰

3.6.1　整体

根据设计的标本姿态来调整，结合活体调整羽毛。例如，站姿鸟的头部向左扭向后看，那么胸腹部的羽毛就向左扭动。通过羽毛的色彩检查一下左右是否对称。以制作一只站立的鸳鸯标本为例，如标本是向前看的，两边黑白部分就要对称。鸟的姿态决定了羽毛的走向，如果鸟是站立的姿态，就不能简单的把羽毛压下来，要使羽毛井然有序。所有羽毛都调整到位后，用大头针固定皮张表现出解剖结构的细节。整形要对照参考图，注意细节的表现。在表现的区域可直接用针将皮钉到合适的位置表现细节。对于腿部和腹部易下坠的皮肤来说，使用皮胶也是很有用的。继续调整直到所有部位都得到固定。

3.6.2　头部

眼部的细节调整可以改变鸟的表情，特别是眼的闭合和开启，以及脸颊和眼角的羽毛（图 9）。

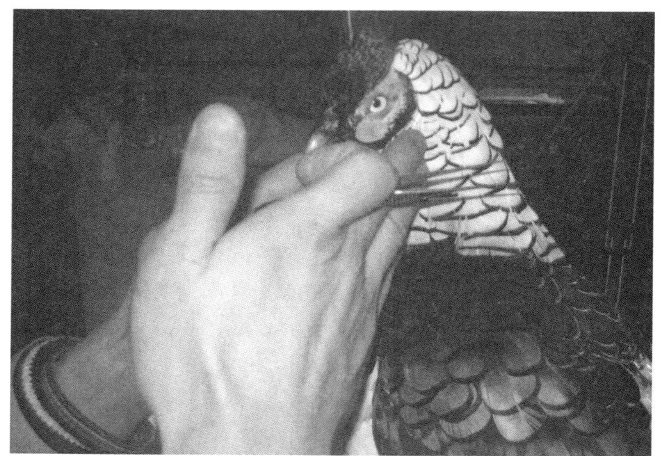
图 9　调整头部姿态

用羽毛调节针从头骨向喙逆向梳理头部羽毛，逆向梳理的动作将帮助羽毛蓬松起来，显得更自然真实。如果颊部和喉部羽毛较平坦，要让它们蓬松，可以用长而尖的昆虫针刺入羽毛下的皮内，然后，用针尖挑起皮肤，直到羽毛变得生动自然。如果需要，张开的耳道要进行填充。鸳鸯这样的鸟生活时会很警觉，耳部羽毛应呈张开状。

3.6.3　颈部

颈部羽毛是对称的，要特别注意从脖子到胸部羽毛的走向，羽毛舒展则脖子看起来会显修长舒服，胸部看起来非常舒展。皮先被拉向脑后，然后自然下垂，这样就可以看起来顺滑自然。当脖子的皮定位后，用羽毛调整针调整（图 10）。

图 10　调整颈部羽毛

3.6.4 胸部

胸部羽毛的状态是由姿态决定的。如果标本要呈转头脖子向左伸到翅膀底下的姿态，就不能将羽毛向右梳理。为避免胸部羽毛出现空隙，需要将羽毛排列的很好（图 11）。

3.6.5 翅膀部

鸟的翅膀如何收拢、如何排列是需要了解、掌握的基础知识；要理解初级飞羽、次级飞羽、三级飞羽、覆羽之间的关系，一片一片整理，逐一摆放到位。这就是为什么在制作标本时要特别注意假体和翅膀的关系，如果翅膀钢丝穿插正确，固定到位，那么每根羽毛就能很顺贴。用羽毛整理针梳理翅膀，使之自然生动。

3.6.6 尾部

尾部羽毛按层次理顺即可。

3.6.7 最后的整理

羽毛整理到位后，用羽毛刷或大刷子对标本全面刷一次。如果还有不顺的羽毛，剪一块硬纸片夹起来，用 T 形针穿过卡片扎到假体中（注意不要压得太紧，否则会使羽毛扁平）。

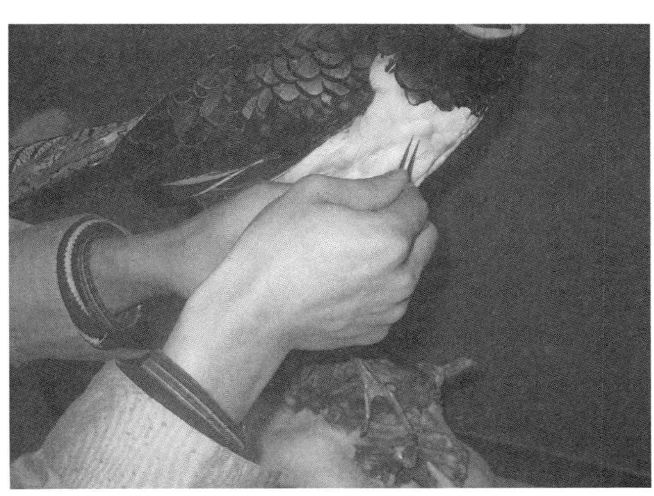

图 11 调整胸部羽毛

图 12 制作好的白腹锦鸡

3.7 干燥

将做好的标本放在不易碰到的架子上阴干。阴干时不要靠热源太近，也不要有太阳光直射，否则会使眼和嘴部收缩变形。干燥过程一般需要 10 天左右，应经常检查，注意观察标本的变化（图 12）。

4 工艺流程比较

传统工艺、新工艺、国外先进工艺比较见表 2。

几种工艺流程比较　　表 2

比对项＼名称	传统工艺	新工艺	国外先进工艺
材料	相同	相同	相同
工具	相同	相同	相同
剥皮	相同	相同	相同
皮张处理	防腐剂、驱虫剥剂	鞣制配方	鞣制配方
假体	假体与填充	假体与填充；模型	模型
头部	头骨加填充塑造	模型	模型
缝合	相同	相同	相同
义眼	自制或玩具义眼	向发达国家购买	选择专属研制义眼

5 总结

本研究主要着重解决核心技术的国产化，核心技术主要与传统工艺的差距表现在两个核心点上。

（1）在皮张处理上与传统工艺有着本质上的差异，国外先进技术采用鞣制的方法对皮张进行处理，传统工艺采用的是防腐、驱虫的方法；传统工艺处理的皮张为“生皮”，先进技术处理的皮张为“熟皮”。先进技术使用的鞣制配方，不同国家、不同地区、不同年代有无数个配方，但作用机理、主要核心成分具有相似性，从中筛选出性价比更高的、适合我国国情的成分、配方，也是我们的工作所在。本文中所提供的鞣制配方，就是性价比高、应用范围较广的配方。这个配方既有学习先进技术的一面，又有符合我国国情的一面，避免了从国外购买的昂贵费用，也是作者工作的意义所在。

在假体制作上，本文兼顾了先进技术与我国现状相结合的方法，供处在不同地区的制作者进行选择，即可沿用传统工艺、也可使用先进工艺，没有做硬性、一刀切的要求。但在头部的处理上，使用了与国外相一致的模型方法进行处理。在假体上也是有区别对待，头部的外观羽毛较短，并有裸露的地方，表现物种差异性要求更为严格，因此在局部使用模型，可以更有效的解决特征问题。在躯干部位可依照条件状况、经济状态选择模型或传统工艺，这也是基于大型鸟类的躯干部位羽毛比较丰厚来确定的。

（2）鸟类的义眼。义眼虽小却有画龙点睛的作用，同时义眼又是物种鉴别的特征之一，因此更为重要。我们国家的专业化水平以及社会分工，远远不如发达国家，采用自我研制的办法，目前条件尚不成熟，所以采用购买的形式来解决这个关键点也是必要的。

最后，我们希望关注这个行业发展的同仁们，与我们一道在实践中摸索新的技术、积累经验、改进新的工艺，为提高我们标本制作的整体水平而努力。

参考文献

[1] 肖方 . 野生动植物标本制作 [M]. 北京：科学出版社，1999.

[2] Edwards K. Serious, Sportsman Taxidermy for Beginners [M]. B.Publications, inc., 1991.

[3] 王冠，梁玉实 . 动物标本制作中新技术的应用 [J]. 特产研究，2006.4：56-57.

[4] 鲁金波，王玉忠，毛景东 . 动物剥制标本制作技术的改进 [J]. 内蒙古民族大学学报，14（2）87-88.

[5] 李长看 . 鸟类剥制标本制作技术与方法研究 [J]. 安徽农业科学，2008，36（7）：2636-2639.

[6] Seibels K. The Breakthrough Waterfowl & Bird Finishing Manual [M]. Breakthrough, 1992. 38-42.

[7] Artists V. The Breakthrough Whitetail Taxidermy Manual [M]. Breakthrough, 1992. 45-87.

天坛古树保护复壮技术研究

北京市天坛公园管理处 / 牛建忠　张　卉　姜秀玲

摘　要：采用新生根计数法，说明了挖掘复壮沟对古树的影响；采用叶片生化指标测定法，说明了挖设复壮井对古树的影响；采用根际土壤物理性状测定法，说明了改草复壮对古树的影响。结果表明，挖掘复壮沟、挖设复壮井、改草复壮能够有效改善天坛古柏树立地条件，调节土壤含水量，增强土壤透气性，促进根系健康生长，提高树势和减缓古柏衰弱。

关键词：古树　复壮

天坛是世界上现存最大的祭天建筑群，已被联合国教科文组织列入《世界遗产名录》。为了构建祭坛庄重肃穆的氛围，这里自建坛开始，即广植苍松翠柏，形成北京城区现存最大的古树群。保护和复壮天坛古树，对于天坛环境建设具有重要意义。目前，有关于古树保护和复壮工作的研究已成为国内园林绿化工作热点，仅万方数据库检索相关论文，2014 年一年就超过 190 篇。但是这些研究主要集中在古树的资源调查、古树保护对策、古树保护方式方法总结探讨等方面，专注于各项保护复壮措施实施后对古树究竟产生了何种影响，程度如何鲜见报道。本研究以古侧柏为研究对象，在三种土壤改良方法实施一段时间后，测定树体本身和被改良土壤理化性状，从而说明土壤改良对古树保护和复壮的促进作用。

1　实验材料及方法

1.1　材料

古柏树、通气管、有机肥、麦冬草、玉簪等。

1.2　方法

1.2.1　复壮沟施工方法

选择 5 株二级古侧柏弱树作为复壮沟施工实验材料。复壮沟位置以树干为中心，均匀放射分布于树冠四周，根据立地条件，每株挖沟 4 条。具体操作如下：

从树冠垂直投影线向内挖掘，挖至遇到树根止，固定此端，另一端向投影线外延伸。沟深 1m、宽 0.5m、长 1m。复壮沟中心竖直径 8cmPVC 通气管 1 根，管口不可覆盖。沟内填埋复壮基质，由下向上依次为：20cm 陶粒垫层→ 40cm 直径为 1 ～ 3cm 杨树条→ 20cm 槲树叶→有机颗粒肥 1.5kg → 10cm 腐叶土→ 10cm 松针土→原土回填覆盖表层至高于周围地面 5cm。

1.2.2　复壮井施工方法

选择 5 株二级古侧柏弱树作为复壮井施工实验材料。复壮井位置选择依据弱树枝叶及树皮分布位置确定，保证复壮井能够与弱树根系相关联。具体操作如下：

从树冠垂直投影线边缘向下挖穴，遇根后避让或外展，井穴直径 250cm，穴深 130cm。在井穴中，以普通红砖搭

复壮沟、井施工前后地下根量情况对比 表 1

复壮沟	根数量（条）		变化幅度	复壮井	根数量（条）		变化幅度
	复壮前	复壮后			复壮前	复壮后	
复壮沟均值	13	21	53.8%	复壮井均值	6	8.33	38.8%
对照均值	15	16	6.7%	对照均值	10	9	-10%

建复壮井，井下口内径 120cm，上口内径 63cm。

复壮井构造：红砖横码打圈，逐层缩减收口，不用水泥勾缝，红砖码好之后，上覆井盖，井盖与地面平齐，或略高于地面。于复壮井外填埋复壮基质，复壮基质配比（体积比）：槲树叶：腐叶土 5 ：松针土：麻渣为 5 ：5 ：5 ：2，有机肥 3kg，井穴内分层填满。由上至下分别为：

原土回填：30cm；

复壮基质：20cm；

杨树条 + 原土：20cm；

复壮基质：20cm；

杨树条 + 原土：20cm；

陶粒：20cm。

1.2.3 改草复壮施工方法

选择 5 株二级古侧柏弱树作为改草复壮实验树进行更改地被处理。将处理古树树冠垂直投影范围内冷季型草坪去除，移除表层 20cm 厚土壤，更换为比例为 1 ：1 ：1 的腐叶土、松针土、陶粒混合物，填充厚度保证比原土层高 5cm，最后表面覆盖原土，在复壮面积腐叶土上栽种耐阴、耐旱、易管理的宿根植物玉簪或麦冬草。

1.2.4 数据采集方法

1.2.4.1 根数据采集

复壮施工时每株实验树的每条复壮沟内壁和每个复壮井穴内壁，垂直镶嵌 $30 \times 20cm^2$ 木方框三个，分为 3 个土层：0 ～ 20cm、20 ～ 40cm、40 ～ 60cm。记录根的数量、粗度、长度。复壮施工 20 个月后，再次进行观测记录树根数量、粗度、长度，进行比较。

1.2.4.2 叶数据采集

3 种复壮措施的实验样株，选取树冠中部、外侧、4 个方向的当年生枝叶，化验相关数据：叶绿素含量、氮、磷、钾、钙、镁等 13 种元素含量；同时测量当年生新梢的长度。

1.2.4.3 土壤数据采集

针对改草复壮实验样株和对照树，于树冠垂直投影线内，环刀取样，分别取样 30cm、50cm 两个层面的土壤，测定相对含水量、容重、孔隙度等物理性状，进行比较。

2 结果与分析

2.1 地下根系数据调查结果及分析

于 2010 年 7 月对 2008 年所做的复壮沟和复壮井，进行实验数据采集。小心挖掘至镶嵌的方框，清理框架剖面，对框架内根的生长情况进行观察，同时对复壮沟及井穴开挖，检测发根情况（表 1）。

从采集到的数据结果看，实验范围内，复壮措施实施后根数量均有所增加。

经挖复壮沟复壮的古树，实验范围内，根数量平均值较实验实施前有所增加，增幅为 53.8%。对照数增幅为 6.7%。分析原因：挖复壮沟，一是设置通气管，改善了土壤通气性；二是添加有机质，提高了土壤肥力；三是挖掘翻土，改变了土壤孔隙度，利于水分调节。以上立地条件的改善，促进了古树根系的萌发生长。对照树尽管没有改变土壤理化性质，但是断根处理，刺激新根萌发，也产生了新根，所以根数略有增加，增幅为 6.7%。

挖复壮井处理的古树，根数增加幅度为 38.8%，而对照根增幅为 -10%，即根量减少 10%。分析原因：复壮井的挖掘，土方量较大，改变土壤的体积和对根的影响范围较大，而试验中设置的方框与复壮沟方框大小一致，即取样面积一致，有很多新根萌发后向其他方向生长，没有出现在框架内。对照树根量减少，说明单纯挖掘土壤，不作其他保护性处理，对古树根系具有一定破坏性。

2.2 枝叶数据检测结果及分析

2.2.1 叶生化分析

根据表 2 可以看出：冷季型草坪内古侧柏平均叶绿素含量为 7.324mg/g，对照树平均叶绿素含量为 12.64mg/g，冷季型草坪内古侧柏叶绿素含量低于对照树；N、P、K 含量实验树与对照树相比 N、P、K 含量基本持平；Na 含量冷季型草坪内古柏树枝叶的钠含量偏高；Mn、Cu、Zn 含量各实验树与对照树相比 Mn、Cu、Zn 偏低。

复壮树与对照树生化指标比较 表 2

生化项目	复壮沟均值	改草复壮均值	复壮井均值	对照树均值
叶绿素（mg/g）	12.044	7.324	10.99	12.64
全氮（%）	1.062	1.122	1.184	1.14
磷（p）（%）	0.428	0.53	0.484	0.494
钾（k）（%）	0.566	0.586	0.636	0.638
钙（Ca）（%）	1.584	1.456	1.51	1.646
镁（Mg）（%）	0.228	0.22	0.214	0.194

续表

生化项目	复壮沟均值	改草复壮均值	复壮井均值	对照树均值
钠 (Na) (mg/kg)	372.618	406.358	272.366	387.216
铁 (Fe) (mg/kg)	376.652	261.562	292.762	236.358
锰 (Mn) (mg/kg)	20.156	19.332	20.602	23.966
铜 (Cu) (mg/kg)	18.082	16.89	17.642	19.45
锌 (Zn) (mg/kg)	17.478	8.772	11.848	18.656
铬 (Cr) (mg/kg)	4.854	4.542	6.296	4.484
镉 (Cd) (mg/kg)	0.18	0.136	0.142	0.132
铅 (Pb) (mg/kg)	3.132	2.288	2.624	2.05

2.2.2 新梢生长量

复壮措施前后古柏弱树的新梢生长量有所增加(图 1)。

挖掘复壮沟、复壮井在填埋的复壮基质中增加了陶粒、松针土和有机质肥料等，起到了改良土壤性状，增加营养物质的作用。从当年生新梢生长量来看，2008 年复壮前弱树当年生新梢生长量与对照树相比差距较大，2009 年、2010 年当年生新梢生长量的差距缩小。说明实施复壮促进了新梢生长，取得了积极的效果。

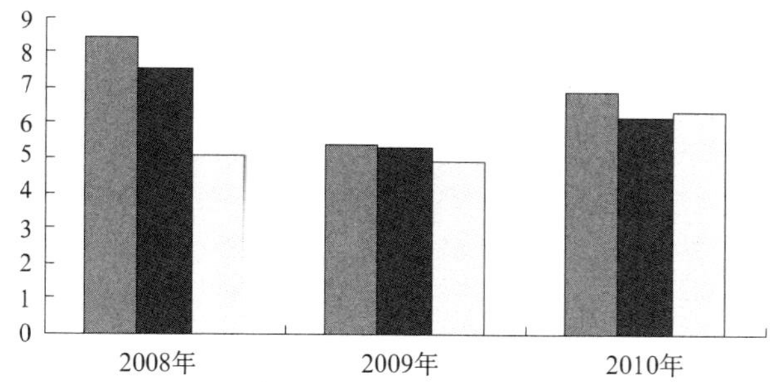

图 1 复壮树与对照树新梢年生长量比较

2.3 改草复壮古树下土壤物理性状变化

冷季型草坪内改草与未改草古树下土壤物理性状变化用土壤含水量、土壤容重、毛管孔隙度等指标进行比较结果，见表 3 ~表 5。

冷季型草坪更换为其他耐旱地被后，测定土壤含水量，与对照树测得值一同进行方差分析，见表 3。

地被更改前后土壤含水量方差分析 表 3

差异来源	SS	df	MS	F	$F_{0.05}$	显著性
组间	487.53	3	25.66	3.31	5.19	不显著
组内	124.13	16	7.76			
总计	612.66	19				

通过方差分析可见，改草后的古树根际土壤含水量，与没有改草的冷季型地被古树根际土壤含水量，差异不显著。冷季型草坪需水量大，故浇水量大，次数多，为什么改草前后土壤含水量差异不显著？一方面取样时间为 12 月，这一时期公园景观保护维护工作量较小，职工才能安排时间取样。改草的古树和没改草仍然生长在冷季型草坪内的古树，同样在 11 月浇完冻水后，树木进入休眠期，再没有浇水。一方面采样工作完成后，密封保存，送检测部门检测，不是马上进实验室检测，需要一定时间转运，过程中可能有影响测定结果的情况发生。再有取样点的选择上，所有样品并不是同一人操作完成，那么样株在整个绿地的相对水平位置，取样点的水平位置不同，虽然规定取样点距地面 30cm 或 50cm，但是在整片的绿地中，水分可能更趋向于低处，所以不同取样人，操作就存在差异。

土壤容重的方差分析见表 4。

改草前后土壤容重方差分析 表 4

变异来源	偏差平方和 SS	自由度 df	方差 MS	F 值	$F_{0.05}$	显著性
组间	0.00968	1	0.00968	0.41226	4.1	不显著
组内	0.4227	18	0.02348			
总变异	0.43238	19				

土壤容重差异不显著，而且从数值来看，差异非常小。这和试验方法完全吻合。改草复壮，为了保护古树根系，只移除了表层 20cm 厚的土壤，采样位置是地面以下 30cm 和 50cm 深度的土壤，所以改草与不改草，所取古树土样基本上没有变化，试验措施的实施没有改变这一土层土壤，所以容重这一表征土壤性质的测量值差别很微小。

毛管孔隙度的方差分析见表 5。

改草前后土壤毛管孔隙度方差分析 表 5

变异来源	偏差平方和 SS	自由度 df	方差 MS	F 值	$F_{0.05}$	显著性
组间	594.15	9	66.02	23.16	19.4	显著
组内	28.5	10	2.85			
总变异	622.65	19				

土壤毛管孔隙度变化差异显著。土壤毛管孔隙度的变化不像土壤容重，土壤容重方差分析结果显示，土壤容重变化不明显。同样一层的土壤没有大的变动，为什么毛管孔隙度变化显著？实验数据说明，实验措施对土壤性状变化的影响缓慢发生着。首先实验实施 20 个月后采集数据进行对比，尽管缓慢，措施有效改善了土壤性状，所以随着时间的推移，变化慢慢积累，到一定时间之后，变化差异显现出来，表现在古树上，即逐步恢复绿色。

3 结论与讨论

（1）对古侧柏树采取的不同复壮方法的总结分析，可以得出复壮沟、复壮井、改草复壮的复壮方法效果都是有效的，使古树的生长势得到提高。

复壮井实验树中，采集实验结果数据时，挖开土层，清理框架剖面，发现一株框架内无根。说明实验处理断根后,新发根并没有生长到框架内。复壮沟实验也有类似情况，框架内未见新根，但将整沟挖开，在距根基的一侧沟壁一株发现 9 根新萌发的红色树根，深度分别为 20cm、24cm、25cm、30cm、30cm、40cm、46cm、50cm、60cm，粗度为 0.1 ～ 0.2cm，另一株发现 7 根。因此可以看出，实验用镶嵌木方框对比根系生长情况的做法有一定局限性，框架面积相对较小，不能对比出真实的生长情况。今后的实验可以考虑增大框架面积，或增加框架设置数量，从更大的范围采集数据，以使实验结果更可靠，更有说服力。

（2）不同古侧柏树具体采用何种方法，应具体情况具体分析。对于冷季型草坪内的黄化古柏，主要原因是土壤含水量过大，草甸层厚，使土壤通透性降低，根系有氧呼吸减弱造成，因此冷季型内的黄化弱树只要采取铲除冷季型草坪、撤除喷头、更换地被就可以达到良好效果，至于更换何种地被没有明显差异，经实验观察古树下栽种玉簪效果较好，覆盖度及观赏性强。复壮沟和复壮井的方法复壮，在基质的配比上基本相同，只是存在操作上的差异，对于树皮完成的弱树建议使用复壮沟法，对于树皮不完整的弱树建议在有树皮的一面挖掘复壮井。

（3）在进行地下改良的同时，如果能够结合地上枝条的修剪同时进行，效果有可能会更好。

参考文献

[1] 张安才 . 古侧柏与行道树银杏立地土壤微生物及作用强度研究 [D]. 泰安：山东农业大学，2009.

[2] 傅徽楠，王瑛 . 上海古树生长环境的土壤质量及评价 [J]. 上海建设科技，2007（1）.

[3] 袁林涛 . 焦天江，范喜红等 . 辽宁古树衰退原因及保护措施 [J]. 内蒙古林业调查设计，2009，32（2）.

[4] 郝长红 . 沈阳福陵古松根区土壤养分状况及理化性质的研究 [D]. 沈阳：沈阳农业大学，2006.

景山寿皇殿历史文化研究

北京市景山公园管理处 / 张富强　颜　喆　韩佳月

摘　要：通过对大量史料的研究，对景山寿皇殿的建筑特色与变化，对其历史功能和文化传承中的作用等进行了深入的分析研究。解析了以下几个问题：首先，通过分析景山寿皇殿的历史，了解了中国祭祖文化的传承，以及景山寿皇殿与太庙等其他祭祀场所的区别。通过明代奉先殿建设和清代对寿皇殿的改造，以及清代寿皇殿建筑在规制等级上的提升，了解到重建寿皇殿的目的。其次，通过对景山寿皇殿陈设珍宝和清代帝后御容情况的调查，以及寿皇殿陈设去向的研究，对未来寿皇殿展览的定位依据、展览思路和布展方案进行了探讨。最后，通过对明清两代皇家在景山寿皇殿的祭祀活动，以及清代部分帝王祭祀礼仪和祭祀实录的了解，为将来展示皇家祭祀大典仪式中法驾卤簿的陈列提供了线索。本文对未来寿皇殿的展览的布置，具有重要的指导意义，在科学发展观指导下开拓思路，传承历史，服务现实，将会对景山公园未来的发展产生深远的影响。

关键词：寿皇殿　文化　研究

本文主要是针对明清两代寿皇殿作为皇家庙堂的历史，进行的专题文化研究。随着清朝皇室被推翻，寿皇殿原来皇家的祭祀功能，早在80多年前即已成为历史，寿皇殿内原有数以万计的珍宝和陈设，绝大部分被八国联军入侵景山时盗掠，剩余文物由故宫博物院珍藏。寿皇殿虽然是皇家祭祀祖先和储藏先皇遗物的殿堂，但是由于近半个多世纪被外单位占用，学术界对景山寿皇殿历史文化的研究近乎是一片空白。

2004年，景山公园管理处成立以后，其重要任务之一就是收回并开放寿皇殿。本文不仅可以为未来寿皇殿的修缮、陈展提供历史依据，展现景山历史上曾经拥有过的辉煌，还会使中华民族“敬祖”和“孝道”的传统美德得以弘扬。

1　景山寿皇殿的历史功能

1.1　寿皇殿祭祀的历史渊源

根据中华民族对祖先崇拜景仰的习俗，设置灵堂祭祀祖先，以表示对先辈的崇敬和怀念，求得在精神上与祖先的沟通和佑护，这是从平民到帝王约定俗成的祭祀方式。据《诗·商颂·殷武》记载，在三千年前的商代，在商朝的都城（河南安阳）中有座山，称为“景山”。商王武丁命人砍伐山上的树木，在山后建造宗庙，以便岁时祭祀祖先。从明代景山前为皇宫、后为皇家祖庙的布局，到清代顺治十二年（1655年）皇帝对景山的命名，我们从中都可看到几千年来中华祭祀文化的传承。

明代，景山就建有寿皇殿。《天府广记》记载：“过北中门之南曰寿皇殿……”[1]皇家即在这里设置灵堂，举行大规模的祭祖活动。到了清代，皇家依然根据传统，祭拜“九坛八庙”之神灵。其中“九坛”是属于明清帝王祭祀神灵的地方，而“八庙”则是帝王祭祀祖先的场所。寿皇殿在“九坛八庙”中具有极为特殊的地位，根据统计是帝后祭祀活动最为频繁的庙宇。这既说明了景山寿皇殿的重要性，又显示了古人对祖先的尊崇和中华民族“敬祖”和“孝道”传统美德。有清乾隆皇帝《清明日拜谒寿皇殿》诗为证：

紫殿彤闱神御凭，清明肃拜典相仍。
羹墙有幕何嗟及，堂构非遥此敬承。
旧礼漫传粳粥荐，新烟还看柳丝凝。
那堪子厚书重展，指日吾将谒二陵。[2]

1.2　祭祀殿堂的功能差异

根据古代“前宫后市，左祖右社”的规制，将太庙设在皇宫前最重要的位置，充分体现了中华民族祭祀文化的至高无上（图 1）。太庙的祭祀，是帝王以国家最高权力人的身份祭祀祖先的场所，奉先殿是皇宫中的祭祀场所，只可在这里为逝者做小殓。圆明园的安佑宫虽然建筑形式与寿皇殿十分相似，但其作用是为了适应皇帝在行宫中进行祭祀活动的便利而设立，更不是大殓的场所。堂子是清代萨满教祭祀神灵的场所，虽然包括祭祀祖先，但与寿皇殿祭祖功能还有很大差别。景山寿皇殿是明清两代皇家的家庙，是在宫苑中专为帝后停灵和举行祭祀活动设置的场所，在这里为大行皇帝或皇后举行隆重的大丧礼，陈设龛位、御影和遗物。

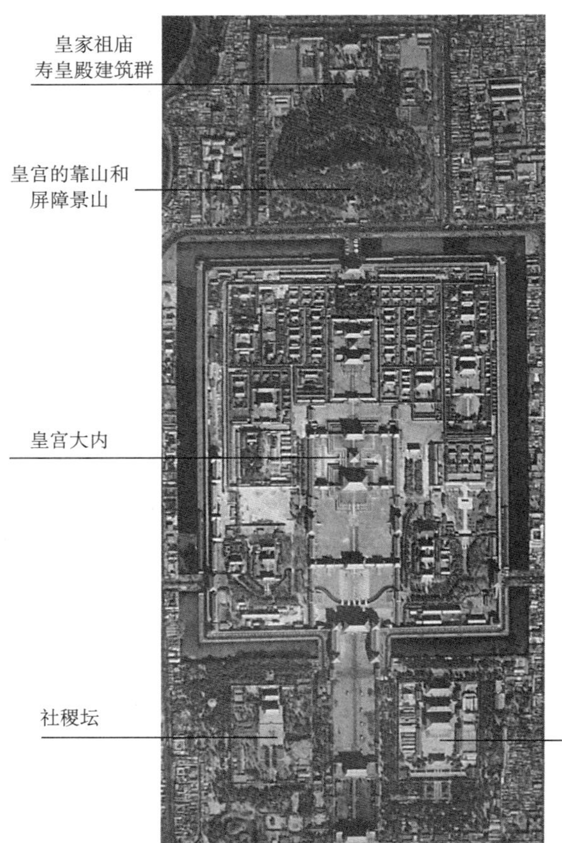

图 1　前宫后市，左祖右社

1.3　祭祀礼仪

《礼记·祭统》中认为礼有五经，莫重于祭。依照周代的宗庙制度，天子建七庙：三昭、三穆及太祖之庙。所谓“昭”与“穆”，主要是指宗庙中位次的排列，即自始祖以下，“左昭右穆，父曰昭，子曰穆”。按照世次递嬗排列，清代东西陵分置、帝王陵墓地的安排都是依此进行的，景山寿皇殿清代帝王的位次排列，也是按照“左昭右穆”格局排列的，如图 2 所示。景山寿皇殿是明清时期皇家举行祭祖活动的场所，皇家祭祀礼仪是几千年传统文化的延续（图 3）。皇家祭祀文化来源于民间的祭祀活动，经过几千年的传承、完善、提炼和升华，祭祀文化源于民俗的本质，却从来没有改变。如《御制重建寿皇殿碑文》中说：“传不云乎，歌于斯，哭于斯，则寿皇实近法宫，律安佑为尤重。”[3]

中国皇家的祭祀制度，自夏、商、周三代起，一直延续到民国初年才告结束。史料记载：“1924 年 7 月 10 日末代皇帝溥仪亲诣寿皇殿行礼。”[4] 这是经历明清两代，皇家在寿皇殿举行的最后一次祭祀祖先活动（图 4），这也成为中国皇家的祭祀制度历经五千年的终结标志。清王室的祭祖活动虽然终结了，但根据故宫博物院的史料记载：民国 21 年（1932 年）1 月，寿皇殿在景山后寿皇门内，南向，为清朝奉祀帝后之所，现陈列清朝帝后像及乐器供器，仍仿当日岁朝奉祀时形式。由此说明在 1928 年景山开辟为公园后，寿皇殿陈设仍然保持着清代的模样。

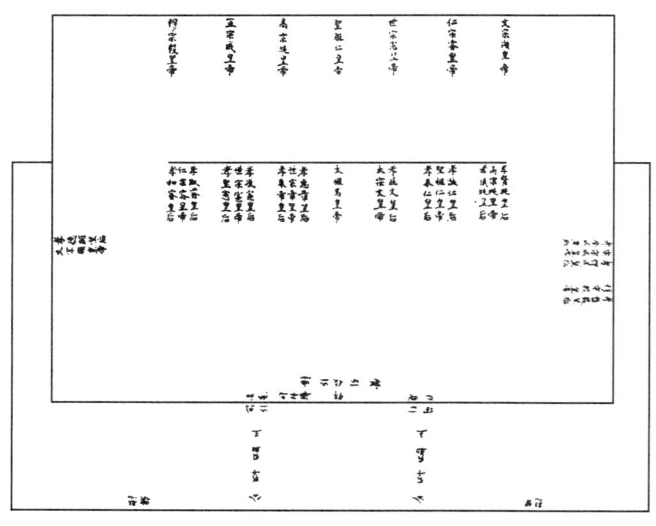
图 2　按照左昭右穆格局排列的寿皇殿清代帝王的位次图

图 3　清末在景山为慈禧太后举办的豪华葬礼旧影

图 4　1924 年 7 月 10 日，溥仪亲诣寿皇殿行礼后，皇后婉容和文秀在景山上留影

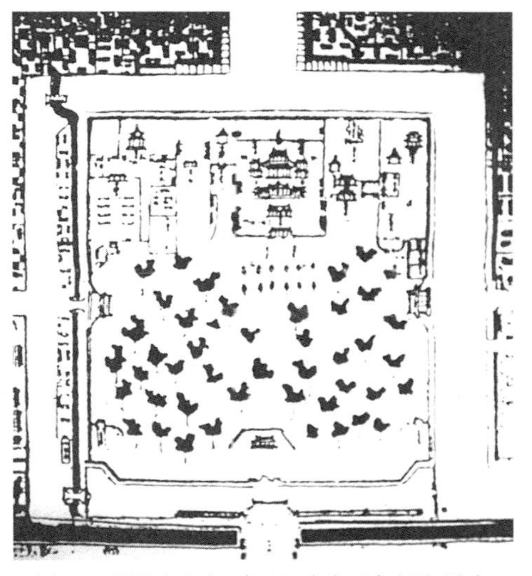

图 5　康熙十九年（1680 年）《京师皇城宫城卫戍图》中的景山部分

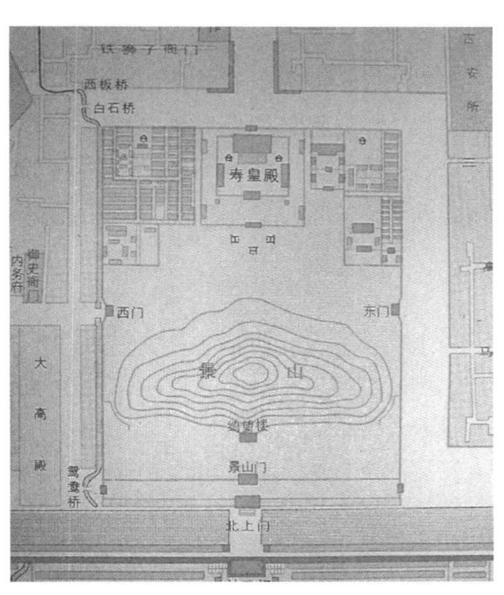

图 6　乾隆十五年（1750 年）《京师皇城宫殿卫戍图》中的景山

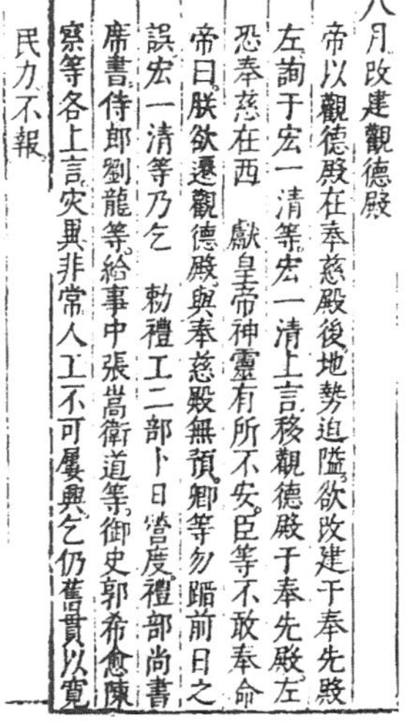

八月改建觀德殿
帝以觀德殿在奉慈殿後地勢迫隘欲改建于奉先殿
左詢于宏一清等宏一清上言移觀德殿于奉先殿左
恐奉慈在西　獻皇帝神靈有所不安臣等不敢奉命
帝曰朕欲遷觀德殿與奉慈殿無預卿等勿蹈前日之
誤宏一清等乃乞　勑禮工二部卜日營度禮部尚書
席書侍郎劉龍等給事中張嵩衛道等御史郭希愈陳
察等各上言災異非常人工不可屢興乞仍舊貫以寬
民力不報

图 7　国家第一历史档案馆明代资料影印件

2　寿皇殿建筑的变迁

明代的景山寿皇殿主建筑称为“万福阁”，在乾隆年间被拆迁。笔者将清康熙十九年（1680 年）《京师皇城宫殿卫戍图》（图 5），与乾隆十五年（1750 年）《京师皇城宫殿卫戍图》（图 6），进行对比测量得出结论，明代的寿皇殿建筑群位置比现在的寿皇殿位置偏东约 16m。

查阅《世宗实录》记载：“嘉靖六年（1527 年）三月移建观德殿于奉先殿之左，改称崇光殿，奉安恭穆献宣帝神主。”说明在明代嘉靖六年（1527 年）以前，当时的奉先殿等建筑群已经建成，只是称呼有异而已（图 7）。并非如《北海景山公园志》记：“万历十三年（1585 年）建寿皇殿及……集仙室。”[5]

2.1　建立自己的家庙

文献记载直到清乾隆元年（1736 年），清政府一直沿用着景山明代遗留的寿皇殿，并不断地进行修缮。雍正十一年（1733 年）十月二十六日《奏销档》记：“因地震之后于雍正十年敬谨修理，寿皇殿见新。”[6] 乾隆元年（1736 年）十月《奏销档》记：“遵旨修饰寿皇殿，恭请皇帝圣像。”[7] 明代的寿皇殿经过清初三朝的不断修缮，到了清代乾隆年间依旧坚固而辉煌。为什么到了乾隆十三年（1748 年）皇帝非要拆除原来的寿皇殿，进行重新修建呢？乾隆皇帝在《御制重建寿皇殿碑文》中说：“合闭宫之法度也。”[8] 可以使景山后面的寿皇殿与皇宫一致，在同一中轴线上，前后呼应，更显肃穆庄严。从 1644 年清军入主中原，到“康乾盛世”，依然把祖先牌位寄宿在明朝的祖庙之中，对一统天下百年的清王朝确实不可再容忍，建立清王朝自己的家庙，这才是拆迁景山明代寿皇殿的本质问题。虽然有大臣提出过于浪费，但乾隆皇帝力主重新设立祖庙。

2.2 一举两得的重建

笔者发现：为使景山明代的寿皇殿建材不被废弃，同时又将雍正王府“改府为庙”更显灵光与辉煌，是乾隆皇帝执意将景山明代寿皇殿的拆迁与雍正王府的改扩建工程同时进行（图 8、图 9）。

根据清代乾隆年间的内务府满文奏案和《清代雍和宫档案史料》记载，工程于乾隆九年（1744 年）启动，历时 7 年完成。在重新建设寿皇殿的问题上，虽然清宫廷内部也存在着争议，有大臣曾上书乾隆皇帝，对重建寿皇殿花费太大问题向皇帝提出异议。但是直到景山寿皇殿重建已基本完成之时，乾隆皇帝才检讨自己的决策“甚属草率，所用钱粮太多，着工部会同内务府将修造之处用过价银务详行查对，确议具奏”（图 10），但这时寿皇殿的重建最终已成为无法改变的事实。

清代寿皇殿建筑群的重建，不仅是巧妙解决了独立设置清朝皇室家庙的问题，同时也使寿皇殿建筑群在中轴线上与皇宫保持一致。

今天，漫步于景山北侧，看古柏参天、宫墙高耸，确实会使人产生一种庄重和仰慕的感觉。

2.3 明清寿皇殿建筑之变化

在建筑等级和建筑格局上，明代的景山寿皇殿建筑群，与清代的寿皇殿也有很大差异。明代整个建筑群为单重宫墙，前后四重建筑均为歇山顶，包括：宫门五间，戟门五间，燎所东西各一，前堂五间和左右朵殿、正殿五间和东西配楼；在寿皇殿建筑群南广场东西各设一座三洞四柱九楼牌楼。

乾隆皇帝首先将寿皇殿群移到了皇城中央的南北建筑中轴线上，与皇宫保持一致。其次是将寿皇殿改为“明堂九室”；改单檐歇山顶为重檐庑殿顶；将七级高的普通台明基座，改为十二级的高大须弥座，并且在殿前设置了宽大的月台，围以汉白玉石栏（图 11）。这样就使寿皇殿的规格达到了皇家建筑的最高等级。

图 8 雍和宫的法轮殿，在明代原是景山寿皇殿万福阁前的祭祀殿堂

图 9 雍和宫的万福阁，在明代原是景山寿皇殿供奉牌位的殿堂，也称万福阁

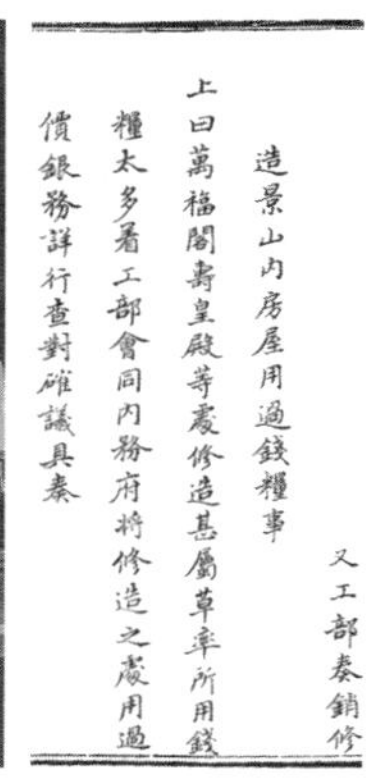

又工部奏銷修
造景山内房屋用過錢糧事
上曰萬福閣壽皇殿等處修造甚屬草率所用錢
糧太多著工部會同内務府將修造之處用過
價銀務詳行查對確議具奏

图 10 清乾隆年间工部奏销档文献旧影

图 11 乾隆年所建的景山寿皇殿是目前皇家园林中等级最高的建筑

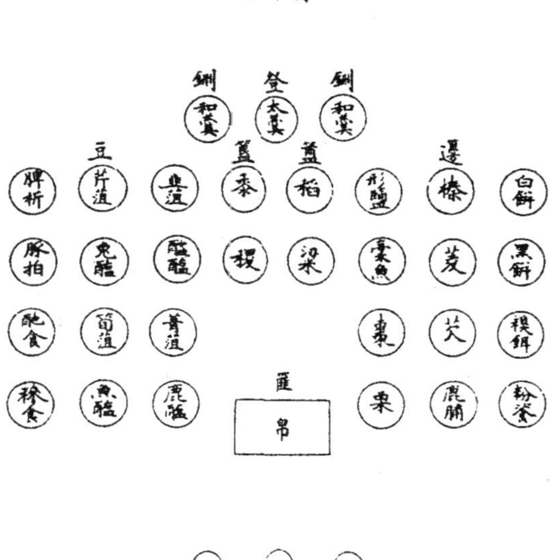

图 12　景山寿皇殿供奉祭品排列图

图 13

图 14　这就是雍正皇帝见了掉泪的康熙皇帝绣像

但是就陈设、停灵和祭祀的功能来说，乾隆皇帝重建的寿皇殿建筑群，远不如明代寿皇殿设计得科学。首先，明代的寿皇殿是按照阁楼设计龛位的，不但使建筑更加坚固，而且非常适宜龛位的布置和陈设的摆放；其次，明代的寿皇殿，将停放灵柩的庙堂，与供奉祖先牌位的寝宫分开设置，这样的布局完全符合祖制。而清乾隆建设的景山寿皇殿，将停放灵柩的庙堂盲目地舍去，而只是一味地提升建筑等级，这说明清宫廷对中国传统文化的了解有限，可能更与乾隆皇帝好大喜功的性格有关。

3　寿皇殿陈设

由于明代宫廷的档案，多在清初被毁，其寿皇殿龛位排列和陈设资料已无处寻觅。仅在《光禄寺志》中查到明代奉先殿每月、每天的供奉情况。与清代祭祀时供奉的物品相比较（图 12），明代祭祀时的排场显然逊色许多，这反映了明清两代不同的社会风尚。

根据笔者对《清朝文献通考》《大清五朝会典》《总管内务府现行则例》《钦定礼部则例》以及《康熙帝起居注》《雍正帝起居注》《乾隆帝起居注》《嘉庆帝起居注》《道光帝起居注》《咸丰帝起居注》《同治帝起居注》《光绪帝起居注》等文献的查询和研究，摘录了其中近 22 万字有关景山寿皇殿事宜的内容，将龛位设置、供案陈设、供奉祭品、帝后影像、卤簿仪制、器皿文玩等分门别类进行比较和归纳，这些研究成果均可作为未来寿皇殿陈展依据（图 13）。

根据中国第一历史档案馆陈设档的记载，清代景山寿皇殿内的陈设远远超过《大清五朝会典》中礼制的范畴和数量。寿皇殿内除了上述的清代各朝帝后的牌位和影像外，还有许多帝后在世时使用过的日常生活用品，例如：书籍、绘画、衣物、玉玺、瓷器、玉器、金器、漆器、青铜器、家具、饰品、文房四宝以及先皇留存的稀罕物品。仅书籍一项就种类繁多，除了一般的线装古籍外。如：石图书、玉图书、牙图书、玛瑙图书、翡翠图书和金册等。根据清代内务府陈设档记载笔者统计：寿皇殿存放清代皇帝和后妃的影像共 483 幅，这些帝后绣像面幅巨大，每幅都是价值连城的珍贵文物（图 14）。

图 15　俄国的德米特里·扬契维茨基在《八国联军目击记》描述在景山的情景“我军在皇城里扎营：一部分在煤山周围的账房里，一部分在皇宫的房舍里。”

1900 年八国联军入侵北京，日、俄、法军队闯入景山，烧毁辑芳亭，捣毁 4 尊佛像，还抢掠了寿皇殿无数珍宝（图 15、图 16）。法军头目皮埃尔·绿蒂毫不掩饰地《在北京

图 16　八国联军入侵景山的日本军队和法国军队在绮望楼前，山上插着侵略者的旗帜

最后的日子》中记述了抢掠经过："接着我走进神龛……我们打开这些封藏玉玺的大箱子是何等的亵渎！"[9]

4　寿皇殿祭祀活动

4.1　寿皇殿的祭祀规制

在寿皇殿落成之时，乾隆立即批准了《总管内务府现行则例 · 寿皇殿事宜》将每年元旦大祭形式、除夕悬挂御容、供奉物品等详细批复。"乾隆十五年（1750 年）七月奏准，寿皇殿尊藏列圣、列后圣容，恭悬、恭收之日，照奉先殿后殿节令果供例致祭，大祭之日照奉先殿前殿朔望大祭例，献磁器、笾豆、供品致祭。计典礼九款：

（1）每年元旦大祭，献磁器笾豆供品，献帛爵拈香行礼作乐，停止乐舞读祝。

（2）作乐，令掌仪司太监照奉先殿"朔望"，太庙"时响"之章作乐，预期演习。

（3）赞礼、典仪、唱乐，令掌仪司赞礼，郎龄殿外执事。

（4）每年除夕恭悬圣容，正月初二日恭收圣容，俱着阿哥等轮班行礼，预期具奏。

（5）大祭之日，如皇上亲诣行礼，一切仪礼均照奉先殿前殿大祭之例，由内务府届期恭进礼节。

（6）恭悬、恭收圣容，每年秋季开晾圣容及祭日献帛爵，并引恭捧香盒、陈设、承造祭器一切事宜，俱交宫殿监督、领侍等，先期派内监敬谨执事。

（7）除夕、元旦、正月初二日既供献笾豆果品，此三日年例宴桌不必复行供献。其上元节令及每日所供饽饽桌，仍照常例供献。

（8）圣容卷轴上俱绘有宝座，无须复行供设外，所有祭器于从前恭存太庙奉先殿原用祭器内拣选应用。其匙着、爵垫、供桌、香案、帛匣、酒案、香炉、烛台、香几、八挂炉、羊角灯、桌套等项，交各该处敬谨如式办造，令该内监等经管收存。

（9）供品等项，照奉先殿之例，令各该处交送应用。

是年，奏准每年元旦寿皇殿大祭每神案供：

筐一（实帛）。

策二（实以黍樱）。

簠二（实以稻梁）。

篷十二（实以形盐、稿、鱼、枣、栗、棒、菱、芡、鹿脯、白饼、黑饼、糗饵、粉糍）。

豆十二（实以韭范、酰醢、着范、鹿醢、芹范、兔醢、笋范、鱼醢、脾析、豚拍、醢食、掺食）。

每圣容前供：

登一（实以大羹）。

铏一（实以和羹）。

爵三（实以酒），匙一、着一双、帛一。

每年除夕正月初二日致祭，每圣容前供：荔枝一盘，圆眼一盘，黑枣一盘，西葡萄一盘，红枣一盘，松仁一盘，栗一盘，随时鲜果五盘，豕肉一盘，羊肉一盘，清酱一盘，酒三爵，匙一，着一双。"

根据《大清五朝会典》寿皇殿祭祀礼仪记载："每岁元旦，皇帝亲诣大祭礼。

殿门内正中为皇帝拜位。

北向赞引、对引各一人。

东西后扈大臣佥立于皇帝拜位后左右。

前引大臣，立月台上左右。

典仪一人，立东檐下西面。

月台上东西为王、贝勒、贝子、公随行礼拜位。

司香、司帛、司爵、司拜褥，皆用太监。

乐章用奉先殿前殿"朔望乐"。以掌仪太监习肆、乐悬，陈于月台东西。

作乐，不作乐舞，不读祝，不用侍仪官，不用陪祀百官。

若谴王恭代，拜位在月台上正中。

赞引、对引、典仪及司香、司帛、司爵、作乐均如仪。

不用拜褥，不用王、贝勒、贝子、公随行礼。

其每岁除日恭悬圣容。正月初二日，恭收圣容。

皇子致祭，惟用赞引、对引官导。

诣：圣容前三上香后，退至月台上正中，行礼毕即出。

不用司帛、司爵、作乐。"

《大清五朝会典》寿皇殿祭祀礼仪记载："二月初一日，

行奉移，梓宫致祭礼，其读文、奠酒、行礼，与常祭同。

初二日，奉移梓宫至景山寿皇殿。

是日，卤簿大驾全设。奉移时奠酒三爵，经过门、桥俱奠酒。

王以下、奉恩将军以上、内大臣侍卫，在乾清门外照翼排立，候梓宫至，跪，举哀，候过，随行；

觉罗、民公、侯、伯以下，满汉文武各官，在东华门外招翼齐集。候梓宫至，跪，举哀。候过，各按旗排列随行；

将至景山时，王以下，阿思哈尼哈番以上，先趋进至门内，其余文武各宫，先趋至门外照翼排立；

公主、王妃以下，县郡、奉恩将军、淑人以上，都统内大臣、尚书、精奇尼哈番等、命妇，俱在门内；

副都统、侍郎、命妇以下，佐领、三等侍卫、命妇、宗室女以上，在门外照翼排立；

候梓宫至，俱跪，举哀，候过，俟梓宫奉安殿上，毕，烛三爵，众皆散。每一奠酒，一叩头，后同。

初三日，行初祭礼，卤簿大驾全设于寿皇殿前。王以下各官，公主、王妃以下四品官，三等侍卫，命妇以上齐集。读祭文，众皆跪，读毕，奠酒三爵，众皆三叩头，立，举哀，祭毕，读祭文官捧至燎位，奠酒三爵，焚毕，众皆退。

是日，满二十七日，众皆除服。”

《清朝文献通考》记载了乾隆皇帝在景山寿皇殿的祭祀：“先是五月初十日，内阁奉上御：寿皇殿恭奉皇祖、圣祖仁皇帝、皇考世宗宪皇帝圣容，朕以时躬诣行礼。”[10] 还记载委派王爷恭代礼仪：“遣王恭代仪：届期卯刻，王蟒袍补服，赞引官，对引官导王由转圈门戟门西旁门入，于月台西阶稍后立。”又记令太子、阿哥代祭仪：“是日，阿哥蟒袍补服……”在寿皇殿行礼之时还要奏唱“初献乐”、“贻平之章”、“亚献乐”、“敷平之章”、“绍平之章”、“撤撰乐”、“光平之章”、“还宫乐”和“贻平之章”等乐章，行礼仪式则非常繁杂（图 17）。

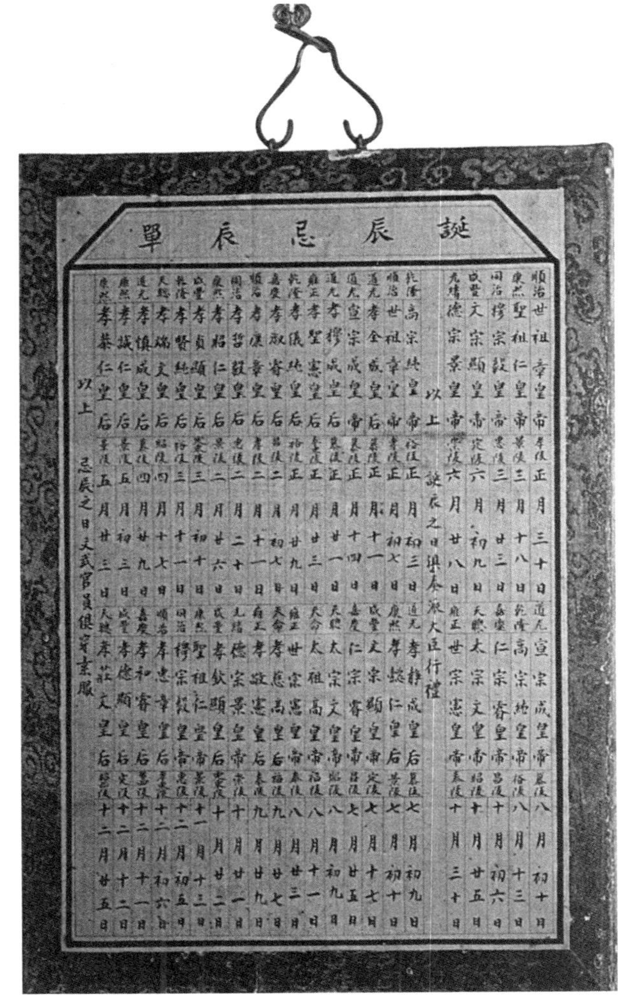

图 17　清代宫中的诞辰忌辰单

4.2　卤簿仪制

法驾卤簿是祭祀活动中体现等级制度最明显的标志，史料中记载在寿皇殿的祭祀活动中，同样要用大驾卤簿这种最高等级的仪仗形式，清乾隆十三年（1748 年）将卤簿仪制定型：“更大驾卤簿为法驾卤簿，行驾仪仗为銮驾卤簿，行幸仪仗为骑驾卤簿，合三者为大驾卤簿，共为四等，即大驾卤簿、法驾卤簿、銮驾卤簿、骑驾卤簿。”[11] 大驾卤簿用于郊祀祭天，法驾卤簿用于朝会和太庙祭祖，銮驾卤簿用于平时出入，骑驾卤簿用于行幸。至此，清朝卤簿仪制形成定例。

设卤簿旗幡仪仗，除了安全保卫方面的需要以外，许多内容都是为烘托气氛。在清代遗留的彩色绢画中，我们可以看到皇家的卤簿旗幡仪仗，规模宏大，五彩缤纷，绚烂至极。

结论

对景山寿皇殿历史文化的研究，为人们了解清代皇家祭祀文化打开了一扇窗。我们研究的目的一方面是为了搞清景山历史文化，一方面是为了历史文化的传承。当然最为重要的还是要为现实服务，另外还要为以后景山志的修编工作增加基础资料。

在经过考察、调研和综合分析以后，在大量历史资料证实的基础上，为寿皇殿景区未来修缮和展览陈设提供了非常重要依据，清代皇家祭祀礼仪虽然已经成为历史，但是中国皇家丧葬和祭祀文化，却是珍贵的非物质文化遗产（图 18）。

总之，寿皇殿建筑群是景山公园即将开发的重要历史文化景区，《景山寿皇殿历史文化研究》将会对景山公园未来的发展产生深远的影响。

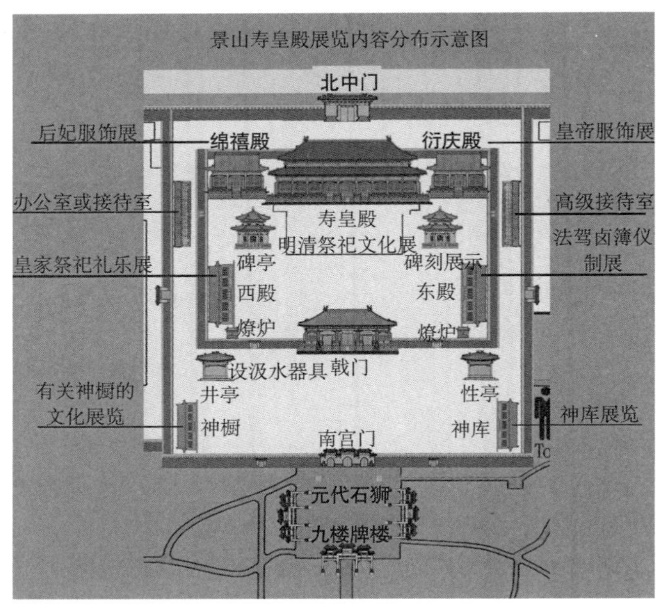

图 18　根据寿皇殿展览内容分布图

参考文献

[1] 孙承泽 . 天府广记 [M]. 北京 ：北京古籍出版社，1983.
[2] 清高宗御制诗文全集（第三册）[M]. 北京 ：人民大学出版社，1976 ：607.
[3] 张富强 . 景山皇城宫苑 [M]. 北京：中国档案出版社，2009：121.
[4] 北海景山公园管理处 . 北海景山公园志 [M]. 北京 ：中国林业出版社，2000 ：402.
[5] 北海景山公园管理处 . 北海景山公园志 [M]. 北京 ：中国林业出版社，2000 ：395.
[6] 国家第一历史档案馆内务府奏折 .
[7] 国家第一历史档案馆内务府奏折 .
[8] 张富强 . 景山皇城宫苑 [M]. 北京 ：中国档案出版社，2009 ：121.
[9] 皮埃尔 · 绿蒂 . 在北京最后的日子 [M]. 上海 ：上海书店出版社，2006 ：98.
[10] 张廷玉 . 清朝文献通考（第十八册）[M]. 北京：线装书局，2006 ：98.
[11] 国家第一历史档案馆《钦定礼部则例》.
[12] 元 · 熊梦祥 . 析津志辑佚 [M]. 北京 ：北京古籍出版社，1983.
[13] 元 · 陶宗仪 . 辍耕录 [M]. 北京 ：文化艺术出版社，1998.
[14] 明 · 萧洵 . 故宫遗录 [M]. 北京 ：商务印书馆，1936.
[15] 明 · 明太宗实录 [M]. 台北中央研究院历史语言研究所辑校 .
[16] 明 · 朱国祯 . 皇明大政记 [M].
[17] 明 · 蒋德璟 . 悫书（1593-1646 年）[M].
[18] 明 · 谈迁 .《北游录》上海古籍出版社，1995 年第一版。
[19] 明·沈德符 . 万历野获编，中华书局，2004 年 4 月第一版。
[20] 明 · 李清 . 三垣笔记 [M]. 上海 ：上海古籍出版社，1996.
[21] 明 · 大明一统志（影印本）[M]. 西安 ：三秦出版社，1985.
[22] 明 · 孙承泽 . 春明梦馀录 [M]. 长春 ：吉林出版集团有限责任公司，2005.
[23] 明 · 刘若愚 . 酌中志 [M]. 北京 ：北京古籍出版社，1994.
[24] 明 · 刘若愚 . 明宫史 [M]. 北京 ：北京古籍出版社，1963.
[25] 明 · 朱权等 . 明宫词 [M]. 北京 ：北京古籍出版社，1987.
[26] 明 · 孙承泽 . 天府广记 [M]. 上海 ：上海古籍出版社，1995.
[27] 明 · 世宗实录 [M]. 北京 ：中华书局，1985.
[28] 清 · 夏燮 . 明通鉴 [M]. 北京 ：改革出版社，1994.
[29] 清 ·《祖训录》始纂于洪武二年（1369）朱元璋作序 .
[30] 清 ·《钦定总管内务府现行则例》，中国第一历史档案馆 .
[31] 清 ·《内务府礼仪》中国第一历史档案馆 .
[32] 清 ·《内务府陈设档》中国第一历史档案馆 .
[33] 清 · 高宗弘历撰 . 清高宗纯皇帝圣训 [M]. 台北 ：台湾文海出版社有限公司，2005.
[34] 清 · 吴长元 . 宸垣识略 [M]. 北京 ：北京古籍出版社，1983.
[35] 清 · 李澄中 . 艮斋笔记 [M]. 北京 ：中华书局，1992.
[36] 清 · 大清十朝圣训 [M]. 北京 ：北京燕山出版社，1998.
[37] 清 · 昭梿 . 啸亭杂录 [M]. 北京 ：中华书局，2006.
[38] 清 · 吴梅村 . 鹿樵纪闻 [M]. 台北 ：台湾银行经济研究室出版，1961.
[39] 清 · 国朝宫史 [M]. 北京 ：北京古籍出版社，1987.
[40] 清 · 日下旧闻考 [M]. 北京 ：北京古籍出版社，1983.
[41] 清 · 高士奇 . 金鳌退食笔记 [M]. 北京 ：北京古籍出版社，1963.
[42] 清 · 冒辟疆 . 影梅庵忆语呼和浩特 . 内蒙古人民出版社，1997.
[43] 清 · 汪启淑 . 水曹清暇录 [M]. 北京 ：北京古籍出版社，1998.
[44] 清 · 萧奭 . 永宪录 [M]. 北京 ：中华书局，1959.
[45] 章乃炜 . 清宫述闻 [M]. 北京 ：北京古籍出版社，1988.

天坛公园智能化服务项目

北京市天坛公园管理处 / 周子牛

摘　要：北京天坛公园智能化服务系统可满足游客自助查询信息和通过视频与公园工作人员面对面咨询。该系统的建设较好地体现了信息化技术与公园基础服务的融合，初步构建了世界名园面向大众的高端服务形式；有利于推动公园服务文化和服务形式的创新发展，是普惠公共服务营造边界舒心游览环境的有益尝试；通过与内部其他系统的整合实现对游客提升服务，对内部加强管理，有利于提升公园软实力和文化品质。

关键词：天坛公园　智能化　服务

1　现状及必要性

1.1　现状

天坛公园在2010年时，园内无一处现代化服务设施。设立的3个游客中心全靠人力提供咨询服务，存在人力不足，外语水平有限、服务覆盖范围小等问题。游客特别是外国游客在寻求帮助服务和复杂语言交流存在困难，如果增加游客中心数量和服务人员，又受制于文保规划对建设项目的控制和人工成本压力，这是公园行业普遍存在的实际问题。北门智能化系统投入使用后，通过后台呼叫服务中心展现了标准化的服务面貌，双向可视语言交流让游客感到亲切；游客所提各种问题通过互联网均能给予准确答复并以图片形式直接呈现给游客，彻底改变了只能回答园内问题，园外问题一概不知的低水平服务，体现了一心为游客的思想；同时呼叫中心一个席位的讲解员可接听不同前端设备呼叫，工作效率远远高于游客中心内固定接待人员，特别是实现了有限的外语人员使用效率的最大化，节约了人工成本。

1.2　必要性

该系统的建设较好地体现了信息化技术与公园基础服务的融合，初步构建了世界名园面向大众的高端服务形式；有利于推动公园服务文化和服务形式的创新发展，是普惠公共服务营造边界舒心游览环境的有益尝试；通过与内部其他系统的整合实现对游客提升服务，对内部加强管理，有利于提升公园软实力和文化品质；符合北京市“十二五”时期城市信息化及重大信息基础设施建设规划等文件要求，将率先在国内公园行业内实现景区游览可视化服务帮助。

1.2.1　业务需求

1）服务精细化

智能化服务系统可以提供各种服务资源，为游客提供餐饮、酒店、机票、文化娱乐、消费购物等全方位的精细服务，让游客们乘兴而来，满意而归。

2）服务平台化

智能化服务系统可以集成各种资源于一个平台，通过平台丰富的资源和强大的技术手段，为游客提供规范化、人性化、个性化和亲情化的服务，让游客感受到家一般的温馨。

3）服务便捷化

智能化服务系统可以获得强大、便捷的沟通工具。视频、音频、文本交谈、图像推送，可以方便快捷地为游客提供各种信息，为游客的提供全新的旅游感受。

4）服务互动化

智能化服务系统摆脱了信息牌、图文提示等单向服务模式，游客可以向景区工作人员进行面对面的沟通，互动性的服务模式可全面提升游客的服务体验，树立景区良好的口碑。

5）服务规范化

智能化服务系统可以随机调看各景点服务人员的仪容、服务态度等，可有效规范服务人的言行，提高服务水平。

6）服务数字化

智能化服务系统可以与景区现有系统进行整合，无缝连接成一个应用整体，在同一界面下，集成丰富的功能，全面实现数字化景区。

1.2.2 功能需求

1）视音频互动系统

视音频呼叫中心系统实现了双向视音频服务，是一个较完备的呼叫中心服务系统。服务人员可以通过系统与游客实现面对面的语言交流，为游客提供更亲切的服务。

2）多媒体信息查询演示功能

多媒体信息的查询功能，景区特色介绍、活动信息发布、特色景点、游览路线等信息查询的基本功能。

3）多媒体信息推送查询系统

多媒体信息推送系统可以实现对游客终端显示内容的按需呈现。游客可以在显示屏上看到呼叫中心服务人员推送过来的信息内容，是一个极佳的多媒体信息推送平台。

4）综合信息管理发布系统

呼叫中心信息管理系统为服务人员提供一个良好的信息管理平台。通过这个系统，服务人员可以根据索引关键字或分类等信息，快速准确定位信息内容，也可以随时发布景区信息，提高服务效率和品质。

5）视频点播系统

视频点播系统可以提供景区视频的点击播放。游客只需依照显示页面的提示，即可以自行观看视频节目，在进入景区之前，就可以对景区有初步的了解，有助于客人对文明古迹的理解和记忆。

6）全景游览信息系统

全景游览信息系统可以为游客提供景区常用信息，如景区概况、开放时间、景点票价以及旅游常识、常见问题、旅游保健、风景名胜区等旅游提示等，都可以根据设定的条件，动态实时地显示出来。

7）全程信息导航系统

游客在参观游览过程中最关注吃、住、行、游、娱、购等方面的问题，全程信息导航系统集成景区景点特色介绍、周边服务配套介绍、泛景区景点介绍、景区周边衣食住行介绍等丰富的信息，可以对游客提供全方位的信息帮助。

8）游客评价系统

游客评价系统是景区与游客沟通交流的一个新窗口，与以前的意见簿相比，游客的诉求更加直接和客观；游客的意见、投诉以及与呼叫中心服务人员沟通交流的视频影像、音频对话都将保存在服务器上，对于景区改进服务工作起到良好的监督作用。游客评价系统包括游客调查、游客投诉、电子白板等功能。

9）非紧急救助系统

园内设立了非紧急救助服务中心，如对景区环境、景区服务方面有意见和建议，可以直接拨打非紧急救助热线或通过可视系统进行投诉。

10）紧急救助功能

在系统终端屏幕上方设有 110 报警按钮。如遇到偷窃等事件，可供游客点击，系统会直接接通 110 报警。

1.3 业务目标

（1）通过已有的呼叫服务中心为前端设备提供可视化双语服务支持。遇有紧急情况，游客即可以向公园的呼叫服务中心求助，公园立刻启动紧急预案，通知管理人员或警力赶赴现场，又可以向公园配出所呼救求助，由民警快速响应。

方便游客使用：游客特别是外地游客进入公园山区后容易造成方位的偏差，因此可立刻向控制中心咨询，且遇到突发事件（如疾病、自杀、危险物品）后可第一时间通知管理中心。

（2）节省人力提高服务效率。2 ～ 4 个人的呼叫服务中心班组即可满足 8 ～ 16 台前端设备服务，使公园有限的外语人才使用效率最大化。

（3）提高管理人员处理效率。系统可采用了音频、视频同步定点安装，可以避免警方出警时找不到报警人的尴尬局面。系统可选择后台同步录音、录像，提高服务、管理、保卫部门办事效率。

1.4 技术目标

（1）系统本着为人民服务的方针，以向科学技术要效率为目标，采用信息化、网络化、智能化的全新理念，将计算机网络、数据库、多媒体技术、音 / 视频交换传输技术、现代通信技术，采用系统集成方法有机的结合为一体，力求建立一个公园管理人员与广大游客间的视频、音频、控制、数据等多功能的、综合性的信息交互系统，实现以监控中心管理系统为核心，以网络技术为依托，可持续发展

的信息化、智能化控制指挥系统。

（2）系统采用人性化的操作层界面，以实现人工和技术的有效结合，最大限度地提高服务力度，减轻工作人员的工作负担，全面提升为人民服务综合水平。

（3）系统具有很好的抗干扰能力。系统采用光纤传输方式，所有设备具有较强的抗电磁干扰能力，满足国家相关的标准和规范要求。

2 智能化服务系统建设方案

2.1 系统结构

系统是以智能管理服务器为核心，由智能咨询服务终端、游客服务中心端、信息资料、视频等资料组成，依托公园局域网络建设的服务系统。

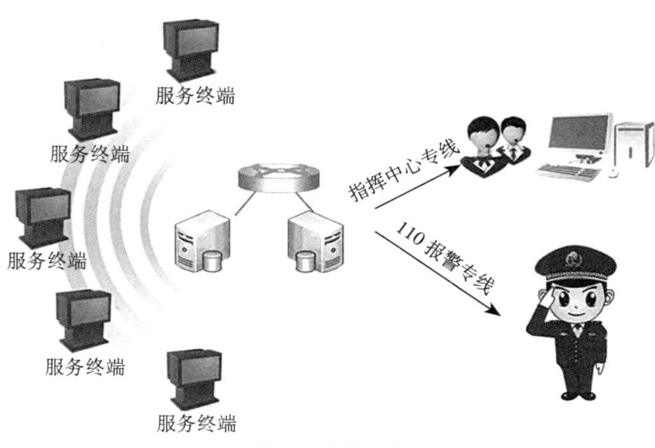

图 1 系统结构

2.2 平台介绍

智能景区服务系统的核心通过利用信息技术打造针对景区的展示、服务、管理综合性平台；是将计算服务器、存储服务器、宽带资源等所有的计算资源整合，由软件实现视频展示、深度展览、视频呼叫中心应答等众多服务的新一代智能管理系统。

智能景区服务系统打破了传统单一的展示模式，可以采取视频、语音、图片、文字、幻灯等多种形式，并且支持深度、多级页面进行浏览。完善的智能景区服务系统，采用分层架构设计，分别设计了显示界面与操作界面的表示层，各类功能模块调用与消息控制的控制层，实现各个功能模块业务逻辑的业务层有机分开，有效降低系统不同层次之间的耦合支，既大大提升了系统稳定性与适用度，同时确保软件更新升级与扩展的灵活性。该系统目前可以覆盖景区介绍、景区管理、游客咨询、紧急救助、景区监控、景区管理等多个方面，并且可以根据景区的发展，对系统进行升级，真正做到一个系统，多种服务，满足景区各类需求。

2.3 天坛公园智能化服务系统平台组成

天坛公园系统由景区自助服务系统，景区面对面服务系统景区，视频展示系统，景区安全救助系统，相关服务帮助系统功能。

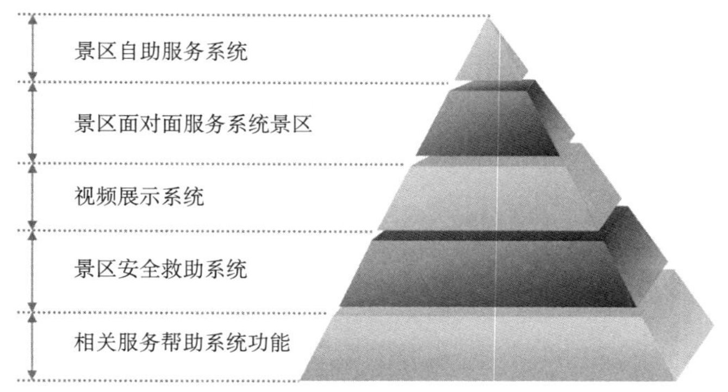

图 2 系统组成

2.4 系统特点

2.4.1 灵活性

智能景区系统是由多个独立的功能模块组成，打破以往系统的固定模式，可以根据实际情况自由组合，真正做到“量身订做”。

2.4.2 实用性

智能景区系统是国内目前唯一一款针对景区的专业系统，可满足景区视频、图文、语音等多种形式展示要求。在展示景区风光的同时，也能很好地为游客提供全方位的服务。

2.4.3 便捷性

智能景区系统安装快捷，施工方便，只需要基本的网络条件即可，现场环境无需进行大规模的工程安装，即装即用，方便快捷。操作界面更是一目了然、简明扼要，工作人员可以在极短的时间快速掌握系统操作方法。

2.4.4 综合性

智能景区系统除包括了景区服务的相关功能，还形成了功能强大的智能化综合服务系统。

2.4.5 独立性

系统参数、用户数据与处理程序相对独立，用户数据的任何变更都不致引起运行版本程序的变更，处理程序与系统参数、用户数据相适应。软件设计有完善的防护性能，某一软件模块内的软件错误限制在本模块内，而不致造成其他软件模块的错误。

2.5 智慧服务系统概述（图 3）

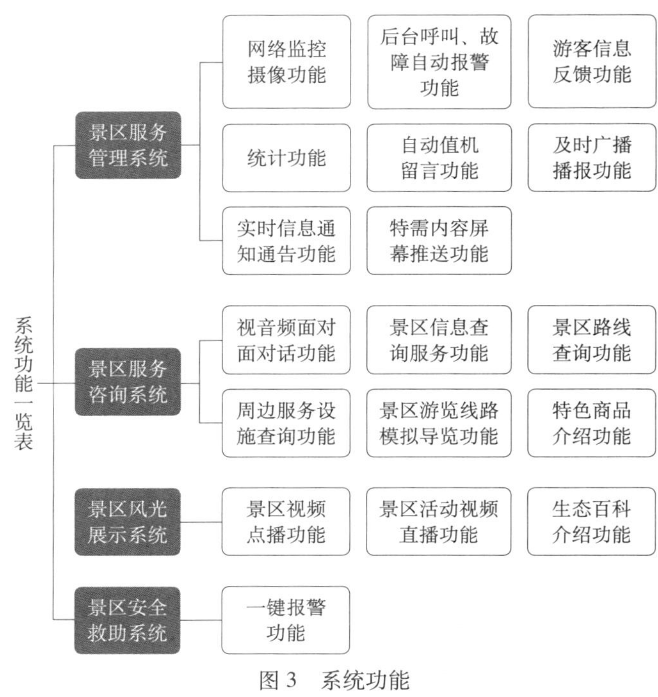

图 3　系统功能

图 4　北门智能化服务系统全景

比如：在北植大温室 / 动物园熊猫馆等设置咨询服务系统，在满足游客查阅植物 / 动物资料的同时，还可以提供双语可视化的服务。又如，颐和园 / 北海在重要的游览区设置任意尺寸的咨询服务系统可为游客提供更加丰富的服务内容。

3 推广价值

天坛实施的智能化建设项目具有较为广阔的应用范围，如市属公园按所需进行个性化设计将有助于提升中心智能化服务管理形象，有助于在首都公园行业和窗口行业中树立典范，并可以实现在全国范围的示范效应（图 4）。

4 社会反响

天坛智能化服务系统运行以来，引起包括媒体在内社会各界广泛关注，中央电视台、新华社、中国新闻社、北京电视台、北京交通广播、北京文艺广播，《中国旅游报》、《中国日报》、《环球时报（英语版）》、《北京日报》（图 5）、《北京晚报》（图 6）、《新京报》（图 7）、《晨报》、

北京日報
BEIJING DAILY
2010年6月18日　星期五　农历庚寅年五月初七　今日十六版

胡锦涛将对加拿大进行国事访问
并出席二十国集团领导人第四次峰会
外交部发言人表示中国对峰会有四大期待

首个公园智能化服务系统启用

本报讯（记者贾晓燕）点击电脑咨询屏，服务人员的笑脸跃然"屏"上，可以直接回答问题甚至是投诉。近日，本市首个公园智能化服务系统在天坛公园启用。

这套拥有5块电子触摸屏的智能系统刚一启用，就吸引了不少游客来尝试"人机对话"。这套智能服务系统的信息服务涉及全市，游客不仅可以"面对面"地向服务人员咨询市属11家公园的所有游园信息，还可以了解全北京城的餐饮、酒店、机票、公交换乘、文化娱乐、消费购物等各种信息。考虑到天坛公园一年游客数量外宾占到两成，该智能系统还可以提供英、法、德、俄、阿拉伯等8个语种的售票服务，基本实现购票无障碍。

据悉，智能服务系统同时与天坛园区的办公、安防系统相连，遇到突发事件和紧急情况，显示屏扬声器就会发挥应急广播功能，向游客做实时播报。年内，北海、颐和园、北京动物园等市属公园也将实现智能化服务。RJ066

北京日報　2010年6月18日　星期五　BEIJING NEWS　北京新闻　7

图 5　《北京日报》刊登消息

北京晚报

2010年6月17日 星期四 农历庚寅年 五月初六

BEIJING EVENING NEWS 北京日报报业集团出版

北京晚报 经济新闻 11

天坛启用智能导游系统

本报讯 全国首个智能导游系统日前在天坛正式启用，游客只需在触摸屏上轻轻一按，就能与服务人员视频聊天，享受指路、导游、预订机票等服务。除了视频咨询，这套智能服务系统还包括资讯自助点播和购票帮助两项重要功能。购票帮助系统提供了英、法、德、俄、阿拉伯等8个语种。外国游客只需按触摸屏上的语种提示进行选择，根据语音和屏幕文字输入需购票种类、张数，便能得到一张购票清单。此外，这套智能服务系统在遇到突发或紧急情况时成为应急广播。

傅洋 龙露 J004 J029

Nation
Chen Shui-bian life sentence reduced to 20 years in jail
> PAGE 2

Nation
Iran, China keep sound relations
Ahmadinejad pays visit to Expo 2010 Shanghai
> PAGE 4

Business
CPI hits 19-month high in May
Further tightening policies unlikely, analysts believe
> PAGE 9

CHINA DAILY

WEEKEND EDITION | JUNE 12-13, 2010 中国日报 chinadaily.com.cn

CHINA DAILY 中国日报 JUNE 11-13, 2010

what's on

EVENTS

Ancient park goes hi-tech

The first multi-media intelligent tourism system to be fitted at a historic Beijing park will be launched in Tiantan Park, which is also known as the Temple of Heaven.

Tiantan Park, built in 1420 during the Ming Dynasty, was the place where emperors from the Ming and Qing dynasties worshipped god and prayed for a good harvest. Today, it draws five million tourists every year.

Five touch-screens have been fitted to the wall at the north gate of Tiantan Park to provide visual tourism information about the park and about Beijing in general. The screens will also offer multi-language ticket booking facilities.

Eight languages — including English, German, French, Russian and Arabic — will be available to guide foreign visitors.

Tourists who need help will be able to directly contact the service center at the park via the screen and staff will check information and answer questions.

The screens will also display public transit routes and flight information as well as details about hotels and dining options.

Temple of Heaven, 7 Tiantannei Dongli, Chongwen district. 6702-8866

天坛公园

2010 Live Cup watches

The 2010 FIFA World Cup kicks off this evening and you can cheer on your favorite team and celebrate their victory with a range of World Cup beverages and snacks at Touch.

Patrons will also get the chance to win two flight tickets to South Africa for the final.

4:30 pm, June 11. Touch, F/2, The Westin Beijing Chaoyang, 7 Northern East Third Ring Road, Chaoyang district. 5922-8880.

金茂北京威斯汀大饭店

图 6 《北京晚报》刊登消息

劳动午报 贴近实际 贴近生活 贴近群众

首页 | 要闻 | 图片新闻 | 劳动者之歌 | 副刊一览 | 报社简介 | 广告刊例 | 联系方式 | 文件下载

市属公园步入智慧服务时代

2010-06-02 本文访问次数：54

昨天，天坛公园率先启动历史名园智能化服务系统，由此拉开市属公园步入智慧服务时代的序幕，向打造全国“公园数字化安全管理示范”公园又迈进了一步。据介绍，天坛智能化服务系统集成了用户管理系统、视音频呼叫中心系统、多媒体信息推送系统、视音频及信息多方位互动系统等多个应用模块，可以与景区现有办公系统、安防系统进行整合，无缝连接成一个应用整体，在同一界面下，集成丰富的功能。目前，天坛公园可以通过视频、音频、文本交谈、图像推送，可以方便快捷地为游客提供包括餐饮、酒店、机票、文化娱乐、消费购物等各种信息；还可以实现服务资源的远程分散，利用网络的广域性，呼叫中心服务人员可以分布在不同的景点，甚至不同的公园景区，服务人员只要有一个网络终端，就可以为不同景点、不同景区的游客进行服务。

午报记者 邱勇 摄影报道

新京报

www.bjnews.com.cn

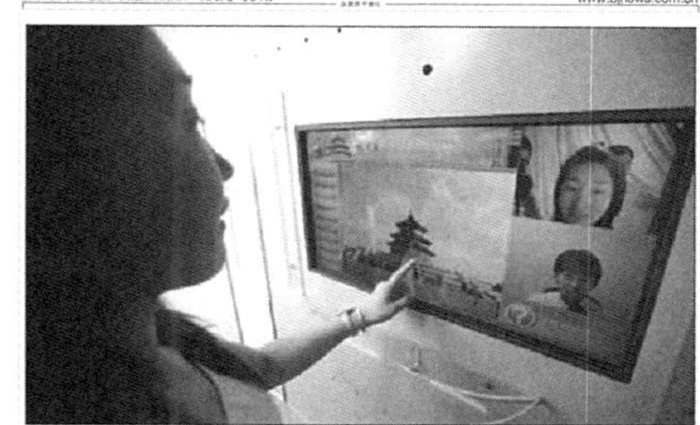

昨日，天坛公园北门，游客在使用视频对话系统和公园服务人员一对一交流。 本报记者 王申 摄

视频“导游”亮相天坛公园

系全国首个公园智能化服务系统，试用成功将全市推广

旅游情报

本报讯 （记者林文龙）“您好，请问有什么可以帮您？”天坛公园的工作人员正通过视频为游客提供服务。昨天开始，全国首个公园智能化服务系统在天坛公园启动。北京市公园管理中心称，若效果好，将在其他公园推广。

3位工作人员通过视频服务

昨日，刚进天坛公园北门，就在入口西侧看到5块电子触摸屏，乍一看，非常像街头的数字信息亭。

“我怎么在屏幕里？”游客马先生在试用时惊喜地叫了起来。原来，这些触摸屏还有视频对话的功能。

点击画面下的“需要帮助”，屏幕上立即弹出一个画面，其中有一位戴着耳麦的工作人员，她会为游客提供帮助。工作人员表示，有什么需要帮助的都可以问。

“这套系统可以让咨询服务面对面。”天坛公园园长杨晓东介绍，以往，咨询服务一般是通过电话，互相看不见，比较生、冷、硬。但今后，进天坛公园的游客有疑问，就能与服务人员“视频聊天”。据了解，目前后台有3位工作人员为游客答疑。

智能系统可变身应急广播

除了视频咨询，这套智能服务系统还包括资讯自助点播和购票帮助两项重要功能。购票帮助系统提供了英、法、德、俄、阿拉伯等8个使用频率高的语种，使“无语化”购票成为可能。

此外，这套智能服务系统还集成了多媒体推送等多个应用模块，可与天坛景区现有办公系统、安防系统进行整合，它还能随时切换到电视信号，在遇到突发或紧急情况时摇身一变成为应急广播。

杨晓东表示，目前该系统正在进行试用，今后将陆续在其余三个门区分别安装触摸屏，以满足游客的使用需要。

A08 北京新闻·民生 新京报 2010年6月2日

图 7 《新京报》刊登消息

《北京青年报》、《法制晚报》等五十余家媒体进行报道，人民网、新华网、新浪网等 120 余家网站登载了相关内容。中外游客对北门智能化服务项目给予肯定，尤其是外宾也给予热情评价。一个月时间里，系统每日接待游客至少 300 人以上（高、中考期间小淡季），后台服务人员直接提供视频对讲服务共 684 人次，其中外宾占 24%。咨询内容主要为公园情况、本市交通和旅游资讯等。游客普遍反映智能化服务便捷、人性化，服务人员形象好，语言规范，服务热情，解答问题及时、准确、翔实，给游客留下了深刻、美好的印象。

中原牡丹与日本牡丹杂交研究

北京市景山公园管理处 / 高　岚　孟　媛　邹　雯　朱淑云

摘　要：通过中原牡丹品种和日本牡丹品种之间的杂交，比较F1代的出苗率、苗高及叶展，得出在播种次年杂交苗的性状优劣，中原品种和中原品种杂交出的F1代性状好于其他各组。

关键词：牡丹　杂交　花期调控

景山公园牡丹新品种的培育，在 20 世纪 60 年代就开始起步，当时园内品种较少，繁殖杂交基本在中原牡丹之间，所以种子主要以自然杂交为主。景山公园于 2000 开始引进日本牡丹，目前有 50 余个品种。同时公园还加快了中国牡丹品种的收集，极大地丰富了牡丹的基因，开始进行中原牡丹与日本牡丹的杂交研究。

1　材料与方法

1.1　材料

选用符合目标性状的亲本进行杂交实验，其中母本 6 个，父本 4 个，于 2006 年进行杂交实验 3 组，2007 年进行杂交实验 2 组，2008 年进行杂交实验 1 组。每年进行性状观测，2008 年进行栽培对比实验。

我们选取了中原牡丹品种群、日本牡丹品种群和自育牡丹中的 9 个品种，进行 6 组杂交实验。

中原牡丹品种群：迎日红、丛中笑、赵粉、曹州红、似荷莲。

日本牡丹品种群：莲鹤、花競、岛锦。

自育品种：叶里藏珠。

1.2　方法

1.2.1　研究方法

采用人工授粉的方法进行杂交定向培育，具体操作如下：

1）选择品种

做好育种规划，提前选择杂交牡丹的父本、母本，挑选生长健壮、枝粗叶茂、开花量大、无病虫害的植株采集花粉，选花枝粗壮、花蕾较大的作为授粉花朵。在父本、母本搭配时，其花期基本相近。

（1）入选品种群特性。

中国中原牡丹品种群（Cultivar Group of Tree Peony from Central Plains of China）：中国中原牡丹品种群是以矮牡丹与古代时中原牡丹南移后适应当地环境条件而形成的品种，相互间杂交而形成的后代群体，栽培历史最为悠久。其主要特点是：本品种群株型丰富；品种群中部分品种，花瓣基部具有深色斑或深色晕，显示带有紫斑牡丹的血缘；花型种类最为齐全；花色多样，色彩浓淡富于变化，中原牡丹品种群品种最为丰富；目前国内外品种多达 500 多个，在四大中国品种群中数量最多。

日本牡丹品种群（Cultivar Group of Japanese Tree Peony）：

日本牡丹早在 1200 多年前从中国引进，经过长期的品种改良，特别是江户时代以来，品种改良工作迅速发展并走上“日本式”育种之路，逐渐形成了别具特色的日本牡丹品种群。目前海外的牡丹，属日本牡丹栽培面积最广，数量最多，众多城镇广植牡丹。据染井孝熙著的《牡丹与芍药》一书记载：日本有品种 312 种，其中日本的改良种 211 种。日本牡丹不同于中原牡丹的特点是：种群植株高低较整齐；花型更大，多扁平整齐；花期晚；花色更艳丽鲜亮；重瓣性不强；花梗挺硬；叶型、株型较单一。

（2）入选品种。

所选亲本均成花率较高，结实能力强。其父本、母本选择及组别见表 1。

父本、母本选择　　表 1

	父本 × 母本	品种	杂交年份
第一组	A1×A3	中原品种 × 中原品种	2006 年
第二组	A4×B1	中原品种 × 日本品种	2006 年
第三组	A2×B2	中原品种 × 日本品种	2006 年
第四组	B3×B2	日本品种 × 日本品种	2007 年
第五组	A5×C1	中原品种 × 自育品种	2007 年
第六组	C1×B2	自育品种 × 日本品种	2008 年

组别中包含了中原牡丹、日本牡丹和自育牡丹的不同种群杂交 4 组（第二组、第三组、第五组、第六组），中原牡丹和日本牡丹的同种群杂交各 1 组（第一组、第四组）。其中自育品种 C1 为中原牡丹的自然杂交选育品种。

所选的亲本品种，父母本花朵的不同形态点较多，后代产生性状的可能性多。其亲本特性如下：

第一组：A1（父本）×A3（母本）（表 2、图 1、图 2）。

A1（父本）×A3（母本）比较　　表 2

	A1（父本）	A3（母本）
花型	千层台阁型	皇冠型，有时呈金环型、托桂型或荷花型
花蕾	圆尖形	圆尖形
花色	花红色，盛开时花瓣端部粉白色	粉色
花径	17cm×6cm	18cm×16cm
花瓣	外瓣 3 ~ 4 轮，质地硬，圆整平展，排列整齐，端部稍有褶皱，基部有墨紫色斑	外瓣 2 ~ 3 轮，内瓣密集，端部有浅裂，基部有粉红色晕
雄蕊	部分瓣化	瓣间常杂有少量雄蕊
雌蕊	瓣化为绿色彩瓣	正常或退化变小
花期	早开花	早开花
花梗	长、硬	粗长稍软
开花位置	直上	侧开
品种群 产地	中原品种群 菏泽	中原品种群 菏泽

第二组：A4（父本）×B1（母本）（表 3、图 3、图 4）。

A4（父本）×B1（母本）比较　　表 3

	A4（父本）	B1（母本）
花型	千层台阁型	荷花型
花蕾	扁圆形	圆形
花色	红色	白色
花径	19cm×8cm	20cm×10cm
花瓣	多轮，基部有紫红色晕	3 ~ 4 轮，边缘波状，外瓣 2 轮平展，内瓣稍向心抱，基部有淡粉晕
雄蕊	量少	正常
雌蕊	瓣化成绿色彩瓣	正常
花期	中开花偏早	早开花（相对日本品种）
花梗	硬	细硬
开花位置	直上	直上或稍侧开
品种群	中原品种群	日本品种群
产地	菏泽	日本

图 1　A1

图 2　A3

图 3　A4

图 4　B1

图 5　A2

图 6　B2

第三组：A2（父本）×B2（母本）（表 4、图 5、图 6）。

A2（父本）×B2（母本）比较　　表 4

	A2（父本）	B2（母本）
花型	菊花型	菊花型
花蕾	圆尖形	圆尖形
花色	桃红色	粉色
花径	14cm × 5cm	21cm × 9cm
花瓣	6 ~ 7 轮，端部淡粉色，基部有墨紫色斑	6 ~ 7 轮
雄蕊	正常	正常
雌蕊	正常	正常
花期	中开花	早开花（相对日本品种）
花梗	短	粗硬而长
开花位置	直上	直上
花味	淡	香
品种群	中原品种群	日本品种群
产地	菏泽	日本

第四组：B3（父本）×B2（母本）（表 5、图 7、图 6）。

B3（父本）×B2（母本）比较　　表 5

	B3（父本）	B2（母本）
花型	荷花型	菊花型
花色	复色或红色	粉色
花径	16cm × 9cm	21cm × 9cm
花瓣	4 ~ 5 轮，向心抱	6 ~ 7 轮，自外向内逐渐变小，端部颜色稍淡
雄蕊	正常	正常
雌蕊	正常	正常
房衣柱头	房衣紫色，柱头紫红色	房衣白色，柱头白色
花期	早开花（相对日本品种）	早开花（相对日本品种）
花梗	较细硬	粗硬而长
开花位置	直上	直上
花味	淡	香
品种群	日本品种群	日本品种群
产地	日本	日本

第五组：A5（父本）×C1（母本）（表 6、图 8、图 9）。

A5（父本）×C1（母本）比较　　表 6

	A5（父本）	C1（母本）
花型	荷花型	荷花型
花蕾	扁圆形	圆尖形
花色	粉紫红色	红色稍带黄色
花径	20cm×7cm	16cm×6cm
花瓣	4～5 轮，较宽大，波曲，端部褶皱，基部有紫色斑	4～6 轮，圆整，质地厚，基部颜色略深
雄蕊	正常偶有瓣化	正常
雌蕊	正常	正常
房衣柱头	房衣紫色，柱头紫红色	房衣紧裹粉红色，柱头紫红色
花期	中开花	早开花
花梗	长，挺直	粗硬而长
开花位置	直上	直上
品种群	中原品种群	景山自育品种
产地	菏泽	景山自育品种

第六组：C1（父本）×B2（母本）（表 7、图 9、图 6）。

C1（父本）×B2（母本）　　表 7

	C1（父本）	B2（母本）
花型	荷花型	菊花型
花蕾	圆尖形	圆尖形
花色	红色稍带黄色	粉色
花径	16cm×6cm	21cm×9cm
花瓣	4～6 轮，圆整，质地厚，基部颜色略深	6～7 轮
雄蕊	正常	正常
雌蕊	正常	正常
房衣柱头	房衣紧裹粉红色，柱头紫红色	房衣白色，柱头白色
花期	早开花	早开花（相对日本品种）
花梗	粗硬而长	粗硬而长
开花位置	直上	直上
花味	淡	香
品种群	景山自育品种	日本品种群
产地	景山自育品种	日本

2）杂交

（1）套袋：在花冠开放前将父、母本分别套袋，防止自然杂交（图 10）。

（2）去雄：去雄的最佳时间是在花朵已露色而尚未开放。去雄时，先把镊子用 75% 的酒精消毒，切勿碰伤雌蕊，以免影响授粉。避免花药夹破，否则花粉散出，有时能引起自花授粉而产生假杂种。去雄完毕，立即为母本花朵套

图 7　B3

图 8　A5

图 9　C1

图 10　套袋

图 11　授粉 1

上白色透明的硫酸纸袋并扎紧，以免昆虫钻入。为避免袋内温度过高灼伤柱头，用钢针在纸袋上扎一些小孔，以通风透气。

（3）采花粉：采收父本花粉要在雄蕊成熟后，采粉时用镊子轻轻将花药取下（尽量不带花丝），放于预先用 75% 酒精消过毒的玻璃容器内。牡丹的花粉在温度 10 ～ 15℃，空气相对湿度 50% 的条件下，其活性可保持 20 ～ 30 天。因此把装有花粉的容器放入干燥器后，干燥器内放干燥剂，在温度控制在 20℃以下屋内放置。

（4）授粉：当母本柱头上出现发亮黏液时，表示已经成熟，应在每天上午 10 时左右，最晚不得超过 11 时，且无风时进行授粉。用干净的消毒毛笔将花粉涂于柱头，重复 2 ～ 3 次，套袋（图 11、图 12）。因这段时间雌蕊的柱头正处于新鲜状态，分泌的黏液较多，易于接受父本的花粉。为使母本花朵接受花粉的机会增多而受精，应连续 2 ～ 3 天重复授粉。经过一周左右，子房膨大，去袋。如不及时摘除，有时会因阴雨造成雌蕊霉烂。

（5）管理：在布条上作标记编号，标出父母本名称，并捆绑在相应花朵的枝条上。

（6）收种子及种子的处理：牡丹种子一般在 8 月中、下旬成熟，待种皮变为黄褐色或黑褐色时采收（图 13）。

牡丹种皮较硬、厚，播种前要对种子进行处理。

a. 酒精法：收种后，用 75% 的酒精进行浸泡，时间为 30min。之后用水清洗，取水中下沉的饱满颗粒，将浮上水面的不实种子弃之。

b. 水泡法：收种后，用 30 ～ 50℃的温水进行浸泡，时间为 24h，取水中下沉的饱满颗粒，将浮上水面的不实种子弃之。

3）栽培

（1）播种：

a. 小高畦播种法：畦高 15 ～ 20cm，底宽 40cm，顶宽 20cm，畦间距 30cm，利于排水防涝，能在畦间的沟内放水，渗透到畦中灌溉。先用水把土浇透后，把种子点播于畦梗上，用细土薄薄覆盖 1mm ～ 2mm，浅埋于土中（图 14）。

图 12　授粉 2

图 13　种子

b. 平畦法：平畦播种时，采用多行点播，行距 12 ～ 15cm，株距 4 ～ 5cm，将种子播于畦中，用细土覆盖 1 ～ 2mm 厚，浇水保持畦面湿润。

图 14　播种

图 15　浇水

图 16　防寒

(2) 遮荫：用苇席铺于地表，为其遮荫，保湿。

(3) 养护：播种后 7 ～ 10 天浇水一次。上冻前浇冻水，用银杏叶覆盖种子地，为其保暖防寒、保湿。开春 3 月分左右，取出防寒物，浇水，要始终保持土壤湿润，促进萌芽，夏季每隔 4 ～ 7 天浇水一次，特别是小高畦播种法，更要保持埂面土壤湿润。及时去除畦内杂草。6 月以后，牡丹苗基本出土后，开始松土保墒，增加土壤的透气性，避免土壤板结。

1.2.2　测定方法

在日本牡丹与中原牡丹杂交实验中，每组播种 100 个种子，共 6 组。统计出苗率并分析。

定期测量出苗的苗高和叶展，进行分析。

2　结果与分析

2.1　出苗率

实验自 2006 年起至 2008 年截止，2006 年和 2007 年播种的前 5 组已经出苗，因第六组为 2008 年播种，尚未出苗。

图 17　苗

图 18　出苗

经测算，播种种子数量、第二年出苗数及出苗率见表 8。

出苗率　　表 8

组别	品种（父本 × 母本）	种子（个）	出苗（株）	出苗率
第一组	A1×A3	100	38	38%
第二组	A4×B1	100	33	33%
第三组	A2×B2	100	35	35%
第四组	B3×B2	100	28	28%
第五组	A5×C1	100	32	32%
第六组	C1×B2	100	未出苗	未出苗

总计：六组共播种种子 600 个，因第六组为 2008 年播种，尚未出苗，不在此次统计之内。前五组共播种种子 500 个，已出苗 166 株，平均出苗率为 33.2%。其中第一组出苗率最高，为 38%，第四组出苗率最低，为 28%。

2.2 苗高和叶展

第一组：A1（父本）×A3（母本）。

A1（父本）×A3（母本）苗高和叶展记录　　表 9

序号	日期	苗高最高值(cm)	苗高最低值(cm)	苗高平均值(cm)	叶展最高值(cm)	叶展最低值(cm)	叶展平均值(cm)
1	2007.5.10	14	5	9.5	8	2	5
2	2007.6.8	15	7	11	8	4	6
3	2007.7.10	15	8	11.5	8	5	6.5
4	2007.8.10	15	8	11.5	8	5	6.5
平均值				10.88			6
5	2008.5.14	17	2	9.5	15	3	9
6	2008.6.14	19	6	12.5	15	4	9.5
7	2008.7.14	19	6	12.5	15	4	9.5
8	2008.8.14	19	6	12.5	15	4	9.5
平均值				11.75			9.38
2007～2008 年生长增值				0.87			3.38

表 9 为 A1（父本）×A3（母本）苗高和叶展记录，根据计算可得：此杂交品种 2007 年苗高生长期为 5 月～7 月，7 月～8 月苗高生长稳定，2008 年苗高生长期为 5 月～6 月，6 月～8 月生长稳定；2007 年叶片生长期为 5 月～7 月，7 月～8 月叶片生长稳定，2008 年叶片生长期为 5 月～6 月，6 月～8 月叶片生长稳定。

A1（父本）×A3（母本）2007 年苗高的平均值为 10.88cm，叶展平均值为 6cm；2008 年苗高的平均值为 11.75cm，叶展平均值为 9.38cm；2007～2008 年苗高生长增值为 0.87cm，叶展生长增值为 3.38cm。

第二组：A4（父本）×B1（母本）。

A4（父本）×B1（母本）苗高和叶展记录　　表 10

序号	日期	苗高最高值(cm)	苗高最低值(cm)	苗高平均值(cm)	叶展最高值(cm)	叶展最低值(cm)	叶展平均值(cm)
1	2007.5.10	10	3	6.5	7	2	4.5
2	2007.6.8	12	5	8.5	9	3	6
3	2007.7.10	12	7	9.5	9	4	6.5
4	2007.8.10	12	7	9.5	9	4	6.5
平均值				8.5			5.88
5	2008.5.14	14	9	11.5	9	6	7.5
6	2008.6.14	15	11	13	9	6	7.5
7	2008.7.14	15	11	13	9	6	7.5
8	2008.8.14	15	11	13	9	6	7.5
平均值				12.62			7.5
2007～2008 年生长增值				4.12			1.62

表 10 为 A4（父本）×B1（母本）苗高和叶展记录，根据计算可得：此杂交品种 2007 年苗高生长期为 5 月～7 月，7 月～8 月苗高生长稳定，2008 年苗高生长期为 5～6 月，6 月～8 月苗高生长稳定；2007 年叶片生长期为 5 月～7 月，7 月～8 月叶片生长稳定，2008 年 5 月～8 月叶片生长稳定。

A4（父本）×B1（母本）2007 年苗高的平均值为 8.5cm，叶展平均值为 5.88cm；2008 年苗高的平均值为 12.62cm，叶展平均值为 7.5cm；2007～2008 年苗高生长增值为 4.12cm，叶展生长增值为 1.62cm。

第三组：A2（父本）×B2（母本）。

A2（父本）×B2（母本）苗高和叶展记录　　表 11

序号	日期	苗高最高值(cm)	苗高最低值(cm)	苗高平均值(cm)	叶展最高值(cm)	叶展最低值(cm)	叶展平均值(cm)
1	2007.5.10	12	4	8	5	2	3.5
2	2007.6.8	14	6	10	6	3	4.5
3	2007.7.10	14	7	10.5	6	3	4.5
4	2007.8.10	14	7	10.5	6	3	4.5
平均值				9.75			4.25
5	2008.5.14	16	7	11.5	11	5	8
6	2008.6.14	17	10	13.5	11	6	8.5
7	2008.7.14	17	10	13.5	11	6	8.5
8	2008.8.14	17	10	13.5	11	6	8.5
平均值				13			8.38
2007～2008 年生长增值				3.25			4.13

表 11 为 A2（父本）×B2（母本）苗高和叶展记录，根据计算可得：此杂交品种 2007 年苗高生长期为 5 月～7 月，7 月～8 月苗高生长稳定，2008 年苗高生长期为 5 月～6 月，6 月～8 月苗高生长稳定；2007 年、2008 年叶片生长期均为 5 月～6 月，6 月～8 月叶片生长稳定。

A2（父本）×B2（母本）2007 年苗高的平均值为 9.75cm，叶展平均值为 4.25cm；2008 年苗高的平均值为 13cm，叶展平均值为 8.38cm；2007～2008 年苗高生长增值为 3.25cm，叶展生长增值为 4.13cm。

第四组：B3（父本）×B2（母本）。

B3（父本）×B2（母本）苗高和叶展记录　　表 12

序号	日期	苜高最高值（cm）	苗高最低值（cm）	苗高平均值（cm）	叶展最高值（cm）	叶展最低值（cm）	叶展平均值（cm）
1	2008.5.14	12	3	7.5	7	2	4.5
2	2008.6.14	14	6	10	8	4	6
3	2008.7.14	14	6	10	9	4	6.5
4	2008.8.14	14	6	10	9	4	6.5
平均值				9.38			5.88

表 12 为 B3（父本）×B2（母本）2008 年苗高和叶展记录，根据计算可得：苗高生长期为 5 月～6 月，6 月～8 月苗高生长稳定；叶片生长期为 5 月～7 月，7 月～8 月叶片生长稳定。

B3（父本）×B2（母本）苗高的平均值为 9.38cm，叶展平均值为 5.88cm。

第五组：A5（父本）×C1（母本）。

A5（父本）×C1（母本）苗高和叶展记录　　表 13

序号	日期	苗高最高值（cm）	苗高最低值（cm）	苗高平均值（cm）	叶展最高值（cm）	叶展最低值（cm）	叶展平均值（cm）
1	2008.5.14	9	3	6	6	2	4
2	2008.6.14	10	7	8.5	6	3	4.5
3	2008.7.14	10	8	9	6	3	4.5
4	2008.8.14	10	8	9	6	3	4.5
平均值				5.62			4.38

表 13 为 A5（父本）×C1（母本）2008 年苗高和叶展记录，根据计算可得：苗高生长期为 5 月～7 月，7 月～8 月苗高生长稳定；叶片生长期为 5 月～6 月，6 月～8 月叶片生长稳定。

A5（父本）×C1（母本）苗高的平均值为 5.62cm，叶展平均值为 4.38cm。

3　结论与讨论

3.1　出苗率

牡丹种子具有上胚轴休眠现象，播种当年只生根而不发芽，到翌年 3 月底、4 月初种子开始发芽出土。第一、二、三组用酒精法对种子进行处理，采用平畦播种法。第四、五组用水泡法对种子进行处理，时间为 24h，采用小高畦播种法。第六组用水泡法对种子进行处理，时间为 24h，采用平畦播种法。

6 组共播种种子 600 个，因第六组为 2008 年播种，尚未出苗，不在此次统计之内。前 5 组共播种种子 500 个，已出苗 166 株，平均出苗率为 33.2%。其中第一组出苗率最高，为 38%，第四组出苗率最低，为 28%（图 19）。

3.2　苗高

牡丹苗生长期在每年的 5 月～7 月，7 月～8 月生长基本稳定，9 月份剪除叶子保证牡丹苗安全过冬，第二年春天牡丹苗重新长出。

2006 年播种的第一、二、三组牡丹，2007 年苗高生长最高的是第一组为 10.88cm，2008 年苗高生长最高的是第三组为 13cm，2008 年比 2007 年生长增长量最大的是第二组为 4.12cm；2007 年苗高生长最低的是第二组为 8.5cm，2008 年生长最低的是第一组为 11.75cm，2008 年比 2007 年生长增长量最小的是第一组为 0.87cm（图 20）。

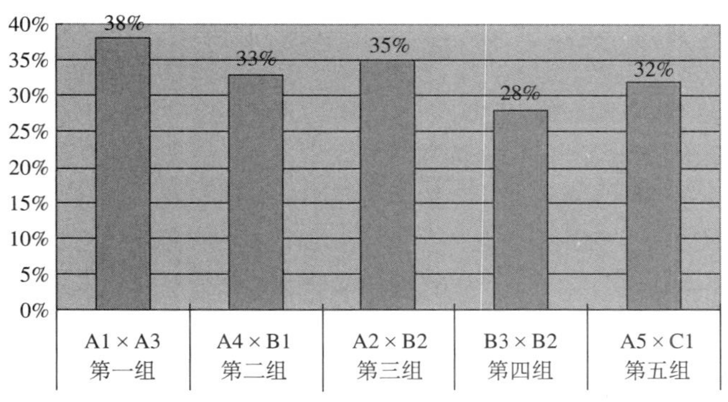

图 19　出苗率

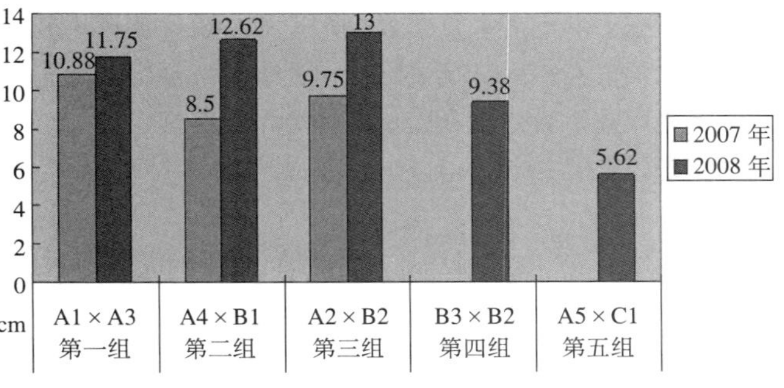

图 20　苗高

2007 年播种的第四、五组牡丹，2008 年苗高生长最高的是第四组为 9.38cm，苗高生长最低的是第五组为 5.62cm。

3.3 叶展

牡丹苗叶片生长期在每年的 5 月～7 月，7 月～8 月生长基本稳定，9 月份剪除叶子保证牡丹安全过冬，第二年春天牡丹苗叶片重新长出。

2006 年播种的第一、二、三组牡丹，2007 年叶展最大的是第一组为 6cm，2008 年叶展最大的是第一组为 9.38cm，2008 年比 2007 年叶展增长量最大的是第三组为 4.13cm；2007 年叶展最小的是第三组为 5.88cm，2008 年叶展最小的是第二组为 7.5cm，2008 年比 2007 年叶展生长增长量最小的是第二组为 1.62cm。

2007 年播种的第四、五组牡丹，2008 年叶展最大的是第四组为 5.88cm，叶展最小的是第五组为 4.38cm（图 21）。

3.4 病害

通过观察，杂交出苗的五组品种的叶片在 6 月～8 月均感染了褐斑病，1/4 叶片均出现了大小不同的苍白色斑点。

3.5 综合分析

通过研究观察可得：

表 1 中第一、二、三组：

第一组中原品种和中原品种杂交出的牡丹品种：出苗率最高，为 38%；2007 年苗高生长最高，为 10.88cm；2008 年生长最低，为 11.75cm；2008 年比 2007 年苗高生长增长量最小，为 0.87cm；叶展 2007 年最大，为 6cm；2008 年叶展也最大，为 9.38cm。可见，第一组出苗率最高，苗高第一年生长多，第二年生长少，叶展最大。

第二组中原品种和日本品种杂交出的牡丹品种：2007 年苗高生长最低，为 8.5cm；2008 年比 2007 年苗高生长增长量最大，为 4.12cm；2008 年叶展最小，为 7.5cm；2008 年比 2007 年叶展生长增长量最小，为 1.62cm。可见，第二组苗高第一年生长少，第二年生长多，叶展最小，叶展生长少。

第三组中原品种和日本品种杂交出的牡丹品种：2008 年苗高生长最高，为 13cm；2007 年叶展最小，为 5.88cm；2008 年比 2007 年叶展增长量最大，为 4.13cm。可见，第三组第二年苗高生长多，第一年叶展生长少，第二年叶展

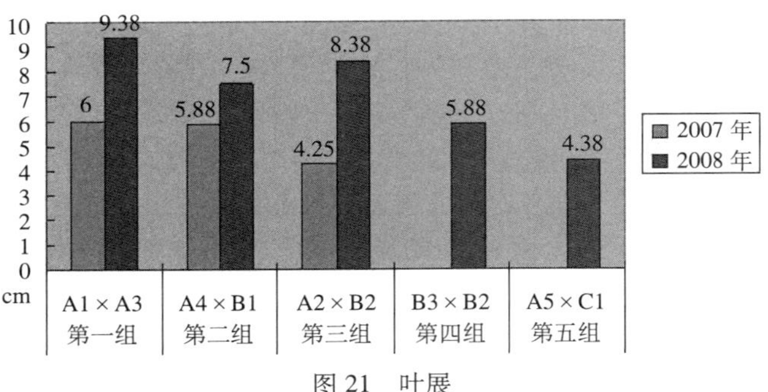

图 21　叶展

生长多。

表 1 中第四、五组相比较：

第四组日本品种和日本品种杂交出的牡丹品种：出苗率最低，为 28%；苗高生长最高，为 9.38cm；叶展最大，为 5.88cm。可见，第四组出苗率低，苗高较高，叶展较大。

第五组中原品种和自育品种杂交出的牡丹品种：苗高生长最低，为 5.62cm；叶展最小，为 4.38cm。可见，第五组苗高最低，第二年叶展最小。

由上可得：第五组牡丹苗是中原品种和自育品种杂交，苗高、叶展性状较其他品种偏低，综合状况较其他组差。第一组牡丹苗是唯一一组中原品种和中原品种杂交，出苗率最大，苗高、叶展性状较其他品种高，在所出苗的品种中尚属优良，今后生长观测中可重点培育。

参考文献

[1] 李嘉珏．中国牡丹与芍药 [M]. 北京：中国林业出版社，1999.

[2] 王莲英．中国牡丹品种图志 [M]. 北京：中国林业出版社，1997：1.

[3] 高志民．王雁，王莲英．牡丹、芍药繁殖与育种研究现状 [J]. 北京林业大学学报，2001，23（4）：75-79.

[4] 赵兰勇．中国牡丹栽培与鉴赏 [M]. 北京：金盾出版社，2004.

[5] 喻衡．牡丹新品种的选育 [J]. 植物杂志，1985（4）：16.

[6] 沈荫椿．美国的杂交牡丹花 [J]. 花木盆景（花卉园艺），2000：03.

[7] 梁长安，王二强，郭亚珍，卢林．浅谈日本牡丹的种群特征与栽培管理 [J]. 现代园艺，2007（03）.

[8] 王宏伟．中国牡丹育种的历史、现状和发展方向 [J]. 农业科技与信息（现代园林），2007（07）.

2011 年获奖作品

2011nian huojiang zuopin

城市园林大树修剪的探讨

北京市天坛公园管理处 / 罗　颖　张　卉　牛建忠

摘　要：通过对大规格树木进行修剪，找出规律及相对合理的理论依据，为今后修剪制定科学合理的操作规范提供帮助。以国槐、油松、银杏三种树木作为研究对象，进行修剪，并对修剪前后的树木进行比较、分析，得出结果：有明显的中央主干的树木（油松、银杏）的修剪不应对已成形的树势改动过大，只对树冠作适当的调整，一级枝修剪应以中上部为主，二级枝以中下部为主。修剪量在1/5～1/4之间，没有中央主干的树木（国槐）枝条萌发力强，修剪量可适当加大，以三级以上枝条为主，修剪量在1/3左右为宜。对成形的大规格树木进行科学合理的修剪对促进树木的生长和满足人们观赏需求具有重要意义。

关键词：大树　整形　修剪

一直以来，大规格树木（胸径 15 ～ 25cm 的树木）的修剪是园林绿化美化环节中一个相对薄弱的环节，各地的修剪按以往经验和主观意识进行，缺乏统一的理论依据。近些年来，随着北京地区城市绿化美化进一步发展的需求，对成形的大规格树木进行修剪并制定出一个比较科学合理的方法是摆在我们面前急需解决的问题。北京地区树木种类繁多，常见的树种多达 100 多种，普遍种植的有国槐、银杏、油松、柏树、元宝枫、白蜡、栾树、毛白杨等，这些树种既有适合作为行道树木的树种，又有可成为区域绿化树木的树种。这些树木逐年生长，如果在幼苗时期未加修剪，那么，对成形的大树进行修剪，制定合理操作规范并进行推广，以提高整体绿化美化效果和人们日益提高的观赏需求都是非常重要的。天坛公园是北京市老城区内面积最大的公园，园为种植了大面积的常绿树木和落叶乔木，主要包括柏树、油松、国槐、银杏、栾树、毛白杨等树种，笔者以天坛地区树木为研究基础，对树木修剪进行研究，旨在得出相对比较合理的数据，制定操作规范并进行推广，以提高绿化效果和人们的观赏需求。

1　确定大树修剪方案

1.1　修剪的原理和目的

正常生长的树木的整形修剪是园林栽培过程中的一项十分重要的养护管理措施。通过合理的整形修剪达到促进树木整体的生长和局部抑制的作用，以提高园林树木个体及群体的生长效果。园林树木的形态、观赏效果、生长与开花结果，生长与衰老更新之间的矛盾等等，可以通过整形修剪来解决或调整。[1] 许多未经过修剪的大规格苗木，树形乱，丛生枝、密生枝、交叉枝、干枯枝较多，不仅外形不够美观，而且容易感染病虫害，不利于树木的长期生长。

园林绿地中树木修剪的主要目的是通过合理的修剪，达到培育良好的树形的目的。由于绿地中一般具有比较充足的空间，树木的修剪主要在于调整树冠结构和冠形，平衡树势，调节光照，控制高生长，促进树冠形成，提高树冠饱满度，增强艺术造型效果，使其姿态更加符合人们的观赏目标。

行道树木修剪的主要作用是美化市容，改善局部的小气候，夏季增加遮荫度以达到降温、防尘的作用。因此行道树的修剪要尽量保持树木枝条伸张、树冠开阔、枝叶浓密。[2] 此外，行道树木的修剪，由于受所在空间的限制和电话线、高压线以及高空建筑物等的限制，适度修剪也是为了满足城市道路发展的需求。移植树木适当适度的修剪是移植成活的重要手段之一。目前，由于城市绿化美化的季节性和人们对苗木的主观要求，成形的大树移植已经广泛被应用，对于新移植的树木，由于大树移植时受所带土坨的限制，移植过程中必然要去除一部分根系，移植到新的环境当中根系吸收水分的能力明显降低，当水分的吸收满足不了蒸腾作用需要的时候，会导致水分供需平衡失调，严重时会脱水枯萎死亡，为减少蒸腾作用耗散的水分，而进行必要的修剪，可以调整和维持水分平衡关系，大大提高了树木成活的几率。

1.2 修剪的时间

园林绿化中应用的树种多种多样，植物生长各具特性，萌发的能力不尽相同。

常绿树，如柏树和松树等修剪时期不宜在最寒冷的时期进行，以春季为宜。由于常绿树木的根与枝叶终年活动，新陈代谢不止，养分不完全用于储藏，剪去枝叶时养分损耗对树木影响较大，强度修剪会降低群体和个体抗风寒能力。[3] 一些难耐本地区极端低温的树种此时重度修剪易受冻害，因此，北方地区立春到春分（2 月中旬至 3 月上旬），树木即将结束休眠时，进行修剪为宜。而且由于常绿树木的生长较为缓慢，一株胸径 15cm 以上的树木树龄通常要在 10 年以上，所以修剪时一定要慎重。

落叶乔木，如国槐和银杏等修剪时间为 3 月中下旬，萌发之前，进行春剪。在北方地区，同理避开寒冷季节，选取春季人力资源充分时期进行。此时根系活动还很弱，树木尚未发芽，营养物质还未从根部向上运输，此时修剪，可减少养分的损耗，强度较大的修剪不会对树木造成严重的伤害。而且，此时修剪，便于观察树木结构，清理工作也较少。

1.3 修剪的具体操作

在城市园林树木整形修剪的实际操作中，应注意的问题是：修剪时一定要先剪大枝，后剪小枝，先剪上部，后剪下部，先剪内膛枝，后剪外围枝，同时剔除枯干、死枝。另外还应注意剪口要平滑，截面积尽量小，为防止感染病害、虫害，直径大于 2cm 的剪口或锯口一定及时作涂抹桐油处理。[4] 此外，对每一种园林树木的实际修剪，都不能机械地照搬照抄原有固定模式，由于树木的生长发育与环境条件间具有密切关系，因此，即使具有相同的园林绿化目的要求，但由于条件的不同，在进行具体修剪整形时也会有所不同，还要因地因树考虑，客观地分析树木的优势与不足，才能保证每一株树木都修剪得科学合理。

有主干树木的修剪方法：一般树木的萌蘖能力较弱，顶端优势强，一般不作强剪整形，只作疏枝处理，像云杉、银杏、松柏等。银杏树是生长较缓慢的落叶乔木，但树形美观，并且因银杏树病害、虫害较少，生长周期长等优点而成为良好的园林树种，近些年来更成为北京地区大力推广的树种。

没有主干树木的修剪方法：一般树木萌蘖能力强，恢复长势快。在整形过程中，可塑性强，因此可采用重度修剪。国槐采取强枝重剪、弱枝轻剪原则。[5] 对生长过强的枝条重度短截，以促进剪口萌发多个芽，分散养分，削弱其生长势；对生长较弱的枝条进行分枝轻度短截，使原侧枝复壮延伸，以保持树冠各部枝条生长势的均衡，取得良好冠形。

2 研究对象与方法

2.1 供试材料

对树木的长势情况进行全面调查，主要研究正常生长的较大规格的树木，因此，选取生长旺盛、无病虫害、光照较好、易于操作的树木进行修剪。

选取胸径 15 ～ 25cm 油松实验树 10 株（其中 5 株进行 1 年 1 次修剪实验，5 株进行 2 年 2 次修剪实验），对照树各 5 株。

选取胸径 15 ～ 25cm 国槐实验树 10 株，对照树 10 株，进行 2 年 2 次修剪试验。

选取胸径 15 ～ 25cm 银杏实验树 5 株，对照树 5 株，进行 1 年 1 次修剪试验。新移植的胸径 15 ～ 25cm 银杏试验树 5 株，对照树 5 株进行 1 年 1 次修剪实验。

2.2 方法

在修剪之前对所选树木进行原状数据（树木未修剪前通过测量获得的数据）调查并记录，包括：

（1）原状数据调查：树高（干高、冠高）、胸径（植株高 1.2m 处）、冠幅（南北、东西）一级枝数量（一级枝上侧枝二级枝数量），是否偏冠。

（2）修剪量测定：一级、二级枝条的数量、长度、质量，所占比率。

（3）测量：剪口、锯口直径（水平、垂直、木质、韧皮）。

（4）生长量变化：原状指标中胸径、高度、冠幅、一级枝位置，剪口和锯口等指标。由主干生出的侧枝称为一级枝（二、三级枝依次为一级、二级生出的侧枝）。

原状数据调查表 **表 1**

树种	编号	树高（m）		胸径（cm）	干周（cm）	冠幅（m）		一级枝数量				是否偏冠
		干高	冠高			东西	南北	东	北	西	南	
油松	1	1.31	3.28	18	55	5.78	6.30	4	5	2	2	否
	2	1.49	3.46	17	50	4.10	4.40	7	11	13	7	否
	3	1.52	4.01	18	55	5.28	5.50	16	10	9	5	偏南
	4	1.53	3.13	15	57	4.50	3.90	9	5	11	13	否
	5	1.46	4.25	19	62	4.80	4.40	10	9	8	8	偏东
	平均	1.46	3.65	18	56	4.89	4.90	32				
国槐	1	3.51	5.93	22	67	5.30	5.48	1	2	1		否
	2	3.33	5.61	17	55	4.62	5.32	1	1	1	2	否
	3	2.90	3.57	15	46	3.76	4.39		1		1	偏南
	4	3.20	6.52	19	58	5.35	6.00	1	1	1	1	否
	5	2.75	4.50	16	49	3.47	3.43	1	1		1	偏西
	平均	3.12	5.23	18	55	4.5	4.92	3				
银杏	1	1.23	8.62	21	64	5.42	5.65	4	5	4	5	否
	2	2.08	5.64	15	45	3.12	3.42	6	7	8	4	否
	3	1.54	6.40	17	51	3.63	3.83	4	6	5	5	偏南
	4	1.55	7.58	18	54	3.60	3.61	5	6	4	6	偏南
	5	1.51	5.51	15	45	3.84	4.32	5	7	6	4	偏北
	平均	1.58	6.75	17	52	3.92	4.16	21				

原状数据调查结果见表 1，以 1 年 1 次油松为例。原状数据的调查，给树木的修剪提供了比对的依据。

2.3 测量并记录数据

对选取的 5 株树木进行规范修剪，每株树木所剪下的一级枝、二级枝或三级枝分上、中、下 3 部分分别放置，取上、中、下 3 部分的一级枝，二级枝（或三级枝）分别计数、称重、测量长度，得出 5 株树测量的平均数据。

在每株树冠上部、中部、下部 3 个部位选取 2 个同一级别相对较大的枝条剪口、锯口测量并在相应的位置作标记，为修剪后对整体树势评价和对照今后的变化作进一步研究。

3 结果与分析

3.1 油松

修剪总量为枝条总量的 10%，以疏剪为主，主要修剪二级以上（包括二级）枝。油松为常绿型树种，针状叶，树形紧凑。整株树外部浓密，底部和内侧由于缺乏光照和空气流通不畅，导致枝叶退化、稀疏，枯枝、干死枝较多。一级枝：上部以修剪一级枝为主，修剪枝条 4 ~ 5 枝，中下部修剪一级枝 3 枝左右。二级枝修剪量集中在中下部，中部每个一级枝上约有 10 ~ 12 个二级枝，可修剪掉 1/4，下部以修剪二级枝为主，每个一级枝上约有 8 ~ 10 个二级枝，可修掉二级枝总量的 1/5。油松修剪情况见表 2。

油松修剪状况 **表 2**

位置	一级枝			二级枝		
	数量	平均长度（m）	平均质量（kg）	数量	平均长度（m）	平均质量（kg）
上部	5	1.10	2.08	2	0.56	1.86
中部	2	2.11	4.15	11	1.21	4.05
下部	1	2.53	4.11	9	1.11	3.94
汇总	8	1.91	3.45	22	0.96	3.28

3.2 国槐

国槐的二级枝数量较少。国槐是生长较快的园林树木，没有明显的中央主枝，骨架构成后，树冠扩大很快，成杯状，北京地区主要作为行道树，具有行道树的典型特点，修剪时要遵循三叉六股十二枝的冠形，疏去密生枝、直立枝，促发侧生枝，内膛枝可适当保留，增加遮荫效果。

国槐作为行道树定干时，同一条干道上分枝点高度应一致，使整齐统一，不可高低错落，影响美观与管理。一级枝从原状调查表中可知已基本形成，不宜再进行修剪，因此国槐的修剪主要集中在二、三级以上的枝条。可修剪掉枝条总量的 1/3。国槐修剪情况见表 3。

国槐修剪状况　　表 3

位置	二级枝			三级枝		
	数量	平均长度（m）	平均质量（kg）	数量	平均长度（m）	平均质量（kg）
上部				5	2.34	4.80
中部	2	3.13	7.87	3	2.20	5.35
下部				2	1.71	1.83
汇总	2	3.13	7.87	10	2.08	3.99

3.3 银杏

修剪总量占枝条总量的 1/5 ～ 1/4 之间。修剪前后的银杏树见图 1、图 2。

一级枝修剪数量集中在树冠上部，平均每株修剪 4 ～ 6 根枝条，长度 1.2m 左右，约占一级枝修剪总量的 60%，但由于上部枝条细弱，总质量相对较轻，占修剪总质量的 10% 左右，二级枝修剪极少，可忽略不计。

中部一级枝修剪数量不易多，一般 2 ～ 3 根，占修剪总量的 30% 左右，但质量相对较高，占总质量的 60% 左右，二级枝修剪较多，占总量的 50%。

下部一级枝数量修剪极少，只有少数银杏修剪下部一级枝，二级枝为修剪重点，质量也相对较大，占二级枝修剪总量的 50%。银杏修剪情况见表 4。

银杏修剪状况　　表 4

位置	一级枝			二级枝		
	数量	平均长度（m）	平均质量（kg）	数量	平均长度（m）	平均质量（kg）
上部	5	1.25	0.81			
中部	3	2.22	4.32	12	1.20	1.33
下部	1	1.23	2.65	11	1.42	1.87
汇总	9	1.56	2.59	25	1.31	1.60

对于新移植的银杏，带 1.2m 土坨，修剪总量可控制在枝条总量的 1/4 ～ 1/3 之间，管理适当，水肥及时，可基本成活。

图 1　未修剪的银杏

图 2　已修剪的银杏

4 结果与讨论

油松树与银杏树的树势总体来说比较相似，均有明显的中央主干。树形呈比较规律的金字塔形，两者的生长均较慢，大树的修剪不应对已成形的树势改动过大。有中央主干的树木树冠底部只作适当的调整，但树冠中上部以后一级枝增多，影响通风透光，而且易形成多头和双头现象，观赏效果差，一级枝修剪应以中上部为主，二级枝以中下部为主。国槐树的枝条萌发力强，长势块，耐修剪，因此要做到经常修剪，同时修剪时要注重保持树木修剪的连续性和一致性，修剪量可适当加大，以三级以上枝条为主。

笔者对大树修剪进行初步探讨，在修剪过程中，充分将理论与实践相结合，取他人之长，补己之短。通过一段时间对修剪长势的观察发现，修剪的树木树势更加舒展，通风透光的效果也比较好，整体上对树木的生长起到了一定的促进作用，增强了观赏效果。但是否此结果就能够成为今后修剪的依据，还有待进一步在实践中考证，且有些数据还不够完善，在今后的实践当中需要进一步完善。

参考文献

[1] 张秀英 . 观赏花木整形修剪 [M]. 北京：中国农业出版社，2001：38-49.

[2] 鲁平 . 园林植物修剪与造型造景 [M]. 北京：中国林业出版社，2006：112-114.

[3] 杨明 . 园林养护工作浅析 [J]. 黑龙江科技信息，2007（11S）：156.

[4] 张连翔，赖淑丽，王东梅 . 园林树木整形修剪技术要点 [J]. 中国花卉园艺，2007（18）：37-39.

[5] 宋新菊，孙雪霞，张淑君，等 . 谈园林树木的整形修剪 [J]. 时代经贸，2007，5（09Z）：226.

颐和园彩画病害评估与保护修缮方案的探讨

——以谐趣园彩画修缮为例

北京市颐和园管理处 / 陈　娇

摘　要：古建筑彩画多数位于室外，容易受到自然环境干扰，出现各种病害，严重时将影响木结构安全，长久以来，对彩画的周期性修缮是保护建筑的必要手段之一。本文以颐和园谐趣园彩画修缮为例说明彩画病害勘察的重要性，通过对谐趣园彩画特征分析、病害评估，阐释勘察的方法以及常见的彩画病害类型，探讨病害的形成原因，做到了在最大限度保留现有彩画的前提下，最小干预原状彩画的修缮原则，既做到原位保护，又增强了精品彩画的延年性。

关键词：彩画　谐趣园　病害　保护

颐和园是清代皇家园林“三山五园”之一，是中国园林艺术史上的里程碑和世界级的文化瑰宝，是中国现存最完整的博物馆式皇家园林。彩画作为颐和园园林古建筑艺术的重要表现手法，突显园林文化及建筑装饰艺术，承载了不同阶段的历史信息，其科学、艺术、历史和文化价值一直备受各界关注。但是，彩画容易受到环境的影响出现脱落、变色等病害，使得整个园林古建筑群黯然失色，不仅影响视觉美观，而且不利于对木构件的保护。本文以颐和园谐趣园彩画修缮为例说明彩画病害勘察的重要性，通过对谐趣园彩画特征分析、病害评估，阐释勘察的方法以及常见的彩画病害类型，探讨病害的形成原因，做到了在最大限度保留现有彩画的前提下，最小干预原状彩画的修缮原则，将有利于今后遗产保护与研究工作。

1　谐趣园彩画特征分析

1.1　历史沿革

谐趣园始建于乾隆十六年（1751 年）仿江南名园无锡惠山的寄畅园而建，取名惠山园，嘉庆十六年（1811 年）重修，改名谐趣园，1860 年被英法联军烧毁，光绪十八年（1892 年）重建。谐趣园以水面为中心，周围地势高低起伏不一，沿池建有楼、亭、堂、斋、桥、榭等园林建筑 15 处，并由百间游廊相连接，形成了错落相间，步步有景的建筑特色。这样别致、幽静的小园不可缺少苏式彩画的装饰和点缀，游人身临其间即感觉心旷神怡、超凡脱俗，高度体现了中国古典园林自然式造园的意境（图 1）。

1.2　彩画分类

谐趣园彩画以苏式彩画为主，具有与园林古建筑相融合，时代段落清晰，构图形式灵活多变，吉祥寓意较为突出等特点，是研究清代苏式彩画的重要依据，是颐和园文化的物质载体。谐趣园苏式彩画分为包袱式、枋心式和海墁式 3 种形式，多为当时工艺高超的画师所绘，反映了传统古建筑彩画艺术成就，其弥足珍贵的彩画艺术远远超出了其赋予建筑的保护与装饰功效，是园林古建筑价值的重要组成部分。其中包袱式苏画占绝大比例，在构思、布局、构图、题材上，基

图 1　谐趣园

人物题材

山水题材

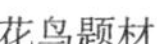

花鸟题材

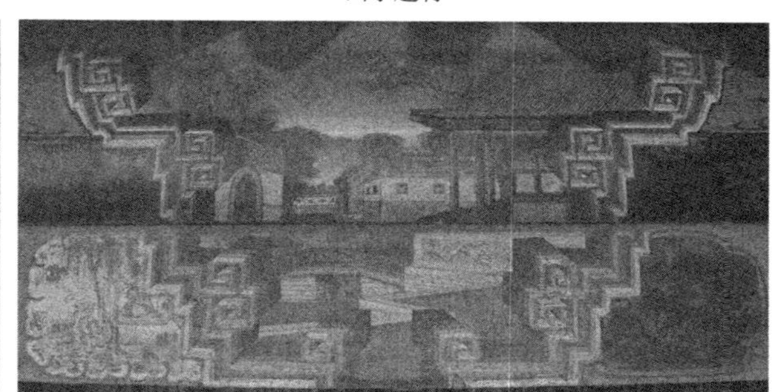

线法题材

图 2　谐趣园包袱式苏画

本没有重复，题材内容主要归纳为 4 类，即人物、山水、建筑线法和花鸟（包含动物），如图 2 所示，其中以人物画最多。廊亭相交及各建筑的廊心墙等处，还绘制有精美的廊心画共 16 幅，以人物画居多，另有少量线法及花鸟题材。

1.3　彩画价值

谐趣园彩画体现了 20 世纪 30 ~ 70 年代行业内对苏式彩画认识的特点，是苏式彩画自清中早期以锦纹为主的设计转向以绘画为主要设计的集中体现，是 20 世纪五六十年代苏式彩画的代表。园内各建筑的廊心墙彩画、迎风板彩画及部分包袱画为行业高手所绘，如图 3 所示，具有较高的艺术水准，反映出特定历史时代信息，成为传递建筑功能、等级、艺术品位和文化内涵的重要载体。除此之外，一些线法画不但绘制精细而且采用传统技法绘制，如图 4 所示，非现在一般工匠技艺所能达到的水平。

图 3　饮绿的廊心彩画

图 4　线法画

2　谐趣园彩画病害

通常情况在位于室外的环境下，经过 20 ~ 30 年的风化和光照老化，油饰彩画的地仗强度和彩画表皮的胶结强度均会有所减弱，相应的对木结构的保护作用也会越来越小，水汽和有害物质会随着裂缝的增多逐步渗透至木材，造成木材的糟朽或者炭化，比如柱跟部位的地仗，最容易受到阳光、风雨的侵蚀，残损情况也最为严重，通常经过约 10 年左右，此处地仗就会明显老化，阳光直射部位还会出现局部剥落的现象。谐趣园彩画绝大部分绘制于 20 世纪 60 年代，至今已经有近 50 年，因此病害类型多，危害程度较为严重，显现的主要病害有褪变色、粉化、龟裂、起甲、脱落等。

2.1　彩画勘察

彩画现场勘察是对上架大木彩画一般调查与廊心彩画、精品包袱彩画重点调查相结合的方法，对彩画病害的类型、危害程度和主要成因进行了基础分析。上架大木彩画一般调查中编制了“彩画病害调查现场记录表”，见表 1，对建筑上架大木彩画的病害、危害度、主要分布位置及照片现状进行记录。在此基础上完成“谐趣园上架大木彩画病害类型统计表”，见表 2。

彩画病害调查现场记录表——上架大木（部分）　表 1

监测日期	2009 年 10 月 28 日			
建筑名称	涵远堂	勘察人员	陈娇	
彩画位置	南外檐	绘制年代	1960 年	
	病害名称	病害程度描述	病害位置	病害特征照片编号
基底层	裂缝□	无	—	—
	菌藻类寄生□	无	—	—
	腐朽□	无	—	—
	物理破损□	无	—	—
	其他□	无	—	—
地仗层	裂缝□	轻微	东檐檐步	Xqy−05−dbw
	脱落□	无	—	—
	空鼓□	局部	东檐檐步	Xqy−05−dbw
	点状剥落□	轻微	东檐檐步	Xqy−05−dnw
	菌藻类寄生□	无	—	—
	其他□	无	—	—
彩画层	污染□	积尘	檩、柁头等	Xqy−05−dnw
	褪变色□	中等	大色	Xqy−05−dnw
	彩绘层脱落□	中等	南檐檐步 包袱内	Xqy−05−ndw Xqy−05−nxw
	粉化□	局部	东檐檐步 所有青色	Xqy−05−dbw
	起甲□	局部	聚锦、包袱等	Xqy−05−nxw
	龟裂□	局部	东檐檐步	Xqy−05−dnw
	菌藻类寄生□	无	—	—
	其他□	无	—	—
病害描述	邻水，地仗有裂缝，彩画褪变色，贴金氧化			
修复建议	拓样、除尘、局部修补，原状保护			

谐趣园上架大木彩画病害类型统计表（部分）　表 2

建筑名称	位置	基底层				地仗层					彩画层						
		裂缝	寄生	腐朽	物理破损	裂缝	脱落	空鼓	点状剥落	寄生	污染	褪变色	脱落	粉化	起甲	龟裂	寄生
涵远堂	南外檐	—	—	—	—	—	○	○	○	—	×	×	×	×	○	○	—
	北外檐	—	—	—	—	—	—	—	○	—	×	○	○	○	○	○	—
	西外檐	—	—	—	—	—	—	—	○	—	×	○	×	×	○	○	—
	东外檐	—	—	—	—	×	○	×	○	—	×	×	×	×	○	×	—
	廊内掏空	—	—	—	—	—	—	○	—	—	×	○	○	○	○	○	—
瞩新楼至澄爽斋连廊	外檐	×	—	×	×	×	×	○	○	—	×	×	×	×	○	○	—
	内檐	×	—	×	×	×	×	○	○	—	×	○	×	×	○	○	—
	梁架	×	—	○	○	×	○	×	○	—	○	○	×	×	○	○	—

注：× 为主要因素；○次要因素；—为无此类因素问题。

保存较好的线法包袱画

脱落严重的人物包袱画

下部构件残损明显

青色脱落明显

图 5　谐趣园彩画现状勘察

廊心彩画、精品包袱彩画重点调查，采用制作彩画病害分布图的方法，着重研究不同类型病害的分布面积，科学评估彩画病害危害程度，确定精品彩画保存的可能性。

依据表 1、表 2 病害勘察结果得出：谐趣园建筑依据地形依山傍水而建，建筑位置不同彩画所处的小环境也略有不同，谐趣园彩画病害的分布具有以下规律，如图 5 所示：

（1）彩画整体病害危害度已经较为严重，但大部分彩画整体图案纹饰尚清晰、可辨。

（2）病害以粉化、局部脱落、贴金氧化、地仗龟裂为主。

（3）按位置不同，病害分布特点为，建筑临湖面的彩画病害危害度强于不临湖部分，游廊彩画残损程度明显于涵远堂、知春堂等单体建筑，建筑外檐彩画残损明显于掏空和室内部位，建筑下部构件如枋子彩画残损明显于上部如檩等构件。

（4）按照不同的绘制工艺，病害特点为：白活部分中硬抹实开画法的线法包袱画病害少于其余包袱彩画；青色粉化脱落病害明显于其他大色。

2.2　病害分类（图 6）

2.2.1　基底层

彩画地仗依附于木构件之上，基底层病害主要指木构件产生的糟朽、断裂等病害，进而对彩画的完整性产生了影响。

2.2.2　地仗层

（1）龟裂或通裂——经过一段时间的老化各个层次的灰层强度降低，出现不同程度的隐痕，一麻五灰地仗的隐痕常出现在麻层之上，再经过一段时间的老化就会反应在彩画表面，主要表现为，彩画表面出现不规则的龟裂纹，龟裂一般情况是细灰和中灰上裂纹，严重时会出现通裂，如果发生通裂纹则表示裂纹已经深入至麻层。

（2）脱落——较为严重的病害，表现为彩画从地仗层上或彩画连同地仗层从木基层上脱落下来，露出地仗层甚至木构件。

（3）空鼓——用手轻敲彩画发出咚咚声即为空鼓，表示地仗和木骨之间已经局部脱离，出现空鼓病害后极容易发展为通裂或局部脱落病害。

2.2.3　彩画层

（1）褪变色——彩画最常见的老化病害就是褪色，原因包括光照中短波辐射的氧化作用，大气环境和降尘中相应化学成分的作用等，褪色的实质是颜色物质的变质和丧失，主要表现为油饰彩画颜色饱和度降低，表面泛白或发灰，以及颜料层变色，程度严重的则露出地仗底色。在建

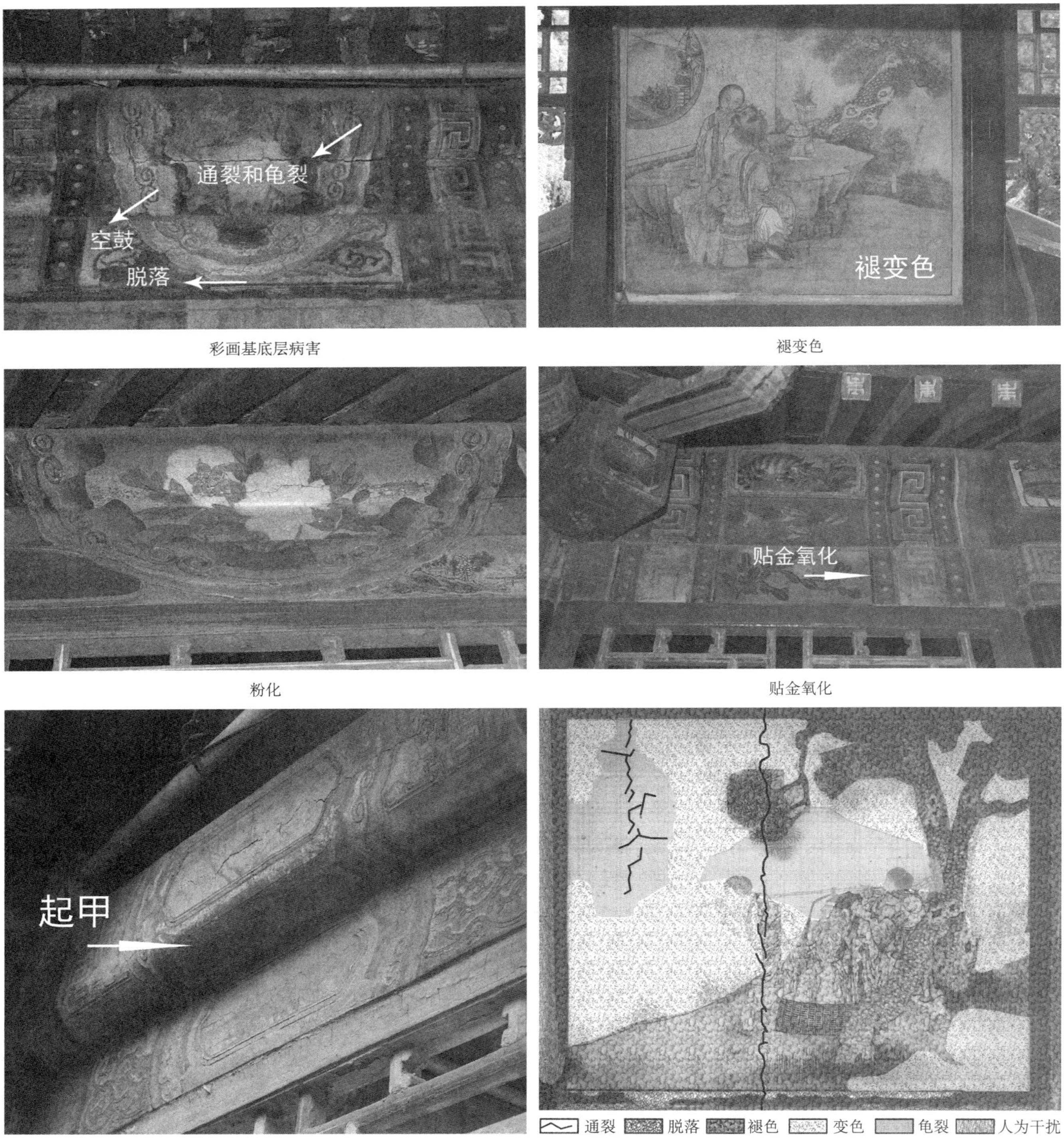
通裂和龟裂
空鼓
脱落
褪变色
贴金氧化
起甲
通裂
脱落
褪色
变色
龟裂
人为干扰

彩画基底层病害　褪变色

粉化　贴金氧化

起甲　彩画病害分析图

图6　彩画病害

筑彩画中，青色、绿色、白色、红色变化较为严重，表现为青色颜色逐渐变淡，绿色颜色逐渐发黑等。谐趣园廊心彩画，底色原为白色，现已经逐渐变为浅棕色，局部变为深棕色。彩画褪色严重时色泽均匀度会逐渐降低，会使彩画失去原有色彩，严重的将影响彩画整体的视觉美感。

（2）粉化——胶结物质中桐油、骨胶等成分衰弱或丧失，表现为颜料层胶结能力减弱，颜料层逐渐粉化，彩画表面的光泽度降低，在外力的作用下容易剥落。在彩画常用颜料中比较容易产生粉化现象的是青色。粉化病害在谐趣园比较严重，尤其是外檐、临水或迎风面彩画粉化脱落

现象尤为严重。

(3) 贴金氧化——主要表现为，彩画沥粉上的贴金表面氧化变色，颜色减淡、发暗，失去了初始金碧辉煌的效果。

(4) 起甲——由于地仗层已经出现酥碱等病害，地仗强度明显减弱，局部起翘，主要表现为，从细灰层以形似鱼鳞状小片翘起，起甲严重后会造成地仗表面局部剥落。

2.3 病害主要成因探讨

彩画病害受彩画及所属古建筑的赋存环境影响，气象等自然环境、人为因素、建筑残损导致的间接破坏等都有可能对彩画产生不同程度的影响，通过对谐趣园古建筑彩画的调查，分析谐趣园影响彩画病害的主要因素，统计结果见表 3，主要包括以下方面：

(1) 风吹、日照、雨淋、降尘积尘、温度湿度变化等自然因素均可对彩画造成影响，在天然光线条件下，红外线和紫外线对彩画的影响较明显，红外辐射可以使彩画泛白、漂白，彩度降低，紫外辐射可以使彩画变暗、发乌，明度降低。

(2) 建筑漏雨、歪闪、木构件拔榫开裂等病害导致彩画地仗出现开裂、脱落等的病害。

(3) 人为破坏的影响，主要包括触摸或其他物理损伤，严重的将大大降低彩画完整性，使彩画失去美感。

(4) 工艺技术原因以及油饰彩画施工工艺技术对彩画延年性的影响，如彩画大色群青的遮盖能力弱，颜料涂层比较厚，且群青颗粒细腻，调配时具有胶大发黑不美观的特性，因此，经过自然的老化，群青易脱胶，导致粉化脱落。

从以上分析可以看出，谐趣园彩画的病害受自然因素的影响最大，其中光照对彩画的影响尤其严重，外檐彩画残损情况明显于廊内及室内彩画，建筑外檐彩画群青颜料脱落明显。由表 3 可见，受建筑结构影响的彩画不多，但是建筑结构对该部分彩画的影响却十分严重，造成脱落等严重病害，因此不可忽略木结构对彩画病害的影响。

谐趣园彩画病害主要影响因素（部分）　　表 3

编号	建筑名称	自然因素	人为因素	建筑结构因素	工艺技术
01-02-L	宫门至澄爽斋连廊	×	○	—	○
02	澄爽斋	×	○	—	○
02-03-L	澄爽斋至瞩新楼连廊	×	○	×	○
03	瞩新楼值房	×	○	—	○
04	瞩新楼	×	○	—	○
04-05-L	瞩新楼至涵远堂连廊	×	○	—	○
05	涵远堂	×	○	—	○

注：× 为主要因素；○次要因素；—为无此类因素问题。

3 谐趣园彩画修缮

谐趣园景区彩画部分的修缮要在最大限度地保留现有彩画和在最小干预的前提下，以除尘、回贴、修补的方法为主，局部补绘、少量重绘的方法为辅进行保护性修缮工作。特别要注意的是，在工程土建部分的修缮中，要对现有彩画进行保护，为彩画修缮的施工提供保障，如图 7 所示。

3.1 进行全面的彩画除尘工作

彩画层的主要病害之一是污染，主要的污染源为积尘，所以对于原状彩画较为完整，绘制精美，且代表一定历史时期风格，修缮中采取不干预原状，仅作除尘处理。即先使用羊毛排刷和毛笔手工除尘，清除表面浮土。由于旧彩画表面粗糙，缝隙中的灰尘不易清除，还可利用可以调节吸力的小吸尘器细部除尘，以达到最佳的除尘效果，如图 8 所示。

图 7　施工中对彩画的保护

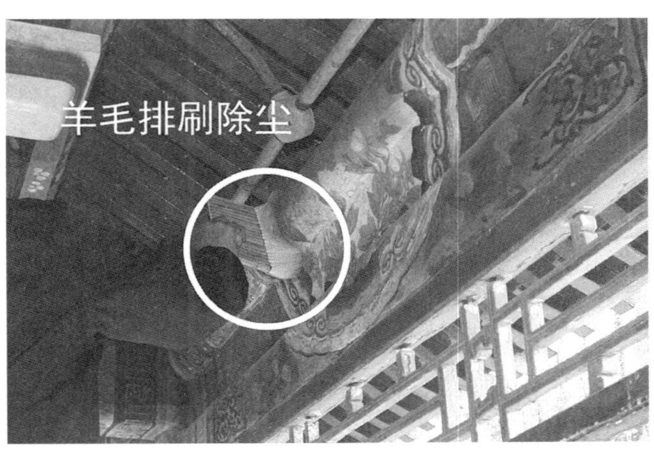

图 8　彩画除尘

3.2 最大限度保留精品彩画的历史信息

廊心彩画和部分精美的包袱彩画的地仗病害危害程度不高，彩画主要病害为褪变色，画面保存较为完整，且代表一定历史时期风格，修缮过程采取原状保护的方案。

部分主要建筑的包袱彩画，地仗层的病害危害程度不高，但彩画脱落严重，建议按原图案补绘彩画。补绘应注意历史信息的传承，聘请有经验的画匠，按照拍照—拓样—描拓—绘线描图稿等工序进行图案复原，线描图稿通过评审后再进行实地补绘。部分彩画地仗残损，需作加固、回帖，如图9所示。补绘完成后，彩画画面达到与周围环境相协调的效果。

修缮前

修缮中——拓样

修缮中——地仗回帖

修缮中——局部补绘

修缮后

图9 谐趣园彩画修缮过程

3.3 基底层病害严重部位重做地仗，重做彩画

此类彩画多处于游廊转角处，因常年积水建筑木结构糟朽、歪闪严重，需落架修缮，其彩画地仗多处通裂、空鼓，局部已经完全脱落，需重做地仗及彩画。

以上修缮方法贯穿于整个谐趣园彩画修缮工作中，并经常综合运用于建筑的同一部位，如谐趣园宫门北抱厦内檐彩画，下侧迎风板彩画绘制精美，且保存尚好，仅采用除尘做法；上侧檩三件彩画内，包袱心、箍头、卡子，彩画颜色层褪色，贴金氧化变色，采用除尘、补绘做法；聚锦、烟云托褪色严重，采用重绘做法，如图 10 所示，是在最小干预的前提下合理采用了最佳修缮方法的集中体现。

4 结论

谐趣园彩画是颐和园园林古建筑中苏式彩画在特定历史时期的代表之一。谐趣园景区于 2009 年开始勘察，彩画的赋存环境有湿度较大，光照分布不均，游人密集等特点。彩画的病害受赋存环境和彩画本身的特性两方面控制，影响谐趣园彩画病害的主要因素是光照等自然因素，以及木结构损伤对彩画的影响。谐趣园彩画主要病害是地仗龟裂、彩画层褪变色、粉化脱落以及积尘的污染。勘察过程中对其进行病害的类型统计、现场勘察以及分布特征分析，探讨病害产生的原因是彩画进行科学保护性修缮的基础工作，是制订修缮方案的一手资料。

修缮中注意了对病害的治理，以全面清除彩画积尘为主，局部重绘、重做为辅的修缮方法，遵循了最大限度保留的原则，既做到了原位保护，又使增强了谐趣园彩画的延年性。彩画修缮后的整体效果是颐和园园古林建筑彩画的真实写照，也是古建筑价值的重要体现。此次修缮工程完成后应继续掌握彩画病害的变化情况，为彩画历史信息的保护与研究奠定基础，从而达到最大限度保留与传承历史信息的目的。

图 10　修缮前后对比

参考文献

[1] 北京市地方志编纂委员会 . 北京志 · 世界文化遗产卷 · 颐和园志 [M]. 北京 ：北京出版社，2004.

[2] 颐和园管理处 . 颐和园建筑彩画艺术 [M]. 天津 ：天津大学出版社，2005.

[3] 颐和园管理处 . 颐和园排云殿—佛香阁—长廊大修实录 [M]. 天津 ：天津大学出版社，2006.

[4] 边精一 . 中国古建筑油漆彩画 [M]. 北京 ：中国建筑工业出版社，2007.

颐和园青绿颜料特征及光老化规律初步分析

北京市颐和园管理处 / 闫晓雨

摘　要：颐和园作为世界文化遗产，保存有世界上最完整的清晚期彩画群落，拥有大量具有历史价值和社会影响力的精品彩画。本文通过颐和园彩画年代序列调查，不同时期青绿颜料x射线荧光分析，x射线衍射分析，以及太阳辐射和紫外线辐射对青绿颜料的老化实验，分析颐和园现存不同时代彩画青绿颜料的主要成分以及光老化规律。

关键词：彩画　颐和园　青色颜料　绿色颜料

颐和园作为世界文化遗产，是北京古都风貌的重要组成部分和标志性人文景观之一，在这里保存有世界上最完整的清晚期彩画群落，拥有大量具有历史价值和社会影响力的精品彩画。与绝大多数古建筑一样，颐和园彩画大多位于建筑外檐，常年受到风、雨、光照等自然因素的侵害，容易老化，出现褪色、剥落等病害，不利于长时间保留。现在大家所见到的颐和园彩画多数绘制于新中国成立后，作品基本延续了清晚期彩画的总体风格，但也留下了一些时代变迁的痕迹，拥有自己的特色，体现了清晚期至20世纪五六十年代彩画发展的规律。

目前颐和园古建筑的外檐以及室内尚保留有部分清晚期的原始彩画。正是由于各个时期彩画实物的保留，使我们现在能够看到自清晚期、民国至新中国成立以后，各个时期绘制的彩画实物序列。课题组通过采集样品进行成分分析了解不同时期颐和园青绿两种颜料的成分组成特征，并在此基础上制作相同材料的颜色试块，进行太阳辐射和紫外线辐射对青绿颜料的老化实验，分析光照对彩画光泽度和色度的影响。该工作对了解颐和园古代建筑彩画的材料组成、致病因素与监测以及保护等工作具有重要意义。

1　颐和园彩画年代序列

颐和园始建于清乾隆时期，当时被称为清漪园，但乾隆时期的建筑包括建筑彩画已经在1860的大火中化为灰烬，目前我们看到的古建筑大部分建于清光绪时期，少量复建于20世纪80年代。园内的彩画包含清代官式彩画中的所有类别，依据绘制年代大致可分为清晚期、民国时期、建国初期几个历史时期，见表1所列。

1.1　清晚期彩画

长期以来大家普遍认为，颐和园清光绪时期的彩画仅有智慧海室内的“西番莲”彩画等很少的一两处，随着对彩画研究的深入，光绪时期的彩画被逐步发现。2003年，发现了排云殿东顺山殿脊檩上的枋心式苏式彩画，题材为“桃柳燕”；2006年在水木自亲脊檩上发现包袱式上梁彩画，题材为“片金坐龙”；同年，发现仁寿殿脊檩包袱式上梁彩画，题材也为“片金坐龙”。2010年发现西宫门德兴殿区域的西宫门、西宫门外南北朝房、德兴殿西檐、德兴殿南垂花门及周围游廊等建筑尚保存有清光绪时期彩画原物。彩画形式包括和玺彩画及苏式彩画两种形式。通过查档和研究，这些彩

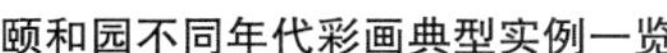

颐和园不同年代彩画典型实例一览　　表 1

年代	典型实例	
清晚期	德兴殿金线苏式彩画，包袱压枋心式构图。彩画整体具有清晚期苏画特点，以花鸟、线法和吉祥纹饰为主，绿地找头内绘异兽纹	
民国时期	五圣祠金线大点金旋子彩画。龙锦枋心，万字纹箍头，盒子内绘制异兽纹饰	
20 世纪 50 ～ 60 年代	宜云馆金线苏式彩画。彩画整体形式较清晚期彩画简单，纹饰以突出包袱内白活画面，人物故事题材明显增加。长廊廊心彩画、谐趣园彩画等园内分布的多处精美苏式彩画均为该时期的代表作品	

画应于光绪十二年至十四年（公元 1886 ～ 1888 年）绘制。

1.2　民国时期彩画

颐和园现存的民国时期彩画数量较少，目前仅发现 2 处：一处位于五圣祠区域，包括五圣祠、东西配殿及后罩殿，4 座建筑均保存有民国时期的旋子彩画，另一处位于仁寿殿室内，保存有较为完整的金龙和玺彩画和团龙天花彩画。根据档案记载，1928 年民国政府接收颐和园后，曾对园内古建采取一系列措施进行修护。1931 年，修长廊及亭 277 间，修补彩画；1938 年，木架整修及油饰，由崔记木厂施工；1936 年 5 月，油饰景福阁。1937 年 5 月，由北平市文物整理实施办事处主办，广茂木厂施工，整修油饰东宫门仁寿殿及南北配殿。[1]

1.3　建国初期彩画

新中国成立后政府对颐和园持续进行了较为系统的保护与修缮工作，颐和园现存的大部分精品彩画均重绘于 20 世纪 50 ～ 70 年代，具有较为明显的时代特征，代表作品位于长廊、谐趣园、宜芸馆等处。这些彩画作品基本延续了清晚期彩画的总体风格，但也留下了一些时代变迁的痕迹，拥有自己的特色，代表着清晚期至建国初期彩画发展的特色，其科学、艺术、历史和文化价值备受瞩目，尤其是一些廊心墙和迎风板彩画更是被誉为“中国木构建筑二的传世壁画”。

2 颐和园彩画样品收集

结合近年颐和园古建修缮项目，课题组持续不断地进行彩画地仗、油皮及颜料表层的样品收集工作，见表 2。地仗工艺包括一麻五灰、一布四灰和单披灰 3 种，油皮主要为红绿 2 种颜色，彩画颜料表层颜色共包括青、绿、红、白、黑以及多种小色。

收集的样品以绘制年代为序列进行排序，包括光绪年间、民国时期、新中国成立初期、20 世纪 80 年代几个重要时期。采样时注意样本质量，保证样品多能较为清晰地辨别工艺做法以及表层颜色。但由于部分样品绘制年代久远，地仗残损风化，颜料层脱落严重，表面呈现出黑色，不易辨别其原本面貌。

3 部分样品青绿颜料的成分分析

3.1 分析样本选取

为了更好地了解颐和园古建筑彩画青绿颜料的年代变化规律，分析不同年代彩画病害的形成诱因，选取了绿色颜料样品 6 个，青色颜料样品 5 个，进行了科学分析检测工作。

3.2 分析仪器

3.2.1 能量散射 X 射线荧光分析仪（EDXRF）

SHIMADZU EDX-800HS 型能量散射 X 射线大腔体荧光分析仪，测量电压为 50kV，测量时间为 100s，Rh 靶。

3.2.2 X 射线衍射仪（XRD）

Rigaku D/max 2200 型 X 射线衍射仪，工作管压和管流分别为 40kV 和 40mA，Cu 靶。发散狭缝、防散射狭缝和接收狭缝分别为 1°、1° 和 0.15mm。

3.3 实验结果与讨论

3.3.1 实验结果

表 3 和表 4 分别为 X 射线荧光和 X 射线衍射分析结果。图 1 为样品的 X 射线衍射图。

颐和园油饰彩画样品汇总表（部分） 表 2

编号	景区	取样位置	样品内容	采样时间	年代
样品 1	北如意门景区	德兴殿南侧垂花门西南檐柱下架油皮和地仗	绿色油皮 + 一麻五灰地仗	2009 年 6 月	约光绪
样品 2	北如意门景区	德兴殿南侧廊四架梁青色颜料和地仗	青色颜料 + 一麻五灰地仗	2009 年 6 月	约光绪
样品 4	北如意门景区	德兴殿南侧垂花门大门西侧大边框线贴金和地仗	框线贴金 + 单披灰地仗	2009 年 6 月	约光绪
样品 6	北如意门景区	德兴殿西檐上架	少量青色颜料 + 一麻五灰地仗	2008 年 9 月	约光绪
样品 7	南湖岛景区	涵虚堂飞椽头及椽帮单披灰（表皮不是绿油漆）	颜料表皮 + 单披灰地仗	2007 年 7 月（施工中采样）	20 世纪 80 年代
样品 8	南湖岛景区	涵虚堂外檐下架红油皮和一麻五灰地仗包括再次细灰	红油皮 + 一麻五灰地仗 + 原有再次细灰	2007 年 8 月（施工中采样）	20 世纪 80 年代
样品 9	南湖岛景区	涵虚堂上架大木旋子彩画青黑绿颜料	青绿黑颜料 + 一麻五灰地仗	2007 年 9 月（施工中采样）	20 世纪 80 年代
样品 11	佛香阁景区	佛香阁南山门下架	红色油皮 + 一麻五灰地仗	2005 年 11 月（施工中采样）	20 世纪 80 年代

颜料样品的 EDXRF 分析结果（质量分数 *wt*%） 表 3

编号	Si	Al	Ca	Fe	K	Cl	S	Ti	As	P	Pb	Mn	Cu	Ba	Zn	Na	Mg	Hg
样品 1 绿	16.9	5	20.4	8.2	4.5		4.1		16.6		6.7		9.4	8.2				
样品 2 青	3	4.1	41.4	17.5	5.7		14.8	1.6	0.5	8.7	2.1	0.4	0.3					
样品 9−1 青	32.1	21.6	15.8	15.3	6.7		4.1	1.8	1	0.6	0.5	0.3	0.2					
样品 9−2 绿	1.2	0.8	52	4.7	1.4		1		23.3				12.3	2.4	0.9			
样品 14 绿	19	4.7	11.7	9.3	3.2		8.8		4.8	0.3	0.4		10.9	26	0.9			
样品 15 青	14.2	4.8	22.4	7.4	3.2	7.1	11.4		1.5	0.8	11	0.7	0.4	11.6	3.6			
样品 28 青	25.3	19.6	6.5	17.2	0.3	2.3	13.8			0.3	0.5			13.1	0.1	1		
样品 29 绿	2.1	3.7	44.4	7.9	3.6		1.6	1	10.7	12.3	6.2	0.2	6		0.4			
样品 33−1 绿	1.5	0.4	3.5		0.3		37.5		11.6	0.2	29.6		8					
样品 33−2 青	21.7	6.2	18.7	15.7	6		14.1			0.7	1.8		0.3	11.6		2.3	1.1	
样品 38 绿	0.7		3.4				0.9		60.3				34.1	0.6				

颜料样品的 X 射线衍射分析结果　　表 4

颜料	编号	样品年代	分析结果
绿色颜料	样品 38 绿	鸡牌绿粉末	$CaSO_4$、$CaSO_4 \cdot 2H_2O$、$CaCO_3$、$C_2H_3As_3Cu_2O_8$
	样品 1 绿	德兴殿约光绪	SiO_2、$CaCO_3$、$CaSO_4 \cdot 2H_2O$、$C_2H_3As_3Cu_2O_8$
	样品 29 绿	清外务部公所民国	SiO_2、$CaCO_3$、$C_2H_3As_3Cu_2O_8$
	样品 33-1 绿	仁寿殿 50 年代	$CaSO_4$、$CaSO_4 \cdot 2H_2O$、$C_2H_3As_3Cu_2O_8$、$KMg_3(Si_3Al)O_{10}(OH)_2$、$(K, Na)(Al, Mg, Fe)_2(Si_{3.1}Al_{0.9})O_{10}(OH)_2$
	样品 14 绿	长廊 78 年	SiO_2、$CaCO_3$、$BaSO_4$、$CaSO_4 \cdot 2H_2O$、$C_2H_3As_3Cu_2O_8$
	样品 9-2 绿	涵虚堂 80 年代	$CaMg(CO_3)_2$、SiO_2、$C_2H_3As_3Cu_2O_8$
青色颜料	样品 2 青	德兴殿约光绪	SiO_2、$CaSO_4 \cdot 2H_2O$、$KAlSi_3O_8$、$Na_7Al_6Si_6O_{24}S_3$
	样品 28 青	清外务部公所民国	$CaSO_4$、SiO_2、$CaCO_3$、$Na_7Al_6Si_6O_{24}S_3$、$CaSO_4 \cdot 2H_2O$
	样品 33-2 青	仁寿殿 50 年代	SiO_2、$Na_{0.986}(Al_{1.005}Si_{2.995}O_8)$、$KAlSi_3O_8$、$Na_7Al_6Si_6O_{24}S_3$、$Na_7Al_6Si_6O_{24}S_3$
	样品 15 青	长廊 78 年	SiO_2、$CaSO_4 \cdot H_2O$、$Na_7Al_6Si_6O_{24}S_3$
	样品 9-1 青	涵虚堂 80 年代	SiO_2、$CaCO_3$、$Na_7Al_6Si_6O_{24}S_3$

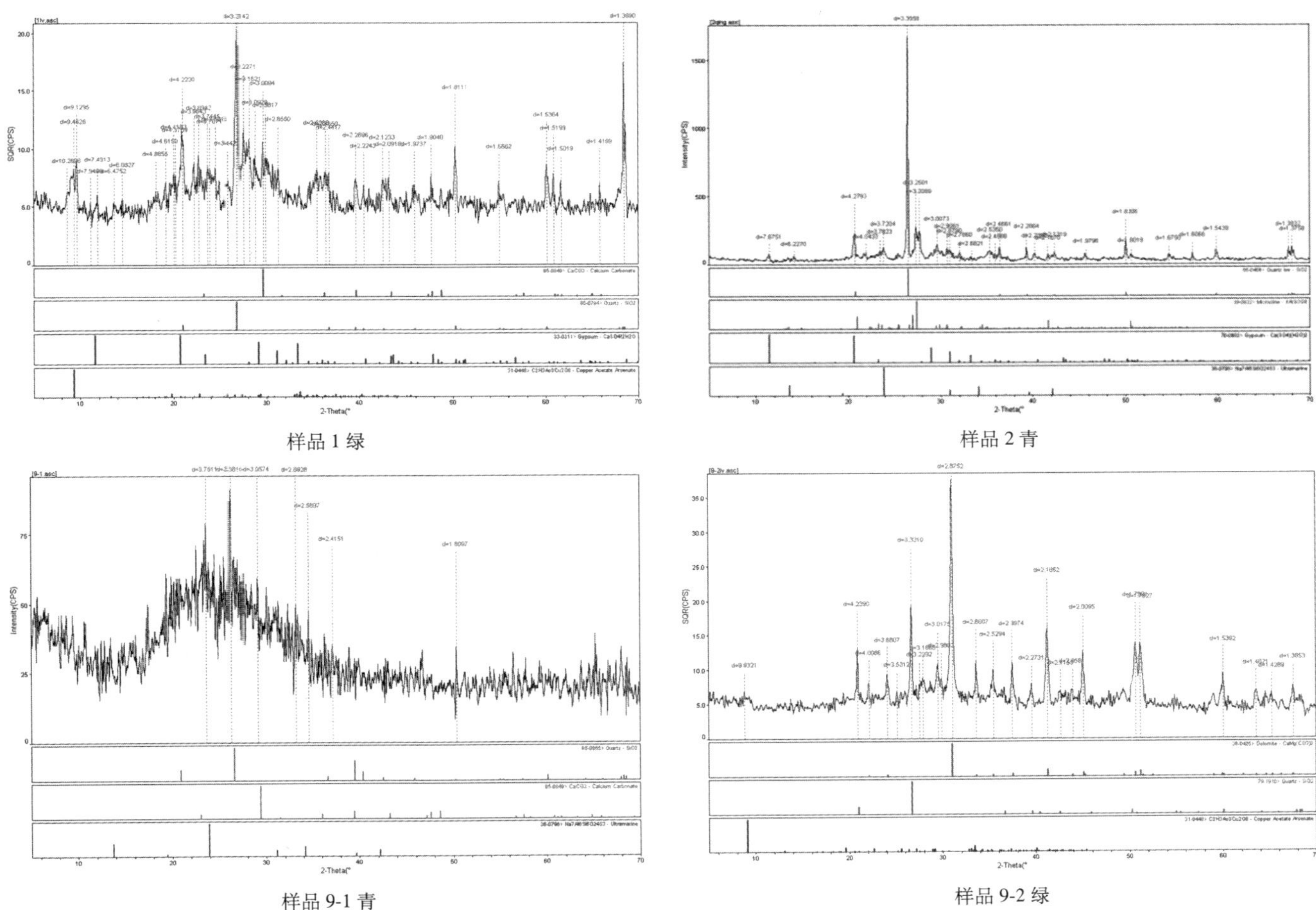

样品 1 绿　　样品 2 青

样品 9-1 青　　样品 9-2 绿

图 1　样品的 X 射线衍射图（部分）

由样品EDXRF成分分析结果可知，所有颜料中均含有Si、S、Ca元素。绿色颜料中，均含有As、Cu元素，根据衍射检测结果可知，其显色成分为翡翠绿，即砷酸醋酸铜，砷酸醋酸铜为有机颜料，有毒性，在清朝曾作为绿色颜料使用过一段时间，不常见。青色颜料显色成分为青金石。另外，大多数颜料样品中含有石膏或方解石，可以推测其为粉层或调色材料，见表5。

颜料检测分析结果　　表5

名称	检测结果
绿色颜料	砷酸醋酸铜
青色颜料	青金石
粉层	石膏、方解石
调色材料	石膏、方解石

4 太阳辐射和紫外线辐射对青绿颜料的光老化实验

4.1 材料与仪器

4.1.1 试块制作

老化试块，制作12cm×12cm×5cm松木块，做3道灰地仗，按照传统骨胶调色做法，满刷群青、巴黎绿。

4.1.2 光源仪器

（1）D65标准光源经中国计量院标定色温为6500K，显色性*Ra*=93.9的OSRAM18W荧光灯。

（2）实验模拟日光光源：高压管型氙灯。

（3）紫外线灯：EN-160/FE交流电操作手持式紫外线灯。

（4）金卤灯Philips 70W金卤地埋投光灯。

4.1.3 色度和光泽度检测仪器

（1）彩色亮度计：采用日本TopconBM-7型亮度计进行彩画的色度测量分析。

（2）光泽度计：采用JKGZ-1型便携式光泽度仪，示值范围0～199.9GS。

（3）TN-2340紫外线照度计。

4.2 实验方法

4.2.1 太阳辐射

选用氙灯模拟天然光，对模型试件进行照射；采用循环照射，每开灯10h，1天为1个循环周期，随着照射周期的累加，被照面所获得的辐射量（lx·h）累加。每3个循环周期（累计开灯照射30h）后进行表面色度、光泽度指标的观测记录，分析变化趋势。[2] 每组实验共持续15个周期。每次测量色度时照明/观测的条件保持一致。

4.2.2 紫外线辐射

实验方法与太阳辐射实验相同，仅循环照射周期有所调整，紫外线灯每天连续开灯8h，1天为1个循环周期；金卤灯每天照射16.5h±0.5h，间歇7.5h±0.5h，1天为1个循环周期。

4.3 实验结果

经过周期性辐射后，试块颜料的色彩和光泽度变化主观上观感都可以察觉到，表面色度变化基本规律是变暗、变灰，即明度、彩度（饱和度）下降。实验数据以光泽度和色度参数（色坐标[*x*，*y*]、米制明度L^*）为测量值，按照实验程序测量记录试块受光面的光泽度和色度参数。得出实验终了光泽度变化幅度*Δ*值；色度参数转换为孟塞尔颜色标号，并给出实验终了孟塞尔颜色标号三参数（色调、明度、彩度）变化幅度*Δ*值。[3] 对地仗方面的影响为原来表面有细小龟裂纹的彩画试块，经光照后开裂更加明显，而原来表面没有裂纹的彩画试块，经光照后也未发现龟裂情况。

4.3.1 光泽度分析

试块在氙灯照射下光泽度变化和变化幅度值见表6所列，在紫外线照射下变化和变化幅度值见表7所列。不管采用哪种光源照射彩画试块，其总的光泽度变化基本趋势是下降的，但青绿两色彩画试块表面本身光泽度就很低，光照后光泽度下降幅度可见但不大。

氙灯照射下彩画块光泽度变化
（85° 测量档位）单位：GS　　表6

颜色＼周期	0	3	6	9	12	15	*Δ*
绿	2.7	2.1	2.3	2.0	2.4	1.7	1.0
青	5.6	5.3	5.2	4.9	5.1	4.8	0.8

紫外线照射下彩画块受光面光泽度变化
（85° 测量档位）单位：GS　　表7

颜色＼周期	0	3	6	9	12	15	*Δ*
绿	1.6	1.5	1.6	1.6	1.5	1.5	0.1
青	3.3	3.2	3.3	3.4	3.5	3.5	0.2

4.3.2 色度分析

试块在氙灯照射下色度变化和变化幅度值见表8所列，在紫外线照射下变化值和变化幅度值见表9所列。在色度方面，孟赛尔3个参数都随时间有波动，可见色度均有变化，紫外线辐射的变化趋势与可见光变化趋势相同。紫外线是自然光谱中的组成部分，在紫外线老化实验中可见，青、绿色调均上升，明度和彩度下降，绿色试块色调变化幅度大，青色试块色调逐步向蓝紫发展。从实验数据比较分析来看，天然光照对青绿颜色的影响主要表现为褪变色和粉化。[4] 对彩画的影响，和紫外辐射含量较高有关。

氙灯照射下彩画块在 D65 标准光源下色度变化 表 8

颜色 \ 周期		0	3	6	9	12	15
绿	(*x*, *y*)	0.2242，0.3333	0.2203，0.3433	0.2163，0.3382	0.2182，0.3387	0.2222，0.3385	0.2189，0.3403
	*L** (*Y*)	10.83	9.289	10.72	9.329	8.408	10.98
	孟塞尔色标	2.79BG0.93/3.1	2.14BG0.78/3.1	2.45BG0.92/3.3	2.45BG0.80/3.3	2.45BG0.70/3.3	2.45BG0.99/3.3
	变色幅度	⊿色调：0.34 ⊿明度：0.06 ⊿彩度：0.2					
青	(*x*, *y*)	0.1976，0.1563	0.1908，0.1486	0.1885，0.1472	0.1914，0.1517	0.1925，0.1424	0.1909，0.1511
	*L** (*Y*)	2.543	2.032	3.013	2.603	2.132	2.713
	孟塞尔色标	5.28PB0.31/5.3	6.28PB0.28/5.6	6.27PB0.34/5.8	6.26PB0.32/5.6	6.59PB0.29/5.8	6.25PB0.33/5.6
	变色幅度	⊿色调：0.03 ⊿明度：0.02 ⊿彩度：0.3					

紫外线照射下彩画块在 D65 标准光源下色度变化 表 9

颜色 \ 周期		0	3	6	9	12	15
绿	(*x*, *y*)	0.2496，0.3681	0.2490，0.3666	0.2478，0.3696	0.2475，0.3734	0.2465，0.3709	0.2453，0.3227
	*L** (*Y*)	51.3 (19.53)	50.8 (19.10)	48.9 (17.51)	48.8 (17.43)	48.8 (17.43)	48.5 (17.19)
	孟塞尔色标	8.3G4.97/5.3	8.63G4.92/5.8	8.75G4.74/6	8.85G4.73/6.5	9.0G4.73/6.5	9.20G4.70/7.2
	变色幅度	⊿色调：0.9 ⊿明度：0.27 ⊿彩度：1.9					
青	(*x*, *y*)	0.1974，0.1664	0.1953，0.1646	0.1943，0.1651	0.1932，0.1611	0.1920，0.1518	0.1915，0.1508
	*L** (*Y*)	35.3 (8.65)	35.1 (8.55)	35.0 (8.50)	33.3 (7.68)	32.9 (7.49)	32.8 (7.45)
	孟塞尔色标	6.25PB3.44/11	6.31PB3.42/10.8	6.4PB3.41/10.7	6.46PB3.24/10.7	6.50PB3.21/10.6	6.51PB3.20/10.4
	变色幅度	⊿色调：0.26 ⊿明度：0.24 ⊿彩度：0.6					

5 结论

综合颐和园彩画年代序列调查，青绿颜料 X 射线荧光分析、X 射线衍射分析以及太阳辐射和紫外线辐射对青绿颜料的光老化实验可以看出颐和园现存不同时代彩画青绿颜料的主要成分以及光老化规律。

从清光绪时期至民国时期，再至 20 世纪 50 ~ 80 年代，颐和园的青色颜料均为青金石即群青，没有发现石青，青色是彩画的主要六色之一，依据实验结果可以说明颐和园青色原料的使用没有变化。颐和园的绿色颜料没有石绿，均为人工合成原料，早期为鸡牌绿，后期颜料统称为巴黎绿，巴黎绿为商品名，又名洋绿。巴黎绿，颜色较鸡牌绿深暗，色泽发蓝，不及鸡牌绿鲜艳。经实验分析可知，历年样品青绿显色成分基本相同，但其余成分略有不同，推断其原料颗粒大小、附着能力等性质也存在差异。

根据颜料分析结果，选取目前颐和园古建筑修缮常用的群青和巴黎绿颜料，制作实验试块进行光照老化实验。实验结果表明，天然光辐射对青绿两色彩画均有影响，主要表现为褪变色和粉化，即色度和光泽度变化，变化基本规律是变暗、变灰，即明度、彩度（饱和度）下降，可见光照对彩画的影响，和紫外辐射含量较高有关。

参考文献

[1] 北京市地方志编纂委员会 . 北京志 . 世界文化遗产卷 . 颐和园志 [M]. 北京：北京出版社，2004.

[2] 马剑，党睿 . 清代皇家古建筑彩画在天然光照下衰变研究 [J]. 照明工程学报，2009（2）.

[3] 党睿，刘刚 . 园林彩画信息数字化保护与应用 [J]. 中国园林，2013（6）.

[4] 高大伟，刘博，刘刚 . 基于油饰彩画及生态环境保护的研究型夜景照明设计——以北京天坛公园夜景照明研究与设计为例 [J]. 中国园林，2011（4）.

白皮松衰弱原因分析及复壮技术

北京市景山公园管理处 / 张品水　周明洁　李　晶

摘　要：白皮松是我国特有的珍贵树种，是北京主要的绿化树种之一，在街道、绿地的绿化中起着重要的作用。近年来，由于气候、环境、人为等诸多因素的综合影响，致使景山公园的白皮松尤其是古白皮松一直呈现着不同程度的衰弱态势。本文通过对气候、土壤透气性、土壤成分、针叶情况、病虫害情况、人为因素等方面的调查，对景山公园古白皮松的衰弱原因进行分析，得出导致衰弱的原因，对衰弱白皮松制定和实施有针对性的养护复壮措施，并对其生长状态的各项参数、复壮养护的实施效果进行跟踪记录、评估，并逐年完善、修改，总结出适合景山白皮松的养护管理技术，取得了较好的复壮效果，有效地延缓了白皮松的衰弱情况。

关键词：白皮松　衰弱原因　复壮技术　养护管理

1　前言

1.1　目的和意义

白皮松（*Pinus Bungeana* Zucc.），松科，松属，常绿针叶乔木，为阳性树，喜光、耐旱、耐干燥瘠薄、抗寒力强，是松类树种中能适应钙质黄土及轻度盐碱土壤的主要针叶树种。[1] 在深厚肥沃、向阳温暖、排水良好之地生长最为茂盛。白皮松的木材纹理直，轻软，加工后有光泽和花纹，供细木工用。其树姿优美，树皮奇特，可供观赏。[2]

景山公园是北京中心区南北中轴线上一座极具特色的皇家园林，具有千年建园史，园内拥有众多古树。[3] 目前有 A、B 级古白皮松、侧柏、桧柏、国槐、油松、银杏等共 885 棵。据 2008 年统计，景山公园有衰弱古白皮松 20 棵。文章通过研究针对不同的立地条件，有针对性地对衰弱的古白皮松进行养护及复壮工作，并进一步评估白皮松养护管理技术的有效性，为景山公园白皮松保护工作起到重要指导作用。

1.2　国内外研究现状

20 世纪 80 年代起我国大部分省市根据建设部要求开始对辖区内古树名木进行普查并开始进行一些复壮技术的研究工作。建立了古树的矿质营养元素区系标准，在此基础上，于 1998 年出台了《北京市古树名木管理技术规范》。

国外一些发达国家，如美国、德国把 50 年以上的树木作为古树保护。美国研究出肥料气钉，解决古树表层土供肥问题。[4] 目前对白皮松所作的研究不多，并且基本用现代种植的白皮松，涉及古白皮松及古白皮松衰老的课题较少。

2　白皮松衰弱原因分析

2.1　土壤透气性调查及分析

2.1.1　材料与方法

1）材料

在景山东、西侧，根据古白皮松分布及长势等情况，

选取濒危、衰弱、正长古白皮松 17 株，样本编号见表 1。

抽样检测土壤容重的白皮松编号　　表 1

树势	编号
Ⅰ濒危树	A03514
Ⅱ衰弱树	B13508 A03518 B13292 A03508 A03502 B13256 A03509 A03500 A03497
Ⅲ正常树	A03512 B13258 A03513 B13262 A03504 B13489 A03503

2）方法

环刀—质量法。

2.1.2　结果与分析

17 棵古白皮松土壤容重调查结果见表 2。

17 株古白皮松土壤容重　　表 2

正常	0.61	0.64	0.69	0.54	0.51	0.67	0.49		
衰弱	0.75	0.69	0.85	0.72	0.87	0.89	0.73	0.84	0.72
濒危	0.96								

由方差分析可知，F=17.04358>1，P=0.000177<0.05，说明正常白皮松与衰弱白皮松的土壤透气性有明显差异（表 3）。

方差分析　　表 3

差异源	方差	自由度	均方差	F 值	P 值
组间	0.207847	2	0.103923	17.04358	0.000177
组内	0.085365	14	0.006098		
总计	0.293212	16			

由土壤容重结果可以看到，长势良好与濒危白皮松的土壤容重差异较大。相关研究显示，土壤高密度对植物的生长与生存易产生十分不利的影响，对通气要求高的白皮松影响尤为明显，随着紧密度的增加，土壤的机械阻抗也加大，妨碍植物根系的延伸。[5] 由此推断，景山白皮松的衰弱现象与土壤透气性有很直接的关系，是造成白皮松树势衰弱的重要原因之一。

2.2　土壤成分调查

2.2.1　材料与方法

1）材料

对景山、蟒山森林公园白皮松周围的土壤采样，共 8 个样点，分为 4 组，对土壤中的营养元素含量进行了检测。

2）方法

碱解氮：碱解—扩散法。

速效钾：NH_4OAc 浸提—火焰光度法（2655-00 火焰光度计）。

有效磷：$NaHCO_3$ 浸提—钼蓝比色法（TU-1901 紫外可见分光光度计）。

土壤有效态 Fe、Mn：DTPA 浸提—原子吸收分光光度法（AA-6200 原子吸收分光光度计）。

交换态 Ca、Mg：NH_4OAc 浸提—原子吸收分光光度法（AA-6200 原子吸收分光光度计）。

2.2.2　结果与分析

由景山与昌平土壤各元素的平均值的方差对比可知，在有效磷、有效态 Mn 的差异不明显，在碱解氮、速效钾、交换态 Na、有效态 Fe 的差异明显（表 4）。由方差分析可知，样方之间 F=4.092058>1，P=0.033098<0.05，说明景山公园土壤元素含量与蟒山森林公园土壤元素含量差异明显（表 5）。

景山与昌平土壤中元素含量　　表 4

样品名称	碱解氮 (mg/kg)	速效钾 (mg/kg)	有效磷 (mg/kg)	交换态 Na (mg/kg)	有效态 Fe (mg/kg)	有效态 Mn (mg/kg)
景土 1	317.42	133.50	22.50	119.74	118.98	24.97
景土 2	286.09	124.42	21.74	93.26	98.75	22.50
景土 3	302.62	106.26	19.62	108.32	106.76	18.75
景土 4	308.42	115.50	20.36	123.50	103.65	23.60
昌平 1	41.42	114.36	9.26	36.52	10.98	6.08
昌平 2	30.03	94.29	6.49	60.60	11.12	6.79
昌平 3	29.09	82.44	8.62	65.52	11.20	5.55
昌平 4	30.67	82.44	10.43	62.94	10.40	6.75

方差分析　　表 5

组	观测数	求和	平均	方差
碱解氮	2	336.44	168.22	36675.8
速效钾	2	213.3025	106.6513	352.1195
有效磷	2	29.755	14.8775	76.32301
交换态 Na	2	167.6	83.8	1502.068
有效态 Fe	2	117.96	58.98	4618.566
有效态 Mn	2	28.7475	14.37375	130.6132

古白皮松有着自己的营养元素代谢特点，按一定的比例吸收同化矿质元素，当某种元素缺失或者过量时都会影响古树的正常生长，当某种元素过量到一定程度时将对古树产生毒害作用。[6] 通过与蟒山森林公园对比推断，碱解氮、有效态铁、有效态锰、交换态钙、有效态磷 5 种矿质元素含量过高有可能是影响白皮松正常生长的因素之一。

2.3 针叶情况调查

2.3.1 材料与方法

1）材料

选取景山4株壮年白皮松和昌平蟒山森林公园4株壮年白皮松，对针叶进行采样，测定其针叶中微量元素含量，对比分析；选取景山长势衰弱古白皮松8棵，长势较好古白皮松8棵进行采样，测定其针叶中微量元素含量，对比分析。

2）方法

植物全氮：H_2SO_4-H_2O_2 消煮—凯氏法。

磷、钾、钙、镁、钠、铁、锰、铜、锌、铬、镉、铅：ICP—AES法。

2.3.2 结果与分析

1）景山与昌平白皮松针叶各微量元素含量比较

由景山与昌平白皮松的各元素的含量方差分析，可以知道两地白皮松所含元素在锰、铜、铅这3种重金属方面存在较大差异。镉和铅的含量，景山明显高于蟒山；铜的含量，景山略高于蟒山（表6、表7）。

空气中重金属的最大排放源是机动车辆排放的尾气，植物叶片是植物的重要组成部分，是大气污染物的重要吸收器官。植物通过根系排出体外或积累贮藏于某一器官内，通过植物对大气污染物的吸收、降解积累和排出，从而达到净化空气的目的。[7, 8] 植物在能够忍受的浓度范围内，对大气重金属的吸收具有累积性，[7] 其叶片中重金属的累积量与大气中的相对质量分数呈显著正相关。[9] 景山公园由于交通流量大，机动车辆排放尾气量大，白皮松针叶重金属累积量明显高于蟒山。

2）正常与濒危的白皮松针叶各微量元素含量比较

由所求方差，可知在钠、铁、锰、铅这4种元素方面，衰弱的白皮松与正常的白皮松存在明显差异（表8、表9）。

从表中数据显示的生长正常的古白皮松和生长衰弱的古白皮松针叶中大量元素含量比较，可以看出长势正常的古白皮松针叶中N、P、Na 3种元素的含量均小于长势衰弱的古白皮松，长势正常的古白皮松针叶中K、Ca、Mg 3种元素的含量均大于长势衰弱的古白皮松（表10）。

景山与昌平白皮松针叶各微量元素含量比较　　表6

	全氮(%)	磷(%)	钾(%)	钙(%)	镁(%)	锰(mg/kg)	铜(mg/kg)	铬(mg/kg)	镉(mg/kg)	铅(mg/kg)
景山1	0.8	0.22	0.4	1.04	0.22	41.1	18.97	4.84	0.11	4.44
景山2	0.78	0.2	0.5	1.09	0.19	86.69	21.7	5.65	0.12	4.04
景山3	1.13	0.25	0.5	1.16	0.23	46.72	21.15	4.91	0.15	4.93
景山4	0.84	0.3	0.6	0.85	0.19	40.11	31.63	5.72	0.1	5.79
昌平1	0.88	0.28	0.5	0.74	0.1	17.98	19.78	3.89	0.02	0.11
昌平2	1.15	0.32	0.6	0.67	0.23	17.06	14.6	4.06	0.03	0.8
昌平3	0.97	0.36	0.7	0.9	0.25	34.92	17.09	5.08	0.04	1.24
昌平4	0.74	0.26	0.5	1.36	0.26	49.75	13.98	5.81	0.02	1.02

方差分析　　表7

组	观测数	求和	平均	方差
碱解氮	2	1.8225	0.91125	0.001128
磷	2	0.5475	0.27375	0.001953
钾	2	1.055	0.5275	0.00405
钙	2	1.9525	0.97625	0.006903
镁	2	0.4175	0.20875	3.13E−06
锰	2	83.5825	41.79125	281.4971
铜	2	39.725	19.8625	24.5
铬	2	9.99	4.995	0.16245
镉	2	0.1475	0.07375	0.004278
铅	2	5.5925	2.79625	8.030028

长势衰弱与正常白皮松针叶元素含量 表 8

编号	全氮 (%)	磷 (%)	钾 (%)	钙 (%)	镁 (%)	钠 (mg/kg)	铁 (mg/kg)	锰 (mg/kg)	铜 (mg/kg)	锌 (mg/kg)	铬 (mg/kg)	镉 (mg/kg)	铅 (mg/kg)
R1	0.81	0.28	0.42	0.87	0.22	41.63	194.60	13.53	17.70	9.99	2.97	0.100	1.29
R2	0.80	0.43	0.54	0.30	0.11	3609.82	222.32	6.59	19.63	12.56	1.54	0.060	1.85
R3	0.94	0.23	0.35	1.06	0.23	760.17	319.59	17.81	19.08	10.34	3.98	0.090	2.44
R4	1.06	0.44	0.25	0.90	0.21	4448.83	310.42	15.09	20.52	19.34	3.70	0.075	2.61
R5	1.08	0.27	0.47	0.76	0.22	465.08	243.13	26.31	20.66	11.78	3.10	0.105	1.30
R6	0.78	0.25	0.38	1.17	0.18	1833.17	215.53	15.83	19.76	14.81	3.77	0.040	1.60
R7	1.03	0.37	0.41	0.42	0.18	4021.98	325.59	11.46	21.16	11.86	2.17	0.095	2.31
R8	1.24	0.35	0.61	0.71	0.22	794.42	347.17	20.20	20.07	13.52	3.32	0.065	2.72
Q1	1.01	0.25	0.46	1.33	0.24	210.95	210.65	23.52	18.70	11.18	4.27	0.095	1.36
Q2	0.78	0.24	0.39	1.37	0.23	54.64	256.57	21.08	20.48	11.35	4.31	0.095	1.53
Q3	0.97	0.29	0.38	0.74	0.21	954.55	233.34	12.32	19.85	8.42	3.09	0.100	1.89
Q4	0.91	0.27	0.60	0.77	0.16	817.90	273.37	14.53	19.86	11.60	3.21	0.045	2.45
Q5	0.99	0.24	0.60	1.19	0.24	55.63	264.62	20.67	22.63	10.82	4.20	0.030	1.65
Q6	0.76	0.23	0.51	1.44	0.18	104.29	235.16	16.55	19.00	14.43	4.66	0.085	1.05
Q7	0.69	0.21	0.44	1.03	0.18	692.68	237.10	14.36	18.86	16.64	3.44	0.090	0.80
Q8	0.87	0.25	0.47	1.05	0.18	30.86	220.09	19.32	19.66	19.14	3.57	0.060	1.59

方差分析 表 9

组	观测数	求和	平均	方差
碱解氮	2	1.8225	0.91125	0.001128
磷	2	0.5475	0.27375	0.001953
钾	2	1.055	0.5275	0.00405
钙	2	1.9525	0.97625	0.006903
镁	2	0.4175	0.20875	3.13E-06
钠	2	603.835	301.9175	3254.631
铁	2	381.9875	190.9938	1370.916
锰	2	83.5825	41.79125	281.4971
铜	2	39.725	19.8625	24.5
锌	2	88.6775	44.33875	0.023653
铬	2	9.99	4.995	0.16245
镉	2	0.1475	0.07375	0.004278
铅	2	5.5925	2.79625	8.030028

差异分析 表 10

项目	氮 (%)	磷 (%)	钾 (%)	钙 (%)	镁 (%)	纳 (mg/kg)
长势正常	0.725±0.364	0.190±0.0834	0.582±0.025	1.216±0.049	0.242±0.006	502.524±97.847
长势衰弱	0.790±0.238	0.245±0.120	0.505±0.021	0.861±0.035	0.233±0.079	1325.732±196.759
F 值	1.779	13.161**	5.707*	35.723**	0.686	13.007**

注：* 为 $p<0.05$，** 为 $p<0.01$。

长势正常的古白皮松和长势衰弱的古白皮松微量元素含量的比较　　表 11

项目	Fe (mg/kg)	Cu (mg/kg)	Pb (mg/kg)	Cd (mg/kg)	Mn (mg/kg)
长势正常	220.706±8.869	10.995±0.845	2.235±0.109	0.091±0.007	19.374±0.667
长势衰弱	286.655±16.521	12.499±0.849	2.719±0.184	0.948±0.009	16.303±0.739
F 值	11.498**	1.565	4.835*	0.106	9.335**

注：* 为 $p<0.05$，** 为 $p<0.01$。

白皮松针叶中微量元素含量比较，可以看出长势正常的古白皮松针叶中 Fe、Cu、Pb 和 Cd 4 种元素的含量均小于长势衰弱的古白皮松，长势正常的古白皮松针叶中 Mn 元素的含量大于长势衰弱的古白皮松（表 11）。其中 Cu 和 Cd 元素含量均不呈现差异性，Pb 元素存在差异性显著，Fe 和 Mn 元素均存在差异性显著。

2.4 病虫害情况调查及分析

经调查，危害白皮松的病虫害主要有 3 种：白皮松长足大蚜、中穴松星坑小蠹、松针落叶病。

白皮松蚜虫一般自 3 月下旬开始零星出现，4 月开始普遍发生，全年危害不断，直到 11 月仍有危害。如果控制不及时，危害严重会影响白皮松长势，使当年生新梢生长量减少，并直接影响第 2 年新梢生长。

中穴松星坑小蠹是危害白皮松的主要蛀干害虫，其特点是只危害树势及其衰弱的白皮松（图 1）。在景山公园也只出现于极少数的白皮松上。现公园共有白皮松 445 棵，受到小蠹甲危害的白皮松有 6 棵，均为古白皮松，占全部白皮松的 1.34%。观测到的白皮松小蠹甲情况见表 12。

由此推断，白皮松小蠹甲一年一代，生活史不整齐，因此，目前最可行的措施还是以生物防治为主，但最为根本的防治还应从增强白皮松树势入手。

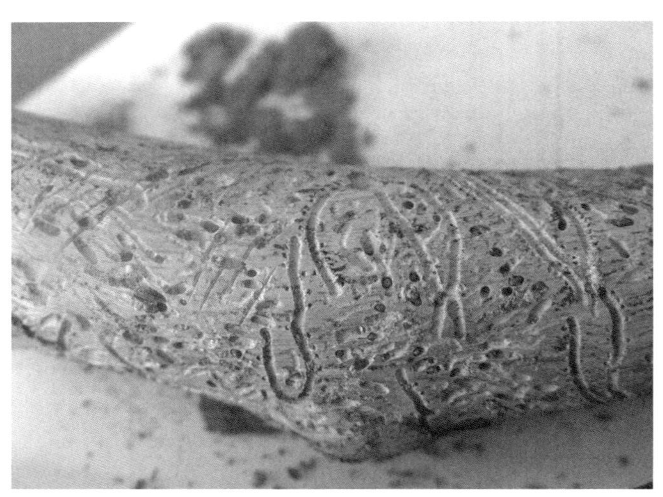

图 1　中穴松星坑小蠹蛀道

中穴星坑小蠹各月份虫态　　表 12

月份	虫态	比例
2 月	成虫、幼虫	2 ∶ 1
6 月	成虫、幼虫	10 ∶ 1
7 月	成虫	
8 月	成虫	
9 月	幼虫、成虫	2 ∶ 1
11 月	成虫、幼虫	2 ∶ 1

松针落叶病是危害白皮松的重要病害，该病主要发生在两年生针叶上，个别当年生针叶也有发生，发病后，叶尖部出现褪绿症状，针叶上有黑色隔段线，发生严重时整个针叶枯黄，影响白皮松长势，影响观赏效果。

2.5 人为因素调查分析

2.5.1 游客量调查

景山建成于明代（1420 年），历史上就是京都皇城内的皇家御苑，20 世纪 20 年代才开辟成公园。除“文化大革命”期间外，景山的客流量呈逐年递增的态势。[10] 我们将游客量与白松岭风景区的游客量进行统计、对比（图 2）。

2.5.2 地面铺装

公园观赏区域周围的古白皮松立地条件较差，部分古白皮松周围铺装造成土壤透气性差，影响了古白皮松正常生长。

2.5.3 水土流失

经调查，山坡上生长的古白皮松中，有 15 棵存在埋干现象，占所有古白皮松的 22.7%。白皮松埋干会造成根系不透气，严重时可造成根部组织窒息死亡。

2.5.4 其他因素

空气污染如来往车辆产生的尾气、扬尘及其中的有毒物质，造成古树生存环境日益恶化，粉尘吸附在针叶表面，降低了针叶的光合作用能力；人为的“夜景照明”工程变相地造成古树长时间进行光合作用，影响古白皮松的正常生长。

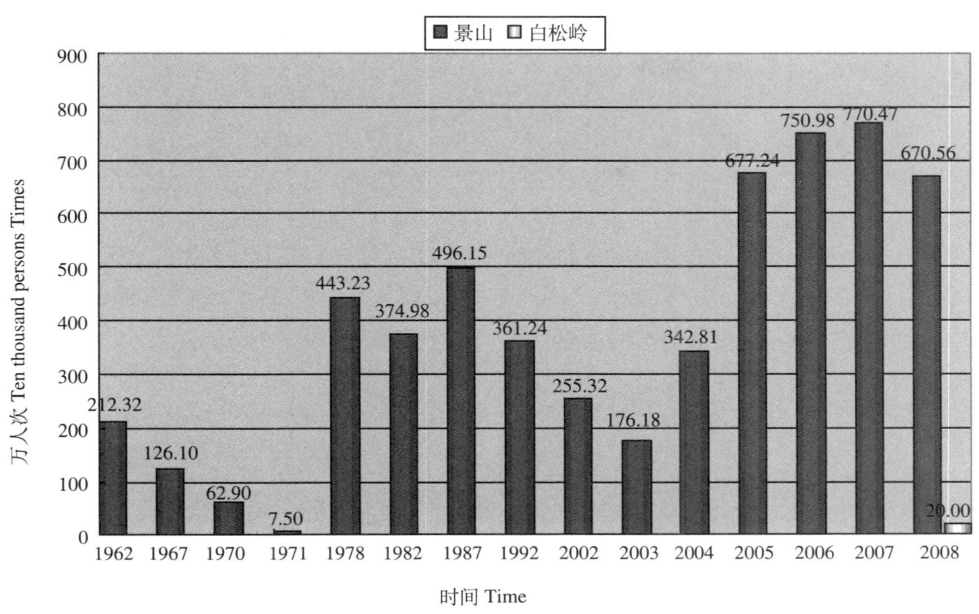

图 2　景山各年度游客量与白松岭对比

3　白皮松养护管理复壮措施

根据白皮松衰弱原因调查分析，我们从以下几个方面进行白皮松的养护管理，针对衰弱白皮松采取相应的复壮措施。

3.1　基础养护

3.1.1　水肥管理

每年 3 月后开始浇水，针对北京的天气情况，春水和冻水浇足浇透，在特别干旱时期，根据含水量监测仪结果，在含水量小于 12% 的情况下及时补充水分。

3.1.2　疏花疏果

树体衰弱的表现之一就是生殖生长旺盛，造成结果增多，树体负载量大。[11] 因此在每年 4 ~ 5 月白皮松花粉成熟时期，去除部分花粉，防止果实吸收过多养分。

3.1.3　树体喷水

城市空气浮沉、汽车尾气排放等气体污染严重，特别是像白皮松这种枝叶能分泌树脂的树种，若不清洗将会影响树木的观赏效果和光合作用。[12] 因此我们定期对树体喷水，减少灰尘附着。

3.2　病虫害防治

针对古树蛀干害虫小蠹甲、刺吸害虫蚜虫、松针落叶病等，运用化学、生物等多种措施相结合进行防治。

3.2.1　生物防治

1）投放天敌蒲螨防治白皮松小蠹甲等隐蔽性害虫

蒲螨释放时间为：每年 5 月中旬、9 月上中旬，日平均温度为 19 ~ 22℃，日最高温度为 23 ~ 27℃，环境温度比较适合蒲螨的转移与寻找寄主。

2）释放异色瓢虫卵卡防治蚜虫、红蜘蛛

释放时间：每年 5 月初，蚜虫发生早期，天气晴朗的时间释放。

释放方法：将有瓢虫卵的卵卡悬挂于白皮松松枝上，待卵孵化后，幼虫即可顺树干爬行取食。

3.2.2　药剂防治

蛀干害虫：每年 4 月中下旬开始至 10 月，对古白皮松进行打药封干，全年共封干 4 ~ 6 次，喷施 2.5% 吡虫啉乳油 1500 倍或绿色威雷 800 倍防治蛀干害虫。

蚜虫：每年 4 月中下旬至 10 月底，于蚜虫危害期喷施 2.5% 吡虫啉 1500 倍或者 3% 啶虫脒乳油 1000 倍进行防治。

松针落叶病：结合蛀干害虫和蚜虫红蜘蛛的防治，喷施 75% 百菌清可湿性粉剂 1000 倍或者 70% 甲基硫菌灵可湿性粉剂 1000 倍防治松针落叶病。

3.2.3　虫枝修剪

修剪时，选在虫枝所在处的分枝点稍上部进行修剪，可以使愈伤组织生长且包住剪口，伤口处涂抹由腐殖酸和硫酸铜混配的杀菌剂“腐速愈”，促进伤口愈合、防止病虫害侵入。

3.3　根部土壤透气性的改善

3.3.1　扩大树堰

白皮松直径为 1 ~ 5mm 的根系面积占根系总面积的 80%，[13] 改善直径 1 ~ 5mm 的根系的透气性，是其复壮的关键。树堰的直径由白皮松的冠幅而定，其范围在树冠

1/2 的垂直投影和全冠之间，并保留全冠。

3.3.2　铺装改造，挖复壮沟

将树号 A03497 的古白皮松南侧、西侧树冠下透水铺装的水泥垫层去掉，填充约 30cm 的陶粒、沙土，再将铺装覆盖，增加土壤的透气性（图 3 ～图 5）。

3.3.3　打孔

根据白皮松的体量大小及长势情况，在树冠 1/2 的垂直投影和全冠之间打孔孔径 6 ～ 7cm，孔深 100cm，呈环形分布。

图 3　复壮沟

图 4　更换木质铺装

3.3.4　去除杂灌木

为了减少土壤养分消耗，避免古树周围灌木与之争抢养分，根据每棵古树周围实际情况，对古树树冠范围内的荆条、箬竹等杂灌木进行去除、矮化修剪等。

3.3.5　褪草

对衰弱白皮松进行褪草工作，褪掉树干基部半径 3 ～ 5m 范围的苔草，编筑鱼鳞状荆坝护坡，外围码放鹅卵石挡土缓解水土流失状况（图 6）。

3.3.6　清理淤积土壤

去除白皮松树干基部的杂草，逐步清理因水土流失淤积的土壤。在尽量不伤根系的前提下，用镐小心将原土翻松 20cm，并露出原有树基，避免土壤过深造成根系不透气。

3.4　安装护栏、支撑

对树干倾斜的古树制作支撑支架；修建围栏对古树加以保护，防止游人踩踏，并将围栏与座椅结合，既能满足游客需求，又兼顾了景观效果（图 7）。

图 5　改造铺装

图 6　褪草围卵石

图 7　安装护栏、支撑

4　结论与讨论

白皮松复壮的工作不是一蹴而就的，除非找到单一或少数问题综合作用的症结，不然很难在短短 3 年的时间内看到巨大的复壮成果。树势衰弱是一个缓慢的过程，而造成衰弱的原因也是复杂的、综合的，很难说衰弱是由单一的因素造成的，因此，复壮也需要针对每棵树的不同情况采取多种复壮措施，并且在养护工作的环节不能有任何疏漏。在保证基础养护工作的基础上，复壮工作应该以改善土壤的透气性、改良土壤结构为主，同时对白皮松周围的环境进行清理改善，为白皮松的正常生长创造一个良好的环境。

参考文献

[1] 张建国，李言跃 . 我国北方主要造林树种抗旱特征的研究 .
[2] 陈有民 . 园林树木学 [M]. 北京：中国林业出版社，2003.
[3] 沈方，张富强 . 景山 [M]. 北京：文物出版社，2008.
[4] 胡坚强，夏有根等 . 古树名木研究概况，福建林业科技，2004（3）：151-154.
[5] 宋曙光，祝亚利 . 北京城区绿地内白皮松势弱的原因与复壮初探 [J]. 园林科技，2008（2）.
[6] 李锦玲 . 北京松柏类古树濒危原因及复壮技术的研究 [J]，北京园林，2001（1）：24-31.
[7] 江苏省植物研究所 . 城市绿化与植物保护 [M]. 北京：中国建筑工业出版社，1977：5，62.
[8] 薛姣亮，刘红霞，谢映平 . 城市空气中铅在国槐树体内 SO_2 的积累 [J]. 中国环境科学，2000，20（6）：536-539.
[9] 任乃林，陈炜彬，黄俊生等 . 用植物叶片中重金属元素含量指示大气污染的研究 [J]. 广东微量元素科学，2004，11（10）：41-45.
[10] 傅玉华，白珍珍等 . 北海景山公园志 [M]. 北京：中国林业出版社，2000：455.
[11] 李斌，顾万春 . 白皮松分布特点与研究进展 [J]. 林业科学研究，2003（2）.
[12] 任乃林，陈炜彬，黄俊生等 . 用植物叶片中重金属元素含量指示大气污染的研究 [J]. 广东微量元素科学，2004，11（10）：41-45.
[13] 刘丽娜，徐程杨等 . 北京市 3 种针叶绿化树种根系结构分析 [J]. 北京林业大学报，2008，30（1）：34-39.

陶然亭公园月季园栽培管理技术研究

北京市陶然亭公园管理处 / 史新欣　张兰春　马媛媛　周渭栋

摘　要：结合陶然亭公园自身景区建设，经过2年的栽植实验，对从荷兰引进的10个新型月季品种进行了大量的数据采集。通过研究不同施肥浓度及修剪方式对植株生长及开花特性的影响，初步探索出各品种的耐贫瘠力及针对自身特性的修剪方式。此外，通过对植株物候数据采集，观测其花芽分化及开花顺序，从而确定各品种的适宜修剪时间。此次研究，对国外月季品种在我国北方地区露地栽培管理技术进行了初步探索，为科学高效的指导日常养护工作提供了理论依据和技术指导。

关键词：月季　露地栽培　技术

目前国内外月季研究多致力于切花月季和盆栽月季的栽培养护管理方面，而针对大面积露地栽培观赏月季以及月季在园林中的应用和栽培养护管理技术的研究甚少。[1] 特别是北京地区引种的国外新品种月季的在园林中的栽培养护管理措施方面的研究更为少见。[2]

月季素有“花中皇后”之称，其品种之多，色彩之繁，花期之长，应用范围之广是其他众多花卉都无法比拟的。[3] 本研究是基于陶然亭公园胜春山房景区改造的基础上，针对本景区内的环境条件以及引进品种等因素等，开展进行的关于月季栽培养护管理方面的研究。根据陶然亭公园总体规划，2007 年对该景区进行了全面改造，引进了 20 余种荷兰新优月季品种。意在北京城区内创建一处特色月季展示教育基地。因此，月季在该区域实施的养护管理手段在参考传统养护管理经验的同时，更为需要适应本地区及本课题研究品种的有针对性地研究。

1　研究地点概况

实验地设在北京市陶然亭公园内“胜春山房”景区（图 1）。陶然亭公园建于 1952 年，是建国后北京最早兴建的一座现代园林，面积 56.56hm^2。其中，月季园位于陶然亭公园西部“胜春山房”景区，是公园八大景区之一。景区总面积约 14000m^2，一直以种植月季为本景区特色，2007 年进行了景区改造，改造后景区以喷泉和不同品种的月季为主景，意在建设一处北京市区内的月季品种及栽培方式的展示基地。

2　研究方法

2.1　研究材料

本研究所用的月季苗木是从荷兰用保鲜箱裸根空运于栽植地。‘金边’、‘波迪塞利’、‘粉色惊艳’、‘第一赤’、‘红伊甸园’、‘特拉维亚塔’、‘保尔理查德’、‘卡特道尔’、‘塞维拉娜’、‘柴科夫斯基’等，共 10 个品种，11000 余株。

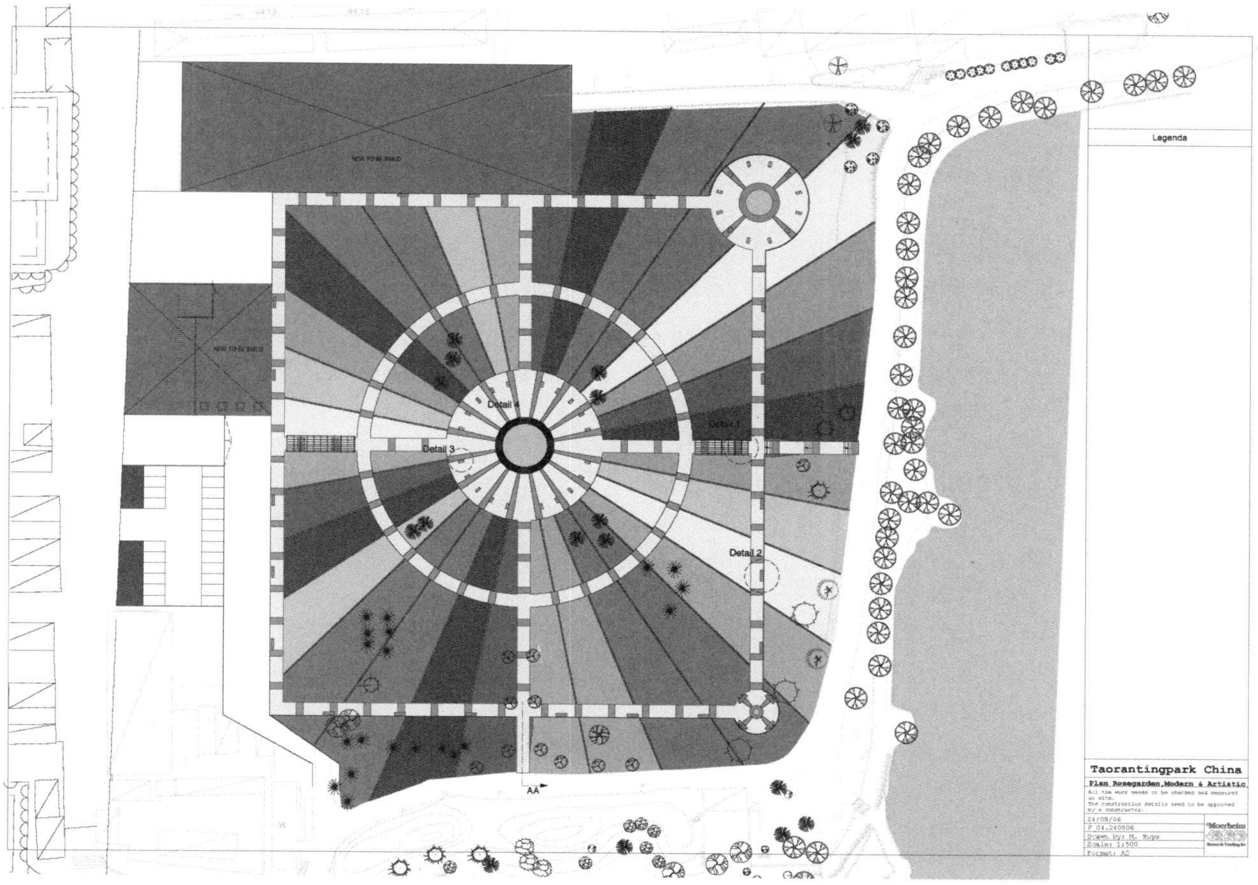

图 1　陶然亭公园内“胜春山房”景区

2.2　研究方法

2.2.1　前期准备

种植月季苗木前做好平整土地和底肥施用工作：

1）土壤处理

在月季栽植前对场地进行整理，清理场地表层覆盖物，铲除原有草坪及其他地被植物。对栽植土壤进行人工深翻60cm、全部过筛[4]，部分缺土及土质较差处进行换土。

2）施底肥

在月季种植区域内施基肥。采用沟施的方法。人工开沟 30（宽）×50（深）cm，沟间距 1.5m，施肥厚度为 8cm。施肥后，漫灌大水。待土壤沉降均匀后，平整场地。

3）种苗处理

荷兰月季裸根苗到达公园后，将成箱的月季置于阴凉处，迅速组织人力进行拆箱，工作人员将裸根苗 10 株为一捆，整捆蘸稀释的石硫合剂进行杀菌消毒后放于泥浆池中。为了防止植株失水，增加空气湿度，泥浆池上搭遮荫网，每半个小时喷水一次。[5]

2.2.2　种植

苗木栽植时，种苗成品字形栽植，株行距 45cm，深度以土面高于根部 1 ~ 2cm 为准，回填土壤，将填土小心踏实，栽植完成后立即浇透水，进入正常的养护管理[6]。冬眠初期合理修剪后追肥一次，始终保持良好的排水，通风，保水，保肥性能。[7]

2.3　实验基本情况

月季苗木定植后，根据实验设计要求，将每个品种分别划分实验组与对照组，从施肥及修剪这两项主要影响月季观赏品质的方面，进行不同处理，实施各种养护管理措施。研究过程中，定期从每个样方随机抽样 6 个植株作为数据记录样本对植株生长表现进行观察记录。

2.3.1　不同浓度肥料对月季生长发育的影响

为比较不同月季品种对肥力的敏感程度，因此实验中采取肥料用量控制的方法，即每个品种进行 4 种处理（A0 ~ A3），分别施用有机复合肥 0g/ 株、500g/ 株、1000g/ 株和 1500g/ 株。每年春季 1 次穴施有机肥料，后期管理采取相同方法，观察植株性状变化，从而分析得出各个品种对肥料的需求情况，掌握不同品种的耐贫瘠力。

2.3.2　不同修剪方式对月季开花特性的影响

将品种月季定植后，进行统一修剪，疏去衰老枝、细

修剪方式实验设计 表1

设计项目	B1（重度修剪）	B2（中度修剪）	B3（轻度修剪）
修剪方式（春季修剪）	在生长季前剪去植株的4/5，保留1～2个主枝，每枝高约30～50cm，每根枝条上只保留2～3个腋芽[2]	在生长季前剪去植株的3/5，保留3～4个主枝，每枝高约50～70cm，每根枝条上保留4～5个腋芽	在生长季前剪去植株的2/5，保留4～5个主枝，每枝高约80～100cm，每根枝条上保留6～8个腋芽

弱枝、伤残枝，以保证植株正常生长。[10] 实验中，为比较不同修剪方式对月季开花特性的影响，选取对开花特性影响最大的春季修剪作为实验对象。3月上旬对实验地内月季植株进行修剪[11]，每个品种分别采取3种不同的处理方法,见表1。经过处理后的月季植株后期管理采取相同方式，观察植株开花数量及盛花期花径大小，从而分析得出各个品种的适宜修剪方式。

2.3.3 品种月季最佳修剪顺序的研究

在本课题研究中对10个品种月季进行了详细的信息采集，通过对2008～2009两年的物候数据记录，了解各个品种从花芽膨大、展叶、现蕾、花期、到落叶等各个时期的变化规律。其中重点观测其花芽分化及开花顺序，从而掌握品种开花特性，确定适宜的修剪时期，为今后进行科学有效的养护管理提供理论依据和技术指导。

3 结果分析

3.1 不同浓度肥料对月季生长发育的影响

通过对四种处理方式下品种月季单株平均花蕾数的比较分析（表2），可见肥力的缺失对植株的开花数量和花朵的观赏性存在着密切的关系。通过进行处理平均值差异显著性计算，可以得出10个品种月季耐贫瘠力由强到弱排序分别是：卡特道尔>保尔理查德>特拉维亚塔>粉色惊艳>塞维拉娜>波迪塞利>第一赤>红伊甸园>柴科夫斯基>金边。

通过比较不同肥力情况下不同品种月季植株花蕾数量的变化，同时考虑经济效益和观赏效果，分析得出各品种最佳施肥浓度：① 500g/株，卡特道尔；② 1000g/株，金边、波迪赛利、粉色惊艳、特拉维亚塔、保尔理查德、柴可夫斯基；③ 1500g/株，第一赤、红伊甸园、赛维拉娜。

施肥对单株平均花蕾数的影响 表2

品种名	A0	A1	A2	A3
金边	20	46	87	99
波迪塞利	27	38	49	60
粉色惊艳	16	28	37	45
第一赤	4	7	16	33
红伊甸园	17	39	48	66
特拉维亚塔	13	18	24	26
保尔理查德	25	30	37	35
卡特道尔	20	28	33	35
塞维拉娜	40	54	64	78
柴科夫斯基	20	45	69	64

3.2 不同修剪方式对月季开花特性的影响

在月季栽植中，修剪作为一项十分重要的养护技术，适时修剪对月季植株的生长、开花、株形等方面有着很大影响。[8] 通过对植株的定期修剪可以有计划的更新主干，促进、强化枝条发育，防止衰退，延长植株寿命及调控花期。[9]

通过图2、图3可知，不同修剪方式对品种月季开花数量及花朵的观赏特性有显著的影响。B1处理方式，保留较少花芽，从而确保营养的集中供应，可以对盛花期花冠大小有一定提高作用。B2处理方式，保留花芽适中，对花朵特性没有特殊要求情况下普遍适于多数品种。B3处理方式，由于保留的花芽较多，对部分品种单株花卉量有促进作用。

此外，通过横向数据比较，'金边'、'粉色惊艳'、'塞维拉那'的单株花蕾数居前三位；'第一赤'的盛花冠径最大，'保尔理查德'次之；总体来说，'第一赤'和'保

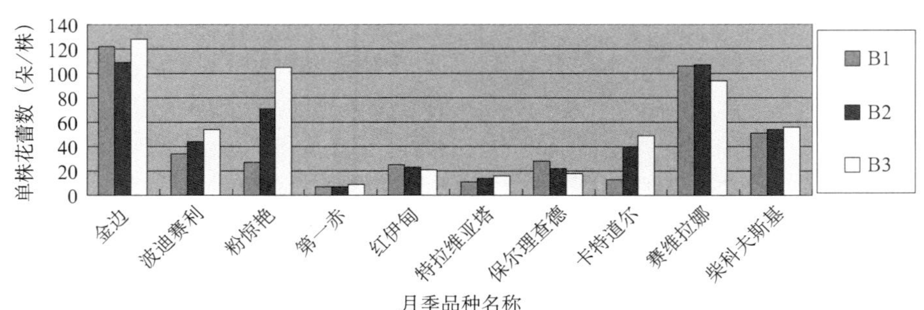

图2 不同修剪强度对单株平均花蕾树的影响

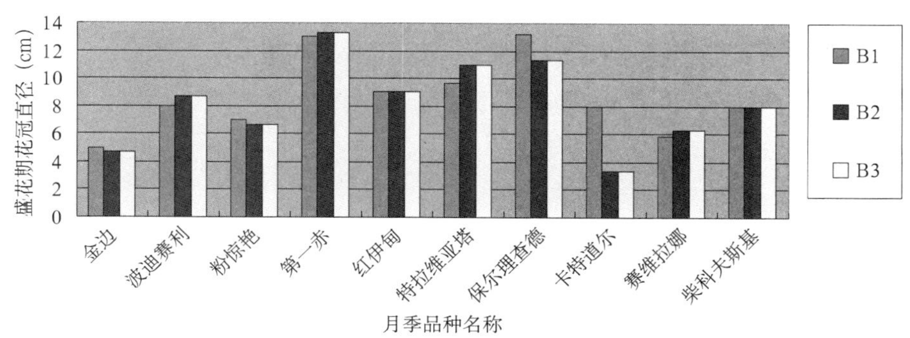

图 3　不同处理方式对盛花期花冠直径的影响

不同修剪方式对不同月季品种花部观赏性状影响分析　　表 3

花朵性状 / 修剪方式 / 月季品种	单株花蕾数（朵 / 株）			盛花期花冠直径（cm）		
	重度修剪 B1	中度修剪 B2	轻度修剪 B3	重度修剪 B1	中度修剪 B2	轻度修剪 B3
金边	122.00a	109.67a	128.33a	5.00a	4.67a	4.67a
波迪塞利	34.00b	44.33ab	54.67a	8.00a	8.67a	8.67a
粉色惊艳	27.67c	71.33b	105.67a	7.00a	6.67a	6.67a
第一赤	7.67b	7.00b	9.33a	13.00a	13.33a	13.33a
红伊甸园	25.67a	23.00a	21.00a	9.00a	9.00a	9.00a
特拉维亚塔	11.33b	14.67a	16.67a	9.67a	11.00a	11.00a
保尔理查德	28.33a	22.33b	18.67b	13.17a	11.33b	11.33b
卡特道尔	13.33c	40.67b	49.33a	8.00a	3.33b	3.33b
塞维拉娜	106.33a	107.67a	94.00a	5.83a	6.33a	6.33a
柴科夫斯基	51a	54.33a	56.67a	8.00a	8.00a	8.00a

注：a=0.05。

尔理查德’的植株挺拔，盛花冠径大，只是单株花蕾数偏少；相比之下，‘金边’、‘粉色惊艳’开花数量较多，但花朵偏小。而‘赛维拉娜’、‘柴科夫斯基’单株花蕾数及冠径比较适中，具有较好的园林应用价值。

园林栽培月季品种较多，观赏特性各异，因此在日常栽培管理中可以针对不同品种特性，采取适宜的修剪方式，从而保证最佳观赏效果（表 3）。

对 10 个品种月季不同修剪方式进行显著性分析，可以看出不同修剪方式对单株花蕾数性状的影响显著于对盛花冠径性状的影响[12]，其中波迪塞利、粉色惊艳、第一赤、特拉维亚塔、保尔理查德、卡特道尔 6 个品种单株花蕾数性状在不同修剪方式下存在极显著差异，保尔理查德、卡特道尔 2 个品种盛花冠径性状在不同修剪方式下存在极显著差异。

3.2.1　不同修剪方式对月季单株花蕾数显著性分析

（1）金边、红伊甸园、赛维拉那和柴科夫斯基 4 个品种单株花蕾数不存在极显著差异，因此三种修剪方式均可使用。

（2）粉色惊艳、卡特道尔 2 个品种单株花蕾数存在三种修剪方式间均存在极显著性差异，实验显示以轻度修剪获得的单株花蕾数最多，为最佳修剪方式，中度修剪方式次之。

（3）波迪塞利、特拉维亚塔 2 个品种单株花蕾数轻度修剪方式与中度修剪方式不存在极显著差异，但与重度修剪方式存在极显著差异，实验显示以轻度及中度修剪方式获得单株花蕾数多，为最佳修剪方式。

（4）第一赤品种单株花蕾数轻度修剪方式与中度和重度修剪方式存在极显著差异，实验显示以轻度修剪方式获得单株花蕾数最多，为最佳修剪方式。

（5）保尔理查德品种单株花蕾数重度修剪方式与轻度和中度修剪方式存在极显著差异，实验显示以重度修剪方式获得单株花蕾数最多，为最佳修剪方式。

3.2.2　不同修剪方式对盛花冠径数显著性分析

（1）保尔理查德、卡特道尔 2 个品种盛花冠径性状重度修剪与轻度和中度修剪方式存在极显著差异，盛花冠径最大，为最佳修剪方式。

（2）不同修剪方式对其余 8 个品种在盛花冠径方面无显著性差异。

3.3 品种月季最佳修剪顺序的研究

通过对图 4 分析可见各实验品种花蕾生长速度和花期存在着一定的差异性，以各品种从出现花蕾到进入最佳观赏速度作为主要条件，以各品种花期长短作为次要条件，制作修剪时间顺序参照表（表 4）。

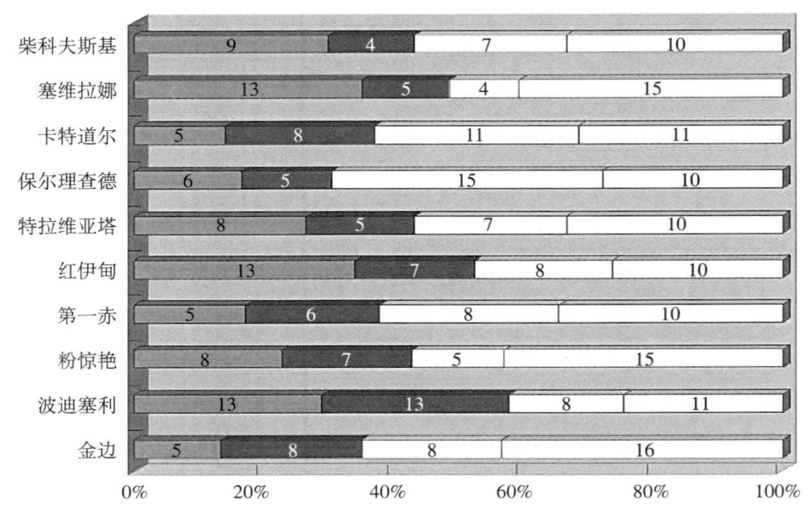

	金边	波迪塞利	粉惊艳	第一赤	红伊甸	特拉维亚塔	保尔理查德	卡特道尔	塞维拉娜	柴科夫斯基
花芽膨大 - 现蕾	5	13	8	5	13	8	6	5	13	9
现蕾 - 始花	8	13	7	6	7	5	5	8	5	4
始花 - 盛花	8	8	5	8	8	7	15	11	4	7
盛花 - 茉花	16	11	15	10	10	10	10	11	15	10

图 4　物候数据分析

修剪时间顺序参照表　　**表 4**

月季品种名称	间隔天数（天）	修剪顺序								
波迪赛利	6	红伊甸园开始修剪								
红伊甸园	8	2	保尔理查德开始修剪							
保尔理查德	10	4	2	卡特道尔开始修剪						
卡特道尔	12	6	4	2	赛维拉娜开始修剪					
赛维拉娜	13	7	5	3	1	金边开始修剪				
金边	14	8	6	4	2	1	特拉维亚塔开始修剪			
特拉维亚塔	14	8	6	4	2	1	0	柴科夫斯基开始修剪		
柴科夫斯基	14	8	6	4	2	1	0	0	粉色惊艳开始修剪	
粉色惊艳	15	9	7	5	3	2	1	1	1	第一赤开始修剪
第一赤	15	9	7	5	3	2	1	1	1	0

注：修剪起始时间为 3 月中旬，操作人员根据具体工作日期按照上表查询。

4 结论与讨论

4.1 结论

本文通过 2 年的实验，对陶然亭公园从荷兰引进的‘金边’、‘波迪塞利’、‘粉色惊艳’、‘第一赤’、‘红伊甸园’、‘特拉维亚塔’、‘保尔理查德’、‘卡特道尔’、‘塞维拉娜’、‘柴科夫斯基’ 10 个品种进行了大量的基础研究，通过上述栽培管理措施的不同处理，可以得出：

（1）通过比较不同肥力情况下不同品种月季植株花蕾数量的变化，同时考虑经济效益和观赏效果，分析得出：适用于 500g/ 株，卡特道尔；适用于 1000g/ 株，金边、波迪赛利、粉色惊艳、特拉维亚塔、保尔理查德、柴科夫斯基；适用于 1500g/ 株，第一赤、红伊甸园、赛维拉娜。

（2）植株修剪方式的选择应与品种特性相联系：大花型月季（保尔理查德），适宜进行强修剪；大花型月季（第一赤）适合轻度修剪；迷你型月季（波迪赛利、粉色惊艳，特拉维亚特、卡特道尔），在养护中采取轻剪及中度的方式，保留 4 ～ 5 个主枝，从而得到花开繁茂的观赏效果；丰花型月季（如红伊甸园、赛维拉娜、柴科夫斯基）和迷你型月季（金边）3 种方式均可使用，均可达到相同观赏效果。

鉴于不同修剪方式对单株花蕾数影响更为显著，因此以单株花蕾数差异性分析为指标，列出 10 个品种的最佳修剪方式，见表 5 所列。

10 个品种的最佳修剪方式　　表 5

品种	修剪方式
金边	3 种修剪方式均可使用
红伊甸园	
塞维拉娜	
柴科夫斯基	
第一赤	轻度修剪方式
粉色惊艳	
卡特道尔	
波迪塞利	轻度及中度修剪方式
特拉维亚塔	
保尔理查德	重度修剪方式

注：卡特道尔品种在 3 种不同修剪方式下，单株花蕾数和盛花期花冠直径两个性状极显著差异分析结果相反，因此该品种在实施修剪时还应综合考虑对两个性状的影响。

（3）根据对 10 个品种物候期观测数据，从而得出其正常生长和限定修剪工作时间的情况下，植株修剪顺序为：波迪塞利→红伊甸园→保尔理查德→卡特道尔→塞维拉娜→金边→特拉维亚塔→柴科夫斯基→粉色惊艳→第一赤。详细修剪时间顺序参见表 4。

（4）通过对各项指标的全面分析，最适合北京地区露地种植的月季品种是‘第一赤’、‘卡特道尔’、‘保尔理查德’、‘粉色惊艳’、‘特拉维亚塔’，‘塞维拉娜’，其中‘第一赤’、‘保尔理查德’可作为优先推广品种。其他品种虽然也美观，但必须加强管理，故不宜做大面积推广。

参考文献

[1] 陈俊愉 . 月季花史话 [J]. 世界农业，1986（8）.

[2] 朱建镛 . 现代月季发展的历史（一）（二）[J]，台湾花卉，1985.

[3] 张佐双，朱秀珍 . 中国月季 [M]. 北京：中国林业出版社，2006.

[4] 潘会堂等 . 花卉栽培与采后技术研究的进展 [J]. 世界林业研究，2000（8）.

[5] 余树勋 . 月季 [M]. 北京：金盾出版社，1992.

[6] P.A. Haring. Modern Roses XI. The American Rose Society, 2001.

[7] 方岩，赵润生，张立群，等 . 地栽月季引种选育栽培技术研究 [J]. 山西大学学报：自然科学版，1998，21（2）：188-192.

[8] 陈俊强，吴琼慧，孙兆祥. 月季类型的简介及主要栽培管理技术 [J]. 中国花卉园艺，2003（8）.

[9] 张秀英 . 观赏花木整形修剪 [M]. 北京：中国农业出版社，2001.

[10] 陈尚平等 . 不同修剪方式对切花月季生长发育的影响 [M]. 南京：江苏科学技术出版社，1989.

[11] Nancy Laws. All the World's a Rose Floracultwre[Z]. 2001.

[12] Thomas Carins. Modern Roses X[J]. The American Rose Society, 1993.

观赏昆虫的饲养、繁殖与展示研究

北京动物园/周　娜　徐　康　周　伟　赵晓黎

摘　要：本课题利用3年时间立足于北京动物园观赏昆虫的饲养、繁殖与展示研究，最终在观赏昆虫的饲养和展示规模上有了大幅提升，对昆虫展区进行了改造，同时开发了保护教育活动项目，并成功推广。

关键词：观赏昆虫　饲养　繁殖　展示

近年来，随着人民生活水平的提高，文化活动日趋丰富多彩，观赏昆虫越来越受到人们的欢迎和喜爱。我国可以利用的观赏昆虫达400多种，但国内开发利用的观赏昆虫主要为蝴蝶和鸣虫。国内外一些地区都建立了昆虫观赏园和博物馆，如新加坡的世界昆虫馆，英国布克法斯特雷蝴蝶乐园，加拿大蒙特利尔的昆虫生态馆，马来西亚槟城的槟城蝴蝶园、台湾美浓蝴蝶观赏区、香港海洋公园的蝴蝶屋、西北农林科技大学的昆虫博物馆、上海大自然野生昆虫馆，北京、云南、海南、广东的蝴蝶园（谷）等。[1-5]这些场馆或展出活体，或展出标本，但活体展出种类较少，大多选取主题昆虫进行展览。

课题申报时，北京动物园共展出470多种5000余只（条）脊椎动物，但活体昆虫展出仅有十余种。本课题旨在增加北京动物园观赏昆虫的饲养、繁殖与展示的种类与数量，以满足游客对观赏昆虫的认知需求，并在保护教育活动中得以应用推广。饲养与繁殖技术是增加观赏昆虫种类与数量的前提，是制约观赏昆虫种群发展的关键因素，所以本课题将此作为研究重点。

1　材料与方法

1.1　饲养、繁殖和展示

在北京动物园科普馆地下昆虫养殖室进行昆虫的饲养和繁殖工作，在科普馆负一层展区进行昆虫的展示工作。课题组人员充分借鉴书籍、资料，充分与业内人士交流，摸索观赏昆虫的饲养和繁殖技术难点，重点解决温湿度和饲料的问题，改造生态展箱，使之更符合昆虫野外生态环境。

1.2　野外采集

每年6～10月，通过埋罐、诱捕、灯诱等方式，在河北省承德市、北京市昌平区、门头沟区、通州区、密云区、北京植物园和北京动物园河马馆附近进行昆虫采集。

1.3　引种

通过台湾、广西、云南、海南、上海等省市和北京官园、大森林等花鸟鱼虫市场进行引种。

2 结果与分析

2.1 活体引种

观赏昆虫的活体引种来源主要为野外采集、引种和花鸟鱼虫市场购买 3 种途径，3 年来共增加了 56 种 800 余只。①野外采集：每年 6 ～ 10 月，进行采集，共采集巨斧螳、蝉、螳蛉、纺织娘、鳃金龟、步甲、虎甲、锹甲、山蟋、蜻蜓幼虫、螳蝽、尖头蚱蜢、仰泳蝽等 30 种 400 余只。②引种：锹甲、金龟、独角仙、丽金龟等 12 种 200 余只。③花鸟鱼虫市场购买：步甲、蟋蟀、螳螂、锹甲幼虫等 14 种近 200 只。

2.2 饲养技术和硬件支持

课题组购买了 20 余本观赏昆虫方面的科普图书和 4 张昆虫养殖的光盘，用于昆虫饲养和繁殖工作的指导和借鉴；从台湾某厂家购买了不同规格的运输盒（笼），便于野外采集后的运输；从北京教学仪器有限公司购买螳螂饲养盒，便于携带、展示和饲养管理；根据虫体种类、幼虫的需要，增加了部分养殖器具（盒、碗等）及专用饲料和产卵用材（产卵木、腐叶土和发酵锯末）等常用耗材；改进了加温设备，如灯架、灯泡（夜光型）等，使昆虫饲养更安全、更合理、更科学。

经梳理分类，对昆虫食性和饲料总结如下，见表 1。

2.3 饲养与繁殖

昆虫饲养不同于其他动物的饲养，某些种缺少相关饲养资料；某些种对温湿度、光照及饲料有特定的要求；某些种具特有习性，繁殖条件特殊，人工条件下不易达到。我们的宗旨是先保“存活”，力争能够繁殖成活。经过 3 年的研究，部分种达到了累代繁殖，可持续饲养，也发现了一些有待解决和探索的问题，具体分析如下：

2.3.1 螳螂目[6, 7]

（1）我国南方种在北京动物园饲养，需要提供与原产地相近的温湿度和光照环境。有些种类未知，出现可完成幼虫到成虫饲养、交配和产卵的过程，但不孵化，无法繁殖。

（2）累代繁殖出现个体退化、交配困难、产卵量变少和孵出率降低等现象。

（3）特有习性，雌雄交配后，雄性损失严重。

2.3.2 鞘翅目（甲虫）

大型观赏性甲虫的幼虫对食物有特定的要求，要食用经过特殊发酵处理的繁殖土和木屑。幼虫要在地下 1 ～ 3 年，而成虫只有 2 ～ 3 个月的寿命。

（1）专用饲料需持续购买。

（2）地下室饲养条件下，幼虫容易染菌，被寄生致死。

（3）经过 1 ～ 2 代饲养后，个体变小，出现退化现象。

2.3.3 直翅目

（1）螽斯科（蝈蝈）：幼虫饲养温度要求 35℃以上，需要特定饲养容器，三龄后需加玉米秸，并分开单只饲养。饲料每天要求特别制作，将熟羊肝和黄豆搅拌成泥，涂抹于大白菜上。冬季达不到温度要求，出现卵滞育问题。[8]

（2）蟋蟀科：金钟可累代饲养，但其他种 1 ～ 2 代以后退化严重，个体变小。引种困难，市场上只有雄虫销售，无雌虫。[9, 10]

（3）蝗科：对植物饲料（禾本科）有特定要求，用蔬菜代替可保个体存活，但饲养 1 ～ 2 代后，不能进行繁殖。[11]

2.3.4 竹节虫目

对植物有特定选择（绿萝和鸭趾草）。后期食量巨大，对植物需求量大。课题饲养的竹节虫由 3 只逐步增长到 7 只，数十只，上百只。已完成 3 代繁殖饲养周期，由原来的 3 年一代，缩短到现在的 1.5 年一代。

2.3.5 水生昆虫

（1）大部分水生昆虫都在水生植物上产卵，如进行繁殖研究，需养殖水生植物。

（2）特有习性，如龙虱幼虫水生，但是要陆地化蛹，成虫再回到水中。环境设置要求高。

2.3.6 小结

3 年内饲养的观赏昆虫有蜻蜓目、蜚蠊目、螳螂目、直翅目、竹节虫目、革翅目、半翅目、脉翅目、鞘翅目、双翅目、膜翅目和鳞翅目共 12 目 41 科 103 种。可成功繁殖的观赏昆虫有蜚蠊目、螳螂目、直翅目、竹节虫目、革翅目、半翅目、鞘翅目、膜翅目、鳞翅目共 9 目 23 科 38 种。

昆虫常用饲料分类表　　　　**表 1**

昆虫食性	代表性昆虫	主要饲料	备注
捕食性	螳螂、猎蝽、步甲、虎甲、螳蝽、蝎蝽、蜻蜓、龙虱、田鳖、负子蝽	果蝇、苍蝇、蟋蟀、黄粉虫、蟑螂、红虫、河鱼、玉米螟、蚜虫	除红虫、河鱼、玉米螟需定期购买，其他种类均为饲养供应
植食性	竹节虫、蝶蛾幼虫、犀金龟、金龟子、锹甲、蝗虫	绿萝、鸭趾草、禾本科植物、蔷薇科植物	部分种甲虫以树木汁液为食，人工饲养条件下，以多汁水果和专用果冻作为替代
杂食性	蟑螂、土鳖、蟋蟀、螽斯、拟步甲	常用水果、蔬菜及粉末状杂粮	个别种昆虫以猫粮、狗粮作为替代饲料。定期补充动物性蛋白。部分饲料需要加工制作

2.4 展示与推广

2.4.1 展区改造

对科普馆昆虫展区进行重新布置，增加各种型号展箱共29个，模拟昆虫野外环境，增加掩藏物和装饰物，改善昆虫展示的效果。

将展出区域划分为5个部分。第一部分：螳螂和猎蝽。这类昆虫是昆虫捕猎的高手，它们以其他昆虫为食、外观奇特、深受游客欢迎。第二部分：鞘翅目和甲虫，共展出4种，自育繁殖的印尼姬兜，引进的拉步甲，还有锹甲、龙虱等；这部分展出不仅能让游客看见各种陆地上的昆虫，还能看见水中的昆虫。第三部分：直翅目和鸣虫，让游客欣赏鸣虫文化（如蟋蟀、蝈蝈、蛉虫）。此外，部分鸣虫还可以作活食饲料，例如蟋蟀可以投喂其他昆虫。第四部分：展出6种昆虫以外的节肢动物，包括：蜘蛛、蝎子、马陆等，这部分展示的目的是为了让游客了解昆虫与其他节肢动物间的区别。第五部分，标本制作。饲养员在平时工作中积累螳螂蜕皮，做成螳螂成长的生活史，既为今后的饲养工作提供数据参考，同时，也可以作为讲解道具使用，更丰富原有的标本展出内容。3年来共对游客展示昆虫10目30科80种。展示昆虫从种类、数量都有所增加，观赏效果有所提升。

2.4.2 保护教育活动应用

将云眼斑螳螂、枯叶螳螂、巨无霸姬兜、锹甲等观赏性昆虫与保护教育有机结合，设计出多项保护教育活动，通过讲解介绍与参与性的体验活动，不仅让受众感受到了昆虫的神奇和美丽，而且让受众从害怕昆虫，到认知喜欢昆虫，让游客知道昆虫对地球的重要性。

螳螂、甲虫（废旧电池）作为周末动物课堂的项目动物，得到游客们的好评。通过让参与者触摸这些昆虫，培养参与者与昆虫之间的情感，让他们感受到昆虫的神奇与可爱。

昆虫与其他大型项目动物相比，更容易让学龄前儿童和低年级同学集中精力，培养孩子的观察力；昆虫作为生态系统的基本组成部分，作为讲解生态系统等内容的切入点，更有利于小学高年级和初中学生培养同理心（爱心细心和耐心）；在各种园外推广活动时，昆虫便于携带，大部分昆虫可以放在手上或桌子上，进行长时间的近距离观察。

3 讨论

3.1 存在的问题

存在的问题主要是活体昆虫引种后的成活与繁殖问题，以及在长期饲养中存在的退化问题。应在今后的饲养过程中，提供更加适合昆虫生存的饲料与环境。可引进专门针对某科某种不同成长时期的饲料，在温湿度和光照方面加以严格控制。

3.2 今后的设想

随着城市环境的变化，杀虫剂的广泛使用，人工草坪的铺设，使本来生活在我们周围、随处可见的昆虫种类日渐减少。生活在钢筋水泥都市里的现代人和孩子已经很难看到各种形态各异，五颜六色，千奇百怪，身怀绝技的活体昆虫了！

北京动物园作为展示动物的科普基地，有义务有责任把神奇的昆虫世界运用保护教育的相关方法，展示给大家，使更多的人知道昆虫不是敌人，而是朋友。观赏昆虫具有饲养空间小，观赏性高，不污染环境，自身卫生，易操作，食性广等优点。在国外，学校鼓励学生饲养甲虫来认知自然；公园及景区的蝴蝶展也证明观赏昆虫饲养有广阔的发展前景，是未来的新兴产业和资源。所以我们经过此课题的研究，从种类繁多的昆虫中筛选出部分观赏性强、易存活、好饲养的种类推荐给有兴趣的人群，或可对中小学生普及。从而使他们了解，认识昆虫，培养他们的爱心、细心和耐心，热爱大自然，尊重生命，同时将观赏昆虫与动物园的保护教育工作紧密结合。

参考文献

[1] 吴福泉．观赏昆虫资源的开发利用 [J]. 广东蚕业，1999（3）：57-59.

[2] 杨伟，周祖基．观赏昆虫刍议 [J]. 四川林业科技，2000，21（3）：40-41.

[3] 高卫红．另类宠物欣赏——观赏昆虫 [J]. 畜牧兽医科技信息，2004（06）：63-64.

[4] 谷昭威，曹鹏云，郝广洲．山东观赏昆虫概述 [J]. 山东林业科技，2004（2）：46-48.

[5] 文吉辉，文礼章，黎家文．观赏昆虫的研究与开发利用 [C]// 华中三省（湖南、湖北、河南）昆虫学会 2005 年学术年会及全国第四届资源昆虫研讨会，2005：220-224.

[6] 葛德燕，陈祥盛．中国螳螂目昆虫的研究进展 [J]. 山东农业生物学报，2004，23（6）：525-528.

[7] 王英杰，李章奇．螳螂人工饲养新技术 [J]. 农村实用科技信息，2006（3）：30.

[8] 徐延强，李宪臣．短翅鸣螽生活习性及人工饲养方法 [J]. 山东林业科技，1995（3）：35-37.

[9] 刘敬泽，安瑞永．实验室内蟋蟀的长期饲养和诱捕方法 [J]. 生物学通报，1999，34（2）：39.

[10] 春来．蟋蟀的人工养殖技术 [J]. 畜牧兽医科技信息，2003（3）：57.

[11] 安学芳，朱幼玲．东亚飞蝗室内饲养繁育技术的建立及其相关研究 [J]. 上海实验动物科学，2003，23（3）：171-173.

浅析竹文化的景观表现形式

北京市紫竹院公园管理处 / 范卓敏　冯小虎

摘　要：本文通过一些学者对竹文化的概念论述，总结竹文化包括的内容，从园林建筑、园林楹联匾额、景名、园林造景等多方面探讨竹文化景观的表现形式，分析讨论丰富的竹文化景观所展示出的多样的园林景观效果，并提出要通过对竹文化景观的创新与完善，进一步推动公园竹文化品牌的发展。

关键词：竹子　文化　景观　表现形式

中国是竹子的故乡，是世界上竹类植物的起源和现代分布中心之一。全世界约有竹子 70 属，1200 余种，中国有竹子 39 属，500 多种。中国的竹种资源丰富，栽培利用的历史悠久，种植面积广，与生产、生活的关系非常密切，在竹林集约经营、新品种培育、新产品开发方面都处于国际领先地位。[1]

在悠悠几千年的历史发展长河中，竹子与人民的生活息息相关，与灿烂的古代文化艺术结下了不解之缘，形成了丰富多彩、独具特色的中国竹文化，人们称赞竹子是“东方美的象征”，誉中国为“竹子文化的国度”。另外，竹子因其特殊的美感和自然物性一直成为中国园林中最具特色、不可缺少的植物造景材料之一，在以追求“虽由人作，宛自天开”为宗旨的中国古典园林中发挥了重要的作用。在现代园林植物造景中，竹景更以其特有的艺术风格和审美情趣为现代园林带来了无限的诗情画意，成为一道亮丽的风景线。

1　竹文化概述

1.1　竹文化的概念

中国竹文化是中国文化组成的一个重要部分，是中华大文化的一个分支，一个层面。[4] 众多学者也从不同角度对中国竹文化给出了定义：

（1）中国竹文化是指中国社会历史发展过程中所创造的与竹有关的全部物质财富和精神财富。[4]

（2）我们把竹给人们带来的物质和精神文明的作用、影响和结果，称为竹文化。[5]

（3）竹文化可以概括为竹给人类物质文明和精神文明带来的作用和影响。竹文化是“竹制物，以竹为表现对象的文化形式和文化心理的总和”。大致说来，竹制物是物质文化的范畴，以竹为表现对象的文化形式和文化心理是精神文化的范畴。[6]

（4）中国竹文化就是以竹为载体的中国文化。[7]

（5）竹文化以竹子为载体、以文化为纽带，把竹子的自然属性与社会属性相结合，是竹子的物质功能、社会价值取向和文学艺术的总汇。[8]

（6）竹文化是以竹为载体的文化复合体。[9]

（7）何明、廖国强认为中国竹文化是一个集和性质的概念，即：由各个领域的各种竹文化质点结构而成的文化系统，包括竹文化景观和竹文化符号。[10] 换言之：中国竹文化是由许多竹文化质点按一定的方式聚合而成的文化结丛。之后很多学者借用了何明、廖国强的定义方式，如：中国竹文化就是以竹为载体的中国文化，就其内容来说可以分为竹文化景观和竹文化符号。[11]

综合以上学者对竹文化的理解和表述，可以看出竹文化涵盖物质和精神两大范畴，前者偏重竹子的物质产品、制作过程和社会作用，后者则注重竹子的精神产品以及对人的精神领域的塑造和影响。但在现实研究中，有很多竹文化的内容介于两大范畴之间或同时具备这两大范畴的特点。何明、廖国强最为明确地提出：中国竹文化是各个领域内竹文化质点的汇总，即：某个特定领域内有关竹的一切被视为代表此领域的竹文化质点，中国竹文化就是各个领域内这些竹文化质点的总和。

1.2 竹文化的具体内容及特点

从对竹文化概念的分析中得出，竹文化的内容涉及非常之广，凡是与竹有关的事物，都属于竹文化的内容。正如周芳纯在《中国竹文化概要》中说："中华竹的物质文化内容非常丰富，几乎在人类生产、生活的各个方面都有竹。"[4] 众多学者也将竹文化的内容进行收集、整理，并将这些竹文化内容总结为不同的范畴（表 1）。

中国竹文化的内容 表 1

中华竹文化概览		中国竹文化概要		竹文化	中国竹文化		中国竹文化若干基本问题研究	
关传友		周芳纯		李增耀　吴静波	何明　廖国强		李世东　颜容	
2001		不详		2003	2007		2007	
范畴	具体内容	范畴	具体内容	具体内容	范畴	具体内容	范畴	具体内容
物质文化	居宅	物质文化	生产工具	竹崇拜	竹文化景观	食笋	竹文化景观	竹服饰
	服饰		生活用品	竹文学		竹制日常生活器具		竹饮食
	食用		竹建筑	竹简、书写工具		竹制生产工具		竹建筑
	交通		食品	乐器		竹建筑		竹交通工具
	生活器具		战争武器	食品		竹制交通设施和工具		竹生产生活用具
	生产工具		交通运输	建筑		竹制文房用具		竹娱乐品
	武器		文化用品	生产工具		竹制工艺品	竹文化符号	竹宗教符号
	工艺品		装饰品	科学仪器		竹制乐器		竹民俗符号
	乐器		乐器	武器	竹文化符号	竹宗教符号		竹诗歌符号
精神文化	原始崇拜		医药	竹编器具		竹文学符号		竹书画符号
	文学		游戏、玩具	与竹有关的体育、娱乐活动		竹绘画符号		竹造景符号
	绘画		礼仪、宗教用品	生活器具		竹人格符号		竹人格符号
	园林造园		竹景观	民俗文化				
	宗教	精神文明	图腾、神话					
	民俗		伦理、道德					
			文学					
			艺术					
			成语典故					
			著作					
			爱竹人物、典故					
			竹的食文化					
			歌舞					
			民俗、宗教					
			名称（官名、姓氏、地名等）					
			刑律					

由表中竹文化的内容可以看出，竹文化的内容涉及生产、生活、军事、科技、文化等几乎所有领域，包括所有与竹有关的事物。随着时代的发展，竹文化的内容还在不断丰富之中。在竹材加工领域中，近年来有竹地板、竹炭、竹纤维、竹醋液等新兴工业产品；在文化领域中，众多艺术家纷纷尝试使用竹材创造现代艺术品，赋予竹子新的文化内涵，这些都在不断丰富着竹文化的内容。

2 以园林建筑形式体现竹文化的景观

建筑是园林中重要的景观构成要素，其建造材料多种多样，竹材也是其中重要的一种。竹文化在园林建筑中的表现形式主要有：竹制建筑、竹装饰建筑、仿竹建筑。

2.1 竹制建筑

全部或大部分采用天然的竹子材料，运用竹材加工的工艺手段构筑而成的各种园林建筑。

竹建筑的历史悠久，据《汉书·礼乐志》载："以正月上辛用事甘泉圆丘……夜常有神光如流星止集于祠坛，天子自竹宫而望拜。"《三辅黄图》载："竹宫，甘泉祠宫也，以竹为宫，天子居中。"[12] 唐代白居易（公元 772 ~ 846 年）也曾在西湖之滨建竹阁，赋诗曰："晚坐松檐下，宵眠竹阁间。"[13] 宋代王禹偁(954 ~ 1001 年)《黄州新建小竹楼记》载："作小楼二间……竹工破之，刳去其节，用代陶瓦……。"在园林中，竹建筑的应用十分广泛，其表现形式多样化，如傣族的傣家竹楼，园林景观中的竹亭、竹榭、竹轩、竹廊等。

竹建筑风格以简约朴素为主，没有过分的装修、装饰，极少施以彩绘；建筑造型偏于纤细、通透、灵动，与竹子本身的景观特点相互呼应，这些构成了竹制建筑重要的美学特征。竹制建筑着重突出竹材本身的特点和美感，形成了特有的天然质朴、清爽素雅、轻灵秀丽的审美感受和景观效果。（图 1、图 2）

2.2 竹装饰建筑

利用竹片、竹竿拼接在一起，固定在建筑外表面，遮挡原有的建筑表面，从而达到"竹建筑"的景观效果（图 3）。

2.3 仿竹建筑

运用水泥、钢材或玻璃纤维等材料，通过模仿竹子的造型和色彩来构筑的建筑，多为亭、廊、藤架等。如紫竹院公园仿竹节的藤架和仿竹节的花窗，表现出竹子的质朴美感（图 4），展示出竹子特有的挺拔通直、纤细生动的形态美。从景观上提高艺术感染力，具有较强的文化创意，以此形成竹文化的景观。

图 1 竹制建筑——竹亭（紫竹院公园）

图 2 竹制建筑——门楼

图 3 竹装饰建筑——桥（紫竹院公园）

图 4 仿竹建筑——竹廊（紫竹院公园）

3 以园林楹联、匾额、景名的形式展示竹文化景观

中国园林追求诗情画意，被称为“写在地上的绝妙好辞”[14]。园林与古典诗文的关系密不可分，可谓是“盘根错节，难分难离”[15]。诗文在园林中的体现比比皆是，如：楹联、匾额等。通过楹联、匾额等形式在园林中展示出竹文化景观。

3.1 楹联

1）在楹联中以描写竹在风中、雨中的声音之美体现竹文化

“风过有声留竹韵，月夜无处不花香”（广东顺德清晖园“竹苑”）。

“风前竹韵金轻戛，石罅泉声玉细潺”（北京中南海听鸿楼东室）。

“清泉浇砌琴三叠，翠筱含风管六鸣”（北京大觉寺）。

2）通过楹联描写与竹为友

“未知明年在何处，不可一日无此君”。

图5 对联（北京紫竹院公园八宜轩）

图6 竹松承茂——匾额（江苏苏州网师园女厅）

3）通过楹联描写竹子的气节

“胜赏寄云岩，万象总输奇秀；青阴留竹柏，四时不改茏葱”。

4）通过楹联体现竹的吉祥寓意

“翠竹苍松金寿相，清泉白石养天和”。

5）通过楹联描写竹在月光下的影子

“月映竹成千个字，霜高梅孕一身花”。

北京紫竹院公园菡萏亭“月移竹影疑仙苑，风送荷香度画廊”。

6）其他

北京紫竹院公园八宜轩的对联：“雨雪风霜竹益翠，诗书画印景宜人”（图5）。北京颐和园谐趣园“竹外泉声招鹤至，日边桥影架虹来”。均通过楹联描写竹景，是对竹文化景观的美好体现。

总之，由楹联中的竹文化解释景观，用于不同的景物环境之中，产生不同的意境，通过园林造园艺术将竹文化和景观融为一体。

3.2 匾额

网师园女厅前门楼砖雕有“竹松承茂”的匾额，松柏枝繁叶茂，新枝茁壮，旧枝不凋，新枝被称为“子孙枝”，苏轼有“庭松应长子孙枝”的诗句，因此有子孙兴旺、绳其祖武的寓意。因此匾额含有“多子多孙”、“人丁兴旺”的美好寓意。（图6）

北京植物园集秀园，是竹类植物竹种园，其中有轩名为“师竹轩”，取白居易“水能性淡为吾友，竹解心虚即我师”之意，轩周边翠竹环绕，与轩名相得益彰。

紫竹院公园竹榭轩名为“绿云轩”，轩周围植有成片的绿竹。

3.3 景名

网师园的“竹外一枝轩”立意取自苏轼的《和秦太虚梅花》“江头千树春欲暗，竹外一枝斜更好”；沧浪亭曲尺型的小屋“翠玲珑”，前后皆竹，绿意萦绕，取园主苏舜钦“日光穿竹翠玲珑”诗句意。[14]

狮子林有“修竹阁”，拙政园有“梧竹幽居”，王维设计的“辋川别业”中有“斤竹岭”、“竹里馆”。

清代紫禁城宁寿宫的西路花园，俗称“乾隆花园”，其中有“三友轩”、“竹香馆”等建筑名称。在静明园十六景中，有“风篁清听”的景名，景区的植物配置以竹为主题，“竹近水则韵益清，凉飔暂至，萧然有渭滨淇澳之想”。[16]

紫竹院公园的“筠石苑”、“江南竹韵”、“斑竹麓”等景名的运用，均表现出浓厚的竹文化景观。

总之，以楹联、匾额和景名形式体现的竹文化，是对景区景点的解释说明，是一种传播文化的重要方式，很显

然也是文化创意的具体表现。

4 以园林造景的形式体现竹文化的景观

4.1 以园林景石的形式体现竹文化景观

竹文化在园林景石上的主要表现形式是：在景石上篆刻与竹有关的诗词、名言、题词、绘画等，表现出竹文化景观的艺术性和文化内涵。

景石是中国园林中重要的景观元素，不仅具有“色、质、皴、文”等形式美，还有丰富的文化内涵，象征着正直、坚强、耿介、长寿等人格理想和美好愿望。竹作为文学、绘画的重要题材，竹诗词、竹绘画也自然成为景石篆刻的重要内容之一。

北京紫竹院公园绿云轩景区，周边翠竹万秆，其中四块景石上用篆体篆刻了“刚、柔、忠、义”4个字，语出唐代刘岩夫的《植竹记》：“君子比德于竹焉。原夫劲本坚节，不受雪霜，刚也；绿叶萋萋，翠筠浮浮，柔也；虚心而直，无所隐蔽，忠也；不孤根以挺耸，必相依以林秀，义也……”高度赞美了竹子所代表的高尚气节和刚强耿直的性格。八宜轩景区以“八宜轩”为景观核心，翠竹环绕周围，为突出主题，在轩前布置了一系列景石，其上篆刻了不同姿态的竹画即风竹、雨竹、霜竹、雪竹和诗文，以此展示出一年四季竹景之美，寓“画景”于“生境”之中，竹林、竹画相映成趣（图7、图8）。

与竹关联的景石石刻不仅体现了竹文化，还集文学、书法、篆刻、绘画等艺术于一身，由此提升了竹文化景观的氛围。通过竹文化渗透渲染的景石所表现出的竹文化景观，进一步拓展和升华了园林的文化内涵，使观者感受文化的熏陶，获得精神的愉悦和享受。

图7 刚、柔、忠、义——景石石刻 北京紫竹院公园筠石苑

图8 竹画——风竹 北京紫竹院公园八宜轩

4.2 以园林植物造景的形式体现竹文化的景观

4.2.1 以竹石造景的形式体现竹文化的景观

在中国传统文化中，竹、石两者在文化内涵上高度契合。石有“介”的品性，如《周易》：“介于石，不终日，贞吉”，介，硬也，进而衍生为“耿介、正直、坚刚、节操、独特”等人格品质[17]，与竹子具有的勇敢正直、坚贞有节的文化内涵高度一致。

竹、石相同的文化内涵彼此呼应、相互激荡，产生叠加和放大效应，具有强烈的“君子”、“仁义”、“正直”、“坚贞”、“节操”等文化象征意义，在园林造景中的应用比比皆是。

石还有“固、寿”的吉祥寓意，汉代《古诗十九首》中，多次咏及石之坚固永久，如：“人生忽如寄，寿无金石固”，清代篆刻家赵之谦篆印曰“寿如金石，佳且好兮”[17]，都将石作为坚固长久、健康长寿的象征。竹音同“祝”，因此竹、石又构成了“祝寿纹”，寓意多福多寿、健康长寿。

紫竹院公园绿云轩景区，景石题刻苏东坡的咏竹名篇《于潜僧绿筠轩》和宋代《文苑英华》中对竹子气节的描述——“刚、柔、忠、义”。紫竹院公园八宜轩的景石上篆刻：“挺雨雪独尚高节虚心”。

4.2.2 以竹子为造景植物形成竹文化景观

竹子作为一种重要的园林植物，在园林中的应用很多。它们不仅体现了竹的形态美，竹景的景观美，更是立体的、鲜活的，具有寓意象征美，其文化内涵与相应的竹符号纹

样相同。运用不同竹种的生态特性和形态特征创建出不同竹文化景观效果，如：紫竹院公园通过栽植紫竹，与公园福荫紫竹院的历史呼应，看到紫秆竹子联想到观世音菩萨的紫竹林。运用竹竿的鲜明形态特征造景，形成独特的竹文化景观效果，如金镶玉竹、黄槽竹、黄纹竹，竹竿黄绿相间，可与玉石比美。斑竹、筠竹、罗汉竹以其竹竿上的斑纹和奇特形状展示出不同的文化内涵，带给游客不同的感受，产生多彩的园林景观效果。

4.2.3 以“岁寒三友”造景形式表现竹文化的景观

园林中常以松、竹、梅为主要造景要素，形成“岁寒三友”竹文化景观。

紫竹院公园在以竹为特色的景观营造中，以“岁寒三友”为题创建出竹文化的景观，2011 年在公园青莲岛的调整改造中，以岛屿北坡的油松为背景，在南坡竹林的映衬下，点缀梅花、景石，体现出“岁寒三友”竹文化的韵味。

综上所述，多样的竹文化景观创建了园林景观的多样性，表达出不同风格的景观效果，是中国园林文化的重要组成部分，深刻挖掘和探索竹文化景观对中国园林的发展和提升有着重要意义，竹文化景观是提高紫竹院公园文化品位的载体，是提升公园整体园林艺术水平的关键所在，是创建公园可持续发展的重要途径之一。因此，对竹文化景观的不断创新与完善，必将对公园竹文化品牌战略目标的实现起到积极的推动作用。

参考文献

[1] 江泽慧主编 . 世界竹藤 [M]. 沈阳：辽宁科学技术出版社，2002.

[2] 何明 . 中国竹文化小史 [J] . 寻根，1999（2）：13-16.

[3] 胡冀贞，辉朝茂 . 中国竹文化及竹文化旅游研究的现状和展望 [J]. 竹子研究汇刊，2002（3）：66-75.

[4] 周芳纯主编 . 中国竹文化概要 [G]// 竹林培育和利用，南京：竹类研究编辑部，1998：291-297.

[5] 蒋秀碧 . 浅析我国竹文化与竹精神 [J]. 时代文学，2008（22）：140-141.

[6] 童茜 . 竹文化在环境艺术中的运用与研究 [D]. 长沙：湖南大学艺术设计学院，2006.

[7] 唐剑锋 . 从《说文解字 · 竹部》看中国竹文化 [J]. 喀什师范学院学报，2007（5）：42-45.

[8] 李增耀，吴静波著 . 竹文化 [M]. 昆明：云南民族出版社，2003.

[9] 张乐勤 . 竹文化与旅游 [J]. 安庆师院社会科学学报，1998：89-92.

[10] 何明，廖国强编著 . 中国竹文化 [M]. 北京：人民出版社，2007.

[11] 李世东，颜容 . 中国竹文化若干基本问题研究 [J]. 北京林业大学学报（社会科学版），2007（1）：6-10.

[12] 蓝晓光 . 从马王堆看中国汉代的“竹子文明”[J]. 竹子研究汇刊，2003，22（1）：70-75.

[13] 朱石麟 . 竹与华夏文化 [J]. 世界竹藤通讯，2003，1（1）：36-38.

[14] 曹林娣 . 中国园林文化 [M]. 北京：中国建筑工业出版社，2005.

[15] 陈从周 . 中国诗文与中国园林艺术 [M]. 广州：广东旅游出版社，1996.

[16] 周维权 . 中国古典园林史 [M]. 北京：清华大学出版社，1999.

[17] 金学智 . 中国园林美学 [M]. 北京：中国建筑工业出版社，2005.

北京市中山公园梅花引种研究

北京市中山公园管理处 / 赖娜娜　吴西蒙　张黎霞　柴思宇　孟令旸

摘　要：北京市中山公园1917年就有露地栽植梅花的记载，盆梅养殖至少也有70多年历史，梅花栽植和展览历史较久。本文分析了中山公园梅花应用历史和引种有利条件，按品种群分类统计了中山公园2007～2008年及2010年两次引种梅花的引种成活情况，共引种10个品种群的92个品种，引种成功9个品种群67个品种，引种成功率为72.8%。总结了引种后的养护措施，探讨了引种过程中存在的问题，为储备丰富的优良品种梅花植株，优化公园梅花的园林景观配置、提高专题展览水平提供了保证。

关键词：园林植物　梅花　引种

梅花为中国十大传统名花之一，神形兼备，色香俱佳，独领天下春，其坚韧不拔、芬芳愈妍的崇高品格和坚贞操守，被看作是我们中华民族伟大精神的象征。近几十年来，随着全球气候变暖和国内一批育种专家的不懈追求，梅花北移逐渐成了现实。北京地区梅花花期因品种不同而异，从3月下旬到4月上中旬，与连翘、迎春、玉兰一同先期报春，更可贵的是清香暗涌，成为北京人春季踏青的首选。受到气候影响，梅花在北京露地栽植的规模不大，栽植历史较短，多分布在公园、植物园、山谷等地，利用地形、地势遮挡形成局部较好的小环境进行应用。目前适应北京气候的梅花品种数量较少，耐寒而具清香的品种屈指可数，与南方省市的梅花展览差距较大，需要不断丰富品种，加强应用力度，逐步打造具有北方特色的梅园景观。

1　中山公园的梅花应用历史及现状

1.1　盆栽梅花的养殖历史

中山公园在20世纪30年代就有梅花养殖的记载。据《中山公园志》记载，1914年辟园以来即栽植了大量花木。其中1938年、1954年、1982年3次花木种类统计中都有盆栽梅花的记载。1979年国庆前后公园举办的百花齐放展、1990年四季花卉展展出的100余种花卉都包括梅花，标志着公园的梅花栽植和花期控制技术都已达到了较高水平。1992年1月10～25日公园独立举办第一届梅花精品展，展出绿萼、龙游、宫粉、骨里红等20余个品种100余盆。直至1999年，共连续举办了8届展览。梅花专题花展受到首都游客的一致欢迎和充分肯定，尤其是当时的树龄上百年的桩景梅花，深受大家喜爱。2000年至今，公园在元旦、春节、奥运会、国庆期间举办的花展中都保有一定量的梅花进行展览，从未间断。公园每年春节期间展出盆栽梅花品种约10余个，20余盆，梅花花期控制技术已经成为中山公园传统技术优势之一。

从1938年起算，中山公园的盆梅养殖至少已有70多年历史，并具有连续性；养护和花期控制技术水平达到较高水平；曾独立连续举办室内梅花展览，影响较大，受到首都各界的赞誉。

1.2 露地梅花的栽植历史和有利条件

1.2.1 露地梅花的栽植历史

中山公园自 1914 年开辟为公园，就开始了花卉的养植工作。陈俊愉院士在其文献《中国梅花的研究Ⅲ梅花引种驯化》中提到："1917 ～ 1918 年间，北京中央公园（即现在的中山公园）移植江南大梅'数株种于地上，冬日筑花房以避寒雪。……每年春分后始花，清香袭人，亦北地罕见之品'。"文中附图有 1939 年老梅花图片一张，如图 1 所示。同时《中山公园志》265 页 [1] 记载民国时期词作《前调稷园晚梅》一首，词前小序言道："北方气候寒冷，梅在院中者绝少。稷园有梅四株，冬季为屋护之，春暮始花。烂漫馥郁，压倒群芳。喜而有作。"也印证了这一事实。

北京中山公园是在明清社稷坛的基础上改造为公园，于 1914 年对公众开放的，民国时期被人们称之为"稷园"。该词表达了北地的人们对梅花的珍惜、推崇的热情。之后中国进入了社会动荡时期，几株梅花也没能保存下来。这段植梅历史虽然只有 20 多年，也不能算真正意义的露地越冬，却充分说明了中山公园对梅花栽培的重视，公园具有梅花栽培的传统。

中山公园真正露地植梅取得成功是在 1988 年，从江南地区引种了'中山杏'梅、'江南'、'江梅'、'密花江'梅等梅花，栽植在现在的蕙芳园南侧，即梅园内，至今已有 30 年树龄。最粗的两株'中山杏'梅地径达 40cm，高达 6m，冠幅 7m，其粗度和高度都已达到了古梅的标准，只古朴苍劲的韵味尚不足。陈俊愉院士在普查北京抗寒梅花时发现了公园的这几种耐寒梅花，鉴定它们能够抵抗 -19 ～ 25℃的低温，并将它们推广到三北地区进行区域实验，又赠送中山公园'燕杏'梅、'丰后'、'淡丰后'等一批耐寒梅花植株，供园内栽种。据公园档案记载，1995 年曾在园内栽植过一批梅花。2003 年公园从山东莱州又成功引种了'玉台照水'、'淡丰后'等优良品种十余个，共一百余株，陆续充实到公园景区，露地栽植面积逐年扩大，奠定了现今梅园的基础，栽植面积达到 2500m^2。同时公园加强养护，多年来已形成独特的梅花姿、型和植物配置，取得了较好观赏氛围。2006 年统计公园露地栽植梅花 20 余种 105 株。

陈俊愉等：中国梅花的研究　Ⅲ．梅花引种驯化试验　　图版 1

1. 梅花北移之早期尝试——1939 年北京中央公园之老梅花

图 1　1939 年北京中央公园老梅花

1.2.2 露地栽培梅花的有利条件

中山公园位于城市热岛中心，冬季气温相对较高，为梅花越冬创造了较好的条件。中山公园内、外两层围墙、众多的建筑和高大的植物构造出一道道屏障，阻挡和减弱了冬春两季的冷风，为梅花越冬创造了优越的条件。

为不断丰富梅花品种、提高栽培应用技术，探索举办室内外展览相结合的梅展，依靠中山公园几十年来积淀的较为成熟的梅花养殖技术和展览展示环境，进行了针对北京地区的梅花引种工作。

2 引种

2.1 中山公园梅花种植现状

2006 年公园共有梅花 105 株，其中杏梅 75 株，真梅 22 株，美人梅 8 株（图 2）。梅园种植的梅花共 19 种 89 株，其中杏梅类 7 种 69 株，真梅 11 种 17 株，美人梅 1 种 3 株（图 3）。

可见，梅园内梅花以抗寒性极强的杏梅类、美人梅类梅花为骨干树种，共占 81%，有力地保障了梅园景区的观赏效果。真梅品种中的'江南'、'江梅'、'密花江'梅种植时间最长，花期效果极好。真梅品种的数量最多，共 11 种，

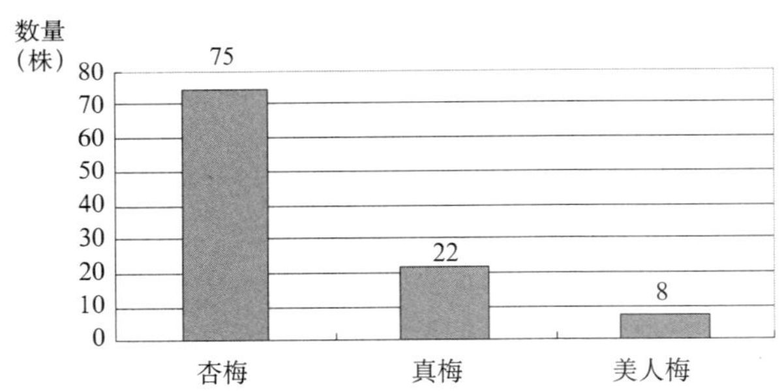

图 2　2006 年中山公园梅花数量柱状图

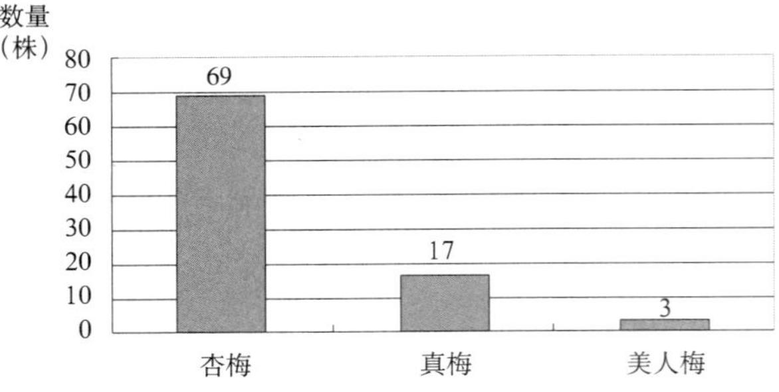

图 3　2006 年中山公园梅园梅花数量柱状图

占所有品种的58%。其中宫粉品种群1种，朱砂品种群1种，垂枝品种群1种，龙游品种群1种，绿萼品种群2种，玉蝶品种群2种，单瓣品种群3种，缺少跳枝、黄香品种群，总体品种显得单调，缺乏红色、紫红色系梅花，同时不同花期的花色配合也显得不尽如人意。

2.2 引种及选用情况

2.2.1 引种

1）2007 ~ 2008 年集中引种

为不断丰富公园的梅花品种，完善品种结构，2007 年中山公园自中国梅花豫西研究会引种梅花 103 株，2008 年自山东引种 237 株。2 年共引种单瓣品种群、宫粉品种群、玉蝶品种群、黄香品种群、绿萼品种群、跳枝品种群、朱砂品种群、垂枝品种群、龙游品种群、杏梅品种群共 10 个品种群（根据陈俊愉、陈瑞丹 2009 发表《中国梅花品种群分类新方案》进行分类）中的 82 个品种，339 株梅花（表 1）。

北京市中山公园 2007 年、2008 年梅花引种统计表　表 1

品种群	编号	品种名称	小计（株）	2007 年		2008 年	
				数量（株）	干径（cm）	数量（株）	干径（cm）
1 单瓣品种群							
4 种 14 株	1	北京小梅	5			5	3
	2	芳流阁	2			2	3
	3	红冬至	2			2	3
	4	七星梅	5			5	3
2 宫粉品种群							
23 种 88 株	1	变羽	15			15	3
	2	别角晚粉	2	2	4 ~ 5		
	3	曹溪宫粉	2			2	3
	4	大宫粉	2	2	4 ~ 5		
	5	大羽	2	2	4 ~ 5		
	6	大羽照水	5			5	3
	7	淡妆宫粉	5			5	3
	8	粉霞	2			2	3
	9	浮牡丹	3			3	3
	10	傅粉	4	2	4 ~ 5	2	10
	11	红粉台阁	5			5	3
	12	红怀抱子	4			4	3
	13	洪岭二红	4			4	3
	14	虎丘晚粉	2	2	4 ~ 5		
	15	矫枝	5			5	3
	16	萎红台阁	2			2	3
	17	南京红	2	2	4 ~ 5		
	18	凝馨	5			5	3
	19	清明晚粉	3			3	3

续表

品种群	编号	品种名称	小计（株）	2007 年		2008 年	
				数量（株）	干径（cm）	数量（株）	干径（cm）
	20	人面桃花	2	2	4 ~ 5		
	21	寿宫大红	5			5	3
	22	晚南京红	2			2	3
	23	云南胭脂梅	5			5	3
3 玉蝶品种群							
6 种 17 株	1	北京玉蝶	4			4	3
	2	华农玉蝶	2	2	4 ~ 5		
	3	青芝玉蝶	5			5	3
	4	素白台阁	2	2	4 ~ 5		
	5	小玉蝶	2	2	4 ~ 5		
	6	玉台照水	2			2	3
4 绿萼品种群							
7 种 64 株	1	变绿萼	2	2	4 ~ 5		
	2	长蕊变绿萼	17	2	4 ~ 5	15	3
	3	长蕊单绿	15			15	3
	4	二绿萼	12	2	4 ~ 5	10	3
	5	复瓣绿萼	2	2	4 ~ 5		
	6	金钱绿萼	12	7	4 ~ 5	5	10
	7	小绿萼	4	4	4 ~ 5		
5 黄香品种群							
2 种 4 株	1	黄山黄香	2	2	4 ~ 5		
	2	南京复黄香	2			2	3
6 跳枝品种群							
8 种 37 株	1	复瓣跳枝	4	4	4 ~ 5		
	2	花枝一号	6	4	4 ~ 5	2	10
	3	筋入茶萼	2			2	3
	4	昆明小跳枝	17	2	4 ~ 5	15	3
	5	柳川	2			2	3
	6	轮违	2			2	3
	7	条黄纹，花枝	1			1	10
	8	中复跳枝	3			3	3
7 朱砂品种群							
24 种 87 株	1	白须朱砂	2	2	4 ~ 5		
	2	单瓣朱砂	2	2	4 ~ 5		
	3	多萼朱砂	2	2	4 ~ 5		
	4	粉红朱砂	2	2	4 ~ 5		
	5	骨红大朱砂	2	2	4 ~ 5		
	6	红须朱砂	2	2	4 ~ 5		
	7	徽州朱砂 1 号	2	2	4 ~ 5		
	8	徽州朱砂 2 号	2	2	4 ~ 5		
	9	‘江南’朱砂	2	2	4 ~ 5		
	10	‘江南’朱砂（疑似）	2			2	10
	11	膜萼朱砂	5	5	4 ~ 5		
	12	南京红须	10			10	3

续表

品种群	编号	品种名称	小计（株）	2007年 数量（株）	2007年 干径（cm）	2008年 数量（株）	2008年 干径（cm）
	13	千瓣朱砂	2	2	4～5		
	14	荣冠	2			2	3
	15	水朱砂	15			15	3
	16	台阁朱砂	2	2	4～5		
	17	舞朱砂	2	2	4～5		
	18	小骨里红	2			2	10
	19	胭脂二度	5			5	3
	20	云锦朱砂	15			15	3
	21	早种朱砂	2	2	4～5		
	22	皱瓣朱砂	2	2	4～5		
	23	皱台朱砂	2	2	4～5		
	24	朱砂（未定）	1			1	10
8 垂枝品种群							
5 种 13 株	1	单碧垂枝	3			3	3
	2	单粉垂枝	2			2	3
	3	粉皮垂枝	2	2	4～5		
	4	锦红垂枝	5	5	4～5		
	5	双碧垂枝	1	1	4～5		
9 龙游品种群							
1 种 9 株	1	龙游	9	7	4～5	2	10
10 杏梅品种群							
2 种 6 株	1	开运垂枝	3			3	3
		开运垂枝	1			1	10
	2	吴服垂枝	2	2	4～5		
总计	82		339				

梅花新引品种经过冬季在低温温室假植、春季露地栽植，移植第一年的冬季设风障进行保护，第二年进行正常养护，培养株型，经 2 ～ 3 年培养，至 2011 年 2 月统计共成活 136 株（盆），其中盆栽约 38 个品种 52 盆，苗圃露地栽植越冬成活梅花 43 个品种 84 株。

引种后的梅花苗木成活情况如下：

2007 年底引种 103 株，均为土球苗，2008 春季下地成活 98 株，成活率 95.1%。死亡品种为龙游 2 株，皱瓣朱砂 1 株，复瓣跳枝 2 株。

2008 年底引种 236 株，2009 年春季下地成活 88 株，成活率为 37.3%。由于这批苗木多为裸根苗（干径约 3cm），苗木在运输过程中失水过多，导致成活率较低。

2）2010 年补充引种

为提高展览的艺术性，同时进一步丰富盆栽梅花品种，公园于 2010 年再次补充引进成品盆景梅花 26 盆，共 17 个品种，见表 2。新增 10 个品种，引种总数达到 92 个。

北京市中山公园 2010 年引种盆景梅花品种表　　表 2

编号	品种群	品种数量（个）	品种名称
1	朱砂品种群	5	江南朱砂、红须朱砂、长蕊朱砂、乌羽玉、朱砂
2	宫粉品种群	8	扣瓣大红、变瓣大红、粉妆台阁、虎丘晚粉、大宫粉、南京红、人面桃花、宫粉
3	玉蝶品种群	3	徽州檀香、三轮玉蝶、素白台阁
4	杏梅品种群	1	丰后
总计		17	

2.2.2　盆栽和露地应用的梅花品种

1）盆栽选用的梅花品种

引种成活后的梅花植株经过选择上盆盆栽。盆栽共选用成活苗木中的 38 个品种。

2008 年春季从第一批（2007 年引种）苗木中挑选 18 株上盆，全部成活。分别为：骨红大朱砂 2 株，白须朱砂 2 株，皱瓣朱砂 2 株，多萼朱砂 2 株，徽州朱砂 2 株，花枝一号 2 株，龙游 1 株，小绿萼 1 株，变绿萼 1 株，二绿萼 1 株，大宫粉 1 株，昆明小跳枝 1 株。

2009 年从第二批（2008 年引种）苗木中挑选 40 余株上盆，成活 8 盆。

2010 年再次从第一批（2007 年引种）苗木中挑选 30 余株上盆，成活 26 盆。

经 2010 补充引种后，盆栽梅花选用的梅花品种达到 48 个，见表 3。

2）露地引种成功品种

表 4 为露地引种成功的 43 个梅花品种。

由表 4 与表 1 进行对照，引种的 7 个绿萼品种全部在露地环境下成活，其中‘长蕊绿萼’为小规格裸根苗；玉蝶、黄香、跳枝、垂枝、龙游、杏梅 6 个品种群只有大规格的土球苗露地引种成功；宫粉和朱砂品种群除大规格土球苗成活外，宫粉中的‘大羽照水’、‘红粉台阁’、‘清明晚粉’、‘寿宫大红’，朱砂中的‘水朱砂’、‘小骨里红’、‘胭脂二度’、‘云锦朱砂’ 8 个品种均为小规格裸根苗，也能够露地成活，表现了较强的适应性。

露地成活的梅花植株越冬后一年生枝条抽条较严重，基本达到总枝条长度的 70%，以龙游、小绿萼为重。同时花蕾受冻害脱落，导致开花很少。除去品种耐寒性的差异外，与苗圃栽植地较为空旷，温度较低也有一定关系。最终这批梅花将被移植到公园内，选择小气候环境较好的地点栽植，届时这种情况将会得到缓解。

3）成功引种的品种统计

课题研究期间，中山公园共引种 10 个梅花品种群的 92 个品种。除重复品种，中山公园成功引种了 9 个品种群的 67 个品种，见表 5 所列。引种成功率为 72.8%。

北京市中山公园盆栽梅花引种品种表

表 3

编号	品种群	品种数量（个）	品种名称
1	绿萼品种群	6	小绿萼、变绿萼、复瓣绿萼、二绿萼、长蕊变绿萼、金钱绿萼
2	朱砂品种群	17	江南朱砂、云锦朱砂、多萼朱砂、皱瓣朱砂、粉红朱砂、红须朱砂、舞朱砂、小骨里红、千瓣朱砂、早种朱砂、南京红须、骨红大朱砂、白须朱砂、徽州朱砂、长蕊朱砂、乌羽玉、朱砂
3	宫粉品种群	11	别角晚水、大羽、虎丘晚粉、大宫粉、淡妆宫粉、南京红、人面桃花、扣瓣大红、变瓣大红、粉妆台阁、宫粉
4	玉蝶品种群	4	北京玉蝶、素白台阁、徽州檀香、三轮玉蝶
5	龙游品种群	1	龙游
6	跳枝品种群	5	复瓣跳枝、昆明小跳枝、花枝一号、条黄纹花枝、柳川
7	垂枝品种群	2	锦红垂枝、双碧垂枝
8	杏梅品种群	2	丰后、开运垂枝
总计		48	

北京市中山公园露地引种成功品种表

表 4

编号	品种群	品种数量（个）	品种名称
1	绿萼品种群	7	长蕊变绿萼、金钱绿萼、长蕊单绿、复瓣绿萼、二绿萼、小绿萼、变绿萼
2	朱砂品种群	16	朱砂未定、红须朱砂、江南朱砂、皱瓣朱砂、膜萼朱砂、多萼朱砂、舞朱砂、云锦朱砂、水朱砂、小骨里红、台阁朱砂、单瓣朱砂、皱台朱砂、早种朱砂、千瓣朱砂、胭脂二度
3	宫粉品种群	8	大宫粉、寿宫大红、傅粉、虎丘晚粉、大羽、红粉台阁、清明晚粉、大羽照水
4	玉蝶品种群	3	华农玉蝶、小玉蝶、素白台阁
5	黄香品种群	1	黄山黄香
6	龙游品种群	1	龙游
7	跳枝品种群	3	复瓣跳枝、昆明小跳枝、花枝一号
8	垂枝品种群	3	锦红垂枝、双碧垂枝、粉皮垂枝
9	杏梅品种群	1	吴服垂枝
总计		43	

北京市中山公园引种成功品种表

表 5

编号	品种群	品种数量（个）	品种名称
1	绿萼品种群	7	长蕊变绿萼、金钱绿萼、长蕊单绿、复瓣绿萼、二绿萼、小绿萼、变绿萼
2	朱砂品种群	25	江南朱砂、云锦朱砂、多萼朱砂、皱瓣朱砂、粉红朱砂、红须朱砂、舞朱砂、小骨里红、千瓣朱砂、早种朱砂、南京红须、骨红大朱砂、白须朱砂、徽州朱砂、长蕊朱砂、乌羽玉、朱砂、朱砂未定、膜萼朱砂、水朱砂、台阁朱砂、单瓣朱砂、皱台朱砂、千瓣朱砂、胭脂二度
3	宫粉品种群	16	别角晚水、大羽、虎丘晚粉、大宫粉、淡妆宫粉、南京红、人面桃花、扣瓣大红、变瓣大红、粉妆台阁、宫粉、寿宫大红、傅粉、红粉台阁、清明晚粉、大羽照水
4	玉蝶品种群	6	北京玉蝶、素白台阁、徽州檀香、三轮玉蝶、华农玉蝶、小玉蝶
5	黄香品种群	1	黄山黄香
6	龙游品种群	1	龙游
7	跳枝品种群	5	复瓣跳枝、昆明小跳枝、花枝一号、条黄纹花枝、柳川
8	垂枝品种群	3	锦红垂枝、双碧垂枝、粉皮垂枝
9	杏梅品种群	3	丰后、开运垂枝、吴服垂枝
总计		67	

引种的10个品种群，只有单瓣品种群没有成活下来的植株，其他品种群均有不同数量的品种获得了引种成功。

通过课题引种，使中山公园朱砂、宫粉、绿萼、玉蝶、垂枝等品种群的梅花品种数量得到不同程度的增加，跳枝、黄香品种群从无到有，公园露地栽植和盆梅的数量都得到扩充，提高了公园梅花的观赏性，为优化公园梅花的园林景观配置、提高专题展览水平奠定了良好的基础。

3 结论和探讨

2007～2008年中山公园共引种梅花10个品种群中的82个品种。2010年补充引种新增10个品种，使引种数量达到92个。至2011年2月统计，露地栽植越冬成活梅花43个品种，盆栽48个品种。除重复品种，共成功引进67个品种。引种成功率为72.8%。为公园储备了丰富的优良品种梅花植株，为丰富公园春季梅花景观及室内专题展览打下良好基础。

通过露地梅花引种工作，证实从河南、山东两地向北京露地引种梅花，以提高其对北京气候的适应性是可行的。梅花引种苗木宜选择带土球苗，其成活率要高于裸根苗。

露地成活植株抽条现象较严重，无观花效果。成活的露地栽植梅花越冬后一年生枝条抽条较严重，基本达到总枝条长度的70%，以龙游、小绿萼为重。花蕾受冻害脱落，导致开花很少。除去品种耐寒性的差异外，与苗圃栽植地较为空旷，温度较低也有一定关系。移植到公园内小气候环境较好的地点栽植，将会逐年得到缓解。

本次引种均为冬季引种，成活率较低。如果在早春气温回升后进行引种移植，根系和枝叶经过一个生长期的生长，积累和储备更多的养分，再在冬季采取充分有效的防寒措施，更有利于成活。

参考文献

[1] 中山公园管理处．中山公园志[M]. 北京：中国林业出版社，2002.

[2] 陈俊愉等．中国梅花的研究Ⅲ——梅花引种驯化试验[J]. 园艺学报，1963，2（4）：395-410.

[3] 陈俊愉．中国梅花品种图志[M]. 北京：中国林业出版社，1989.

[4] 陈俊愉．中国梅花[M]. 海口：海南出版社，1996.

[5]《南京梅谱》编委会．南京梅谱[M]. 南京：南京出版社，2001.

[6] 晏晓兰．中国梅花栽培与鉴赏[M]. 北京：金盾出版社，2002.

[7] 陈俊愉，张启翔，李振坚等．梅花抗寒品种之选育与推广问题[J]. 北京林业大学学报，2003，25（1）：1-5.

[8] 晏晓兰．梅花[M]. 北京：中国林业出版社，2004.

[9] [日]大坪孝之．梅[M]. 李晓林译．成都：四川科学技术出版社，2005.

[10] 张艳芳．梅花欣赏栽培166问[M]. 北京：中国农业出版社，2007.

[11] 陈俊愉．中国梅花品种图志[M]. 北京：中国林业出版社，2009.12.

北京市中山公园梅花栽培养护技术

北京市中山公园管理处 / 赖娜娜　张黎霞　胡文红　范桂义　关富生

摘　要：北京市中山公园梅花栽培历史悠久，花期控制技术成熟，积累了丰富的梅花养护经验。本文分别就盆梅的四季养护管理和露地梅花养护的关键技术进行了总结。盆梅的养护管理重在花芽分化期的养护和花芽发育进程的控制，从而控制花期在元旦和春节。露地养护关键在修剪技术，对新定植树、成年树、需复壮树的修剪进行了分别阐述。

关键词：梅花　栽培养护　花期控制

北京市中山公园（后文简称为中山公园或公园）1917年就有露地栽植梅花的记载，盆梅养殖至少也有70多年历史，1979年国庆前后中山公园举办的百花齐放展及1990年四季花卉展展出的100余种花卉中都包括梅花，标志着公园的梅花栽植和花期控制技术均已达到较为成熟的阶段。1992年1月10日至25日公园独立举办第一届梅花精品展，展出绿萼、龙游、宫粉、骨里红等20余个品种100余盆。直至1999年，共连续举办了8届展览，受到首都游客的充分肯定。以后在每年的重要节日和大型活动中，公园都要进行梅花的花期控制和展览，从未间断。中山公园的梅园初建于1988年，种植了‘中山杏’梅、‘江南’、‘江梅’、‘密花江’梅等梅花，至今已有30年树龄。2003年公园从山东莱州又成功引种了‘玉台照水’、‘淡丰后’等优良品种10余个，共100余株，陆续充实到公园景区，露地栽植面积逐年扩大，奠定了现今梅园的基础，栽植面积达到2500m^2。通过中山公园梅花引种、养护与展览展示研究，公园更加重视和加强梅花的栽培养护，多年来已形成独特的梅花姿、型和植物配置，取得了较好观赏氛围。

1　室内盆栽梅花的四季管理

1.1　盆梅的春季管理

盆梅花谢后，应依据造型进行疏剪和短截，选择好保留枝条，将其他枝条全部从基部剪去，对于保留下来的枝条则留3～4个芽进行短截。换盆时将梅花从盆中倒出，剪去烂根和过多、过长的根，再用新土栽入盆内。如梅桩太大，可另换大盆。将盆土疏松后施入基肥。梅树发芽后，应加强肥水管理，将盆土疏松后施1次肥水，促进萌芽。每周应施水肥1次，促进新梢生长。肥料以氮肥为主，腐熟的人粪尿或饼水肥均可。幼芽萌发后，应及时将过密或不必要的芽剥掉，以免养分的消耗。

1.2　盆梅开花重在夏季

盆梅夏季管理的重点应在促进梅花花芽分化和避免盆梅过早落叶上下功夫。

入夏后，盆梅最好不施氮肥，否则新梢难以停止生长。如5月底6月初新梢还未停长，则用手将新梢尖捏蔫，人为控制生长。新梢停长后15～20天盆梅就进入花芽生理分化期。在生理分化前期应适度“扣水”，这有利于更好地进行花芽分化。

不合理浇水、病虫害的危害和施药不当等容易引起盆梅过早落叶。盆梅对水较为敏感，在生理分化前期“扣水”不可过分，否则，叶片严重失水，即使再补水也不能使其恢复正常。盆梅怕涝，多雨季节将盆放倒排除渍水。夏季是梅花病虫害大量繁衍的季节，应及时进行防治。据资料查证，梅花的虫害有140余种，其中发生较多的虫害有蚜虫、红蜘蛛、蚧壳虫、刺蛾、天牛、黑翅土白蚁等。公园生产中经常遇到的就是蚜虫、红蜘蛛和刺蛾。

1.2.1　蚜虫

危害梅花的蚜虫有十几种，常见的有棉蚜、桃粉大尾蚜、桃蚜等。蚜虫主要群集在梅花的新叶、嫩梢上，吸食液汁，造成叶片纵卷，严重时叶片脱落。此外，蚜虫易导致煤污病发生。

防治方法：在4月中下旬至5月中下旬蚜虫危害盛期，每隔7～10天喷1次除虫菊酯类农药。

1.2.2　红蜘蛛

红蜘蛛在叶背危害，受害叶片呈现黄白小点，严重时提早落叶。干旱、高温环境，极适合红蜘蛛的发育与繁殖。

防治方法：危害期及时喷杀螨类药防治。

1.2.3　刺蛾

以初孵幼虫先取食于叶下表皮和叶肉，仅剩上表皮，呈圆形透明小斑，5龄以后可吃光整叶，仅留主脉和叶肋，严重影响梅花生长发育。

防治方法：危害期及时喷药防治。

1.3　盆梅的秋季管理

梅花在9月花芽进行形态分化，花器官形成。10月盆梅开始落叶，花器官继续形成。11月梅叶全落，生长向休眠期过渡。盆栽梅花的秋季管理直接影响到盆梅来年开花的质量及新梢生长，同样不可忽视。

1.3.1　促进根系生长

9月上旬至11月下旬，随着叶片同化和根系吸收的营养物质的回流积累，根系生长出现高潮，此时应给根系生长及吸收创造良好的条件，如经常进行松土，加强水肥管理，避免盆土过干或过湿。

1.3.2　促进花芽发育

为促进花芽发育，需加强施肥，每隔10天施腐熟的豆饼肥水1次，根外追肥1～2次，可用1‰～2‰磷酸二氢钾溶液。同时注意将萌发的秋梢及时抹去，以减少养分消耗。

1.4　盆梅的蕾期管理

盆梅正常落叶后，枝上的花芽与叶芽极易分辨出来。花芽肥大饱满，入冬前已有一定程度的发育。叶芽瘦小干瘪，与枝紧贴，无萌动现象。如果这时盆梅枝上无花芽出现，可断定来春此盆开不了花。

盆梅的花芽是在适宜的夏秋温度和日照条件下形成的，此时花器官还未充分发育成熟，必须继续发育直至开花。有人担心盆梅受冻，入冬前就将盆梅移入暖室内，这是错误的。因为这样花芽得不到充足的休眠而发育不全，导致开花失调。遇到回暖天气，盆梅花芽开始活动，就要预防寒潮的到来，以免盆梅遭受冻害。梅花花芽一般于12月中下旬开始膨大，除在花芽膨大期到开花前适当多供点水外，其他时期应保持盆土干湿适中，过干过湿都会引起花蕾脱落。另外，盆梅喜光，在蕾期应使其多见阳光，对于防止花蕾脱落和提高开花质量有利。

1.5　盆梅的促成栽培

应选择对温度敏感的品种，如宫粉梅、朱砂梅、玉蝶梅、绿萼梅等进行花期控制。为特殊要求也可选用株形优美的垂枝梅与龙游梅。

一般利用升温的办法打破休眠期，促使提前开花。秋季落叶后，于小雪节气后将盆栽移入温室，放阴暗处，保持0～4℃，约每周浇水一次，保持盆土湿润即可，此时花芽已分化完成，并通过低温阶段，所以只需增温促使花芽萌动即可。

如果是元旦开花，在元旦前15天入中温温室，室温升至18～25℃，充分见阳光，夜温10℃以上，每日喷水3次，保持枝条的潮润，使花芽鳞片软化，有利于花芽的萌动。花蕾透色时，宜将盆栽移入低温温室待花展使用。

春节距离盆梅自然花期较近，因此所需时间会较短，一般提前10日进中温温室即可。

在对梅花进行促成栽培时应注意增温不可过急，否则易产生叶芽与花芽同时萌动、花蕾脱落等现象，影响梅花的观赏效果。

2　露地梅花养护技术

中山公园具有露地栽培梅花的有利条件：位于城市热岛中心，冬季气温相对较高，为梅花越冬创造了较好的条件；中山公园内、外两层围墙、众多的建筑和高大的植物构造出一道道屏障，阻挡和减弱了冬春两季的冷风，为梅花越冬创造了优越的条件。这些条件是露地栽植梅花成功的关键因素。

2.1　栽植

选择背风向阳、地势稍高不易积水、空气洁净、没有污染的地点栽植梅花。栽植树坑一般直径约为60cm，深

60 ~ 80cm，坑底土壤翻松，施入一锹马掌，与原土混合覆盖后栽植。栽植时注意覆土不能埋没植株的根颈部位。做好树堰以利浇水。栽后立即浇透水，3 天后浇第二遍水，10 天后浇第三遍水。因绿地内有喷灌设施，浇完 3 遍水后应立即将树堰铲平，以防产生涝害。

2.2 修剪

梅花是长寿树种，在其生长过程中，枝条有多种类型，一年内可多次生长，导致枝条量多。枝条生长和开花的矛盾经常不能维持平衡，因此修剪工作对梅花的生长和观赏起着非常重要的地位。除了对树冠内的过密枝、重叠枝、病虫枝的剪除，还应在树木生长的不同阶段、根据树的长势等进行针对性的修剪。

2.2.1 新定植树整形

对新定植树整形的目的是确保成活，早日形成合理美观的树形。具体方法为：

图 1　玉蝶定植后 1 年，树冠尚小

栽植后即对多年生枝进行重度回缩修剪，以维持地上部和地下部的平衡。

新梢长出后，留取角度适宜、分布均匀的 3 ~ 4 个健壮枝条作为主枝培养。第二年春季发芽前将二年生枝条保留 20 ~ 30cm 短截，使所留剪口芽朝外，并使所有剪口芽的方向均为顺时针方向。第三年春季短截方法相同，只是留芽方向相反，为逆时针方向。这样交替变换留芽方向，形成的枝条姿态较为美观。短截后会萌发较多的枝条，对于树龄较小，长势较旺的植株要多留枝条，以分散养分、缓和树势，尽早进入开花阶段；对于长势中庸的植株，则以疏剪为主，改善通风透光条件，保留适当数量的枝条即可。图 1、2 所示分别为一株玉蝶定植后 1 年和 4 年的效果对比。

有时因造型的需要，需要适当保留一些徒长枝。对长势太旺的植株，也可利用徒长枝消耗一部分养分，让树势缓和下来促进开花，开花后再剪除。

对于树的主枝角度不理想的状况，可以采取拉纤的方法按照需要的方位、角度进行矫正。

2.2.2 成年树修剪

（1）花前修剪：剪除冬季抽条枝条，干枯枝条，保证观赏效果。

（2）花后修剪：进入开花阶段，树势已缓和，以疏枝为主，维持树势均衡。对生长旺盛树仍要多留条，以缓和树势、促进开花。

（3）夏季修剪：新梢长至 20cm 时进行摘心，促进枝条充实和侧枝萌发。对老树、弱树适当疏果，减少养分消耗。图 3、4 所示为一株‘丰后’2008 年和 2011 年开花时的株型变化。

图 2　玉蝶定植后 4 年花、枝俱丰

图 3　2008 年‘丰后’成年树开花效果

图 4　2011 年‘丰后’成年树开花效果

2.2.3 复壮

对于树势衰弱的植株，要及时进行回缩复壮。一般回缩到3、4年生枝条，进行中到重度回缩，促进枝条基部发枝，长势健壮。之后的修剪参照新定植树修剪。

2.3 施肥

露地梅花生长量大，喜肥，可根据全年不同发育阶段多次施肥。花前施肥：3月上中旬施用，以羊粪等养分丰富的有机肥为主，打孔施入或进行穴施。花后施肥：4月中旬，施用以羊粪等养分丰富的有机肥，供给枝叶生长和花芽分化阶段养分需求。夏季追肥：以叶面喷施为主。展叶期间喷施两次，以氮肥为主，7～8月花芽分化阶段喷施3遍，约两周一次，以磷钾肥为主。秋季施基肥：10月中下旬施用，以有机肥为主，增加有机质，改善土壤理化性状，适当多施用钾肥，以增强植株的抗寒能力。

2.4 浇水

露地梅花花期早，需及早浇足返青水，在早春萌芽阶段，有条件可选择晴暖无风的天气往植株及周围喷水，提高空气湿度，促进花芽的发育。夏季北京地区雨水多，梅花最怕积水，尤其要注意排涝。秋季适当控水，促进枝条成熟，入冬前浇足冻水。

2.5 防寒

北京的冬季寒冷、干旱，露地梅花的防寒工作尤为重要。首先要选择背风、向阳，小气候较好的地点栽植。其次尽量选择耐寒梅花品种，如杏梅品种群、美人梅品种群、真梅中的‘江梅’、‘江南’、‘三轮玉蝶’、‘玉台照水’、朱砂等品种。‘龙游’、‘小绿萼’耐寒性较差，需要加强防寒措施。梅花栽植的第一年需设风障以保成活。一般年份在11月中旬设置风障，3月上旬回暖后拆除。第二年真梅品种不加保护会有部分枝条、花蕾抽干，影响开花质量和效果。为达到良好的观花效果，可在每年的冬季搭设风障进行保护。朱砂品种群和江梅类的品种耐寒性较强，栽植在小气候良好地区的植株，经过2～3年锻炼可不再设风障。

参考文献

[1] 中山公园管理处．中山公园志[M]．北京：中国林业出版社，2002.

[2] 陈俊愉等．中国梅花的研究Ⅲ——梅花引种驯化试验[J]．园艺学报，1963，2（4）：395-410.

[3] 陈俊愉．中国梅花品种图志[M]．北京：中国林业出版社，1989.

[4] 陈俊愉．中国梅花[M]．海口：海南出版社，1996.

[5]《南京梅谱》编委会．南京梅谱[M]．南京：南京出版社，2001.

[6] 晏晓兰．中国梅花栽培与鉴赏[M]．北京：金盾出版社，2002.

[7] 陈俊愉，张启翔，李振坚等．梅花抗寒品种之选育与推广问题[J]．北京林业大学学报，2003，25（1）：1-5.

[8] 晏晓兰．梅花[M]．北京：中国林业出版社，2004.

[9] [日]大坪孝之．李晓林译．梅[M]．成都：四川科学技术出版社，2005.

[10] 张艳芳．梅花欣赏栽培166问[M]．北京：中国农业出版社，2007.

[11] 陈俊愉．中国梅花品种图志[M]．北京：中国林业出版社，2009.

中山公园传统兰花的养护繁殖

北京市中山公园管理处 / 赖娜娜　陈红梅　唐　硕

摘　要：中山公园养殖的传统兰花以春兰为主，蕙兰、建兰和墨兰为辅，公园自1958年开始引进中国传统兰花并举办专题性的兰花展览，至今已有50余年的历史了，是我国较为有名的中国传统兰花品种园之一。为了更好地保护中国传统兰花的品种资源，公园在改善兰花养护条件的前提下，丰富了传统兰花的品种数量，完善了中山公园的兰花管理档案。我们通过对春兰等传统兰花品种养殖技术的归纳、总结，在实践中整理、总结了一套适合北方地区兰花养护管理的技术经验，丰富了中山公园传统兰花在展览展示方面的内容。

关键词：中山公园　兰花　养护繁殖

兰花是中国传统十大名花之一，古往今来，人们出于对兰花的喜爱，在审美鉴赏、栽培方法、精神风骨、观花礼节等方面，逐渐形成整套完备的系统理论，这套理论与中国传统文化互相影响，渗透，成为我国传统文化中的一枝奇葩，至今仍散发着迷人的光彩。

中山公园自 1960 年初开始举办春季兰花展览（以春兰传统品种为主），至今已有近 50 年的历史，公园的兰花在三北地区有较大的影响力，为南兰北养作出了极大贡献，是我国较为有名的中国传统兰花品种园之一。

为了更好地传承和保护公园的文化遗产，公园加大了兰花专项资金的投入，改善了公园兰花养护条件。同时，在总结公园多年兰花养护管理经验的基础上，针对北京地区气候的转变，尝试改良传统兰花的养护方法，通过引种和养护繁育，丰富中山公园的兰花品种和数量，使公园的兰花事业进一步发扬光大。

1　中山公园兰花的养殖情况

中山公园拥有北方地区最大的兰圃（中国地生兰），兰花养殖历史悠久（从 1958 年即从浙江地区引种春兰夏蕙），栽培经验丰富，在北方地区颇有影响。

1984 年中山公园兰花有春兰、春剑、蕙兰、建兰、墨兰、莲瓣兰、虎头兰、寒兰、长叶兰、藏兰十种 115 个品种。其中朱德赠送中山公园的兰花有：环球荷鼎、大富贵、杨氏素荷、老文团素、吉字、翠桃、石仙桃、蔡仙素、台湾丝兰、永丰梅、奎字、翠文、方字、杨氏素蝶、翠盖荷、绿英、龙字、瑞梅、桂圆梅、魁荷素、老代梅、金香翡翠、宋梅、逸品、如意素、姚石仙、张荷素、天绿、奇种元蝶梅、养安梅、玉梅素、天兴梅、翠一品、汪字、笑春、小打梅、集园、汪笑春、老十圆、海燕齐飞、多花兰等。朱德赠送的兰花品种除海燕齐飞与多花兰外都是春兰传统品种。

2008 年，中山公园春兰仅存 1 盆的品种：余蝴蝶、西神梅、贺神梅、环球荷鼎、大富贵、杨氏素荷、老文团素、四喜蝶、吉字、翠桃、新种水仙、飞翔、石仙桃、蔡仙素、台湾丝兰、永丰梅、奎字、无锡新荷、翠文、方字、杨氏素蝶、翠盖荷。

仅存2盆的品种：奇峰梅、状元素、金边玉衣、簪蝶、蔡水仙素、彩云同乐梅、绿英。

仅存3盆的品种：龙字、瑞梅、桂圆梅、魁荷素、老代梅、金香翡翠。

仅存4盆的品种：宋梅、逸品、如意素、广西素心、姚石仙、大雪岭。

5盆以上的品种：张荷素、天绿、宜春仙、奇种元蝶梅、养安梅、玉梅素、天兴梅、小雪素、翠一品、水仙大富贵、汪字、笑春、春兰素心、小打梅、集园、汪笑春、老十圆。

2　中山公园兰花的引种

根据中山公园2008年兰花养殖情况，公园传统春兰品种的数量在逐年减少，兰花的长势也在渐渐衰退，远远达不到兰花展览的要求。为了逐渐恢复中山公园传统兰花的水平，从2008年开始，连续3年从春兰的原产地（浙江、江苏）引进春兰传统品种，充实中山公园春兰的品种数量。

2.1　兰花引种的标准

中山公园的春兰引种按照《中国兰花名品珍品鉴赏图典》（刘清涌著）所述的春兰观赏品种分级标准，以中山公园历史记载的传统春兰品种为依据，选择公园现有春兰存量较少、观赏级别较高的传统品种进行引种、栽培，见表1所列。

这些传统品种都是经过几十年乃至是上百年的遴选、栽培、流传，是经过时间洗礼，历史的考验，大浪淘沙而后留下的，基本上符合兰花传统的鉴赏标准，代表了传统兰花的特色，代表着中国传统兰花文化的精品兰花。前28种是最重要的代表品种，涵盖了中国春兰传统四大名花和春兰老八种，为审美鉴赏上各种瓣形、色彩上表现完美的代表品种，可以称之为最能体现兰花传统风采的品种。中间28种在观赏特性的某一方面上也独具特色，价值较高。后28种只是在某一点上具有一定观赏性。

对兰花植株的要求植株健壮，无病虫害，每一墩兰花要有3～5苗草，以保证今后养护繁殖的可操作性。引种选择在兰花的开花期，植株要带1～2朵花，花开后可鉴定品种的准确性。

2.2　兰花品种引进情况

本次春兰引种计划以朱德赠送给中山公园的春兰老品种，中山公园原有的春兰老品种，以及具有一定观赏价值和一定代表性的春兰老品种，以丰富公园的品种资源，保障兰花展览的供给，恢复公园兰花原有的辉煌。兰花展览使用的展室的环境较为干燥，密闭而不通风，不利于兰花生长。每次花展后兰花要有恢复生长时期；而且春兰传统品种在北方不易上花，若每个品种只有3盆或以下，则不足以供给兰花展览使用。因此，引种时要将鉴赏标准高，又盆数不足3盆的，补齐3盆或以上。

本次引入的春兰老品种有54种，分别是：宋梅、大富荷、汪字、龙字、绿云、大富贵、天兴梅、珍蝶、冠姚梅、绿英、贺神梅、张荷素、余蝴蝶、湖州第一梅、逸品、老十圆、集圆、西神梅、素蝶、蕊蝶、春一品、九章、翠桃、玉梅素、环球荷鼎、蔡梅素、端秀荷、翠一品、翠盖荷、奎字、张扇梅、天绿、独秀、小打梅、桂圆梅、蔡仙梅、老代梅、太原梅、天荷蝶。万字、簪蝶、西子、无双梅、新春梅、元吉梅、军旗、四喜蝶、帝冠、天珍、新荷、彩云同乐梅、宁波水仙、杨氏素荷、越后狮子。

3　中山公园兰花的养护繁殖方法

3.1　栽培场地

春兰在北京地区应放在温室内越冬，当夜间气温连续3天降到5℃以下时，兰花就需要搬入室内，时间约为10

春兰品种分级标准　　表1

级别	品种	等级
一级15种	宋梅、龙字、集圆、汪字、万字、小打梅、大富贵、环球荷鼎、绿云、绿英、天兴梅、西神梅、张荷素、翠一品、玉梅素	★★★★★★
二级13种	桂圆梅、贺神梅、翠盖荷、翠文、方字、吉字、荣祥梅、瑞梅、西子、养安梅、宜春仙、逸品、永丰梅	★★★★★
三级9种	老文团素、杨氏素荷、老代梅、发扬梅、奇峰梅、秦梅、太原梅、天章梅、月佩素	★★★★
四级19种	元吉梅、翠荷素、春一品、翠云代、端秀荷、高荷、冠春、魁荷素、梁溪梅、四喜蝶、太极、汤梅、畹香、汪小尚、望京梅、文团素、西湖梅、宜兴新梅、寅谷素	★★★
五级14	蔡仙素、常熟素、翠桃、冠姚梅、后集圆、湖州第一梅、老代梅、如意素、蕊蝶、水仙大富贵、素蝶、天绿、余蝴蝶、浙江第一梅	★★
六级14	翠英梅、大魁荷、福田大荷龙素、洛仙、南顶、琼仙、天童素、文艳素、无双梅、杨春仙、养春仙、颐梅、月佩、云荷素	★★

月下旬至第二年4月上、中旬。初入房内必须经常开窗通风，流通空气；寒冷时要加温，温度在5～10℃。立春以后，天气渐暖，要开窗通风，当室外夜间温度达到5℃以上，可逐渐勤开窗，准备出房。

温室的玻璃屋顶应采取遮荫措施，尤其10月和3月时光照强度较高，不遮荫不利于地生兰的生长。在温室内，兰花应放在台架上，使花盆离开地面，既利于盆底的通风，又利于防止害虫从花盆底孔侵入，伤害兰根。

北京夏季雨水较为集中，气温较高，日照强烈，不利于兰花的生长，而室外的环境条件不易控制，达不到兰花最适应的环境条件。兰花在北京越夏，极易出现问题。

春、夏、秋三季应放在室外阴棚下，荫棚设置应能避西北风，早晨能见光，午后能避烈日底场所。兰花在室外时，应注意遮荫，阴棚顶部用50%～60%遮荫网遮荫，春、夏、秋三季光照强度最高控制在1.2万lux左右，但时间不能超过1h否则会晒伤叶片。春兰喜欢通风良好的环境，荫棚高度不应低于2.5m，养护场地周围设有水帘，水帘之间留有空间，以便通风，既增加空气湿度，夏季还可以起到降温的作用。

2008年初，在兰花未出温室前，将兰花夏季荫棚进行改造，将放置兰花的台面，由水泥板改为加气板。一方面增加了花盆底部的透水透气的通透性；另一方面，可以在气温较高，空气湿度较小的情况下，将水冲入加气板内的气孔，水汽散发时可以增加兰花周围小气候的空气湿度，同时降温，尽量营造适应兰花的夏季生长的环境条件。

3.2 栽培用花盆

兰花栽植一般用素烧泥盆，透气性好有利根系的生长。新泥盆要在水中浸泡后再用。花盆的高度较栽培一般花卉的盆略高，有利于透水、透气以及向下扎根。以展览观花为主的品种选盆时要选择稍大一点的盆，以便供给根系更多的营养及更大的发展空间。为观叶为主的叶艺品种选盆时，为促使其叶发生变异，必须抑制其生长，应选择相对小、高而窄的花盆．也可使用造型较好的紫砂盆或塑料盆，但浇水时要注意盆土不能存水。

2008年以前，栽植兰花使用的花盆种类很多，有高的、矮的、砂的、瓦的等等，没有统一，目前栽植春兰使用统一规格的紫砂盆，在养护管理上更为一致。

3.3 培养土

春兰在野外生长在腐殖土上，其根系为粗大的肉质根，喜肥沃、疏松、透气、排水良好的酸性土壤，pH值5.5～6.5，一般可用森林里的冲刷土，也可用落叶、砂、粪堆制成培养土。总之，排水良好又富有大量腐殖质的培养土是理想的选择。

我国传统盆栽兰花使用原产地林下地腐殖土，在浙江、江苏称为“兰花泥”。它腐殖质含量丰富，疏松而无黏着性，常呈微酸性，是栽培兰花优良地盆栽用土，但资源少，价值高。

自2008年始，中山公园栽植春兰使用仙土、植金石加蛇木的栽培土。仙土与植金石的比例为1：1，掺少许蛇木。

3.4 水分与肥料

春兰浇水是一项经常性的工作，也是地生兰栽培的重要环节。地生兰的盆土应经常保持湿润，但忌土壤含水量过多。古语有“干兰湿菊”的说法。由于地生兰是肉质根，根系可储存部分水分，因此在短时间内盆土稍干对其生长影响不大。但土壤含水量较大时，土壤内空气含量就会降低，影响地生兰根系的呼吸作用，从而导致肉质根的腐烂，影响春兰的生长。因此地生兰浇水要做到“见干见湿”。

春、夏、秋三季空气湿度尽量保持在85%，有利于兰花生长。冬季室内不宜过高，尽量保持在50%，否则北方夜间温度低，易造成烂根。当栽培环境的空气湿度达不到要求时，可对春兰叶片及栽培场所地面喷水，以增加空气湿度。

春兰对水的需求量依温度、生长情况及栽培土的不同而有所不同，冬季气温低，许多品种处于休眠期，应少浇水，使盆土保持在潮而不湿的状态，对春兰生长最为适宜。切忌培养土过湿，低温潮湿极易引起地生兰烂根。随着气候的变化，根据春兰盆土的干湿程度浇水，在盆土干而不燥时浇水，使盆土保持在潮而不湿为好。夏季下雨后要喷清水一次，冲去雨水中的污染物质，保护新芽新苗不腐烂。

浇花用水以水质清洁，无污染，微酸性的水为好。城市自来水经漂白粉或氯消毒处理过，使用时需放置、晾晒几天，使水中氯气散失后再用。还可加草酸调pH值5.5～6.5使用。若能利用自然雨水，既经济，又对兰花生长大有好处。但北京的第一场雨和雨前几分钟的雨因含杂质较多，不宜使用。

浇水时，水流不可过大，以免溅起盆土污染叶片和新芽。也不能直接浇灌叶束中心，以免砸伤植株。浇水则浇透，使水从花盆底部孔中流出，切不可浇半截水，盆土只湿一半，表土湿而底土干。长期浇半截水，地生兰根尖部得不到水分，会干枯而死。

引进的兰花，在浇水时采取与施肥相结合的办法。在生长季，使用花宝系列肥料，按比例喷施或浇施。使用方法：200倍叶面喷施。4～5月上旬，用花宝1号喷叶片，每5～7天喷一次。5月中旬至6月上旬，花宝2号70%加花宝5号30%喷叶片，每5～7天喷一次。6月上旬后，新芽完全出土，使用花宝5号70%加花宝1号30%喷叶片，每3～5天喷一次。6月中下旬，新苗打开展叶，花宝5号50%加花宝2号50%喷叶片，每3～5天喷一次。

在生长季，给兰花施用喜硕，1500倍浇施。喜硕中含有多种有机肥料成分，对兰花生长十分有利。

新引进的花上盆时，施用基肥，基肥与培养土混在一起使用。可用腐熟的动物粪便，经过发酵的饼肥。使用时肥料不可直接接触兰根，按1：10左右施入。

除基肥外，应在生长期的5～9月中下旬施追肥，以饼肥、马掌、人粪尿等有机肥发酵后溶于水中施用，20倍比例，薄肥勤施。7～8月花芽分化，适当增施磷、钾肥，施用氮：磷：钾配比为12：19：19，花芽分化期可每隔10～15天对兰花叶面喷磷酸二氢钾1‰和尿素0.1%，促进花芽分化。9月下旬少施肥，10月至来年4月不施肥。

春兰最忌施肥过量，以薄肥勤施为好。肥料以有机肥为好。

3.5 光照

春兰是喜阴植物，忌阳光直射，因此，春、夏、秋在室外强光下要严格要求遮荫，清晨和傍晚宜接受散射光，而从早晨9：00到下午16：00要遮荫，遮荫80%左右。在其花芽分化时期则应较多的接受散射光和露水，有利于花芽分化。冬季直接在温室内越冬，早晨8：30到下午16：00揭开覆盖温室的蒲席，接受光照。

3.6 兰花的繁殖

春兰的繁殖方法有：无性繁殖和有性繁殖。无性繁殖包括分株繁殖、假鳞茎栽培、组织培养；有性繁殖即播种繁殖。本文主要介绍最常用的分株繁殖。

春兰是多年生具有假鳞茎的常绿草本植物。每年从新的假鳞茎的基部长出1～2个新芽。当盆栽地生兰过于密集，影响生长和发展时，将一盆分作2～3盆，这一方法称为分株繁殖，俗称翻盆，亦称分盆。这种方法是在长期的栽培历史中形成的，为我国传统栽培养护使用的方法。十分有效地保证了兰花品种传承的一致性。

分株繁殖的时间一般不要在兰花的旺盛生长季。比较适宜的是在休眠期进行，即3～4月之前，新芽未出土；也可选在兰花停止生长，9～10月以后。

春兰最好在花后，气温还未升高，春兰的春芽尚在休眠状态，其生长势相对较弱时分盆。这样可以既不影响赏花，又减少在分盆时对春兰的伤害。

3.7 常见病虫害防治

春兰在自然环境下生长疾病少，由于北京的栽培环境与原产地差异较大，易于发生病虫害。在北京主要由于栽培场所通风不畅、污染严重、光照不足、栽培用料不当或管理措施不力，在高温多湿或低温高湿的情况下发生。因此要预防病虫害的发生，就要改善兰花栽培管理技术和环境条件。如随时注意环境卫生，加强通风、透光，及时清除有病虫害的植株和残枝落叶等，增强地生兰抵抗病虫害的能力。一旦发现病虫害要及早防治。对新引进的春兰要与原有栽培的分开隔离，情况稳定后，再放在一处。新引进的春兰上盆时先用蓝锌粉溶液蘸湿全株，减少真菌、细菌性病害的发生。

诱发病毒性病害的原因：①栽培环境通风不良；②肥伤或药伤；③兰株本身自带病毒。目前对病毒病仍没有有效的方法，只有加强日常养护管理，使苗株茁壮，提高地生兰的抗性，减少病毒病的发生。对病毒一经发现，立即将病害叶片剪除，并集中销毁烧掉，剪刀用75%酒精消毒。

造成细菌性病害的原因：①蚧壳虫等害虫侵染；②叶片上滞留水珠，在强光照射下吸热灼伤植株；③肥药融解不充分，药害伤及植株；④日灼伤、冻伤及人为损伤等，导致伤口被侵染。对炭疽病、黑腐病、褐斑病等真菌病害要及早发现，在发病初期喷打75%百菌清或多菌灵1000倍防治。

对介壳虫使用40%速扑杀1500倍液或50%西维因800～1000倍防治效果较好；蓟马用40%氧化乐果800～1000倍防治效果较好；蚜虫用菊酯农药2000～25000倍防治效果较好。

4 结论

在3年实验中，通过改善兰花的养植环境，改良兰花的养植方法，在土、肥、水、光等方面，给兰花提供最适宜的条件，公园的兰花生长势良好，已由原有的240余盆，加新引进的春兰，一共扩繁到433盆，比原有春兰数增加了80%，大大提高了公园兰花的养植规模，和举办兰花展览的能力。公园的春兰能在保证花展的前提下，每年每盆都发新芽，视春兰原有老苗的壮弱程度，或1～2苗，或3～5苗，或5～7苗不等，春兰总的发苗率达到75%以上。

中山公园自2008年起陆续引进的54种兰花，在改进养护方法后，到目前生长势旺盛。从新发苗的数量及新苗叶片数等几方面，都表现良好，达到实验设想的考核指标，春兰引种驯化实验成功，见表2所列。

从表2中可看出所购春兰每年苗数都有增加，两年内增加最高260%，最低20%。引进时间越长，新发苗数越多。由此可得出：此次引进的春兰在生长势上总体呈上升趋势。

引种兰花新苗增加苗数比较 表 2

编号	品种名	引种时间	原苗数（株）	2009 年苗数（株）	2010 年苗数（株）	增加苗数（株）	增加百分比（%）
1	大富荷	2008.7	14	16	9+10	5	35.7
2	龙字	2008.7	15	20	16+6	7	46.7
3	张荷素	2008.7	16	20	8+10+6	8	50
4	汪字	2008.7	12	15	7+10	5	41.7
5	集圆	2008.7	20	24	13+16	9	45
6	大富贵	2008.7	6	10	6+7	7	116.7
7	宋梅	2008.7	13	15	19	6	46.2
8	天兴梅	2008.12	8	14	18	10	125
9	珍蝶	2008.12	5	8	10	5	100
10	冠姚梅	2008.12	13	8+9	11+7+10	15	115.4
11	蔡梅素	2008.12	8	12	8+9	9	112.5
12	余蝴蝶	2008.12	8	11	12	4	50
13	逸品	2008.12	7	10	13	6	85.7
14	老十圆	2008.12	10	15	10+11	11	110
15	西神梅	2008.12	7	12	9+10	12	171.4
16	素蝶	2008.12	5	11	10 + 8	13	260
17	蕊蝶	2008.12	8	14	10+6	8	100
18	春一品	2008.12	14	9+12	10 + 23	19	135.7
19	九章	2008.12	12	8+11	10 + 17	15	125
20	翠桃	2008.12	10	14	8+8	6	60
21	老文团素	2009.3	10		7+5	2	20
22	玉梅素	2009.3	15		9+7+9	10	66.7
23	环球荷鼎	2009.3	5		10	5	100
24	贺神梅	2009.3	6		9	3	50
25	端秀荷	2009.3	5		7	2	40
26	翠一品	2009.3	5		9	4	80
27	翠盖荷	2009.3	10		6+7	3	30
28	绿英	2009.3	7		13	6	85.7
29	张扇梅	2009.3	10		4+5+6	5	50
30	天绿	2009.3	4		6	2	50
31	独秀	2009.3	4		6	2	50
32	湖州第一梅	2009.3	8		5+9	6	75
33	奎字	2009.3	14		11+7	4	28.5
34	小打梅	2009.3	16		20	4	25
35	桂圆梅	2009.3	6		9	3	50
36	蔡仙梅	2009.3	4		8	4	50
37	老代梅	2009.3	10		13	3	30
38	太原梅	2009.3	6		10	4	66.7
39	天荷蝶	2009.3	9		11	2	22.2
40	万字	2009.3	7		10	3	42.9
41	簪蝶	2009.3	7		9	2	28.6
42	西子	2009.3	7		9	2	28.6
43	无双梅	2009.3	12		16	4	33.3

续表

编号	品种名	引种时间	原苗数（株）	2009 年苗数（株）	2010 年苗数（株）	增加苗数（株）	增加百分比（%）
44	新春梅	2009.3	12		20	8	66.7
45	元吉梅	2009.3	10		11	1	10
46	军旗	2009.3	8		12	4	50
47	四喜蝶	2009.3	10		15	5	50
48	帝冠	2009.3	5		6	1	20
49	天珍	2009.3	12		8+7	3	22.5
50	新荷	2009.3	11		8+6	3	27.2
51	彩云同乐梅	2009.3	8		13	5	62.5
52	宁波水仙	2009.3	7		9	2	28.6
53	杨氏素荷	2009.3	6		8	2	33.3
54	越后狮子	2009.3	5		7	2	40

注：1. 表中 2010 年一栏中 3 个或 2 个相加的数据为原盆分为 3 盆或 2 盆的苗数。
2. 每年在夏季 5 ～ 6 月，春芽出土展叶时开始计算苗数。

中山公园的兰花历经 50 余年的沧桑和发展，走到了今天的辉煌。今后，公园的养兰历史还将有很多个 50 年，中山公园的兰花工作者将继承老一辈中山人的精神，养护好兰花精品，更深层次地挖掘兰花文化，为首都人民带来高水平的兰花展览，让更多的人知道兰花，了解兰花，热爱兰花。

参考文献

[1] 周建忠 . 兰文化 [M]. 北京 ：中国农业出版社，2001.
[2] 吴应祥 . 中国兰花 [M]. 北京 ：中国林业出版社，1993.
[3] 中山公园管理处 . 中山公园志 [M]. 北京：中国林业出版社，2002.
[4] 卢思聪 . 中国兰与洋兰 [M]. 北京 ：金盾出版社，1994.